中央财政资金人才培养与创新团队建设项目涉台法律系列丛书

屈广清◎总主编

台湾地区
继承制度概论

主　编◎吴国平

副主编◎刘　诚

九州出版社 JIUZHOUPRESS | 全国百佳图书出版单位

图书在版编目（CIP）数据

台湾地区继承制度概论 / 吴国平主编. --北京：
九州出版社，2014.4

ISBN 978-7-5108-2945-1

Ⅰ.①台… Ⅱ.①吴… Ⅲ.①继承法-研究-台湾省
Ⅳ.①D927.580.354

中国版本图书馆 CIP 数据核字（2014）第 084292 号

台湾地区继承制度概论

作　　者	吴国平 主编　刘诚 副主编
出版发行	九州出版社
出 版 人	黄宪华
地　　址	北京市西城区阜外大街甲 35 号（100037）
发行电话	（010）68992190/3/5/6
网　　址	www.jiuzhoupress.com
电子信箱	jiuzhou@jiuzhoupress.com
印　　刷	北京京华虎彩印刷有限公司
开　　本	720 毫米×1100 毫米　　16 开
印　　张	20.5
字　　数	319 千字
版　　次	2014 年 7 月第 1 版
印　　次	2014 年 7 月第 1 次印刷
书　　号	ISBN 978-7-5108-2945-1
定　　价	58.00 元

中央财政资金人才培养与创新团队建设项目涉台法律系列丛书编委会

总 序

本丛书的出版得益于2012年中央财政支持我校法学专业的专项资金支持。我校申报中央财政支持涉台法律问题研究源于以下两方面的主要原因：一是涉台法律问题研究具有明显的必要性和重要性。当前，两岸关系发展面临着难得的历史机遇。随着海峡两岸的通航、旅游和贸易等领域交流的正常化，两岸关系不断向纵深方向发展。由于两岸法律制度的差异，两岸的交流必将衍生大量的法律问题，因此，需要开展涉台法律研究以推动两岸关系和平发展，使两岸交流与合作按预期的目标渐进。二是我校法学教师和研究人员长期以来重视涉台法律问题研究并取得一定的成绩：1. 建有专门从事涉台法律问题研究的科研机构——福建省台湾法律研究所（1989年根据司法部（88）司发人函字230号文件精神，经福建省委编制委员会［1989］012号文件批准成立）。2. 主办以涉台法律问题研究栏目为特色的学术刊物——《海峡法学》（ISSN 1674－8557 CN 35－1304/D）。3. 积极参与创立和推进"海峡法学论坛"。"海峡法学论坛"是由两岸四地学术交流机构于2003年联合创办的法学学术交流平台。论坛创办以来，紧紧围绕国家立法的前沿问题和海峡两岸和平发展法律议题，先后在福州举办了以物权法、公司法、反垄断法、现代金融法、侵权责任法、社会保障法及知识产权法等为主题的十一届学术年会。作为一个由两岸四地法学界多年共同举办的法学论坛，"海峡法学论坛"在海内外法学交流和理论探究上已经形成其品牌和特色。4. 形成了一批有质量的涉台法律研究成果。截至2014年6月，我校法学教师及研究人员已获国台办、司法部、福建省社科联、中共福建省委政策研究室等部门的科研立项二十余项；在各类期刊、学术会议上发表二百余篇涉台学术论文。5. 推动两岸法学交流。目前我校法学院聘任曾任海基会副董事长兼秘书长的中国文化大学焦仁和教授为《海峡法学》编委会顾问；曾邀请台湾辅仁大学黄源盛教授，台北大学陈荣传教授、中国文化大学谢棋楠教授、中央警察大学许福生教授等到校讲座交流；法学院也指派陈玉玲教授、段晓彦博士等近十位教师到台湾辅仁大学、政治大学等院校访学交流。6. 我校法学本科人才培养方案体现了涉台法律教学内容。为满足涉台法务人才培养的需要，法学院在法学本科人才培养方案中增设“台湾地区法学概论”等与涉台法律有关的课程，在人才培养的知识结构中满足了涉台法务的需求。

台湾问题最终是法律问题，涉台法律问题研究意义重大，而又任重道远。本丛书将陆续出版我校教师近年来在涉台法律问题研究方面的成果，如《台湾地区继承制度概论》、《陆资入台法律指南》、《台湾地区婚姻家庭法》、《台湾地区刑法总论》、《两岸海事国际私法比较研究》等。丛书选题广泛，比较全面地研究了涉台的各种法律问题，这些科研成果的出版，必将有利于大陆对台湾地区法律制度的进一步了解，有利于推进对台湾地区法律制度深入的研究，有利于推进两岸今后的学术交流与合作。

感谢中央财政资金对本项目的资助；感谢福建省财政厅、福建省教育厅对本项目的支持、指导与帮助；感谢国台办法规局张万明局长、湖南省人民检察院游劝荣检察长、福建省人大法工委张大共主任、徐平副主任长期以来对我校法学学科各项工作的大力支持；感谢九州出版社对本丛书出版的大力支持，感谢出版社编辑老师的辛勤劳动。

由于我们水平有限，错误在所难免，敬请广大读者批评指正。

屈广清

2014 年 7 月 4 日

自　序

台湾是祖国的宝岛，福建与台湾一水之隔，地缘相近，血缘相亲，文缘相承，商缘相连，法缘相循，80% 的台湾同胞祖籍地在福建。在以海峡两岸关系和平发展为主题的大背景下，全面深化两岸交流合作，扩大两岸各界交往，对共同促进两岸经济繁荣与发展具有十分重要的意义，也是两岸人民的共同愿望与需要。随着两岸经贸交流、人员往来的日益频繁，涉及两岸同胞权益保护的法律问题将越来越多，有必要对我国大陆和台湾地区的现行法律法规进行深入了解和比较研究，其中包括财产继承法律制度，它是民法的重要组成部分。

“私法是众法之基，欲法公法必先治私法。”可见，私法即民商法在世界各国法律体系中居于十分重要的地位。我国台湾地区现行有关规定源自大陆南京国民政府时期的六法体系，其中包括“民法·继承编”，期间也经历了不断发展和变化的过程。为了方便法学、法律工作者和广大读者朋友了解我国台湾地区“继承法”的历史沿革、基本内容和最新变化，我们组织撰写了本书。本书以台湾地区“民法”第五编“继承”为基准，比较系统地介绍了台湾地区继承制度的主要内容，并在本书最后对海峡两岸的一些继承制度进行了比较研究，总结了我国台湾地区可资借鉴的有益经验，提出完善继承法的若干立法建议。

本书为集体创作的产物，全书共分六章，内容安排如下：第一章台湾地区继承法概述，第二章遗产继承人，第三章遗产继承，第四章遗嘱，第五章遗赠，第六章我国大陆与台湾地区若干继承制度之比较及其借鉴。

各章节撰稿人如下（以撰写章节先后为序）：

欧晓琳：福建江夏学院法学院讲师，撰写第一章。

唐　琳：福建江夏学院法学院讲师，撰写第二章和第三章第一、二、三、四、五节。

陈　琳：福建江夏学院法学院副教授，撰写第三章第六、七、八、九节。

吴国平：福建江夏学院法学院教授，撰写第四章第一、二、三节、第五章第五节和第六章。

陈崇锋：福建江夏学院法学院讲师，撰写第四章第四、五、六、七节。

刘　诚：福建江夏学院法学院副教授，撰写第五章第一、二、三、四节。

本书由吴国平教授担任主编，刘诚副教授担任副主编。全书由吴国平教授统稿审定，刘诚副教授、唐琳讲师协助完成统稿工作。

由于民法学博大精深，细邃厚重，而继承法学虽入门容易，但真正理解和把握其精髓与体系，厘清其中的重大问题也绝非易事，加上水平和所掌握的资料有限，在研习台湾地区继承制度过程中，我们虽兢兢业业，如临深履薄，但书中偏颇和疏漏之处仍在所难免，敬祈各位专家学者和读者朋友批评指正，以便今后修订与完善。

本书的撰写和出版，得到了福建江夏学院法学院和九州出版社的大力支持，书中也参考了海峡两岸许多民法学界前辈和同仁的观点与资料，在此谨致谢忱！

吴国平

2013 年 9 月 9 日于榕城

目　录

第一章　台湾地区“继承法”概述

第一节　继承权的概念和特征

一、继承的概念

继承，有广义和狭义之分。广义上的继承，是指对死者生前权利义务的继受，其内容不仅包含财产继承，也包括身份继承，如爵位的承袭，家长的更迭，宗祧的承继；而狭义上的继承，则仅指对死者生前财产权利义务的继受。

继承制度并非在人类社会形成之初便已存在。法律意义上的继承产生于私有制出现之后。列宁曾指出：“遗产制度以私有制为前提。”① 正是对私有财产的占有与支配，才使人们有了将己身所有世代承袭的观念。当然，中国古代社会实行的一直都是宗祧继承制度，即为了保护私有财产不被分散，使之世代相承，家长的权位（包括祭祀宗庙的资格）、土地以及其他财产，在其死后便由其嫡长子继承。宗祧继承是宗法社会制度的产物。以嫡长子为主要继承人，有子立长，无子立嗣，这成为历代的法例。次子、庶子只能分得部分土地和财物，不能承袭权位。这种立嫡或立嗣制度的核心是身份继承，也就是继承先人的身份地位，如官职、爵位或一家经济生产主持者的家长身份等，取得其权利，负担其义务。至于财产方面的权利义务乃附随于身份而发生。② 因此，此时的继承包含有身份和财产两方面的内容，属于广义上的继承。

及至近代，多数国家纷纷摒弃身份继承，实行纯粹的财产继承制度。究

---

① 《列宁选集》第1卷，人民出版社1995年版，第21页。

② 戴炎辉、戴东雄、戴瑀如著：《继承法》，三民书局2010年版，第7页。

其原因：（1）等级色彩浓厚的身份继承与资产阶级革命所倡导的“自由、平等、博爱”的精神相违背，而这场革命的影响迅速波及整个世界；（2）近现代民法将身份权视为人身权，其具有与特定主体不可分离的特性，不得以任何形式进行转让，包括继承；（3）立嫡或立嗣的身份继承制仅限于男性亲属而排除女性继承的可能性，男女不平等现象严重。中国早在中华民国建立之初，于民国十九年（即1930年）12月26日通过并颁布《中华民国民法》第五编“继承”全文（1138至1225条，共87条），于民国二十年（即1931年）5月5日施行。① 该法明确废除封建宗祧继承制度，以财产继承为原则，规定“继承人自继承开始时，除本法另有规定外，承受被继承人财产上之一切权利义务”。② 中华人民共和国成立后，《中华人民共和国继承法》（以下简称《继承法》）也于1985年4月10日顺势而生，其秉承了这一立法思想，在第1条讲述立法宗旨时就指出：“为保护公民的私有财产的继承权，制定本法。”总之，近现代法上的继承须作狭义理解，专指财产继承，即财产所有人死亡或被宣告死亡时，继受死者生前财产权利和义务的法律制度。

在继承中，该死亡或被宣告死亡的财产所有人，称为被继承人。对被继承人财产权利和义务的继受者，称为继承人。被继承人死亡后遗留下来的个人财产，称为遗产。

二、继承的特征

继承是法律关系的重要组成部分之一，这种法律关系具有不同于其他法律关系的特征，主要如下：

（一）继承必须以被继承人的死亡为前提

被继承人的死亡一直都是继承发生的原因，但历史上曾经将丧失户主权或出家为僧等作为继承开始的其他法定事由。如民国大理院七年（即1918年）上字第1112号判例就主张：和尚出家脱离家族关系，可作为继承开始

① 该法可以说是中国历史上的第一部继承法。该继承法于1949年在大陆地区被废止，但在台湾地区至今仍具有效力。

② 参见台湾地区“民法”第1148条第1项规定。

之事由。具体论述如下：“承继之开始本不限于死亡，如被继承人之行迹长久不明或于法律上得认为脱离家族关系时，除有特别法令外，均应认为开始继承之事由，所有被继承人之权义关系，当然开始继承，而出家为僧，即为法律上脱离家族关系之一原因，其俗家之得为继，自系条理上当然之结果。”① 诚如法彦所云：无论何人均不得成为生存者之继承人。现今各国立法已明确惟被继承人死亡才得以发生继承法律关系。因此，不是因自然人的死亡而发生的财产移转均不能视为继承。例如，夫妻离婚时的财产分割虽发生财产转让却不属于继承，甚至即使在夫妻一方死亡时，夫妻共同财产的一半应分出归未亡一方所有，也不属于继承。

我国台湾地区“民法”第1147条规定：“继承，因被继承人死亡而开始。”此处的“死亡”不仅以自然死亡为限，还包括法律上的宣告死亡在内。自然死亡，是自然人生命的事实终止，至于终止的原因，在所不问。宣告死亡，则为自然人法律上的死亡，根据台湾地区“民法”第8条的规定，“失踪人失踪满七年后，法院得因利害关系人或检察官之申请，为死亡之宣告。失踪人为八十岁以上者，得于失踪满三年后，为死亡之宣告。失踪人为遭遇特别灾难者，得于特别灾难终了满一年后，为死亡之宣告。”

（二）被继承人死亡时具备个人所有的财产是继承的基本物质要件

自然人生存时的各项财产权利需要得到保护，固不待言，但自然人死亡后遗留下来的财产又该如何处置，这正是继承法律制度所要解决的问题。如果被继承人立有遗嘱，则法律自当尊重被继承人的意思表示，按照被继承人的意愿对财产做出分配；如果没有遗嘱，则视为被继承人放弃该处分权，此时便依据继承法规定的继承人范围和顺序，实行法定继承。无论是依遗嘱指定进行的遗赠，还是依法律规定进行的继承，无非都是对被继承人所留财产的一种分配方式，因此均应以被继承人死亡时具备个人所有的财产为基本物质条件。假设自然人虽死亡，但并无财产遗留，那么继承便不会发生，也无事实上探讨的意义。也正因为如此，继承是以私有财产的存在为前提的。在没有任何私有财产的社会，不会有也不可能有继承的发生。

---

① 俞飞：《专家解读僧人遗产案　国法Vs“佛法”的拔河角力》，http：//npc. people. com. cn/n/2012/0716/c14576－18523727. html，下载时间：2013年3月5日。

值得一提的是，《中华人民共和国继承法》中提到有关遗产问题时规定的“遗产是公民死亡时遗留的个人合法财产”，① 似乎着意强调必须是被继承人死亡时存留的个人合法财产方能成为继承的物质要件。台湾地区“民法”未有此方面的论述。法国、德国、瑞士、日本、意大利等国家的遗产分割制度中，都明确规定共同继承人之间对遗产的权利瑕疵须互负与出卖人相同的担保责任，但也没有遗产是“合法”财产的限制规定。古罗马法学家乌尔比安曾指出：“我们不考虑忽视立遗嘱意愿的人……占有遗产上合法或是不合法。因为占有遗产或者遗产之一部分无论是否合法都能依告示被提起诉讼。”大陆学者陈苇、魏小军认为，从理论和实践上看，《继承法》对遗产加上“合法”这一限定性用于是不科学的，也不具有可操作性。在继承开始时，对被继承人遗留的全部个人财产逐一审查是否合法没有可行性；在民法或继承法的相应制度中，对不属于被继承人生前个人“合法”所有的财产，也已经明确了相应的救济措施。②

（三）存在合格的继承人是继承得以发生的主体要件

任何法律关系都必须具备主体要素，继承关系也不例外。所不同的是，一般法律关系的主体，可以是自然人、法人或国家，而继承关系则只能是自然人，且该自然人与被继承人之间还必须存在着血缘或婚姻关系。台湾地区“民法”以这种血缘或婚姻关系为依据，用具体列举的方式将其分为血亲继承人及配偶两种，他们各自的继承顺序和应继分法律均有明确规定。③ 当然，被继承人在不侵害其他继承人特留分的范围内，也可在遗嘱中指定各继承人的应继分或遗产分割方法。这便是继承得以发生的主体要件。如果被继承人死亡时没有继承人存在，那么继承将因缺乏人的要件而无从产生。因此，物质要件与人的要件缺一不可。同时，如果继承人存在法律规定的丧失继承权之事由，④ 那么其依然无法取得合格的主体身份。

此外，除继承人外，受遗赠人也有权受让被继承人的遗产。受遗赠人是

① 参见《中华人民共和国继承法》第3条规定。

② 陈苇主编：《外国继承法比较与中国民法典继承编制定研究》，北京大学出版社2011年版，第256—257页。

③ 应继分，在大陆地区称为应继份，下同。

④ 参见台湾地区“民法”第1145条规定。

指依照遗嘱的规定得无偿接受被继承人遗产的人。台湾地区“民法”对受遗赠人未作太多限制，只要具备权利能力并没有资格缺失的情况即可，不以自然人为限，法人、社会组织、胎儿等均可，甚至继承人也能成为受遗赠的对象。① 但遗赠不是真正意义上的继承，受遗赠人也有别于继承人，因此其不属于这里所说的继承主体之范畴。同样，对于无人承认继承之剩余遗产，在清偿债权并交付遗赠物后仍有剩余的，根据台湾地区“民法”第1185条的规定应归属于国库。此时，国库对该财产所有权的取得也非依继承，而属于原始取得方式。

（四）财产继承的内容是财产权利和财产义务的全面承受

财产权利即积极财产，是继承人得以承受的各项可得收益，如物权、债权等；而财产义务即消极财产，是继承人必须承担的被继承人的各项债务，包括私法上的债务与公法上的债务。财产继承关系的内容是继承人对财产权利和财产义务的全面承受，是取得财产权利和履行财产义务的统一，即所谓的“包括继承”原则。“包括继承”原则起源于古代罗马法，与“遗嘱自由”原则一同构成古罗马法的两大基本原则。根据该原则，继承人一旦依遗嘱被指定后，不但应继承死亡人的积极财产，同时又须负担其消极债务；且因继承人被视为死亡人的人格承继者，而尚须履行死亡人在宗教上之种种义务。② 时至今日，该原则的内容已不似当时严酷，但对被继承人之债权人予以保护的立法功能却始终如一。台湾地区“民法”第1148条正是对该原则的体现：“继承人自继承开始时，除本法另有规定外，承受被继承人财产上之一切权利义务。但权利义务专属于被继承人本身者，不在此限。”需要特别注意的是，本法条中所说的“承受一切权利”因为并未增加继承人的负担，所以自然不会产生异议；然而，“承受一切义务”的情况则不同，如果未对其加以限定，那么则有可能引发继承人的债务危机。因此，台湾地区在2009年“修法”后，在第1148条中增设第2项，规定“继承人对于被继承人之债务，以因继承所得遗产为限，负清偿责任”。这实际上确立了对

① 这一点与大陆不同。根据《继承法》第16条第3款的规定，受遗赠人只能是国家、集体或者法定继承人以外的人。

② 陈棋炎，黄宗乐，郭振恭著：《民法继承新论》（修订七版），三民书局2011年版，第99页。

继承人继承债务的有限责任原则。

第二节　继承的种类

一、财产继承、身份继承与祭祀继承

依照继承标的之不同，可将继承分为财产继承、身份继承与祭祀继承。

财产继承是指仅以财产为继承对象的继承制度。在财产继承中，继承人只能继承被继承人的财产权利和义务，而不涉其他。纵使现代各国的继承法都认可对诸如专利权、著作权、商标权等无形财产权的继承，但这也仅仅是涉及其中的财产利益部分，并未超出财产继承的范畴。各国立法将可予继承的范围限制在财产权利和财产义务上，直接奠定了现代意义上的继承仅为财产继承的基础。

身份继承是指以死者生前的身份为继承对象的继承制度。在身份继承中，继承人继承的是被继承人的身份权利，如官职、爵位等。在古代社会，财产关系依附于身份关系，财产继承也依附与身份继承，得继承被继承人身份的人当然可以继承被继承人的财产；相反，能继承被继承人财产的人却不一定能继承被继承人的身份。自进入资本主义社会，人们之间的身份关系成为契约关系，继承法上的继承也就不再包括身份继承。

祭祀继承是指承受祭祀宗庙资格的继承制度。在祭祀继承中，继承人继承的是祭祀祖先的权利义务。不仅如此，祭祀继承人还当然有权继承财产，也有权继承被继承人的身份。古代社会中通行的嫡长子继承制就是与祭祀继承联系在一起的。我国古代的宗祧继承制也是集祭祀继承、身份继承与财产继承为一体的继承制度，有祭祀继承权的人既可继承被继承人的身份权，也可继承被继承人的财产权。在现代继承法上，继承不包括祭祀继承，祭祀继承已与财产继承相分离。

二、法定继承与遗嘱继承

依照继承的依据是法律规定还是遗嘱，可将继承分为法定继承与遗嘱继承。

法定继承是指依照法律的直接规定继承被继承人遗产的继承方式。在法定继承中，继承人的范围、继承人参与继承的顺序、各继承人的应继分等都在继承法中明确得以规定，与被继承人的意志无关。法定继承的内容在很大程度上受一国或一地区历史传统、风俗习惯、价值观念等的影响，因此从比较法的角度来说，存在着一定的差异性。

遗嘱继承是指依照被继承人的遗嘱来继承其遗产的继承方式。在遗嘱继承中，继承人以及继承的顺序和应继分等都是由被继承人在其遗嘱中依法确定的，也就是直接取决于被继承人生前的意思。从这个意义上说，遗嘱继承可以看作私法意思自治原则在继承法领域的体现。

法定继承和遗嘱继承是最为重要的继承类别，普遍存在于各个时期和各个国家的继承法制度中。至于二者以何者历史为久远的问题，有学者认为：“因遗嘱继承需要更高度的法律技术，故以前者为旧，以后者为新，殊无疑问。”① 但在具体适用上，却是以遗嘱继承优先于法定继承，即只要存在被继承人的遗嘱，那么它将排除法定继承的适用，优先成为确定继承的依据。由于法定继承实际上是在未有遗嘱或虽有却为无效时才补充适用的，因此在有的国家，法定继承被直接称为“无遗嘱继承”，如《德国民法典》和《法国民法典》。当然，遗嘱继承对法定继承的优先并不等同于遗嘱的内容可以没有任何法律限制。事实上，台湾地区“民法”就将遗产的自由处分限定在“遗嘱人于不违反关于特留分规定之范围内”。②

三、无限继承与有限继承

依照继承人所继受的被继承人财产权利义务的范围，继承可以分为无限继承与有限继承。

无限继承，又称为无限责任继承、不限定继承，是指继承人必须完全继承被继承人财产权利义务，财产义务不以其财产权利为限的继承方式。根据无限继承，即使被继承人的债务超过其财产权利，继承人也须继承被继承人

---

① 陈棋炎，黄宗乐，郭振恭著：《民法继承新论》（修订七版），三民书局2011年版，第7页。

② 参见台湾地区“民法”第1187条规定。

的遗产，而不得拒绝，此时，继承人须以自己的财产来清偿被继承人生前所欠的全部债务。这就是民间所谓的“父债子还”。该种继承制度显然能较好地保护被继承人的债权人，但对继承人而言却过于苛刻，有时甚至会因债务数额巨大而不得不一生偿债。

有限继承，又称为有限责任继承、限定继承，是指继承人无须完全继承被继承人财产权利义务，财产义务仅以财产权利为限的继承方式。根据有限继承，继承人继承被继承人的债务仅以遗产的实际价值总额为限度，对于被继承人生前所欠债务超过遗产的实际价值的部分，继承人可不负清偿责任。该种继承制度避免了在无限继承中继承人瞬间背负巨债的可能性，但对被继承人的债权人又难免不利。假使不能十足地清偿时，除非是债权人的债权有优先权，否则必须忍受损失。① 台湾地区“民法”在2009年修订后已经从无限继承转入有限继承，其具体规定如下：继承人对于被继承人之债务，以因继承所得遗产为限，负清偿责任。②

也有学者认为限制继承与无限制继承是以继承人之范围限定与否为标准来划分的。如果限定法定继承人的范围，即为限制继承；反之，如果不限定继承人的范围，认为有血统关系可寻者均有继承权的，即为无限制继承。③

四、单独继承与共同继承

依照法定继承人为一人或是数人，继承可以分为单独继承与共同继承。

单独继承是指法定继承人仅为一人的继承，即依照法律规定仅亲属中的一人可继承被继承人的遗产。单独继承强调的是继承资格仅得一人享有，它有别于实际继承中人数仅为一人的情况。事实上，单独继承制度仅在古代继承法中存在，依亲属中谁可为独一继承人，单独继承又可分为末子继承、旁系继承和长子继承等。末子继承即是由最后一子继承全部遗产，它的存在时间最为古老，在各民族发展历史上，都曾有过相关的事实与传说。旁系继承虽不及末子继承普遍，但也在许多国家和地区出现过，它的基本内容是在被

① 张永明：《台湾继承法简介》，http：//wenku. baidu. com/view/c9aa77dbd15abe23482f4d28. html，下载时间2013年3月17日。

② 参见台湾地区“民法”第1148条第2项规定。

③ 史尚宽著：《继承法论》，中国政法大学出版社2000年版，第9页。

继承人死亡后，不由其子却由其弟或叔父为继承人。而长子继承则是赋予长子以单独的继承权，因其植根于父系家长制度，所以在家长权盛极一时的封建时期最为繁荣，因此有学者曾指出，“现代各国虽大都采取共同均分继承制，然在此以前，可称为长子继承时代”。①

共同继承是指法定继承人为数人的继承，即依照法律规定数个继承人可共同继承被继承人的遗产。与单独继承相同，共同继承强调的亦是继承资格的享有者为复数，而对于实际继承者为一人或是多人则在所不问。在共同继承制度下，遗产将在数个继承人间进行等额或不等额分配，因此，共同继承又可分为共同平均继承和共同不平均继承。作为现代各国继承法之普遍现象，共同平均继承是指继承人原则上应均分被继承人的遗产，因此又被称为均等份额继承。共同不平均继承，也称为不均等份额继承，则是指共同继承人的继承份额不均等，继承人中的特定人，例如长子或末子，其所继承的份额较其他继承人多。

五、本位继承与代位继承

依照是否由处于继承位序的本人参与继承，继承可以分为本位继承和代位继承。

本位继承是指由继承人本人处于自己的位序继承被继承人遗产的继承方式。例如，依台湾地区“民法”第1138条之规定，除配偶外，直系血亲卑亲属为第一顺序之继承人，那么当被继承人死亡时，只要有直系血亲卑亲属存在，不问其亲等多少，也不问其为亲生或收养，更不问其男性或女性，由他们本人参与继承时就为本位继承。当然，直系血亲卑亲属中，如有不同亲等的子女、孙子女、外孙子女、曾孙子女、曾外孙子女等同时存在的，亲等较近者将排除亲等较远者发生继承。②

代位继承，也叫代袭继承或承祖继承，是指有法定继承权者，于继承开始前死亡或丧失继承权时，由其直系血亲卑亲属代位继承其应继分。③ 代位

① 史尚宽著：《继承法论》，中国政法大学出版社2000年版，第8页。

② 参见台湾地区“民法”第1139条规定。

③ 史尚宽著：《继承法论》，中国政法大学出版社2000年版，第83页。

继承使被代位人的直系血亲卑亲属获得取而代之的继承权利，使被代位人的继承份额不致落空。值得注意的是，该定义中所陈述的代位继承之发生原因是以我国台湾地区“民法”为依据，包括“继承人死亡或丧失继承权”，但其他国家继承法中的规定却不尽相同，有的仅以“继承人死亡”为限，如法国和我国大陆地区，而有的则扩及为“继承人死亡或丧失、放弃继承权”，如瑞士、德国。继承制度确立的根本目的是，被继承人的血亲，无论是尊亲属还是卑亲属，无论是直系血亲还是旁系血亲，都能在合理的制度中按不同亲系和亲等近者优先的原则来实现对被继承人遗产的平等继承。① 但在某一法定继承人死亡或丧失继承权时，如果不能使其卑亲属代为继承而直接将其应继分归入他继承人的话，那么该种平等继承的制度设计无疑将被打破，进而无法实现继承的目的。这便是代位继承的意义所在，它恰恰能弥补本位继承中的缺位问题而恢复继承人之间的平等。

第三节　遗　　产

一、遗产的概念和特征

所谓遗产，是指被继承人死亡时遗留的财产。如前所述，近现代各国的继承法仅以财产继承为限而不包括身份继承，因此继承人可予继承的标的便只有被继承人死亡时遗留的财产，也就是遗产，而不涉及其他任何身份权利。继承仅以财产为限，这一点已成为各国继承法的基本原则之一。然而，财产可分为积极财产（财产权利）与消极财产（财产义务），对于遗产是涵盖二者还是仅包含积极财产，各继承法的规定却有不同，主要存在两种立法例：第一，涵盖二者，即遗产包括积极财产和消极财产两部分，是死者财产权利和财产义务的统一体。采该立法例的国家和地区主要是对遗产继承沿袭古罗马法的包括继承原则，仅将身份继承摒弃，被继承人在财产上的各项权利和义务均移转给继承人。如《日本民法典》第 896 条规定：“继承人自继

① 郝艳梅：《代位继承制度比较与借鉴》，载《内蒙古经济管理干部学院学报》2002 年 Z1 期，第 107 页。

承开始起承受属于被继承人财产的一切权利和义务。但是专属于被继承人本身者，不在此限。”《瑞士民法典》第560条规定：“（1）继承人因被继承人死亡取得全部遗产。（2）除法律有特别规定外，被继承人的债权、所有权其他物权及占有物，无例外地移交给继承人。被继承人的债务即为继承人的债务。（3）指定继承人的遗产取得，追溯至继承开始之时。法定继承人应根据占有规定移交遗产。”《魁北克民法典》第614条规定：“在确定遗产时，法律不考虑财产的来源或性质。全部财产作为整体构成一份遗产财团。”上述这些国家的民法典无一例外地都将继承的对象确定为被继承人的全部财产，包括一切权利和义务。与此相似的还有我国台湾地区的相关规定。我国台湾地区“民法”第1148条规定：“继承人自继承开始时，除本法另有规定外，承受被继承人财产上之一切权利义务。但权利义务专属于被继承人本身者，不在此限。”第二，仅指积极财产，即遗产体现的只是被继承人的财产权利，而将财产义务从遗产中剥离。英美法系国家即采取此种立法例。如英国法认为，从死者财产中扣除了债务，才是可继承的遗产。这是由于英美法对遗产采取信托制度，管理遗产的信托人先从遗产中拿出相应的财产清偿了死者的债务后，才将剩余的净遗产利益移转给继承人。①《继承法》第3条规定：“遗产是公民死亡时遗留的个人合法财产，包括：（一）公民的收入；（二）公民的房屋、储蓄和生活用品；（三）公民的林木、牲畜和家禽；（四）公民的文物、图书资料；（五）法律允许公民所有的生产资料；（六）公民的著作权、专利权中的财产权利；（七）公民的其他合法财产。”从该法条对遗产内容的具体列举可以看出，我国大陆地区也属于该种立法例，被继承人的债务并不属于遗产范畴，而是与遗产并列共同构成继承权的客体。

遗产具有以下法律特征：

1. 遗产以被继承人遗留的财产为限，具有财产性。继承法的发展已排除身份继承的可能性，仅以财产作为继承的标的，因此遗产具有财产性。那么，何为“财产”？“财产”一词在民法上有多种含义：第一，财产仅指物，包括动产和不动产，如房屋、汽车、生活用品、生产资料等；第二，财产指

① 张平华、刘耀东著：《继承法原理》，中国法制出版社2009年版，第83页。

物和有价证券，所谓有价证券即指标有票面金额，证明持有人有权按期取得一定收入并可自由转让和买卖的所有权或债权凭证，包括商品证券、货币证券和资本证券；第三，财产指各项财产权利和义务，如所有权、用益物权、担保物权、债权等。作为遗产的财产，应取第三种含义，它包括被继承人死亡时遗留的全部财产权利和义务。至于被继承人生前享有的人身权利和相关义务，则不属于遗产的范畴，如被继承人自身的人格权、身份权及与此相关的请求权等。它们随被继承人的死亡而灭亡，不能为任何人所继承。当然，虽然这些专属于被继承人的权利不能由继承人承袭，但对于不法侵害人格权、身份权所生的损害赔偿请求权，在被继承人死亡前“若已依契约承诺或已起诉者”，则得以成为遗产，为继承人承继。①

2. 遗产是被继承人财产权利和财产义务的统一，具有包括性。遗产以财产为限，财产意为各项财产权利及义务的统一，即继承人须对积极财产和消极财产实行包括继承，因此遗产具有包括性。遗产的包括性对于继承人而言意味着他在继受被继承人之财产权益的同时，还应承担被继承人所遗留的财产负担。这显然有利于对债权人的保护。被继承人生前所负债务，理应用其所有的各种财产利益予以偿还，将积极财产和消极财产包括于遗产之中，使继承人承担履行被继承人生前债务的责任，才不致使债权人的债权因财产分配而落空。当然，遗产的包括性仅适用于继承法将遗产定义为“财产上一切权利和义务”的情况，对于仅使积极财产成为遗产的国家和地区，很难说此时遗产仍具包括性。但即使消极财产从遗产中分离，由于债务负担将与遗产并列成为继承人的继承对象，因而“包括继承”的原则依然适用。

3. 遗产产生于被继承人死亡后，具有时间限定性。自然人死亡前有权对自己的财产依法占有、使用、收益和处分，自行享有财产上的权利同时也自行承担财产上的义务，任何人不得非法干涉，更不得将他人之物占为己有。此时，自然人的财产当然不是遗产，即使自然人已于生前拟好遗嘱，只要自然人尚未死亡，它们都仍旧属于自然人的个人财产。然而，一旦自然人死亡，那么他的主体资格就消灭，不再拥有权利能力，不能享有财产权利和负担财产义务，继承法律关系正式开始，自然人成为被继承人，自然人的财

① 参见台湾地区“民法”第195条第2项规定。

产也就此转变为遗产。因此，遗产产生于被继承人死亡后，具有时间限定性。值得注意的是，一般而言，被继承人生前若对继承人有财产赠与行为，那么该财产的所有权将在赠与完成后发生转移，被赠与人即继承人便成为合法的权利人，此项财产在被继承人死亡后不再属于遗产范畴。然而，台湾地区“民法”第1148－1条对此存在一例外规定，即“继承人在继承开始前二年内，从被继承人受有财产之赠与者，该财产视为其所得遗产”。因此，“继承开始前二年内”成为赠与财产与遗产判断的时间依据，在这段时间中发生的赠与行为，其赠与标的在继承开始后依然属于遗产。

4. 遗产是被继承人合法所有的财产，具有合法性。遗产是被继承人生前个人财产权利和财产义务的结合，其前提是该财产权利和财产义务属于个人，即个人拥有权利义务的法律依据，因此遗产还应具有合法性。与合法相对的是非法，如果被继承人死亡时虽为“权利人”或“义务人”，然其享有的权利和负担的义务实则没有法律依据，那么该项内容自然就无法成为遗产。也就是说，继承人无法取得被继承人生前非法占有的财产，也无须承担被继承人生前被非法强加的义务。如对于被继承人生前的违法所得，继承人不能以继承为理由而取得对它们的所有权。事实上，对于这个问题的理解，我们应该首先否定该违法所得属于遗产，既然不属于遗产，则继承又从何谈起，继承人又如何能取得所有权。同样的，在被继承人死亡后，若出现债权人主张债权却拿不出法律依据或依据非法，那么继承人也无须承担该项债务。

二、遗产的范围

遗产的范围是指继承人可以继承的财产范围，即哪些财产权利和义务可以成为遗产。与《继承法》中采用具体列举说明遗产范围的立法方式不同，台湾地区“民法”仅规定继承人可继承“被继承人财产上之一切权利义务”，除非该权利义务“专属于被继承人本身者”。可见，台湾地区的遗产范围十分宽泛，除以身份关系为基础的财产权利义务不得为继承人承袭外，其他一切均得为遗产。不仅如此，附条件或附期限的权利义务，在条件或期限未成就前，其效力固然未确定却也不妨为继承之标的。更甚至财产上的法律关系，虽无具体的权利义务内容，因可对继承人发生一定的财产利害关系，所以通说认为也可纳入遗产范围。具体而言，本书认为，遗产主要包含以下内容：

（一）可得继承的财产权利

1. 物权。物权是继承人取得的最为重要的财产权。物权种类良多，又以所有权首当其冲。事实上，不动产与动产的所有权是每一个继承关系中最主要的继承标的。根据台湾地区“民法”规定，所谓不动产，是指土地及其定着物，而所谓动产，则为不动产以外之物。[①] 因此，凡被继承人对土地、房屋等固定建筑物及对车辆、家私等生活生产用品所享有的所有权，均得为继承人继承。物权中的其他限制物权，如地上权、地役权、典权、抵押权等，与所有权一样，也属于可予继承的权利范畴。如抵押权人对抵押人享有在抵押物价值内，可优先于普通债权得以清偿的抵押权，则若在抵押期间抵押权人死亡，其名下的抵押权就将随主债权一起转移至继承人。

2. 无体财产权。无体财产权是指对智慧财产所拥有的财产权利，[②] 包括对专利权、著作权、商标权等。智慧财产带有人格权色彩，其中的人格权是被继承人一身专属之权利，任何人不得主张继承。如台湾地区“著作权法”第 21 条就规定：“著作人格权专属于著作人本身，不得让与或继承。”但另一方面，智慧财产也涉及重大的财产利益，且权利人有权对其占有、使用、收益及处分，并无异于其他有形财产，因此通说认为对于既存的财产利益，继承人可得继承。

3. 债权。这里的债权包括契约之债权请求权、侵权行为财产上之损害赔偿请求权、解除或违反婚约及离婚时有关财产的损害赔偿请求权等。契约之债皆以契约为基础而产生，如买卖合同中买方对卖方交付货物的请求权及卖方对买方交付货款的请求权。侵权之债自然以侵权行为为前提，在因侵权行为致使财物毁损的情形下，受害人便取得要求侵权人赔偿财产损失的权利。至于与婚姻相关的财产之损害赔偿请求权，如台湾地区“民法”第 977 条第 1 项规定：“依前条之规定，婚约解除时，无过失之一方，得向有过失之他方，请求赔偿其因此所受之损害。”第 1056 条规定：“夫妻之一方，因

① 参见台湾地区“民法”第 66 条、第 67 条规定。

② 智慧财产权，在大陆称为知识产权，下同。

判决离婚而受有损害者，得向有过失之他方，请求赔偿。”此处的“损害”包括财产上的与非财产上的两个方面，其中有关财产的损害赔偿请求权成为可予继承的权利之一。

至于契约成立之前，尚处于要约阶段而要约人死亡的，要约能否被继承的问题，我国台湾地区采肯定意见。我国台湾地区“民法”第95条第2项（参照《德国民法典》第153条）规定：“表意人于发出通知后死亡或丧失行为能力或其行为能力受限制者，其意思表示，不因之失其效力。”可见，即使要约人死亡，要约仍旧存在约束力，即要约将由继承人继承。虽然对要约是一种权利还是义务，以及是何种性质的权利或义务，在学说上尚存争议，但要约的可继承性则是确定的。要约与承诺是合同必经的两个阶段，一份生效的要约，会对要约人产生一旦受要约人承诺，则要约内容即刻成为合同条款的约束力，因此要约的效力不得轻易被否定。正是从这个意义上，我们说承认要约的可继承效力，将有利于对双方当事人交易安全的维护。

4. 形成权。形成权是指权利人得以自己单方的意思表示而使法律关系发生变化的权利，由德国学者泽克尔（Scekel）于1903年在其著作《民法上的形成权》一书中首创。财产法上的形成权有债权性和物权性之分。债权性的形成权，如追认权、选择权、解除权、撤销权、撤回权、免除权等；而物权性的形成权，如物权的抛弃、典物的回赎权等。通说认为形成权如不以被继承人身份为基础，便可为继承之客体。

5. 占有权。占有权为占有人所享有，根据“对于物有事实上管领之力者，为占有人”的规定，① 占有权是指可事实上管领物之权利。占有能否为继承之标的物，虽在学说上存在占有究竟为法律关系或事实关系的争议，但毫无疑问，占有对占有人而言能发生一定的财产利益。如台湾地区“民法”就有关于动产占有之所有权取得时效的相关规定。根据此规定，一旦占有人以所有之意思，公然且持续地占有他人之动产达十年者，占有即转变为所有。故宜将占有解释为继承之标的。事实上，占有的可继承性，可追溯至古日耳曼法。在古日耳曼法上，Gewere非仅为单纯的事实上之支配，同时含有权原，从而对于继承财产之Gewere，不问继承人现实支配财产与否，当

① 参见台湾地区“民法”第940条规定。

然的移转于继承人（La mort saisit le vif“死者与生者以占有”）。[①] 德国、瑞士民法皆采用此制。[②] 我国台湾地区也有相同结论，于“民法”第947条规定：“占有之继承人或受让人，得就自己之占有或将自己之占有与其前占有人之占有合并，而为主张。合并前占有人之占有而为主张者，并应承继其瑕疵。”可见，占有既可转让也可继承，且转让或继承占有时，须一并承继其瑕疵。

（二）可得继承的财产义务

1. 普通债务。台湾地区的继承制度既然实行包括继承的原则，那么不仅财产权利，就连财产义务继承人也非继承不可。而在一切义务之中，又以被继承人所负债务为其重点，只要该债务不具一身专属性，便均在继承开始后转移至继承人。事实上，继承人需继承的债务范围十分广泛，既包含私法上之债务也包含公法上之债务，既包含作为之债务也包含不作为之债务等。被继承人私法上之债务可因契约而生，如尚未偿还的银行贷款，也可因侵权而生，如尚未对受害人赔付的财产损失，还可因离婚或解除婚约时对另一方的财产赔偿责任而生。至于公法上之债务，则可包括公务员的赔偿义务，尚未缴纳的罚金或尚未征缴的国家赋税等。

2. 特殊债务。在连带债务上，连带债务人中一人继承另一人，或在保证债务上，主债务人继承保证人或保证人继承主债务人时，其中一债务有特别担保，或债务人中之一人为限定继承时，应解释为一人负担两个连带债务或同时负担主债务与保证债务。如无特别担保时，则该两个债务完全相同，而无继续同时存在之必要，其中一债务可因混同而消灭。[③]

一般保证债务，并不因保证人的死亡而消灭。关于这一点，我国台湾地区“民法”在2008年修订时，曾于第1148条第2项规定：“继承人对于继承开始后，始发生代负履行责任之保证契约债务，以因继承所得之遗产为限，负清偿责任。”可见，一般保证债务可为继承之标的，并于继承开始时移转至继承人。该法条在适用时需注意：（1）必须是继承开始后，始发生

---

① 史尚宽著：《继承法论》，中国政法大学出版社2000年版，第154页。

② 分别参见《德国民法典》第857条和《瑞士民法典》第560条第2项规定。

③ 戴东雄著：《民法系列·继承》，三民书局2012年版，第101—102页。

主债务人不履行债务的情况，保证人之继承人才以遗产为限，承担代为履行债务的保证责任。（2）保证人之继承人对保证债务的承担仅以遗产为限，对超出遗产的部分不负清偿责任，即保证人之继承人无需以本人固有财产来偿还保证债务。参酌其立法理由：“保证债务之成立，原则上系基于保证人与被保证人之间信任关系而为保证，从而，保证人的死亡，其继承人对保证债务之信任性未必与原来之保证人相同，又保证人之继承人对保证债务之存在多不知情，以至于被继承人死亡后莫名承受被继承人之保证债务，有欠合理。”不难看出，其立法旨趣在于保护保证人之继承人的权益。（3）“票据法”上之保证属于单独行为及不要因行为，原则上具有独立性，与此处探讨的“民法”上之保证不同，因此非属本条所能适用。同时，具有权利移转功能的票据背书，及付款人表示同意付款之票据承兑，也皆非本条所订之保证债务。2009 年台湾地区“民法”再次修订后，该法条从“仅保证债务以遗产为限进行清偿”的规定，扩及至实行“所有债务均以遗产为限进行清偿”的限定继承原则，加大了对继承人利益的保护。

3. 其他义务。除被继承人的债务外，继承人还应同时继承其遗留下的其他法律上之财产义务，如第三人物上请求权对应之义务、协助第三人为物权登记之义务、瑕疵担保之义务等。第三人的物上请求权是当第三人的物权受到妨害或有妨害之虞时，为恢复物权的圆满状态，第三人可请求妨害人为一定行为或不为一定行为的权利，包括原物返还请求权、妨害预防请求权、消除危险请求权等。与第三人物上请求权对应的即妨害人之作为或不作为的义务，此义务在妨害人死亡后应由其继承人继承。协助第三人为物权登记之义务，是被继承人将不动产让与第三人而未履行登记义务前死亡的，在继承开始后则由继承人承继该登记义务，协助第三人完成所有权的移转登记程序，或是对第三人的抵押权已因清偿而消灭但却未为注销登记的，继承人也需协同第三人完成该注销登记。至于瑕疵担保义务，或存在于物之买卖场合，由卖方向买方承担标的物未有瑕疵的担保义务，或存在于共有关系结束后，共有物归于一人时，由其他或全体共有人承担共有物绝无瑕疵的保证义务。在此担保义务的履行过程中，如义务人死亡，则在标的物发生品质或权利的任何瑕疵时，由其继承人承受不利后果。

（三）可得继承的财产法律关系

对于财产法律关系，因其能对继承人产生一定的利害关系，所以只要不以被继承人的地位、身份、人格为基础，原则上均可为继承的标的物。如在租赁关系中承租人与出租人的地位，在买卖关系中买方与卖方的地位，在雇佣关系中雇主与被雇佣人的地位等，凡此种种地位皆可由继承人承袭。对于代理关系，根据台湾地区“民法”第550条的规定，“在当事人一方死亡、破产或丧失行为能力时”，代理关系即告消灭。可见，代理关系属于不可继承的财产关系。然而，假若继承人在继承关系开始前，曾以被继承人为本人而为无权代理行为，那么在被继承人死亡后，该无权代理行为的效力该怎样认定呢？根据我国台湾地区“民法”第170条的规定：“无代理权人以代理人之名义所为之法律行为，非经本人承认，对于本人不生效力。”因为此时无权代理人已继承被继承人的地位成为本人，故该无权代理行为即被视为本人行为，获得本人承认当然也对本人产生效力。也就是说，因继承开始，无权代理行为应即刻转变为本人行为，由继承人就该行为负本人责任。当然，若在共同继承中仅一人无权代理被继承人时，则该行为后果应仅由此一人承担，对其他共同继承人仍不生效力。

社员地位能否继承，则视社员之间共益性程度而定。一般说来，如果共益性程度浓厚的，那么其地位就不得被继承，如无限公司的股东地位。由于此类公司的股东须对债务承担无限连带责任，在对外进行经济活动时，主要依据股东个人的信用状况，而非公司本身的资本或资产状况，属于典型的人合公司，社员之间的共益性较大，因此，根据我国台湾地区“公司法”的规定，该种股东在死亡后就只能选择退股，而不得使其继承人承袭旧有地位。① 反之，如果社员之间共益性程度薄弱的，即只以自益权为内容，那么其地位便允许被转让或继承，如股份有限公司的股东地位。在股份有限公司中，股东仅以出资额为限对公司债务承担责任，而不涉及个人的资产状况，具备明显的资合特征，因此，“公司法”允许有限公司的股东于公司设立登记后转让其股份，② 以及对股份进行继承。当然，对于公司发起人地位、董

① 参见台湾地区“公司法”第66条规定。

② 参见台湾地区“公司法”第163条规定。

事地位，则应认定为具有一身专属性，不得由继承人继承，非营利社团等社员地位亦同。

第四节　台湾地区财产继承立法

一、“继承法”的编制和内容

我国台湾地区的“继承法”是其“民法”中的独立一编。台湾地区“民法”共分五编，分别为总则编（第1条至第152条）、债编（第153条至第756条）、物权编（第757条至第966条）、亲属编（第967条至第1137条）和继承编（第1138条至第1225条）。从“民法”的此种体系安排，不难看出，它将财产法和身份法相区分，采取先财产法后身份法的结构。继承法与亲属法虽均称为属于身份法，但由于继承之客体为财产，因此其财产法的色彩相当的浓厚，即继承法上之权利义务及行为，应遵从财产法的法则之部分，相当的广泛，这与亲属法上之权利义务及法律行为有所不同。① 正是由于继承的此种特殊性，有关继承法的编制各国的做法并不统一。大致上有以下两种主张：第一为特别法主义，即将继承法作为特别法独立于民法典；第二为法典主义，即将继承法包含于民法典之中。采特别法主义的又可分为包括的特别法主义和部分的特别法主义，前者如1926年英国继承法，后者如1938年德国的遗嘱做成及继承契约法。采法典主义的因继承在民法典中所占的不同地位，也可分为四种：（1）将继承作为物权编的一部分，例如《奥地利民法典》和《荷兰民法典》。（2）将继承作为亲属编的一部分，例如瑞士的地方法。（3）将继承作为财产取得编的一部分，例如《法国民法典》。（4）将继承作为独立一编，其中有以之为民法典中间一编的，如《瑞士民法典》（分为人格法、亲属法、继承法、物权法），亦有以之为民法典最后一编的，如《德国民法典》、《日本民法典》、《韩国民法典》和我国台湾地区“民法”。本书认为，作为一种特殊的法律制度，继承它既是财产取得的方式之一，又与自然人之间的身份关系密不可分，因此

① 史尚宽著：《继承法论》，中国政法大学出版社2000年版，第14页。

对于法典主义来说，继承制度不适宜包含在民法典的其他各编之中，理应独立成编，可居于财产制度和身份制度之后，即最后一编。台湾地区“民法”的体系安排不无道理。

从内容上看，台湾地区的“继承法”共分三章，涉及继承人、遗产继承和遗赠的相关问题。第一章为遗产继承人，规定有法定继承人及其顺序和各自的应继分，代位继承，继承权丧失之事由，继承回复请求权。第二章为遗产之继承，与继承遗产相关的大小事宜皆见于此，围绕诸如继承的开始，继承人遗产清册的呈报，被继承人债权人全部债权的清偿，遗产的分割，继承人抛弃继承以及无人承认继承时的处理等问题，在本章之下特设五节分别予以规定，除第二节的节名在修订过程中被删除外，其余各节依次为效力、遗产之分割、继承之抛弃、无人承认之继承。第三章为遗嘱，各国继承法都给予被继承人以遗嘱形式自由处分遗产的权利，我国台湾地区“继承法”也不例外，并规定遗嘱方式包含自书遗嘱、公证遗嘱、密封遗嘱、代笔遗嘱、口授遗嘱五种。被继承人可在遗嘱中，以不违反特留分的规定为前提，指定法定继承人的应继分或指定遗产分割的具体方法，甚至将财产上之利益无偿地给与他人，即进行遗赠，遗赠的效力是遗嘱效力中的重点问题。此外，遗嘱的生效、不同方式遗嘱适用的形式要件、遗嘱的执行和撤回等都在本章节中有所规定。本章下设六节，依次为通则、方式、效力、执行、撤回、特留分。

二、继承法的历史沿革

（一）继承法的制定与颁布

我国台湾地区“民法”中的继承编制定于民国十九年（即 1930 年）12 月 26 日，并于民国二十年（即 1931 年）5 月 5 日起正式公布施行，当时适用于整个中国。在此之前，中国有关身份事项的种种规定，可详见于律例之户婚律，并散见于各门。后至清朝末年，法律馆成立，继承制度始改依宣统二年时颁布的《现行刑律》。《现行刑律》是改删旧律例而来，虽较后者有所进步，但仍带有浓厚的封建色彩。为此，清政府曾于宣统三年效仿外国立法制定《民律草案》（通称为第一次民律草案），以继承为其第五编，分六章共一百一十一条，但因清政府其后不久被孙中山先生领导的辛亥革命推翻，所以《民律草案》一直未有公告。

民国政府成立后，立法院便于民国十七年（即1928年）成立民法起草委员会，委员皆选自法学专家，以着手进行民法典各编的制订工作。一年之后，总则编（民国十八年5月23日公布，自同年10月10日起施行）、债编（民国十八年11月22日公布，自民国十九年5月5日起施行）、物权编（民国十八年11月30日公布，自民国十九年5月5日起施行）相继完成，而亲属编（民国十九年12月26日公布，自民国二十年5月5日起施行）与继承编也于次年同时出台，至此民法典的制订圆满完成。对于其中的继承法，当时国民政府中央执行委员会曾在政治会议上提出《继承法先决各点审查意见书》（以下简称《意见书》），以此作为立法部门有关民法典继承编具体立法的主要依据。该审查意见书共有九点：其一，废除宗祧继承及确立男女平等之原则。其二，遗产继承不以宗祧继承为前提。其三，规定继承人之顺序、范围及其应继分。其四，配偶相互有继承之权。其五，配偶继承人不限于一定之顺序，其应继分视其与何人共同继承而有差异。其六，规定继承开始前赠与财产之计算。其七，对于遗产有贡献之继承人无要求报偿之权。其八，特留财产应加规定。其九，特留财产之范围。

随后不久，继承法便完成制订。通观全法，《意见书》的内容得到了切实贯彻。第一，宗祧继承制度被正式废除，继承法中再无有关身份继承之内容，实行纯然的财产继承制。第二，男女平等原则的确立。古代女子有三从之制，即幼从父，既嫁从夫，夫死从子，须终身受监护，在继承上多无继承地位可言，因此中国历代的继承制度难见男女平等。但此次民国政府颁布的这部继承法改变了这个局面，不但承认了配偶相互之间有继承权，且各条款中所称的法定继承人也均包含女性亲属，实行不分男女的按人数平均继承制。第三，明确了法定继承人的顺序、范围及应继分。继承法规定除配偶外其他法定继承人按照四个顺序进行确定：第一顺序为被继承人之直系血亲卑亲属，第二顺序为被继承人之父母，第三顺序为被继承人之兄弟姊妹，第四顺序为被继承人之祖父母。① 至于法定继承人的应继分，继承法实行除法律

① 参见台湾地区“民法”第1138条规定。

另有规定外，同一顺序之继承人有数人时，按人数平均继承。① 第四，对配偶继承权的认可及继承顺序和应继分的确定方式。配偶不限于一定的继承顺序，可与任一顺序的法定继承人一起参与遗产继承，但其具体的继承份额，则视其他继承人为何顺序而定。具体而言，如配偶与法定第一顺序之继承人同为继承时，其应继分与他继承人平均；如配偶与法定第二顺序或第三顺序之继承人同为继承时，其应继分为遗产之二分之一；如配偶与法定第四顺序之继承人同为继承时，其应继分为遗产之三分之二；在无法定第一至第四顺序之继承人，即仅有配偶一人有继承权时，其应继分为遗产之全部。② 第五，有关特留财产和继承前赠与财产的规定。特留财产制度也叫特留分制度，是有关继承时被继承人必须遗留一定比例之遗产给法定继承人的继承制度。继承法并未禁止被继承人以遗嘱方式处分其遗产，然而基于个人财产应保留给近亲的家族主义思想，以及保障法定继承人之必要生活的考虑，特留财产有其意义所在。我国古代采取家产制度，法律上并无特留分的规定。特留分在中国始见于清末的《民律草案》（第 83 条至 95 条），是参考日本民法旧继承编而来，并为民国继承法所吸收，其具体内容为直系血亲卑亲属、父母及配偶应保留应继分二分之一的特留分，而兄弟姊妹、祖父母应保留应继分三分之一的特留分。③ 至于继承前赠与财产的问题，继承法一方面设有赠与归扣的规定，即继承人中有在继承开始前因结婚、分居或营业，已从被继承人处受有财产的，则应将该赠与价额加入继承开始时被继承人所有之财产中，且应从该继承人的应继分中扣除，另一方面还设有赠与价额的计算规定，即按照赠与行为发生时的市场价值确定。

应该说，民国二十年（即 1931 年）制订和颁布的这部继承法是具有极大积极意义的。它剔除了旧有继承制度中的一些封建因素，注入更多平等、民主、自由的理念，在更大程度上坚定并促进了民众创造及积累财富的信心。当然，尽管如此，一些旧有社会的遗迹，由于其已历经千年，根深蒂固于这个国家，所以难免仍然存留在继承法的部分规定中。如中国传统一向注

① 参见台湾地区“民法”第 1141 条规定。
② 参见台湾地区“民法”第 1144 条规定。
③ 参见台湾地区“民法”第 1223 条规定。

重传宗接代，为了能延续自家香火，继承法中就曾有所谓指定继承人的规定，而亲属法中则对应地留存有遗嘱收养之制度。具体来说，旧“民法”继承编第1143条曾规定（于1985年第一次修订时被删除）：“无直系血亲卑亲属者，得以遗嘱就其财产之全部或一部指定继承人，但以不违反关于特留分之规定为限。”旧“民法”亲属编第1071条曾规定（于1985年第一次修订时被删除）：“依第1143条之规定指定继承人者，其继承人与被继承人之关系，除法律另有规定外，与婚生子女同。”从这两条规定来看，所谓指定继承人其实是被继承人在没有直系血亲卑亲属的前提下，以遗嘱方式指定一人成为其继承人并有权继承其财产，而被继承人则与该被指定继承人之间发生父母子女之亲子关系，此种双重的关系便不失为固有社会传承香火的直接表现。

（二）“继承法”于1985年的第一次修订

“继承法”的第一次修订完成于1985年6月3日，此时距它的颁布已届54年。在这54年间，两岸和国际社会都发生了巨大的变化。政治格局的重组，经济发展的复苏，科技实力的增强，使得人民生活方式及思想观念都发生了重大改变，法律包括继承法在内的各个领域都迫切需要重新调整，以应对日益复杂的社会现实之需求。正是受这种大背景的影响，台湾地区“法务部”于1974年在完成“民法”总则编的全面修正后，便开始着手进行属于身份法的亲属编和继承编的修订，并最终于1985年同时完成二者的第一次修订。

比较“亲属法”和“继承法”的此次修订，“继承法”的修正幅度显然较小，并不见重大突破性的变动，而只是对其中的枝节问题做出调整。根据台湾地区“司法院”公布的“民法亲属、继承编及其施行法修正条文暨说明”，可知其对此次继承编的修订提出了四项原则：第一，维护固有伦理观念；第二，贯彻男女平等原则；第三，修正养子女的差别待遇；第四，消除宗祧继承的余绪。现依据此四项原则，对“继承法”1985年的第一次修订之主要内容说明如下：

1. 在有关遗产继承人部分，本次修订的主要内容为：（1）旧法曾于第1142条规定养子女的法定应继分为亲生子女的二分之一。该法条被视为对养子女与亲生子女实行差别待遇，不利于养子女的人格发展，根据“继承法”修正原则三，此条被删除。（2）旧法第1143条是有关指定继承人的规定（如上述），指定继承人实为遗嘱收养子女，它的订立目的便是为了能帮助被继承人传递香火，着实带有封建宗祧继承的遗迹。同时，收养关系成立的那一刻，收养人即同时死亡，这对于养子女的生活起居以及品行教育都非常不利。因此，结合“继承法”修正原则四，该法条也被删除。

2. 在有关遗产继承部分，本次修订的主要内容为：（1）修正“继承法”第1165条，将以遗嘱禁止遗产分割的有效期缩短至十年，以配合社会经济的迅速发展，使个人财产易于流通。（2）第1174条曾规定继承人得向法院、亲属会议及其他继承人表示其将抛弃继承权，鉴于后二者方式不具公示性，可能无法为被继承人之债权人及其他继承人得知，因此新法将其规定为仅能向法院做出该表示。（3）第1176条规定的是继承权抛弃之效力问题，对于法定继承人抛弃继承权后应继分该如何归属于其他继承人，旧法采概括规定，对配偶是否为同一顺序继承人未有明确。修订之后，新法改采列举规定，分别说明配偶、第一顺序继承人、第二至第四顺序继承人有抛弃继承权时，其应继分该如何分配，并特别明确“与配偶同为继承之同一顺序继承人均抛弃继承权，而无后顺序之继承人时，其应继分归属于配偶”，即配偶仅为同为继承之人，而非同一顺序之继承人。此外，新法还确定了何时准用无人承认继承之情形，具体规定如下：“先顺序继承人均抛弃其继承权时，由次顺序之继承人继承。其次顺序继承人有无不明或第四顺序之继承人均抛弃其继承权者，准用关于无人承认继承之规定。”

3. 在有关遗嘱部分，本次修订主要围绕第1195条有关口授遗嘱的方式问题。从口授笔记的遗嘱方式，又于增设口授录音的遗嘱方式，使遗嘱人得以选择。

（三）“继承法”于2008年的第二次修订

继“继承法”第一次修正后的二十多年间，台湾社会的未成年人备受“父债子还、祖债孙还”的债务继承困扰，有的孩子甚至还未出生就成为债务人，[1] 极大地破坏了他们健康的身心成长，更有可能造成人格上的畸形。

---

① 《台湾3月大男婴隔代继承惹祸成最小“债务人”》，http://news.sohu.com/20070909/n252042115.shtml，下载时间：2013年4月29日。

面对这种不公平的债务承担，社会呼吁立法能积极作为，因此台湾地区“立法院”不等“法务部”的修正草案出台，就于2008年1月2日提出了“继承法”的部分修正案，正式宣告“继承法”的第二次修订。

“继承法”的此次修订共涉九条，其中继承编八条，继承编施行法一条。纵观继承编中的这八个法律条文，不难看出，它们都直接或间接地与限定继承相关，因此对被继承人债务以遗产为限的限定继承毫无疑问是此次修订的核心。继承编的修订主要包括：

1. 保证契约债务的限定继承。保证契约债务的限定继承在此次修正中增订为第1148条的第2项，具体内容为：“继承人对于继承开始后，始发生代负履行责任之保证契约债务，以因继承所得之遗产为限，负清偿责任。”该法条以继承是否开始作为时间点，来确定保证契约债务的继承范围。详言之，如果保证契约债务在继承开始前已发生代负履行责任，则被继承人死亡后，其继承人除主张抛弃继承或限定继承外，须承担无限连带清偿责任，即在被继承人遗产不够偿还时，尚需动用己身固有财产；至于保证契约债务在继承开始后才发生代负履行责任的，那么根据修订后的新法则可以遗产为限负清偿责任。此番规定显然更有益于继承人，减轻了继承人的负担。

2. 无行为能力人和限制行为能力人的限定继承。无行为能力人和限制行为能力人的限定继承在此次修正中增订为第1153条的第2项，原第2项转为第3项。具体内容为：“继承人为无行为能力人或限制行为能力人对于被继承人之债务，以所得遗产为限，负清偿责任。”该条的增订消除了未成年人无故背负巨额债务的风险，成为未成年人的有力保障，也是此次修法的关键所在。这样一来，结合保证契约债务的规定，限定继承就被分为两类：一是通过继承人的意思表示而生的意定限定继承；二是不待意思表示而生的法定限定继承。

3. 共同继承人中有人表示限定继承时对其他继承人的效力。关于这个问题旧规定在第1154条第2项：“继承人有数人，其中一人主张为前项限定继承时，其他继承人视为同为限定继承。”旧规定未有考虑继承人已为概括继承之表示或已逾限定继承之法定期限的情况，因此将其修订为：“继承人有数人，其中一人主张为前项限定继承时，其他继承人除有下列情形之一者外，视为同为限定继承：一、于为限定继承时，已为概括继承之表示。二、已逾第一千一百五十六条所定期间。”这样一来，上述两种情况便不可适用限定继承，以此平息可能产生的争议。

4. 不得为限定继承之情形。依旧限定继承无法定情形，均需继承人做出相应意思表示后方可成立，但也同时于第1163条规定在以下情形下继承人将失去限定继承之利益：隐匿遗产；在遗产清册上为虚伪记载；意图诈害被继承人之债权人的权利而处分遗产。对此，新修订为：“继承人中有下列各款情事之一者，不得主张第一千一百四十八条第二项所定之利益：一、隐匿遗产情节重大。二、在遗产清册为虚伪之记载情节重大。三、意图诈害被继承人之债权人之权利而为遗产之处分。四、依第一千一百五十六条第一项规定继承者，未于同条第二项所定期间提出遗产清册。”比较可知，新规定强调“情节重大”这一要件，是为了避免继承人动辄得咎而被取消限定继承资格，这对继承人而言自然更为有利。至于新增的情事之四，则是顾及被继承人债权人之利益，才使继承人承担丧失限定继承的不利益。

5. 限定继承的有关期间。对限定继承的修正除上述内容外，新规定尚包括与其相关的期间计算等问题。继承人对于限定继承之意思表示应于三个月之内做出，但旧规定以继承开始为起算点，而新规定则以继承人知悉继承开始为起算点（2008年修正之第1156条第1项），以防止继承人尚未明了继承的事实就已错过为限定继承之意思表示的期间，切实保证继承人从容决定是否为限定继承。此外，新规定还将表示限定继承与开具遗产清册的期间分开，规定先由继承人自知悉继承开始之时起三个月内向法院为限定继承之表示，而后再由法院确定一个月以上三个月以下的期间，命继承人开具遗产清册（2008年修正之第1156条第2项）。当然，限定继承的此番期间调整也相应地引起其他期间的变化，如抛弃继承之期间（2008年修正之第1174条第2项），因他人抛弃继承而应为继承之人为限定继承或抛弃继承的期间（2008年修正之第1176条第7项）。

总之，2008年“继承法”第二次修订始产生限定继承的法定情形，直指对弱势继承群体的保护，而其他意定限定继承者的权益也在新法中得到加强，因此此次修订意义重大。

（四）“继承法”于2009年的第三次修订

“继承法”的第三次修订紧随第二次修订之后，公布于2009年6月10

日。此次修订的意义更甚于前者，其核心是对限定继承再次做出实质性变革，完全取消意定限定继承，使所有继承人虽仍应包括继承被继承人财产权利和义务，但已无需任何意思表示便可以遗产为限清偿被继承人之债务，即均成为法定限定继承人。毫无疑问，“立法院”此举意在排除每一继承人的继承顾虑，结束因继承而背负债务的不公平现象。那么法定限定继承的全面实行对被继承人之债权人而言是否不公平呢？事实上，被继承人生前在与债权人成立债权债务关系时，便是仅以自己的全部财产为责任财产，既然债权人对此表示认同，那么在被继承人死亡后，将债权的清偿限制在遗产的范围内对债权人而言就谈不上任何不公平。当然，这并不意味着“继承法”的修订要置债权人的利益于不顾，恰恰相反，部分增订或删改却仍旧着眼于保护债权人的角度。因此，对于“继承法”2009 年修订所涉的十五条（其中“继承编”修正十四条，“继承编施行法”修正一条），我们不妨从以下两个方面对主要条文的修正予以大致说明：

1. 与法定限定继承相关的主要修正

（1）修正第 1148 条第 2 项：“继承人对于被继承人之债务，以因继承所得为限，负清偿责任。”本条是此次修订的重点所在，它突破了原规定的仅“于继承开始后始发生代负履行责任之保证契约债务”的法定限定继承性，正式宣告所有继承人均仅以继承所得遗产为限负清偿责任，意定限定继承在“继承法”中已不复存在。

（2）修正第 1153 条第 1 项：“继承人对于被继承人之债务，以因继承所得遗产为限，负连带责任。”本条之修订与上一条文实为一体，再次强调全面实行法定限定继承后，继承人虽仍旧负连带责任，但现仅以继承所得为限，与己身固有财产无关。这与旧述“继承人对于被继承人之债务，负连带责任”相比，继承人之责任确有减轻。当然，原第 2 项还涉及无行为能力人或限制行为能力人的法定限定继承问题，现因此有限责任已扩及至全体继承人，因而再无存在之必要，于是最终予以删除。

（3）修正第 1154 条：“继承人对于被继承人之权利义务，不因继承而消灭。”该法条吸收了原有关若继承人为限定继承的情况，既然限定继承已法定化，则无假设的必要。新规定简要明了，即继承人虽可对被继承人之债务承担以遗产为限的有限连带责任，但对继承债权人之清偿请求，必须提出抗辩始可。

2. 与保护被继承人债权人之利益相关的主要修正

（1）增订第1148条之1第1项：“继承人在继承开始前二年内，从被继承人受有财产之赠与者，该财产视为其所得遗产。”第2项：“前项财产如已转移或灭失，其价额，依赠与时之价值计算。”实行法定限定继承后，被继承人之债权人受清偿与否将完全取决于被继承人所留遗产价值，此时，继承人若于被继承人生前曾从其处受有财产赠与，则势必会对债权人产生不利影响。正是从此出发考量，立法才增订该二项，以保护被继承人债权人的利益，并维护交易安全。

（2）增订第1156条之1第1项：“债权人得向法院声请命继承人于三个月内提出遗产清册。”第2项：“法院于知悉债权人以诉讼程序或非讼程序向继承人请求清偿继承债务时，得依职权命继承人于三个月内提出遗产清册。”第3项：“前条第二项及第三项规定，于第一项及第二项情形，准用之。”本条是关于遗产清册提出途径的规定。遗产清册的提出事关继承债务清偿程序之启动，故与被继承人债权人的利益紧密相关。新增本条后，遗产清册已不再限于继承人自发性开具，不但债权人能为使己身债权得以清偿而向法院提出相关申请，法院也能在一定条件下依职权命继承人提出遗产清册。可见，新规定将使遗产清册的开具呈多渠道发展，或可由继承人自己发动，或可由债权人依申请发动，或可由法院依职权发动，这对被继承人之债权人而言十分有利。

（3）修正第1159条第2项：“继承人对于继承开始时未届清偿期之债权，亦应依第一项规定予以清偿。”增订第3项：“前项未届清偿期之债权，于继承开始时，视为已到期。其无利息者，其债权额应扣除自第一千一百五十七条所定之一定期限届满时起至到期时止之法定利息。”

增订第1162条之1第1项：“继承人未依第一千一百五十六条、第一千一百五十六条之一开具遗产清册陈报法院者，对于被继承人债权人之全部债权，仍应按其数额，比例计算，以遗产分别偿还。但不得害及有优先权人之利益。”第2项：“前项继承人，非依前项规定偿还债务后，不得对受遗赠人交付遗赠。”第3项：“继承人对于继承开始时未届清偿期之债权，亦应依第一项规定予以清偿。”第4项：“前项未届清偿期之债权，于继承开始时，视为已到期。其无利息者，其债权额应扣除自清偿时起至到期时止之法定利息。”

上述两个条文包含大量新增规定，所述内容均与债权清偿，尤其是未届清偿期之债权如何清偿，以及有无利息时怎样计算债权额有关。之所以要列明两个法条，是由于它们分别针对不同情况而论。具体而言，第 1159 条是以继承人向法院提出遗产清册为前提，而第 1162 条之 1 则以未提出为前提，后者显然弥补了“继承法”2008 年第二次修正的不足。这样一来，债权的清偿就不会因继承人的消极懈怠而受到影响，清偿利益就有所保障。同时，将未届期债权视为已到期以及债权未受清偿便不得进行遗赠的相关规定，都进一步强化了对债权人利益的保护，使债权人免受任何遗产减少所带来的不利后果。

（4）增订第 1162 条之 2 第 1 项：“继承人违反第一千一百六十二条之一规定者，被继承人之债权人得就应受清偿而未受偿之部分，对该继承人行使权利。”第 2 项：“继承人对于前项债权人应受清偿而未受偿部分之清偿责任，不以所得遗产为限。但继承人为无行为能力人或限制行为能力人，不在此限。”第 3 项：“继承人违反第一千一百六十二条之一规定，致被继承人之债权人受有损害者，亦应负赔偿之责。”第 4 项：“前项受有损害之人，对于不当受领之债权人或受遗赠人，得请求返还其不当受领之数额。”第 5 项：“继承人对于不当受领之债权人或受遗赠人，不得请求返还其不当受领之数额。”本条新增之规定，在于继承人不开具遗产清册或违反债权清偿顺序或为不当遗赠，致使债权人应予清偿的债权无法受清偿或同时伴有损失时，将应承担的清偿及赔偿责任。值得注意的是，该清偿责任不以遗产所得为限，成为限定继承的例外情况，这与“继承法”第 1163 条所规定的丧失限定继承之利益而负无限继承责任之继承人有类似之处。另一方面，该法条的增订却使债权人获得了在此情形下的受偿权、损害赔偿请求权以及不当受领返还请求权，大大保证了债权的最终实现。

总之，2009 年“继承法”第三次修订的最大意义便在于使全体继承人成为法定限定继承人，对被继承人之债务从此承担有限的连带责任，这对继承人而言实乃福音。同时，由于法定限定继承的全面实行对被继承人之债权人而言有一定程度的不利影响，因此立法也同时增补条文加强了对债权人的保护，以平衡二者之利益。当然，“继承法”经此次修订后并未已届完美，有学者就曾表示“改成全面限定继承后，立法院未能配合以无限继承为原则之其他条文之修正，而发生限定继承之条文中，相互抵触之处甚多，不无遗憾”。① 可见，“继承法”的继续前行不可避免。

三、继承法的性质

1. 继承法为私法。公法和私法的区分可以从三个角度考量：第一，利益角度，即规范国家事务的法律为公法，规范私人利益的法律为私法；第二，意思角度，即规范权力者及服从者的意思的法律为公法，规范对等者的意思的法律为私法；第三，主体角度，即规范至少一方主体是公权者的法律为公法，规范主体是平等的私权者的法律为私法。继承法，无论从哪个角度来看，都符合私法的特征。它适用的主体是私权者，以私权者的财产继承利益为规范内容，并体现被继承人和继承人的意思表达。虽然法院作为公权力机关有时会对继承事项进行干预，但这无损于继承法的私法性。

2. 继承法为普通法。普通法是与特别法相对的。特别法是仅对特定身份的人、特定事项、特定时间或特定地区适用的法律，而普通法则包含共同、普遍、通行于全国的意思。因为财产继承关系是自然人之间普遍存在的社会关系，所以继承法是适用于一切自然人，而不是仅适用于某一部分人的法律。如此，对于台湾地区的“继承法”来说，凡台湾民众，不论其性别、年龄、出身、职业、文化程度、社会地位，也不问其身处何地，均可适用该部法律，并依其中规定享有继承权利，承担继承义务，因此继承法为普通法。

3. 继承法为实体法。实体法，又称主法、主体法，与程序法相对应。实体法是规范实体权利义务的法律，而程序法是保障实体权利义务如何实现的程序规范。纵观继承法，它规定的是继承的开始、继承关系的主体、继承人的权利义务、继承权的客体等有关主体事实上权利义务的实质性问题，与权利义务实现的程序规范无关，因此继承法为实体法。

4. 继承法为强行法。强行法是必须绝对服从和执行的法律规范，而与

① 戴东雄著：《民法系列·继承》，三民书局2012年版，第24页。

之相对的任意法则可以约定或选择排除适用。继承法中的绝大多数规范带有强行性，不能容许当事人任意变更。例如法定继承人的范围和顺序，代位继承的继承人资格和发生原因，遗嘱能力和遗嘱方式的限制等规定，当事人都必须遵守。当然，继承法中也有一些任意性规定，如台湾地区“继承法”第1202条就规定：“遗嘱人以一定之财产为遗赠，而其财产在继承开始时，有一部分不属于遗产者，其一部分遗赠为无效；全部不属于遗产者，其全部遗赠为无效。但遗嘱另有意思表示者，从其意思。”这里所说的“遗嘱另有意思表示者从其意思”就属于当事人的事先安排可排除法定适用的情形，当为任意性的表现。但从整体上说，继承法应为强行法。继承法之所以为强行法，是因为继承制度关系到社会的政治、道德、经济，与家庭的稳定和社会公共利益密切相关，故而难以许可以私人的意思对其任意加以改变。

5. 继承法是身份法和财产法的融合。与其他纯粹的身份法和纯粹的财产法相比，继承法的独特之处在于它集二者的法律特性于一身。继承法的身份性表现在，继承法规范的是以身份关系为基础而发生的权利，是亲属法的补充；继承法的财产性表现在，继承法规定的是财产转移的方式、效力和条件，是财产法的延续。继承法身份性和财产性的强弱对比，时有变化。例如，在实行宗祧继承的年代里，因财产继承一般依附于身份继承，因此继承法的身份性更为突出，而在废除了身份继承的当代，因继承人只能继承被继承人的财产，因此继承法的财产性开始备受关注。但无论如何，继承法是身份法和财产法的融合，这一点毋庸置疑。

第二章　遗产继承人

第一节　遗产继承人的范围

遗产继承人，简称继承人，是指依照法律规定享有继承权的人。我国台湾地区“民法”第五编“继承”第一章“遗产继承人”中具体规定了继承人的范围、顺序、应继分、代位继承、继承权的丧失和保护等内容。本节所称遗产继承人的范围，是指哪些人可以成为被继承人遗产的继承人。

我国台湾地区“民法”上没有“遗嘱继承人”的概念，其第五编“继承”第一章所称的“遗产继承人”实际上指的就是法定继承人，遗产继承人以外的其他的人或组织虽然也可以依法取得被继承人的遗产或者依遗嘱取得被继承人遗赠的遗产，但都不能称为继承人，而只能称为遗产承受人或受遗赠人。遗产继承人若依遗嘱取得被继承人的财产，也不称为遗嘱继承，而称为遗赠。①

从两岸法律对法定继承人范围的规定来看，其继承人的范围大体相同。但是，由于两岸对配偶关系、父母子女关系的确定规则存在着一定差异，因而即使是称谓相同的继承人，其具体范围也是有所不同的。《继承法》规定的法定继承人的范围包括配偶、子女、父母、兄弟姐妹、祖父母、外祖父母，还包括对岳父母尽了主要赡养义务的丧偶女婿和对公婆尽了主要赡养义务的丧偶儿媳。而根据台湾地区“民法”第1138条规定，遗产继承人包括血亲继承人和配偶继承人两种。配偶是依其与被继承人之间的婚姻关系而享

---

① 在我国大陆地区，遗产继承人分为法定继承人与遗嘱继承人。前者根据法律的直接规定而享有继承权，后者则根据被继承人的遗嘱指定而享有继承权。但遗嘱继承人只能是法定继承人范围之内的人，即立遗嘱人只能指定法定继承人中的一人或数人为遗嘱继承人；法定继承人范围之外的人，只能作为受遗赠人，不能成为遗嘱继承人。不同于法定继承人的是，遗嘱继承人依据被继承人的遗嘱继承遗产，不受原来的法定继承顺序的限制。

有继承权；血亲继承人是基于与被继承人之间一定的血缘关系而享有继承权。血亲继承人具体包括直系血亲卑亲属、[①] 父母、兄弟姐妹和祖父母。[②] 具体展开如下：

一、直系血亲卑亲属

血亲是指具有血统脉络的人，根据台湾地区“民法”第四编“亲属”的规定，血亲分为天然血亲和拟制血亲两种。[③] 天然血亲即是指具有血缘关系的人，例如因出生而发生的父母子女关系。拟制血亲是指原无血缘关系但因法律规定而视同发生血统关系，[④] 例如因收养而发生父母子女关系。

直系血亲、旁系血亲是针对血亲的亲系而言。台湾地区“民法”第 967 条规定：“称直系血亲者，谓已身所从出或从已身所出之血亲。称旁系血亲者，谓非直系血亲，而与已身出于同源之血亲。”意即直系血亲是在血统上，自己是从该血统出来的或者从自己血统繁衍出来的，例如父母与子女、祖父母与孙子女均为直系血亲；旁系血亲是指不属于直系血亲但是在血统脉络上，跟自己出于同血源的人，例如兄弟姐妹、伯叔侄等。

直系血亲卑亲属，也称为直系卑血亲、晚辈直系血亲，是台湾地区“民法”第 967 条中所说的“从已身所出之血亲”，例如被继承人的子女、孙子女、曾孙子女等晚辈直系血亲，包括天然血亲和拟制血亲。对被继承人而言，其直系血亲卑亲属均为第一顺序的继承人，只是这些直系血亲卑亲属会因亲等的不同而对遗产的继承有先后顺序之分。依台湾地区“民法”关于亲等计算的方法，[⑤] 子女为一亲等，孙子女和外孙子女为二亲等，曾孙子女和曾外孙子女为三亲等，以此类推。当直系血亲卑亲属参加遗产继承时，台湾地区“民法”第 1139 条规定“以亲等近者为先”。即上一亲等的直系

---

① 直系血亲卑亲属，在我国大陆地区称为“晚辈直系血亲”，下同。

② 据 1933 年“司法院院字第 898 号解释”，“民法”“亲属编”关于血亲之规定，仅有直系旁系之分，并无内外之别。该编施行前所称之外祖父母，即母之父母，亦即为“民法”第 1138 条所规定遗产继承第四顺序之祖父母。

③ 天然血亲，在大陆地区称为“自然血亲”，下同。

④ 黄碧芬著：《民法 · 亲属继承》，书泉出版社 2010 年版，第 3 页。

⑤ 在台湾地区，亲等是计算亲属间亲疏远近的单位。一亲等最近，二亲等次之，三亲等再次之，以此类推，由近及远，由上至下。

血亲卑亲属优先于下一亲等的直系血亲卑亲属而继承遗产，只有当没有上一亲等的直系血亲卑亲属继承遗产时，才由下一亲等的直系血亲卑亲属继承遗产。例如，有子女参加继承时，孙子女以下亲等的直系血亲卑亲属不得参加继承；没有子女继承时，遗产由孙子女和外孙子女继承，曾孙子女以下亲等的直系血亲卑亲属不得参加继承。虽然在台湾地区也有代位继承制度，即被继承人的子女先于被继承人死亡或丧失继承权时，可由被继承人子女的晚辈直系血亲（如被继承人的孙子女或外孙子女）进行代位继承，但此时，被继承人的孙子女或外孙子女并不是以直系血亲卑亲属的继承地位（即第一顺序继承人）参加继承，而是以代位继承人的身份参加继承，他们只能继承其父或母的应继份额。值得注意的是，倘若直系血亲卑亲属中，上一亲等的直系血亲卑亲属均抛弃继承权，则由下一亲等的直系血亲卑亲属参加遗产的继承。① 例如被继承人的子女全部抛弃继承权，则由被继承人的孙子女和外孙子女参加遗产的继承，此时被继承人的孙子女或外孙子女是在自己固有继承顺序（即第一顺序继承人）上，以直系血亲卑亲属的身份参加继承，而不是以代位继承人的身份参加继承。和台湾地区“民法”的规定不同，《继承法》规定的法定继承人的范围内，晚辈直系血亲中只有被继承人的子女享有继承权，其他的晚辈直系血亲如孙子女或外孙子女、曾孙子女或曾外孙子女并不享有继承权。当被继承人的子女先于被继承人死亡时，则由被继承人的孙子女、外孙子女等晚辈直系血亲进行代位继承；当被继承人的子女抛弃继承权或丧失继承权时，被继承人的孙子女、外孙子女等晚辈直系血亲则无权代位继承。

在我国台湾地区，以第一顺序继承人的身份参加继承的直系血亲卑亲属通常是被继承人的子女。台湾地区“民法”以男女继承权平等为原则，不论儿子或女儿，也不论婚嫁与否，均享有平等的继承权。例如出嫁的女儿、入赘的儿子对父母的遗产均有继承权。在台湾地区“民法”中，子女包括下列几类。

1. 婚生子女。“民法”第1061条规定“称婚生子女者，谓由婚姻关系

---

① 台湾地区“民法”第1176条第5项规定：“第一顺序之继承人，其亲等近者均抛弃继承权时，由次亲等之直系血亲卑亲属继承。”

受胎而生之子女”，即婚生子女是指在父母婚姻关系存续期间，母亲怀孕而生的子女。因此，只要是在婚姻关系存续期间受胎的，即使出生在婚姻关系终止之后，仍属于婚生子女。① 婚生子女对父母的遗产当然地享有继承权。

2. 非婚生子女。非婚生子女是指没有合法婚姻关系的男女所生育的子女。多数国家和地区对婚生子女和非婚生子女予以平等对待，确认非婚生子女对其生父的遗产继承权是基于彼此间的血缘关系，不以生父的认领为条件，例如我国大陆地区、德国。但也有少数国家对于非婚生子女的继承权存在歧视性规定，例如《法国民法典》第756条规定“非婚生子女决不得为继承人；法律仅对于经合法认领的非婚生子女，授予其承受死亡父母遗产的权利。关于其父母的血亲的财产，法律并不授予非婚生子女以任何权利”。在台湾地区，非婚生子女在法律上与生父并无任何身份关系，非婚生子女对其生父的遗产只有在其生父与生母结婚，② 或者经其生父认领，或者由其生父自幼抚养的，③ 才会享有继承权。非婚生子女对其生母，在法律上直接视为生母的婚生子女，无须经过认领等程序，就可以当然地享有对其生母的继承权。

3. 养子女。养子女是因收养关系的依法成立而与养父母形成法律拟制血亲关系的子女。台湾地区“民法”第1077条第1项规定：“养子女与养父母及其亲属间之关系，除法律另有规定外，与婚生子女同。”因此，养子女与婚生子女享有同等继承权，这和大陆相关继承规定相同。养父母子女关系是一种拟制的血亲关系，随收养关系的成立而成立，同时被收养人与其生父母之间的父母子女关系解除，无权继承其生父母的遗产。④ 如果收养关系解除，则养子女自收养关系终止时起恢复与生父母之间的父母子女关系，对

---

① 台湾地区“民法”第1063条第1项规定：“妻之受胎，系在婚姻关系存续中者，推定其所生子女为婚生子女。”

② 台湾地区“民法”第1064条规定：“非婚生子女，其生父与生母结婚者，视为婚生子女。”

③ 台湾地区“民法”第1065条规定：“非婚生子女经生父认领者，视为婚生子女。其经生父抚育者，视为认领。非婚生子女与其生母之关系，视为婚生子女，无须认领。”

④ 世界各国对养子女是否有权继承生父母的遗产存在不同的立法体例。实行“完全收养制度”的国家，如中国、法国等，认为因收养关系的成立，养子女与生父母权利义务关系消除，养子女无权继承生父母的遗产；实行“不完全收养制度”的国家，如德国成年人收养法等，认为因收养关系的成立，养子女与生父母及其近亲属仍保留权利义务关系，养子女仍有生父母的继承权。参见蒋月、何丽新著：《婚姻家庭与继承法》（第四版），厦门大学出版社2013年版，第335页。

生父母的遗产享有继承权。值得注意的是，在台湾地区成年人也可以被收养，但其被收养前所生子女与养父母不发生祖父母与孙子女（或外祖父母与外孙子女）的拟制血亲关系，因此不属于养父母的晚辈直系血亲，不享有继承权。而在我国大陆地区，由于被收养人原则上须未满14周岁，因此一般不存在养子女在被收养前所生子女与养父母之间发生祖父母与孙子女（或外祖父母与外孙子女）拟制血亲关系的问题。另外，根据台湾地区的司法解释和判例，直系血亲卑亲属入赘其他人家的，对其生父母、祖父母均仍享有继承权。这与收养不同。

4. 胎儿。胎儿又称遗腹子女，指其生父死亡时尚在母亲腹中的胚胎。世界各国和地区为保护胎儿将来生活的需要，在继承立法上都规定了胎儿的特留份制度。例如《继承法》第28条规定："遗产分割时，应当保留胎儿的继承份额。胎儿出生时是死体的，保留的份额按照法定继承办理。"又如台湾地区"民法"第7条规定"胎儿以将来非死产者为限，关于其个人利益之保护，视为既已出生"，第1166条规定"胎儿为继承人时，非保留其应继分，他继承人不得分割遗产。胎儿关于遗产之分割，以其母为代理人"。可见，台湾地区"民法"确认胎儿为遗产继承人。

上述继承人属于被继承人的直系血亲卑亲属，对被继承人的遗产享有继承权。需要注意的是，台湾地区不承认继子女的继承权。对继子女而言，继子女与继父母之间的关系是由于父母一方死亡，另一方与他人再婚，或者父母离婚后与他人再婚而形成的父母子女关系。世界各国和地区继承立法多认为继子女与继父母之间不享有继承权，只有我国大陆地区及越南、韩国等少数国家和地区有条件地承认继子女的继承权。例如《继承法》第10条第3款规定"本法所说的子女，包括婚生子女、非婚生子女、养子女和有扶养关系的继子女"，因此形成扶养关系的继子女对继父母享有继承权，能以晚辈直系血亲的身份参加遗产继承。① 但台湾地区认为继父母子女之间仅为直系姻亲关系，并非直系血亲关系，相互间没有继承权，因此继父或继母死后，其继子女对其遗产并无继承权。

① 在我国大陆地区，形成扶养关系的继子女享有双重继承权，既可以继承继父母的遗产，也可以继承其生父母的遗产。

二、父母

台湾地区所称的父母，是指“民法”第967条中所说的“己身所从出”之血亲。父母是子女的直系血亲尊亲属，与子女间的人身关系和财产关系最为密切，世界各国民法均将父母列入法定继承人范围。

在我国台湾地区，父母包括生父母与养父母。生父母对婚生子女的遗产，享有继承权。对于非婚生子女的遗产，生母享有继承权；但生父只有在与生母结婚后、或自幼抚育非婚生子女、或经其认领非婚生子女后，才有权继承非婚生子女的遗产，否则不享有继承权。子女被他人收养的，生父母对子女的关系因收养而解除，无权继承被收养的子女的遗产；如果收养关系终止，养子女与养父母的父母子女关系解除，与生父母的父母子女关系恢复，则生父母有权继承该亲生子女的遗产。养父母对养子女遗产的继承权以合法存在的收养关系为前提，如果继承开始前，收养关系已经解除，则养父母不享有继承权。根据台湾地区的司法解释和判例，父母对于入赘他家的儿子和已出嫁的女儿的遗产享有继承权。

《继承法》规定的对子女享有继承权的父母，包括生父母、养父母和有扶养关系的继父母。但除了我国大陆地区、韩国、越南等少数国家和地区外，大多数的国家和地区继承立法均否认继父母对继子女的遗产继承权，台湾地区也持此种观点，认为继父母子女之间仅为直系姻亲关系，相互间没有继承权，因此继父母不属于遗产继承人。

三、兄弟姐妹

兄弟姐妹属于旁系血亲，是与被继承人血缘关系最近的旁系血亲。在我国传统习俗中，兄弟姐妹一般都在家庭中共同生活多年，生活上互相照顾，经济上互相帮助，既有同胞之亲，又有手足之谊。因此，兄弟姐妹属于遗产继承人，彼此间有相互继承的权利。台湾地区“立法”对兄弟姐妹的范围界定为：同父母的兄弟姐妹（即全血缘的兄弟姐妹）、同父异母或同母异父的兄弟姐妹（即半血缘的兄弟姐妹）、养兄弟姐妹（包括养子女相互间、养子女与养父母的亲生子女相互间）。至于同一祖父母所出的堂兄弟姐妹、表兄弟姐妹、因父或母再婚而形成的继兄弟姐妹，相互之间不享有继承权。[①]此外，被收养人与亲兄弟姐妹间的权利义务关系因被他人收养而解除，彼此间互不享有继承权。

四、祖父母

台湾地区“民法”继承编所称的“祖父母”包括外祖父母。（外）祖父母是被继承人的直系血亲尊亲属，与被继承人是二亲等的亲属关系，在家庭关系中是除了父母子女关系以外最近的直系血亲。我国古代法律，不承认祖父母对孙子女遗产的继承权，更不承认外祖父母对外孙子女的遗产继承权，因为祖父本来就是家产的统管人，祖父母尚在，子孙不得异财，所以不将祖父母列入法定继承人范围。[②] 现代各国继承立法均将祖父母、外祖父母列入法定继承人范围，但有些国家不承认养祖父母与养孙子女之间有继承权，例如法国、德国、瑞士。根据台湾地区的司法解释和判例，祖父母包括养祖父母。因此在台湾地区，祖父母的继承权，包括其对亲生子女的亲生子女（即孙子女）或养子女（即养孙子女）的继承权，也包括一般情况下其对养子女的亲生子女（即养孙子女）或养子女（即养孙子女）的继承权。《继承法》关于祖父母继承权的界定比台湾地区更广，除上述情形外，还包括其对形成扶养关系的继子女的亲生子女与养子女的继承权。

在我国台湾地区，存在养父母对养子女的子女没有继承权的特别情况。台湾地区“民法”对被收养人的年龄没有限制，已有子女的成年人，也可以被收养，但被收养人于收养关系成立前所生的子女与被收养人的养父母之间，不发生法律上的亲属关系，相互之间没有继承权。“民法”第1077条第4项规定：“养子女收养认可时已有直系血亲卑亲属者，收养之效力仅及

---

① 《继承法》对兄弟姐妹范围的界定较广，除包括台湾地区所规定的兄弟姐妹外，还包括有扶养关系的继兄弟姐妹。最高人民法院《关于贯彻执行〈中华人民共和国继承法〉若干问题的意见》（以下简称《继承法若干意见》，下同）第24条明确规定，继兄弟姐妹之间的继承权，因继兄弟姐妹之间的扶养关系而发生。但继子女与继父母之间形成抚养关系的，并不等同于继兄弟姐妹间产生扶养关系。即使继子女与继父母形成了抚养关系，但彼此不存在扶养关系的继兄弟姐妹相互间仍然没有继承权。继兄弟姐妹的扶养关系通常是基于彼此共同生活而产生。继承人有权继承与其有扶养关系的继兄弟姐妹的遗产，也有权继承其亲兄弟姐妹的遗产。

② 张平华、刘耀东著：《继承法原理》，中国法制出版社2009年版，第173页。

于其未成年且未结婚之直系血亲卑亲属。但收养认可前，其已成年或已结婚之直系血亲卑亲属表示同意者，不在此限。”也就是说在收养认可时，养子女已有未成年且还没有结婚的子女的，[①] 收养效力自然及于养子女的未成年且还没有结婚的子女，养父母与养子女的子女之间发生法律拟制的祖父母与孙子女的亲属关系；养子女已有成年的或已结婚的子女的，在收养认可前，除养子女的成年的或已结婚的子女表示同意受收养效力约束外，[②] 养父母与养子女的子女之间不因收养成立而形成法律拟制的亲属关系，也就不存在相互继承的问题。

五、配偶

配偶，是合法婚姻关系存续期间一方对另一方的称谓，夫以妻为配偶，妻以夫为配偶。在继承法中，配偶特指在被继承人死亡时没有离婚且仍生存的配偶。[③] 现实生活中，夫妻双方彼此之间在感情上和经济上的依赖程度最强、最密切，通常一方死亡时，死者多是希望将财产首先留给仍生存着的另一方。因此，规定配偶享有继承权，并将配偶作为最主要的法定继承人之一，是各国继承立法的通例。[④] 而且，随着社会的发展与家庭结构的变化，配偶的继承地位在日渐提高。

在我国台湾地区，配偶之间享有相互继承遗产的权利，并且配偶有法定的应继分。[⑤] 配偶之间相互享有继承权须以继承开始时存在合法婚姻关系为前提。继承开始前，如果男女之间同居而未结婚，或结婚因不具备法定条件而无效，或虽有效结婚但已离婚的，则相互间不享有继承权。根据台湾地区的司法解释和判例，妾不属于配偶，不享有继承权，但其可以根据“民法”

---

① 台湾地区“民法”第12条规定满20岁为成年；第980条规定男未满18岁不得结婚，女未满16岁不得结婚；第981条规定未成年人结婚，应得法定代理人同意。由此可知，在台湾地区允许满一定年龄的未成年人经法定代理人同意而结婚。

② 台湾地区“民法”第1076之1条第2、3项规定：“前项同意应作成书面并经过公证。但已向法院声请收养认可者，得以言词向法院表示并记明笔录代之。”

③ 杨立新、朱呈义著：《继承法专论》，高等教育出版社2006年版，第153页。

④ 吴国平、张影主编：《婚姻家庭法原理与实务》（第三版），中国政法大学出版社2013年版，第157页。

⑤ 有关配偶应继分的规定，详见本章第三节。

第1149条的规定，以被继承人生前继续扶养的人的身份，请求亲属会议酌情给予一定遗产。①

第二节　继承顺序

一、继承顺序的概念与特征

继承顺序是指继承开始时，法定继承人参加继承的先后次序。② 在继承开始后，适用法定继承时，并非所有的法定继承人同时参与遗产的继承，而是须按照法律规定的先后顺序，依次参加继承。存在前一顺序的法定继承人时，则由前一顺序的法定继承人继承遗产；没有前一顺序的法定继承人时，才由后一顺序的法定继承人继承遗产。由于继承顺序关系着各继承人以何种地位参加继承、谁有权继承遗产、谁无权继承遗产，因此各国继承立法均在法律条文中对继承顺序加以明确规定，以合理地分配遗产，避免继承争议与纠纷。继承顺序具有以下特征：

1. 法定性。继承顺序是由法律直接加以规定的，不能由当事人自行决定。这与根据遗嘱进行继承不同。在遗嘱继承中，继承人参加继承无先后次序之分，是根据被继承人遗嘱的指定直接参加继承。

2. 强行性。适用法定继承时，对于法律明文规定的继承顺序，任何人、任何单位都不得以任何理由加以改变，前一顺序的继承人也不得变更自己的顺序而作为后一顺序的继承人参加继承。换言之，继承人可以放弃继承权但不能放弃自己的继承顺序。因为随意改变法定继承人的继承顺序，势必破坏法定继承方式，给处于优先继承顺序的法定继承人的合法利益带来损害，并导致继承纠纷的发生，给社会秩序造成消极影响。③

3. 排他性。适用法定继承时，继承人只能依法定的继承顺序依次参加

① 台湾地区“民法”第1149条规定的是遗产酌给请求权，具体内容详见第三章第二节。

② 根据我国台湾地区学者的解释，“民法”上的遗产继承人均为法定继承人。参见陈棋炎、黄宗乐、郭振恭著：《民法继承新论》（修订七版），三民书局2011年版，第30页。

③ 刘素萍主编：《继承法》，中国人民大学出版社1988年版，第212页。

继承，前一顺序的继承人排斥后一顺序继承人继承。① 只要存在前一顺序的任何一个继承人参加继承，后一顺序的继承人就不可能参加继承。当没有前一顺序的继承人时，或因前一顺序的继承人放弃继承或丧失继承权而全部不能参加继承时，才由后一顺序的继承人参加继承。

4. 限定性。法律关于继承人继承顺序的规定，仅适用于法定继承；在遗嘱继承中，立遗嘱人可以遗嘱方式改变法定继承人的继承顺序。②

二、遗产继承人的继承顺序

世界各国和地区的继承立法在确定法定继承人的继承顺序时，主要依据继承人与被继承人之间婚姻关系的有无、血缘关系的远近、经济上相互依赖的程度等因素，同时也会考虑本国或本地区的具体情况、历史、文化、宗教和风俗习惯等因素。有的国家和地区规定的继承顺序较少，例如我国大陆地区继承法只规定了两个继承顺序；有的国家和地区规定的继承顺序较多，例如法国、德国、美国等规定的继承顺序有五个以上。③ 此外，各国和地区的继承立法对于法定继承人继承顺序的规定，还存在两种不同的立法体例：一是不区分血亲继承人和配偶继承人，将所有的法定继承人都规定于特定的顺序中，《继承法》即采此例；二是区分血亲继承人和配偶继承人，不将配偶继承人列入固定的继承顺序，仅将血亲继承人依据亲疏远近分为若干顺序，配偶可以与任一继承顺序的血亲继承人同为继承，但其应继分因血亲继承人的顺序不同而不同，德国、瑞士、我国台湾地区等即采此例。④

（一）血亲继承人的继承顺序

在我国台湾地区，血亲继承人对于遗产的继承有先后顺序之别，当有前一顺序的血亲继承人时，后一顺序的血亲继承人就不能参与继承。血亲继承

① 郭明瑞、房绍坤著：《继承法》（第二版），法律出版社2004年版，第107页。

② 杨立新、朱呈义著：《继承法专论》，高等教育出版社2006年版，第165页。

③ 如《美国统一继承法典》规定血亲的继承顺序是：第一顺序：直系血亲卑亲属；第二顺序：父母；第三顺序：兄弟姐妹及其直系血亲卑亲属；第四顺序：祖父母及其直系血亲卑亲属；第五顺序：其他亲属。

④ 张平华、刘耀东著：《继承法原理》，中国法制出版社2009年版，第187页。

人的继承顺序为：第一顺序继承人，直系血亲卑亲属；第二顺序继承人，父母；第三顺序继承人，兄弟姐妹；第四顺序继承人，祖父母。

继承开始后，遗产将由顺序在前的血亲继承人优先取得。顺序在后的血亲继承人，只有在没有前一顺序血亲继承人的情况下，或者前一顺序血亲继承人因放弃继承或丧失继承权而全部不能参加继承的情况下，才能参加继承。如果前一顺序血亲继承人存在并有继承权，则无论前一顺序血亲继承人的人数多寡，后一顺序的继承人均不可能继承遗产。具体分述如下：

1. 直系血亲卑亲属。直系血亲卑亲属为第一顺序继承人。人类自进入阶级社会以来，私有财产就在近亲属之间流转。绝大多数国家法律都规定遗产由直系血亲卑亲属继承，财产由上向下传递是人类社会约定俗成的规则。我国的民族传统习惯表明，直系卑血亲继承人历来都优先于直系尊血亲继承人和旁系血亲继承人。从奴隶社会到封建社会的几千年间，我国始终实行宗祧继承制度，即家长死后，其家长身份和全部财产都由嫡长子继承，无嫡长子由嫡长孙继承，无嫡长孙由庶子继承。总之，享有继承权的是家庭中的男性直系卑血亲。① 台湾地区保留了我国传统的继承习惯，继承开始后，当被继承人有子女、孙子女等直系卑血亲时，父母等直系尊血亲并不参与继承。② 此外，各国和地区继承立法在表述上，有的使用“子女”一词，有的使用“直系血亲卑亲属”一词。这两种表述于法律规定上具有实质上的区别，“子女”仅是指被继承人的子女而已，而“直系血亲卑亲属”表示的是一个亲系。使用“直系血亲卑亲属”一词，则意味着这个亲系中的所有人，其继承顺序都应当在第二顺序的继承人之前，只要这个顺序中有人生存并享有继承权，其他后顺序的继承人就不能继承遗产。这和人们希望将财产留给自己子女并通过他们代代相传下去的继承观念相符。

2. 父母。父母为第二顺序继承人。一般而言，在各个民族的传统习惯

---

① 刘悦著：《中国财产继承法律制度研究》，中国海关出版社 2003 年版，第 137 页。

② 对于被继承人的直系血亲卑亲属，《继承法》只规定子女为第一顺序继承人；孙子女、外孙子女等直系卑血亲不属于法定继承人，他们只有在其父或其母先于被继承人死亡时，才能以代位继承人的身份参加继承。而在台湾地区，直系血亲卑亲属为第一顺序的遗产继承人，不仅仅限于被继承人的子女。通常情形下，由被继承人的子女作为第一顺序继承人继承遗产；当被继承人无子女继承遗产时，孙子女、外孙子女即成为第一顺序继承人；若被继承人无子女也无孙子女、外孙子女参加继承而有曾孙子女、曾外孙子女的，曾孙子女、曾外孙子女即成为第一顺序继承人。

中，继承通常是由卑亲属继承尊亲属的遗产，而不是由尊亲属继承卑亲属的遗产。例如《十二铜表法》规定，继承发生时，首先由子女作为直接继承人继承财产，其次是处于死者夫权之下的妻子，再次是无父的孙子女，并未规定父母的继承权。现代各国和地区继承立法虽规定父母有继承子女遗产的权利，但一般都将父母列于直系血亲卑亲属继承人之后。因为从古至今，人们大多沿袭着由子孙继承遗产的继承习惯。在通常情况下，人们只有在无直系血亲卑亲属时，才会考虑将财产留给父母和其他旁系血亲。如果将父母与直系血亲卑亲属同列为第一顺序继承人，遗产之一部分将由父母继承。那么，在父母死亡后，被继承人的财产实际上就归属于被继承人的兄弟姐妹等旁系亲属，最终导致被继承人的遗产向旁系血亲分散，遗产从被继承人家庭内部流向家庭外部。这有悖大多数人将财产留给自己子孙后代的内心意愿，也不符合家产自上而下传递的传统习俗和长期形成的继承习惯。当人们积累的财产日益增多时，将财产留给自己的直系卑血亲、防止财产向旁系分散的愿望就会越强烈。虽然父母与子女同为被继承人一亲等的直系血亲，儿女有赡养父母的义务，但赡养和继承是性质不同的两个问题，不能一概而论。将父母列为第二顺序继承人，并不意味着子女不孝敬父母，不赡养老人，因为父母的晚年生活可以通过适当分得遗产和依靠其他卑血亲的赡养而得以解决。① 因此，虽然现代各国和地区继承立法均将父母列为法定继承人，但大多数国家和地区将父母规定为第二顺序继承人，列于直系血亲卑亲属之后，例如法国、德国、美国、英国、韩国、奥地利等。我国台湾地区“民法”将父母列为第二顺序继承人，当被继承人没有第一顺序的直系血亲卑亲属继承遗产时，将由被继承人的父母参加遗产的继承。②

3. 兄弟姐妹。兄弟姐妹为第三顺序继承人。在法律上，兄弟姐妹是被继承人血缘关系最近的旁系血亲。各国和地区的继承立法多承认兄弟姐妹有

① 参见张玉敏著：《继承法律制度研究》，法律出版社1999年版，第208页。但笔者认为这种观点目前并不适合我国大陆地区的现状。我国大陆地区计划生育政策实施多年，亲属关系日趋简单，独生子女家庭占多数，同时我国养老保障制度还不完善，社会无法为老年人提供基本的生活条件。在此情形下，若将父母列为第二顺序继承人，则父母实际上很难继承到已死亡子女的遗产，这样就可能造成父母的晚年生活难以得以保障。

② 《继承法》将父母与配偶、子女一同列为第一顺序继承人。

相互继承权，但有的国家如德国、瑞士、奥地利将兄弟姐妹列为第二顺序继承人，有的国家如日本、韩国将兄弟姐妹列为第三顺序继承人。兄弟姐妹之间的关系，一般都较为密切，是旁系血亲中最亲近的人，但兄弟姐妹毕竟不是直系血亲，较父母子女之间的关系而言，稍为疏远一些。虽兄弟姐妹在未成年之前，一般都共同生活在一个家庭中，但当他们结婚以后，一般分家另过，彼此经济独立，在经济上、生活上的联系也较为疏远。因此，无论从血缘关系，还是从经济上与生活上的相互依赖程度而言，把兄弟姐妹的继承顺序列于直系血亲卑亲属和父母之后，是较为合理和适宜的。台湾地区“民法”将兄弟姐妹列为第三顺序继承人，当被继承人没有直系血亲卑亲属、父母等血亲继承人继承遗产时，将由被继承人的兄弟姐妹参与继承。

4、祖父母。祖父母为第四顺序继承人。在法律上，祖父母是被继承人直系尊亲属中的二亲等血亲。虽然从血缘关系上看，祖父母与被继承人的血缘关系比其他亲属关系（如叔伯姑舅姨、堂兄弟姐妹、表兄弟姐妹等）较近，但较父母子女之间的关系而言，较为疏远，属于隔代血亲，同时祖孙之间在经济上、生活上的联系通常也是间接的。因此，基于血缘关系的远近，根据权利义务相统一的原则和传统的尊亲属应位于卑亲属之后参加继承的规则，台湾地区“民法”将祖父母列为第四顺序继承人。当被继承人没有直系血亲卑亲属、父母、兄弟姐妹等血亲继承人继承遗产时，将由被继承人的祖父母参与继承。

（二）配偶的继承顺序

对于配偶的继承权，当今各国和地区主要有两种立法例：第一种是将配偶列为某一固定顺序的继承人，例如《继承法》规定，被继承人的配偶与被继承人的子女、父母同为第一顺序的法定继承人，均分被继承人的遗产；① 第二种是配偶虽为当然继承人，但并不是某个固定顺序继承人，而是可以与任一顺序的血亲继承人共同参加遗产的继承，并按法定的比例获得遗产。采用第二种立法例的国家和地区较多，台湾地区也采取此种立法例，即

---

① 《继承法》将配偶列人固定的继承顺序，为第一顺序继承人，与同为第一顺序的其他继承人共同继承遗产；当没有第一顺序的其他继承人，或第一顺序的其他继承人均放弃继承或丧失继承权时，则由配偶继承全部遗产。在这一点上，我国大陆地区继承法没有兼顾保护第二顺序血亲继承人的利益。

继承开始后，配偶作为法定继承人，没有独立的继承顺序，与次序在前的血亲继承人共同继承遗产。采用这种立法例的合理性在于：首先，配偶作为继承人与其他亲属作为继承人是有本质区别的，配偶是因为夫妻关系而享有法定继承权，其他亲属是因为血缘关系而享有继承权，因而配偶不应该与其他血亲一起参与法定继承的顺位竞争。其次，配偶关系与亲属关系不同，配偶之间具有法定的、持续的相互扶养义务，其强度或重要性远远超过亲属间的扶养义务，因此应该对配偶在获取遗产方面给予特殊照顾。而只有将配偶继承人单列，将遗产分为配偶股与血亲股，才能最大可能地保护配偶的利益。需要注意的是，配偶有法定的应继分，该应继分会因同为继承的血亲继承人的继承顺序不同而不同。如果没有血亲继承人或所有血亲继承人全部抛弃继承或丧失继承权，则被继承人的全部遗产由配偶独立继承。

第三节　应　继　分

我国台湾地区学者对应继分解释为“应继分，乃共同继承时，各继承人对于共同继承财产（即遗产）上之一切权利义务所得继承之比率；易言之，应继分即继承遗产应有之成数，不仅权利，且有义务。”① 实际上，台湾地区“民法”中所称的应继分，通俗地讲就是在共同继承中各继承人继承被继承人遗产时所应取得的遗产部分占遗产总额的比率。当继承人仅有一人时，被继承人遗产上所有的权利义务，均由其全部继承，不发生遗产的分配问题，因而不存在应继分问题；当继承人有两人或两人以上时，则需有一定的分配比率，由各继承人按一定的比率继承相应的权利和义务。也就是说，应继分只存在于共同继承中。

台湾地区关于应继分的确定有两种方法：一是由被继承人通过遗嘱进行指定，称为指定应继分；二是由法律进行规定，称为法定应继分。指定应继分优先于法定应继分，当被继承人所立遗嘱对各继承人的应继分有特别指定时，应尊重遗嘱人的意愿，按照遗嘱的指定确定各继承人的应继份额。当

---

① 陈棋炎、黄宗乐、郭振恭著：《民法继承新论》（修订七版），三民书局2011年版，第58页。

然，被继承人对于各继承人应继分的指定，不得违反有关特留分的原则规定。

一、法定应继分

关于法定应继分的规定，各国和地区的继承立法大体有两种体例：第一种是不区分血亲继承人和配偶继承人，同一顺序的法定继承人应继分相等；第二种是区分血亲继承人和配偶继承人并做不同规定，而且应继分不是按人数计算，而是按股计算，即分股原则。所谓分股原则，即是根据继承人的身份，将继承人分为不同的组，每组的应继分由本组的继承人按一定规则继承，一般不流入他组。同组中若有人死亡或放弃继承或丧失继承权，只增加本组其他继承人的继承份额。只有在该组继承人全部不能继承时，应继份额才会由另一组继承人继承。①

我国台湾地区对法定应继分的规定采用的是第二种体例，配偶没有固定的继承顺序，可以与任何一个顺序的血亲继承人共同继承，同时配偶有其相对独立的继承份额。因此，在确定继承份额时，遗产通常被划分成两部分：一部分由配偶继承，称为配偶股；一部分由血亲继承人继承，称为血亲股。虽然各股在遗产总额中所占的比例，会因配偶与不同顺序的血亲继承人共同继承而不同，但原则上只要两股均有继承人存在，不论人数多少，两股遗产互不流入对方股，均由本股内的继承人继承。只有在某一股无人继承时，才可并入对方股。② 例如，当被继承人无配偶继承人时，配偶股无存在的必要，配偶股的遗产份额并入血亲股，全部遗产由血亲继承人依顺序继承；当没有血亲继承人继承遗产时，血亲股也没有存在的必要，血亲股的遗产份额并入配偶股，全部遗产由配偶独自继承。

（一）同一顺序血亲继承人的应继分

我国台湾地区“民法”第 1141 条规定：“同一顺序之继承人有数人时，按人数平均继承。但法律另有规定者，不在此限。”由此可见，台湾地区以

---

① 张玉敏著：《继承法律制度研究》，法律出版社 1999 年版，第 216 页。

② 柳经纬、薛景元、施信贵著：《海峡两岸法律制度比较 · 民法》，厦门大学出版社 1995 年版，第 358 页。

同一顺序的血亲继承人继承份额均等为原则。例如，甲早年丧偶，留下子女三人，若甲死亡，则甲的遗产由其子女三人共同继承、平均分配，三人的继承份额均等。又如乙没有配偶，血亲继承人仅有祖父母和外祖父母共四人，则乙的遗产由祖父母与外祖父母共同继承，四人的继承份额也均等。

该条文中所说的“法律另有规定者”，指的是“民法”第 1144 条关于配偶应继分的规定，具体是指当配偶与第二顺序至第四顺序的血亲继承人共同继承时，须先行扣除配偶的应继分，剩余的遗产部分再由同一顺序的继承人按人数均分继承。

（二）配偶的应继分

在我国台湾地区，配偶的继承顺序不固定，配偶可能与第一顺序血亲继承人共同继承，也可能与第二顺序或第三顺序或第四顺序的血亲继承人共同继承。参加继承的血亲继承人与被继承人血缘关系的远近亲疏，影响配偶的遗产份额的大小。一般而言，血亲继承人继承顺序越前，则与被继承人的血缘关系越近，那么该血亲继承人所取得的应继分越大，配偶的应继分就越小；反之，血亲继承人的继承顺序越后，则与被继承人的血缘关系越远，那么该血亲继承人所取得的应继分越小，配偶的应继分就越大。台湾地区这种立法模式，一般能保证配偶继承平均份额以上的遗产：配偶与第一顺序血亲继承人共同继承时，可以取得平均份额，而与其他顺序的血亲继承人共同继承遗产时，可以取得一半或一半以上的遗产，甚至可以继承遗产的全部。

根据“民法”第 1144 条的规定，配偶的应继分具体如下：

1. 配偶与第一顺序的直系血亲卑亲属共同继承时，各继承人的应继份额均等。配偶与第一顺序的直系血亲卑亲属共同继承时，不论该直系血亲卑亲属有几人，配偶的应继分与各直系血亲卑亲属相同，意即遗产按共同参与继承的人数进行平均分配。此时，配偶没有固定的比例，其应继分因参与继承的直系血亲卑亲属的人数多寡而有差异。例如，被继承人甲有配偶乙，若甲乙仅有一子丙，则甲的遗产由乙和丙平均继承，各为二分之一的应继分；若甲乙有子女丙和丁，则甲的遗产由乙、丙、丁平均继承，各为三分之一的应继分。

根据“民法”第 1176 条规定，如果第一顺序的直系血亲卑亲属中有人抛弃继承，则其应继分归属于其他同为继承的直系血亲卑亲属和配偶。① 例如，被继承人甲有配偶乙及子女丙和丁，若丁抛弃继承，则由乙和丙平均继承遗产，各为二分之一的应继分。这一规定突破了血亲股与配偶股互相独立的分股原则，血亲继承人与配偶继承人的应继分均增加。

如果第一顺序的直系血亲卑亲属中，亲等近的卑血亲均抛弃继承权，则由次亲等的卑血亲继承，② 此时，配偶与次亲等的卑血亲共同继承时，仍按人数均分遗产。例如，被继承人甲有配偶乙及子女丙和丁，丙有子女 A 和 B，丁有子女 C 和 D，若丙和丁均抛弃继承，则由乙和 A、B、C、D 共同继承遗产，③ 每人的应继分均为五分之一。如果配偶抛弃继承，其抛弃的应继分归由其他同为继承的血亲继承人均分。

2. 配偶与第二顺序的父母或第三顺序的兄弟姐妹共同继承时，配偶的应继分为遗产的二分之一。配偶与被继承人的父母或兄弟姐妹共同继承时，其应继分为遗产总额的二分之一。此时，配偶的应继分是固定不变的，不因父母或兄弟姐妹人数多少而受影响。也就是说，配偶股和血亲股各占遗产的二分之一，父母或兄弟姐妹是按人数均分被继承人的二分之一的遗产。例如，被继承人甲没有直系卑血亲，其遗产继承人有甲父、甲母及配偶乙，则乙单独享有二分之一的应继分，甲父和甲母各有四分之一的应继分。又如，被继承人甲没有直系血亲卑亲属，也没有父母，其继承人有配偶乙及兄弟姐妹丙、丁、戊，则乙单独享有二分之一的应继分，丙、丁、戊各有六分之一的应继分。

需要注意的是，"民法"第 1176 条第 2 项规定，当第二顺序或第三顺序的血亲继承人中有人抛弃继承时，其应继分归属于同一顺序的其他血亲继承人。④ 具体而言，父母之中有一人抛弃继承时，其抛弃的应继分，归属同

① 台湾地区"民法"第 1176 条第 1 项规定："第 1138 条所定第一顺序之继承人中有抛弃继承权者，其应继分归属于其他同为继承之人。"

② 台湾地区"民法"第 1176 条第 5 项规定："第一顺序之继承人，其亲等近者均抛弃继承权时，由次亲等之直系血亲卑亲属继承。"

③ 需要注意的是，此时 A、B、C、D 四人是以直系血亲卑亲属的身份（即第一顺序继承人的身份）参加继承，而非以代位继承人的身份参与继承。

④ 台湾地区"民法"第 1176 条第 2 项规定："第二顺序至第四顺序之继承人中，有抛弃继承权者，其应继分归属于其他同一顺序之继承之人。"

为继承的父（或母）；兄弟姐妹中有人抛弃继承时，其抛弃的应继分，由处于同一继承顺序的其他兄弟姐妹均分。这一规定遵循了血亲股与配偶股互不流入的分股原则，与第一顺序血亲继承人抛弃继承时应继分归属的处理规则不同。也就是说，配偶与第二或第三顺序的遗产继承人共同参加继承的，遇到血亲继承人抛弃继承时，该血亲继承人抛弃的遗产份额，配偶没有权利参与分配，配偶的应继分仍固定为被继承人遗产的二分之一。若与配偶共同继承的同一顺序的血亲继承人，全都抛弃继承或丧失继承权，则由后顺序的血亲继承人与配偶共同继承，如果连后顺序的血亲继承人都没有时，才由配偶全部继承。① 如果配偶抛弃继承的，其抛弃的应继分归由其他同为继承的血亲继承人均分。

3. 配偶与第四顺序的祖父母共同继承时，配偶的应继分为遗产的三分之二。当配偶与被继承人的祖父母共同继承时，其应继分固定为遗产总额的三分之二，祖父母按人数平均分配被继承人的三分之一的遗产。例如，被继承人甲没有直系血亲卑亲属、父母及兄弟姐妹，其遗产继承人有配偶乙、祖父丙、祖母丁、外祖父戊、外祖母己，则乙的应继分为遗产的三分之二，丙、丁、戊、己的应继分各为遗产十二分之一。如果祖父母中有人抛弃继承时，由同为继承人的祖父或祖母均分该抛弃的应继分，而配偶的应继分仍为遗产的三分之二。也就是说，配偶与第四顺序的祖父母共同继承时，其应继分固定不变，不因祖父母人数的多寡或其中有人抛弃继承而发生变化。如果第四顺序的遗产继承人均抛弃继承或丧失继承权，则由配偶继承全部遗产。如果配偶抛弃继承的，其抛弃的应继分归由其他同为继承的祖父母均分。

4. 仅有配偶而无第一顺序至第四顺序的血亲继承人时，配偶单独继承所有遗产。当被继承人没有第一顺序至第四顺序的血亲继承人时，配偶的应继分为遗产的全部。此时配偶为被继承人的唯一的继承人，遗产由其单独继承。

与台湾地区规定不同的是，《继承法》不区分配偶继承人和血亲继承人，将所有法定继承人都列入一定的继承顺序，由于每个继承人都有自己固定的继承顺序，因而关于各继承人的法定应继分的规定较为简单。《继承

① 黄碧芬著：《民法·亲属继承》，书泉出版社 2010 年版，第 349 页。

法》第13条规定："同一顺序继承人继承遗产的份额，一般应当均等。对生活有特殊困难的缺乏劳动能力的继承人，分配遗产时，应当予以照顾。对被继承人尽了主要扶养义务或者与被继承人共同生活的继承人，分配遗产时，可以多分。有扶养能力和有扶养条件的继承人，不尽扶养义务的，分配遗产时，应当不分或者少分。继承人协商同意的，也可以不均等。"由此可见，《继承法》在确定同一顺序继承人的应继分时，以均等为原则，同时还考虑到继承人的财产状况、继承人对被继承人的扶养情况以及继承人的意愿等因素，以最终确定各继承人的遗产份额。

二、指定应继分

指定应继分是指由被继承人以遗嘱的方式确定继承人继承遗产的份额。虽然我国台湾地区"民法"没有明文规定指定应继分问题，但由于"民法"确立遗嘱自由原则，被继承人作为财产所有权人，可以依个人意志确定身后财产的归属。指定应继分优先于法定应继分。法定应继分的规定，是在被继承人没有通过遗嘱对财产进行处分的情况下适用的。被继承人对遗产份额的指定，既可以是在遗嘱上规定各继承人取得遗产的比例，也可以是在遗嘱上按照财产目录将各项财产具体地分配给各继承人。① 例如，被继承人有价值100万元的遗产，他可以在遗嘱中指定由其配偶继承十分之四，两个儿子各继承十分之三；也可以在遗嘱中指定由其配偶继承价值40万元的房产，长子继承价值30万元的债券，次子继承价值30万元的汽车和存款。如果被继承人仅就部分共同继承人指定其应继分，则其他共同继承人的应继分仍按法定应继分确定。例如被继承人有配偶和子女甲、乙、丙三人，遗嘱仅指定其配偶的应继分为二分之一，那么甲、乙、丙三人的应继分各为遗产的六分之一。②

合法有效的指定应继分需满足以下两个条件：第一，被继承人须以遗嘱的方式指定应继分。在我国台湾地区，遗嘱有严格的形式要求，以保障被继

① 江文、柳经纬编著：《台湾亲属法和继承法》，厦门大学出版社1991年版，第99页。

② 参见陈棋炎、黄宗乐、郭振恭著：《民法继承新论》（修订七版），三民书局2011年版，第62页。

承人的意思真实。若应继分的指定，未以遗嘱方式进行，或欠缺遗嘱相应的法定形式，则该指定无效。第二，被继承人指定应继分时，不得违反特留分的规定。特留分制度是台湾地区“民法”用以限制遗嘱自由的一种手段，目的是为了保护法定继承人的权益。该制度要求被继承人必须遗留一定比例的遗产给予其法定继承人。如果遗嘱未保留法定继承人的特留分，该法定继承人有权请求从遗嘱处分的遗产中扣减，以补足其特留分。

第四节 代位继承

一、代位继承的概念

代位继承又称承祖继承，根据我国台湾地区“民法”第1140条的规定，代位继承是指第一顺序遗产继承人中有一人或数人于继承开始前死亡或丧失继承权时，由其直系血亲卑亲属承袭其继承顺位及应继分，继承被继承人遗产的法律制度。代位继承中，先于被继承人死亡或丧失继承权的人称为被代位继承人，简称被代位人；代替被代位人继承遗产的人称为代位继承人，简称代位人；代位人代替被代位人继承遗产的权利，称为代位继承权。

代位继承制度起源于罗马法的按股继承。《罗马市民法》规定：先于被继承人死亡或受家父权免除者之子，取得其父的应继分。这种直系血亲卑亲属代位继承的制度，逐渐延伸、扩展到旁系血亲。[①] 原本没有代位继承制度的日耳曼法，由于受罗马法的影响，在中世纪时确立了代位继承制度。近代各国的继承立法，几乎都沿用代位继承制度。我国历史上虽无代位继承的概念，但在我国古代立法中却实质存在此制度，如《唐律疏议》中就有“兄弟亡者，子承父分”的规定；大明律和大清律例（户律·户役门·立嫡子违法律）也有“妇人亡夫，无子守志者，合承夫分”的规定。1929年《中华民国民法》“继承编”明确规定由直系血亲卑亲属代位继承制度。[②] 我国台湾地区学者认为，设立代位继承制度，使被继承人的孙子女能承继其亡父

① 刘春茂主编：《中国民法学·财产继承》（修订版），人民法院出版社2008年版，第228页。

② 张平华、刘耀东著：《继承法原理》，中国法制出版社2009年版，第195页。

生存时可获得的应继分，既保护了被代位人的继承人的继承期待利益，也符合公平原则。①

二、代位继承的构成要件②

（一）须被代位继承人于继承开始前死亡或丧失继承权

此要件规定的是代位继承的发生事由。世界各国和地区关于代位继承的发生事由，大体有三种不同的立法例：（1）以被代位人先于被继承人死亡为代位继承发生的唯一原因，如法国民法、我国《继承法》；（2）以被代位人先于被继承人死亡或丧失继承权作为代位继承发生的原因，如日本、韩国民法；（3）以被代位人先于被继承人死亡、丧失继承权或抛弃继承权，作为代位继承发生的原因，如德国、瑞士民法。我国台湾地区采用第二种立法例，将代位继承的发生限于被代位人先于被继承人死亡或丧失继承权两种原因，但不包括抛弃继承权的情形。因为台湾地区"民法"规定抛弃继承只能在继承开始后作出，③ 而且该抛弃份额，将根据"民法"第 1176 条的规定归属于其他共同继承人。

1. 被代位继承人于继承开始前死亡。在我国台湾地区，死亡包括自然死亡和宣告死亡。继承人先于被继承人死亡，即被代位人于继承开始前死亡，才可能发生代位继承。如果继承人的死亡是发生在被继承人死亡之后，即使遗产尚未分割，或正在分割的过程中，也不发生代位继承。此时，继承人的继承份额将依法转由其遗产继承人继承，发生的是转继承而非代位继承。

至于继承人与被继承人同时死亡（包括推定同时死亡）是否发生代位继承的问题，我国台湾地区"民法"没有明文规定。但通说认为，代位继承的设置，是为了保护直系血亲卑亲属的利益，且代位继承权是直系血亲卑

---

① 陈棋炎、黄宗乐、郭振恭著：《民法继承新论》（修订七版），三民书局 2011 年版，第 42 页。

② 关于代位继承的构成要件，除本书所列三个要件外，史尚宽先生认为还有第四个要件，即"代位继承人须为被继承人之直系血亲卑亲属"，因为在台湾地区成年人也可以被收养，所以存在养子女于被收养前已有的直系血亲卑亲属，与养父母无血亲关系，不享有代位继承权的情形。参见史尚宽著：《继承法论》，中国政法大学出版社 2000 年版，第 89 页。

③ 世界各国的继承法都确认，继承是基于被继承人死亡这个法律事实的出现而发生的。继承开始只能在被继承人死亡之后。从被继承人死亡时起，继承人就取得了继承权，在此以前的继承权只是一种期待权，还不是一种现实的权利，不能抛弃。

亲属固有的权利，因此，基于公平原理，应肯定同时死亡时仍可发生代位继承。[①] 实施的《继承法》对同时死亡是否发生代位继承问题也没有明文规定，但从我国最高人民法院《继承法若干意见》第2条[②]的规定来看，相互有继承权的数人在同一事件中死亡，难以确认其死亡先后的情况下，是不会发生代位继承问题的。其理由如下：第一，“推定没有继承人的先死亡”，当然不可能发生同时死亡人的继承人代替死亡人的继承地位而继承其遗产份额的问题；第二，“推定长辈先死亡”，也不会发生代位继承问题，因为在我国大陆地区代位继承发生的原因是被继承人的子女先于被继承人死亡；第三，辈分相同，推定同时死亡，彼此不发生继承，当然也就不会发生代位继承。[③]

2. 被代位继承人于继承开始前丧失继承权。被代位人在继承开始之前丧失继承权，也属于代位继承的发生事由。[④] 丧失继承权的具体情形规定于我国台湾地区“民法”第1145条，具体内容详见本章第五节。至于继承开始后才发生丧失继承权情形的，能否发生代位继承，台湾地区“民法”没有明文规定。通说认为，丧失继承权的事由，一般发生于继承开始前，但如果发生于继承开始以后，应解释为溯及继承开始时发生丧失继承权的效力。基于公平原理与代位继承制度设置的目的，在继承开始后丧失继承权的，仍应肯定由被代位人的直系血亲卑亲属代位继承。[⑤]

（二）被代位继承人须为被继承人的直系血亲卑亲属

此要件规定的是被代位人的范围。世界各国和地区关于被代位人的范围，大体有四种立法例：第一，被代位人仅限于被继承人的直系血亲卑亲属；第二，被代位人限于被继承人的直系血亲卑亲属和兄弟姐妹及其直系血

---

① 陈棋炎、黄宗乐、郭振恭著：《民法继承新论》（修订七版），三民书局2011年版，第45页。

② 最高人民法院《继承法若干意见》第2条规定：“相互有继承关系的几个人在同一事件中死亡，如不能确定死亡先后时间的，推定没有继承人的人先死亡。死亡人各自都有继承人的，如几个死亡人辈分不同，推定长辈先死亡；几个死亡人辈分相同，推定同时死亡，彼此不发生继承，由他们各自的继承人分别继承。”

③ 刘春茂主编：《中国民法学·财产继承》，人民法院出版社2008年版，第235页。

④ 关于代位继承的发生事由，《继承法》只限定于被继承人的子女先于被继承人死亡这一事由，若被继承人的子女抛弃继承权或丧失继承权，均不发生代位继承。

⑤ 陈棋炎、黄宗乐、郭振恭著：《民法继承新论》（修订七版），三民书局2011年版，第44页。

亲卑亲属；第三，被代位人的范围包括直系血亲卑亲属、父母及其直系血亲卑亲属、祖父母及其直系血亲卑亲属；第四，被代位人的范围包括直系血亲卑亲属、父母及其直系血亲卑亲属、祖父母及其直系血亲卑亲属、曾祖父母及其直系血亲卑亲属。[1] 我国台湾地区采用第一种立法例，被代位人只限于被继承人的直系血亲卑亲属。[2] 被继承人的配偶、第一顺序以外的血亲继承人，即使于继承开始前死亡或丧失继承权，也不会发生代位继承。

（三）代位继承人须为被代位继承人的直系血亲卑亲属

此要件规定的是代位人的范围。代位继承人必须是被代位人的直系血亲卑亲属，这是代位继承的一个基本原则。在这个问题上，各国继承立法的规定基本上是一致的，但也有个别例外，如韩国民法规定，妻子可代亡夫继承公婆的财产。我国台湾地区“民法”规定，代位继承人只限于被代位人的直系血亲卑亲属，被代位人的配偶、兄弟姐妹等均没有代位继承权。但被代位人的直系血亲卑亲属若已被他人收养，则不享有代位继承权。需要注意的是，代位人虽限于直系血亲卑亲属，但其代数不受限制，孙子女、曾孙子女、玄孙子女等均可代位继承。当直系血亲卑亲属有多人时，由亲等近者优先代位继承。例如，甲、乙、丙、丁四人为直系血亲关系，甲为父、乙为子、丙为孙、丁为曾孙。若乙先于甲死亡，则甲死亡时，由丙代乙的继承顺位继承甲的遗产；若乙、丙二人均先于甲死亡，则由丁代乙的继承地位继承甲的遗产。

三、代位继承权的性质

目前，在代位继承理论中，有关代位继承权的性质，其争议的焦点主要集中在代位继承权是由被代位人所享有的继承权派生出来的权利，还是代位继承人固有的权利，即存在“代表权说”和“固有权说”两种学说之争。

代表权说又称为代位权说，该说认为代位继承人是代替被代位人参加继承，是被代位人的代表，代位人是基于被代位人的继承地位而取得被代位人

① 张平华、刘耀东著：《继承法原理》，中国法制出版社2009年版，第201页。

② 关于被代位人的范围，《继承法》仅限于被继承人的子女，而台湾地区“民法”限定于被继承人的直系血亲卑亲属，不仅包括子女，还包括孙子女、曾孙子女等。此外，《继承法》与台湾地区“民法”对于子女范围的界定有所不同，如对养子女、继子女的认定也不完全相同。关于台湾地区“民法”所规定的子女的范围，详见本章第一节关于直系血亲卑亲属的分析。

的应继份额。例如《法国民法典》规定代位继承为“法律的拟制”，其法律效果为“使代位继承人取得被代位人的地位、亲等与权利”。[①] 任何人只能代替已死亡之人而不得代替活着的人而取得其继承的地位。依代表权说，代位继承权是基于被代位人所享有的继承权而派生出来的权利，因此代位继承权以被代位人是否享有继承权为基础，一旦被代位人丧失了继承权，则代位继承人不能代表被代位人继承遗产。《继承法》立法采用的是代表权说，例如《继承法》第 11 条规定“代位继承人一般只能继承他的父亲或者母亲有权继承的遗产份额”及最高人民法院《继承法若干意见》第 28 条规定的“继承人丧失继承权的，其晚辈直系血亲不得代位继承”。由此可见，代位继承权能否实现是由被代位人继承权的状况决定的，只有在被代位人享有继承权时，代位继承人才有权代位继承。

固有权说认为，代位继承权是法律直接赋予代位继承人的权利，是代位继承人因其身份关系而获得的固有权利，不论被代位人继承权状况如何（如被代位人丧失继承权），都不影响代位人实际代位继承遗产。例如《日本民法典》第 887 条第 2 项规定“被继承人的子女，在继承开始前已经死亡，或因符合第 891 条的规定，[②] 或因废除而丧失其继承权时，由被继承人的子女代袭为继承人”，[③] 又如我国台湾地区“民法”第 1140 条规定：“第 1138 条所定第一顺序之继承人，有于继承开始前死亡或丧失继承权者，由其直系血亲卑亲属代位继承其应继份”。德国、意大利、瑞士、美国等也均采用固有权说。

固有权说反对代表权说的理由主要有：第一，代表权说的基点是由代位人代替被代位人行使继承权，但民事权利始于出生终于死亡，既然被代位人已死亡，其所享有的一切民事权利包括继承权均归于消灭，何来有效存在的继承权转由其晚辈直系血亲来行使？而且从民事权利的角度分析，继承权属于专属权，无法转让给他人，不应发生他人代为行使被代位人继承权的情

① 《法国民法典》第 739 条规定：“代位继承为法律的拟制，其效果在使代位继承人取得被代位人的地位、亲等与权利。”参见李浩培、吴传颐、孙鸣岗译：《法国民法典》，商务印书馆 1979 年版，第 98 页。

② 《日本民法典》第 891 条规定的是继承人欠缺资格的事由，即丧失继承权的具体事由。

③ 渠涛编译：《最新日本民法》，法律出版社 2006 年版，第 192 页。

形。第二，被代位人不遵守道德或违反法律将丧失继承权，这对他们而言是一种民事上的制裁，应归咎于被代位人自己。而代表权说主张当被代位人丧失继承权时，其直系血亲卑亲属不得代位继承，意即被代位人的行为后果，归由与该行为没有关系的其他人来承担，这完全违背现代法律的责任自负、反对株连的归责原则。① 第三，代位权说无法解释，法律为何规定某些继承人先于被继承人死亡，其直系血亲卑亲属可以代位继承，而另一些继承人先于被继承人死亡，其直系血亲卑亲属却不能代位继承的问题。② 第四，代位继承制度创设的目的，在于尽可能地保护尚未成年的直系血亲卑亲属的利益，使其获得一定的物质生活保障。但是采用代表权说，会发生因被代位人丧失继承权导致尚未成年的代位人没有资格代位继承的后果，无法真正达到代位继承制度创设的目的。

因此，我国台湾地区继承制度关于代位继承权的性质采用的是固有权说。实际上，承认直系血亲卑亲属的代位继承权为其本身固有的权利，被代位人先于被继承人死亡或丧失继承权的民事法律事实只是代位继承权实现的条件之一，更符合继承立法设置代位继承制度的目的，更能维护直系血亲卑亲属的合法权益。

四、代位继承的法律效力

根据我国台湾地区“民法”第1140条规定，代位继承的法律效力为代位继承人代位继承被代位人的应继分。即由代位继承人承袭被代位人的继承顺序，直接继承被继承人的遗产。通过代位继承，代位继承人取得被代位人的应继分。当代位继承人只有一人时，其所得应继分与被代位继承人的应继分完全相同；当代位继承人有数人时，则由各代位继承人均分为被代位继承人的应继分。③ 例如，被继承人甲有配偶乙及丙、丁两子，丙先于甲死亡，丙留有一子戊，则继承开始后由戊继承丙的应继分，乙、丁、戊各分得甲遗产的三分之一；若丙不仅留有一子戊，还有一女己，则须由戊和己均分丙的应继分，

① 参见张平华、刘耀东著：《继承法原理》，中国法制出版社2009年版，第196页。

② 张玉敏著：《继承法律制度研究》，法律出版社1999年版，第322页。

③ 最高人民法院《继承法若干意见》第27条规定：“代位继承人缺乏劳动能力又没有生活来源，或者对被继承人主要赡养义务的，分配遗产时，可以多分。”我国台湾地区对此没有例外规定。

最终乙、丁各分得甲遗产的三分之一，而戊、己各分得甲遗产的六分之一。

需要探讨的是，继承开始前若被继承人的子女均死亡或丧失继承权的，被继承人的孙子女究竟是以其直系血亲卑亲属的身份作为第一顺序继承人参与继承（即本位继承），还是以代位继承人的身份参与继承（即代位继承）？例如，被继承人有甲、乙二子，甲乙均于继承开始前死亡，甲有子A与B，乙有子C。此时，A、B、C三人是以第一顺序继承人身份参加继承（其结果是A、B、C的应继分均为遗产的三分之一），还是A、B、C三人以代位继承人身份参加继承（其结果是A与B的应继分为遗产的四分之一，C的应继分为遗产的二分之一）？关于这一问题，德国、瑞士、奥地利等国家民法典规定由其直系血亲卑亲属代位继承，而法国民法采用本位继承。

我国台湾地区"民法"对此并没有明确规定，学理上有"本位继承说"与"代位继承说"之争。主张"本位继承说"的理由为：第一，从与继承有关的旧律例及旧习惯来看，存在亲等较远的直系血亲卑亲属以固有顺序继承家产的情况。例如古代《唐律疏议》记载的分家析产时所适用的"同一亲等所获家产均等"规则，又如宋代和明代制定的"兄弟俱亡，由兄弟诸子均分"律法。第二，从文义解释的角度出发，台湾地区"民法"第1140条的表述来看，代位继承应发生于处于第一顺序的继承人中有一人或数人先于继承开始前死亡或丧失继承权的情形，并不包括继承人全部死亡或丧失继承权的情形，不应做扩大解释。第三，从公平原则衡量，台湾地区"民法"是以同一顺序的继承人有数人时按人数平均继承为原则，因此当第一顺序的继承人全部死亡或丧失继承权时，由次亲等的直系血亲卑亲属按本位继承均分遗产较为公平。第四，就类推解释而言，台湾地区"民法"第1176条规定的是当第一顺序的继承人均抛弃继承权时，由次亲等的直系血亲卑亲属按本位继承。那么当第一顺序的继承人均死亡或丧失继承权时，也应类推由次亲等的直系血亲卑亲属按本位继承。① 主张"代位继承说"的理由为：第一，既然台湾地区"民法"第1140条已明文规定"死亡及丧失继承权"代位继承发生的原因，那么不论是部分或全部的继承人死亡或丧失继承权，均

① 参见林秀雄主编：《民法亲属继承实例问题分析》，五南图书出版公司2008年版，第281页。

应属于引发代位继承的事由。第二，倘若规定，第一顺序继承人中近亲等的直系卑血亲有人生存或未丧失继承权，次亲等的直系卑血亲须为代位继承，而第一顺序继承中近亲等的直系卑血亲全部死亡或丧失继承权的，次亲等的直系卑血亲却须平均继承。那么在继承理论上则缺乏统一性，也可能使继承人的应继分处于不稳定的状态。第三，由于次亲等直系卑血亲的人数通常多于近亲等直系卑血亲的人数（即现实中孙子女人数常多于子女人数），如果采用本位继承，因配偶须与直系卑血亲均分遗产，则配偶的应继分会由于参加继承的人数增加而减少，如此不利于保护配偶的利益。① 以上两种学说各有合理之处，但根据台湾地区现行“民法”第1138条至1140条的规定，一般采用本位继承说。

第五节　继承权的丧失

一、继承权丧失概说

继承权的丧失是指继承人对被继承人或其他应继承人有重大违法或不道德行为，或就遗嘱有诈欺行为时，依法被剥夺继承资格，丧失其继承人地位的制度。

因继承人有重大不道德行为而剥夺其继承资格的思想，在古日耳曼法和罗马法即已有之。日耳曼法中有“血手不能为继承人”的说法，即杀害被继承人的人，无权成为继承人；以暴力夺取或毁损被继承人财物的人，也丧失对该财物的继承权。在罗马法上，继承人致被继承人死亡的，该继承人原应继承的财产，依法予以没收，收归国库。② 继承权丧失制度是“当事人不能因违法行为而获得利益原则”的体现。因此，民法上继承权丧失制度的设置，带有一定的私法惩罚色彩。

丧失继承权具有相对性，即某继承人对某被继承人有应丧失继承权的违

① 参见林秀雄主编：《民法亲属继承实例问题分析》，五南图书出版公司2008年版，第282页。

② 陈棋炎、黄宗乐、郭振恭著：《民法继承新论》（修订七版），三民书局2011年版，第67页。

法行为时，仅丧失作为该被继承人的继承人的资格，不能继承该被继承人的遗产，但不影响该继承人作为其他被继承人的继承人。例如甲有胁迫其父订立遗嘱的行为，因而丧失对其父遗产的继承权，但对其母的遗产，甲仍有权继承。这一特点，是丧失继承权和无继承能力二者的区别。无继承能力指从根本上不具备继承人的民事权利能力，不能参与任何继承关系，不能成为任何人的继承人。例如在奴隶社会，奴隶无继承能力，只能成为奴隶主继承权的客体。古代罗马法规定，鳏夫、独身者、无生育能力的妇女不能做继承人。在我国古代，死者无男性后裔时，女儿可以分得部分遗产，但这并不是以继承人的名义，而是基于亲情，只有男子才有继承权。①

二、继承权丧失的事由

继承权丧失的事由，也就是得依法取消继承人继承权的原因或者理由。继承权的丧失，是对继承人继承权的剥夺，对继承人而言是一种严厉的制裁。因此，确定丧失继承权的法定事由意义重大。法律对丧失继承权事由的规定必须力求严谨，对于在哪些情形下才能剥夺继承人的继承权，必须详加斟酌，既不能纵容继承中的不法行为和不道德行为，也不能对继承人要求过苛，同时还应充分尊重被继承人的意思。②

目前世界各国和地区关于继承权丧失事由的规定不尽一致，范围有大有小，大体有以下四类：一是对被继承人或其他继承人犯有严重罪行，如故意杀害被继承人；二是知悉被继承人被谋杀而不告发的；③ 三是妨害被继承人自由行使遗嘱处分权的，如变造、毁弃被继承人遗嘱的行为；四是严重违反亲属间法定扶养义务的，如虐待、遗弃被继承人。《继承法》第7条规定了四种丧失继承权事由：（1）故意杀害被继承人；（2）为争夺遗产而杀害其他继承人；（3）遗弃被继承人或虐待被继承人情节严重；（4）伪造、篡改或者销毁遗嘱情节严重。而台湾地区“民法”第1145条规定的继承权丧失的事由，主要有五大类：

---

① 张玉敏著：《继承法律制度研究》，法律出版社1999年版，第61页。

② 张平华、刘耀东著：《继承法原理》，中国法制出版社2009年版，第23页。

③ 《日本民法典》和《法国民法典》都规定，知悉被继承人被谋杀而不告发者丧失继承权，但谋杀者系自己的近亲属者除外。

（一）故意致被继承人或应继承人于死，或虽未致死，因而受刑之宣告者①

此款实际上列举了四种丧失继承权的违法行为：（1）因故意致被继承人死亡而受刑罚处罚的；（2）因故意致应继承人死亡而受刑罚处罚的；（3）虽未致被继承人死亡，但受刑罚处罚的；（4）虽未致应继承人死亡，但受刑罚处罚的。

所谓的应继承人，是指继承顺序位于故意杀人的继承人之前或与其位于同一顺序的继承人。因为应继承人的死亡，会给该继承人带来继承方面的利益。如果被杀害的不是应继承人，而是继承顺序位于该故意杀人的继承人之后的继承人，则不发生丧失继承权的后果。②

在理解本款规定的丧失继承权的事由时，需要注意以下几点：（1）继承人必须是故意杀人，即继承人有致被继承人或应继承人死亡的故意，至于继承人杀人的动机是否为了遗产，在所不论。③ 因此，如果继承人对被继承人或应继承人的行为属于过失杀人或伤害致死，则不属于本款所规定故意杀人，不丧失继承权。（2）继承人故意杀人的，不论是既遂（致死）、未遂（未致死）或是预备杀人，只要受到刑事处罚，均丧失继承权。但是，如果继承人是因正当防卫、紧急避险、无刑事责任能力而不受刑罚处罚的，或者虽应受刑事处罚但因追诉时效已过或因赦免而未受刑罚处罚的，则不发生丧失继承权的后果。④（3）杀害被继承人或应继承人的行为，须是继承人本人实施的行为，如果该杀害行为是继承人的配偶或其他亲属实施的，则继承人的继承权并不丧失。当然，如果该杀害行为是在继承人教唆或帮助下实施的，则继承人丧失继承权。⑤

---

① 参见台湾地区“民法”第1145条第1项第1款规定。

② 《继承法》对继承人杀害的对象，只是泛泛地规定为“其他继承人”。台湾地区则将继承人杀害的对象限定为“应继承人”，即只针对顺序在前或同一顺序的继承人。

③ 《继承法》规定继承人杀害其他继承人而丧失继承权的，须以争夺遗产为目的，而不论是故意或是过失。

④ 陈棋炎、黄宗乐、郭振恭著：《民法继承新论》（修订七版），三民书局2011年版，第69页。

⑤ 《继承法》规定继承人只要有故意杀害被继承人或为争夺遗产而杀害其他继承人的不法行为，即当然丧失继承权，而不论继承人是否受到刑事处罚。而台湾地区则要求该继承人须受到刑罚处罚才丧失继承权。因此，如果继承人因无刑事责任能力或因超过追诉时效或因赦免而未受到刑罚处罚，则不丧失继承权。

（二）以诈欺或胁迫使被继承人为关于继承之遗嘱，或使其撤回或变更之者①

此款列举了六种丧失继承权的违法行为：（1）用诈欺的手段使被继承人制作遗嘱；（2）用诈欺的手段使被继承人撤回遗嘱；（3）用诈欺的手段使被继承人变更遗嘱内容；（4）用胁迫的手段使被继承人制作遗嘱；（5）用胁迫的手段使被继承人撤回遗嘱；（6）用胁迫的手段使被继承人变更遗嘱内容。

所谓诈欺，是指使用欺骗手段使被继承人陷于错误的认识而为意思表示，或利用被继承人的错误而使被继承人为意思表示的行为。② 所谓胁迫，是指使被继承人陷入恐惧而为意思表示。被继承人因继承人的诈欺或胁迫而作出与自身真实意愿相违背的有关订立、变更或撤回遗嘱的行为。这一类违法行为侵害了被继承人的遗嘱自由。只要继承人实施了上述六种行为之一，即丧失继承权，而不论继承人实施该行为是否为自己谋利。值得注意的是，这里所说的“关于继承之遗嘱”，特指与遗产继承有关的遗嘱，例如涉及应继分的指定、遗产分割方法的指定等，即属于与遗产继承有关的遗嘱事项。与遗产继承无关的事项，例如监护人的指定，即使因继承人的诈欺或胁迫行为所致，也不发生丧失继承权的后果。另外，遗嘱必须为有效的遗嘱。如果是无效的遗嘱，例如无遗嘱能力人所立的遗嘱或不具备法定形式的遗嘱，即使为继承人的诈期或胁迫行为所致，由于无效的遗嘱不发生法律效力，不会产生妨害继承的后果，因此不发生丧失继承权的后果。

（三）以诈欺或胁迫妨害被继承人为关于继承之遗嘱，或妨害其撤回或变更之者③

此款也列举了六种丧失继承权的违法行为：（1）用诈欺的方法，妨害被继承人制作遗嘱；（2）用诈欺的方法，妨害被继承人撤回遗嘱；（3）用诈欺的方法，妨害被继承人变更遗嘱内容；（4）用胁迫的方法，妨害被继

① 参见台湾地区“民法”第1145条第1项第2款规定。继承人以诈欺、胁迫手段致使被继承人订立、撤回或变更遗嘱的，或以诈欺、胁迫手段妨害被继承人订立、撤回或变更遗嘱的，在台湾地区构成丧失继承权的法定事由，在大陆只产生遗嘱无效的后果，继承人并不因此丧失继承权。

② 诈欺，在我国大陆地区称为欺诈，下同。

③ 参见台湾地区“民法”第1145条第1项第3款规定。

承人制作遗嘱；(5) 用胁迫的方法，妨害被继承人撤回遗嘱；(6) 用胁迫的方法，妨害被继承人变更遗嘱内容。继承人实施的上述任一种行为，只要与被继承人的遗产继承有关，即丧失继承权，不论继承人实施该行为是否为自己谋利。

上述第（三）大类所规定的情形与第（二）大类所规定的情形有所不同。第（二）大类所列情形是继承人以诈欺方法诱使或以胁迫手段迫使被继承人作出违背其真实意愿的订立、变更或撤回遗嘱的行为；第（三）大类所列情形是继承人使用诈欺或胁迫手段妨碍被继承人作出符合其真实意愿的订立、变更或撤回遗嘱的行为。

（四）伪造、变造、隐匿或湮灭被继承人关于继承之遗嘱①

此款列举了四种丧失继承权的违法行为：(1) 伪造被继承人的遗嘱；(2) 变造被继承人的遗嘱；(3) 隐匿被继承人的遗嘱；(4) 湮灭被继承人的遗嘱。②

伪造或变造被继承人的遗嘱，就会造成遗嘱虚假、内容失实；隐匿或湮灭被继承人的遗嘱，就会造成遗嘱不能执行。这些违法行为，是继承人为了夺取或独吞遗产而实施的行为，其行为后果十分严重，既损害了其他继承人的合法权益，也严重侵犯了被继承人的遗嘱自由，破坏了正常的财产继承秩序。继承人实施的上述任一种行为，只要与被继承人的遗产继承有关，即丧失继承权，不论继承人实施该行为是否为自己谋利。但上述违法行为须为继承人故意所为，如果不属于继承人故意所为，则不发生丧失继承权的后果。

（五）对于被继承人有重大之虐待或侮辱情事，经被继承人表示其不得继承者③

此款规定了两种丧失继承权的事由：(1) 对于被继承人有重大虐待行为，经被继承人表示其不得继承的；(2) 对于被继承人有重大侮辱行为，

---

① 参见台湾地区“民法”第1145条第1项第4款规定。

② 继承人隐匿遗嘱的行为，在台湾地区属于丧失继承权的法定事由，《继承法》无此规定。继承人伪造、篡改或销毁遗嘱的行为，《继承法》规定必须情节严重，才发生丧失继承权的后果。而台湾地区规定凡是伪造、变造、湮灭遗嘱的行为，不论情节是否严重，均属于丧失继承权的事由。

③ 参见台湾地区“民法”第1145条第1项第5款规定。在台湾地区，对被继承人有虐待或侮辱情形的，除构成重大情节外，还须由被继承人表示剥夺继承人的继承权，才能发生丧失继承权的后果。

经被继承人表示其不得继承的。

构成本款规定的丧失继承权事由，需要具备两个条件：第一，继承人对被继承人实施的虐待或侮辱行为必须是故意而且重大的。虐待，是指导致被继承人的身体或精神痛苦的行为，例如打骂、冻饿、有病不给治、强迫过度劳动等。侮辱，是指破坏被继承人的名誉，毁损被继承人格的行为。至于是否构成“重大”，应根据当事人的受教育程度、社会地位、处境等客观情况具体分析，不能完全由被继承人的主观意思决定。第二，必须有被继承人作出的该继承人不得继承遗产的意思表示。被继承人的表示，可以遗嘱方式为之，也可以生前行为为之。只要被继承人没有做出剥夺某继承人继承权的意思表示，即使该继承人对被继承人有重大的虐待或侮辱行为，也不丧失继承权。在此将被继承人的意思表示作为丧失继承权的必备条件之一，体现了法律对被继承人个人意愿的尊重。虽然继承人对被继承人的虐待或侮辱行为是否重大，可以根据客观情况进行判断，但是只要被继承人主观上不认为是重大，或虽属于重大但被继承人甘愿忍受，则法律没有介入的必要，不应径自剥夺继承人的继承权。

以上五款规定，是我国台湾地区“民法”明文规定的丧失继承权的事由，其中还有继承权的相对丧失与继承权绝对丧失之分。继承人因有第（二）、（三）、（四）类所列的违法行为而丧失继承权的，可以经被继承人宽恕，而恢复继承权。这种能因被继承人宽恕而恢复继承资格的情形，称为继承权的相对丧失。宽恕，是指被继承人对继承人的不法或不道德的行为，表示宽容，不予追究。台湾地区“民法”对宽恕的形式没有特别要求，如被继承人在知道继承人有上述违法行为时，仍以遗嘱方式为其指定应继分，即可认为是宽恕。继承人有第（一）类所列的违法行为，即继承人致被继承人或应继承人于死或未致死而受刑罚处罚的，其丧失继承权的后果不会因被继承人的宽恕而发生变化，称为继承权的绝对丧失。此外，继承人有第（五）类所列的违法行为，即对被继承人有重大虐待或侮辱行为并经被继承人表示不得继承的情形，能否因被继承人嗣后的宽恕而恢复继承权，台湾地区“民法”没有明文规定，台湾地区学者的见解也不统一。有学者认为既然法律没有将此种情形明确纳入可以因宽恕而恢复继承权的范围，则不宜扩大解释为此情形也能因宽恕而恢复继承资格。① 也有学者认为，继承人有重大虐待或侮辱行为的，既然是由于被继承人表示剥夺继承权而丧失继承权，自然也应能通过被继承人嗣后表示宽恕而恢复继承资格。②

三、继承权丧失的效力

我国台湾地区“民法”第1145条所列的丧失继承权的事由，一旦发生即当然丧失继承权，无须经法院裁判宣告。继承人的上述违法行为，不论发生在继承开始之前或之后，都会发生丧失继承权的后果。如果发生在继承开始之前，则自行为发生之时起即可发生丧失继承权的后果，该继承人丧失将来参加遗产继承的资格；如果发生在继承开始之后，则可溯及至继承开始时发生效力；如果该继承人已实际占有遗产，则需负返还遗产的义务。若该继承人明知自己无权继承遗产而又占有遗产，除应返还遗产外，还应返还自继承开始时起所占有的遗产的孳息。③

继承人因上述原因丧失继承权的，只是丧失对受其侵害的被继承人遗产的继承权，并非丧失对所有被继承人遗产的继承权，因此该继承人对其他被继承人的遗产仍享有继承权。例如继承人甲因变造其父的遗嘱，丧失了对其父的遗产的继承权，但不影响甲对其母或其兄弟姐妹的遗产的继承权。继承人丧失继承权的效力仅限于继承人本人，不影响其直系血亲卑亲属或配偶的继承权。

继承人丧失继承权的，根据我国台湾地区“民法”第1140条的规定，由其直系血亲卑亲属代位继承；若无直系血亲卑亲属代位继承，则其应继份额归由与其同一顺序的其他继承人继承；若无同一顺序继承人，则由后一顺序的继承人继承。在大陆，继承人丧失继承权后，不发生代位继承，其应继份额归同一顺序的其他继承人继承；没有同一顺序继承人继承遗产的，则由后一顺序的继承人继承。

---

① 参见郭振恭著：《民法》，三民书局2010年版，第573页。

② 参见陈棋炎、黄宗乐、郭振恭著：《民法继承新论》（修订七版），三民书局2011年版，第72页。

③ 台湾地区“民法”第958条规定：“恶意占有人，负返还孳息之义务。其孳息如已消费，或因其过失而毁损，或怠于收取者，负偿还其孳息价金之义务。”

第六节　继承回复请求权

一、继承回复请求权概说

（一）继承回复请求权的概念

继承权是继承人依法享有的一项民事权利，受到法律的保护。按照当然继承主义，只要有被继承人死亡的事实发生，继承即开始，被继承人在财产上的权利义务即转归继承人所有，继承人无须办理任何手续，也不必现实占有遗产，即可取得遗产权利。但是，由于现实生活的复杂性，被继承人的遗产未必能顺利归属于真正的继承人。本应由真正继承人取得的遗产，可能被非继承人（法学上称之为“僭称继承人”①）所夺取。为了保护继承人的利益，我国台湾地区“民法”特设继承回复请求权制度。当合法继承人的继承权因他人非法占有或处分遗产而受到侵犯时，继承人可依法请求非法占有人返还遗产以实现继承权。根据台湾地区的司法解释和判例，判断继承权是否被侵害，是以继承人继承原因发生后，其继承资格是否被他人否认并排除其对应继财产的占有、管理或处分。凡属于没有继承权而于继承开始时或继承开始后僭称继承人参加继承，或者共同继承人中的部分继承人否认其他合法继承人的继承权，从而排除合法继承人对遗产的占有、管理或处分的，均属于侵害继承权。

继承回复请求权是指继承权受侵害的真正继承人对于僭称继承人享有的请求确认继承人资格、回复继承标的的权利。② 继承回复请求权的权利人是真正的继承人；继承回复请求权的义务人为相对人，包括僭称继承人、表见继承人。僭称继承人是指没有继承权，自称有继承权而占有部分或全部遗产的人。在共同继承中，主张超越自己应继分而多占遗产或自命为唯一继承人而独吞遗产的继承人，就其超越的部分而言，也为僭称继承人。表见继承人是指原本有继承权，由于某种原因放弃或丧失了继承权，或者是无效遗嘱、被撤销遗嘱中的继承人。此外，僭称继承人的继承人、表见继承人的继承人

---

① 僭，读音为［jiàn］，意思为冒用，超越本分。

② 郭振恭著：《民法》，三民书局2010年版，第573页。

和某些从非真正继承人手中受让继承财产的第三人，也可以成为相对人。

继承回复请求权的内容包括两个方面：一是请求确认继承人的继承资格和继承地位的权利；二是请求恢复继承标的即对遗产的返还请求权。① 例如甲父去世时，乙自称是甲父在大陆地区的儿子，与甲共同继承了遗产，一年后甲发现乙并不是其父亲的儿子，此时甲可以提起继承权回复诉讼，排除乙的继承权并请求乙返还其非法占有的遗产。

继承权的回复与继承权的丧失二者之间没有关系。继承权的丧失是因继承人对被继承人或其他应继承人有重大违法或不道德行为而被剥夺继承权；继承权的回复是受侵害的有合法继承权的继承人，对于僭称继承人请求恢复到继承开始时的状态以真正实现继承权的权利。因此，继承权的回复不是与继承权的丧失相对应的概念。

（二）继承回复请求权的性质

关于继承回复请求权的法律性质，学者间争议较大。主要有以下观点：

1. 形成权说。该说认为，通过继承回复请求权使僭称继承人的资格溯及既往地消灭，使请求权人的继承资格溯及地恢复效力。② 因此，如有僭称继承人侵占继承财产，即为对继承人地位的侵害，真正继承人可以请求回复其继承地位。继承回复请求权有时效约束，一旦该请求权因时效而消灭，继承人的继承权则丧失。

2. 集合请求权说。该说认为，继承回复请求权为继承财产之各种权利（请求权）的集合。我国台湾地区“民法”第1146条所说的“继承权”，仅是将继承人继承被继承人个别财产的主体地位，概括地称为“继承权”。因此继承权实际是个别的物权和债权等主体地位的集合。③ 而继承回复请求权，则可以解释为基于个别的财产权受侵害而发生的个别物权或债权的请求权的集合。继承回复请求之诉的内容，与继承财产返还之请求没有区别。

3. 独立请求权说。该说认为，继承回复请求权是继承人基于继承权，而由法律所确认的特别的、独立的请求权。④ 继承回复请求权不但能使真正

---

① 陈苇主编：《婚姻家庭继承法学》，群众出版社2005年版，第305页。

② 陈棋炎著：《亲属、继承法基本问题》，三民书局1980年版，第313页。

③ 林秀雄主编：《民法亲属继承实例问题分析》，五南图书出版公司2008年版，第310页。

④ 史尚宽著：《继承法论》，中国政法大学出版社2000年版，第121页。

继承人请求确认其法律上的继承地位，还能基于该继承地位请求回复继承权利的标的，因此继承回复请求权具有对人的请求权和对物的请求权的混合性质。

目前我国台湾地区学界的通说为独立请求权说。形成权说认为回复继承请求权只能是对继承人地位的回复，不包括对僭称继承人所占有的财产的回复；若继承回复请求权仅回复继承人的地位，那么真正继承人在回复继承地位后，还须行使物上返还请求权，才能取得其被占有的遗产标的物。实际上，继承地位是法定地位，不会因第三人的否定而发生地位丧失问题，真正继承人不必依继承回复请求权的行使以回复其继承地位。继承回复请求权要回复的不是抽象的继承权或继承人的地位，而是继承财产的占有。因此，形成权说在理论上是矛盾的。继承回复请求权的最终目的在于使遗产从非法占有人手中返还至真正继承人。继承回复请求权是法定的独立请求权，而不是基于被继承人权利而生的物上请求权的集合，不应该以集合请求权这种财产法的物上返还请求权的观点来解释继承法的规范体系。继承回复请求权是继承立法为保护继承人的利益特设的一种独立的请求权，是一项包括确认真正继承人的继承资格与回复继承标的内容的权利。

二、继承回复请求权的行使

（一）继承人行使继承回复请求权的理由

法律对继承权的保护主要是通过继承回复请求权的行使来实现。综合我国台湾地区的学说判例，继承回复请求权的行使包括下列理由：

1. 虽为真正继承人，但因其排除其他共同继承人（包括代位继承人），而占有继承财产时；

2. 僭称其为真正继承人（或表见继承人），而占有继承财产时；

3. 虽不主张自己为继承人，但由该人现实地占有继承财产时；

4. 第三人由上述各种非真正继承人或不法占有人受让（或继承）遗产时。①

（二）继承回复请求权的行使方法

我国台湾地区“民法”第1146条第1项规定：“继承权被侵害者，被

① 张平华、刘耀东著：《继承法原理》，中国法制出版社2009年版，第69页。

害人或其法定代理人得请求回复之。”当真正继承人的继承权受到侵害时，真正继承人有权行使继承回复请求权，请求相对人返还其占有的遗产。当真正继承人为无行为能力人或限制行为能力时，则由其法定代理人代为行使继承回复请求权。至于相对人占有遗产是善意还是恶意，是否有过失，均在所不论。若相对人已死亡，其继承人继续占有该财产的，真正继承人仍有权行使继承回复请求权，请求相对人的继承人返还占有的财产。

对于继承回复请求权的行使方法，台湾地区“民法”并没有特别限制及规定，因此不以提起诉讼为必要。真正继承人可以在诉讼外，直接对僭称继承人请求返还被其占有的遗产，如果僭称继承人愿意归还，则真正继承人的继承回复请求权得以实现。真正继承人也可以诉讼方式行使继承回复请求权。提出继承回复请求之诉的请求人（即原告），需要举证自己确实享有继承权，并举证证明讼争标的已为相对人（即被告）所侵害的事实。而相对人需就其对讼争财产有特别权源的事实负举证责任，才能拒绝继承回复之请求。若法院经审理确认原告为真正继承人，而被告为僭称继承人却占有遗产的，法院将判决被告返还讼争标的给原告。

（三）继承回复请求权的行使效果

真正继承人行使继承回复请求权后，僭称继承人须将其占有的讼争财产返还于真正继承人。返还财产，首先应返还原物，如果无法返还原物，则应依不当得利规定确定返还范围。僭称继承人返还财产时，是否需要区分善意与恶意问题，台湾地区“民法”未明文规定，但实务中认为应准用撤销死亡宣告时有关财产善意取得人的规定。即僭称继承人为善意占有遗产的，则仅负返还现存利益的责任；若为恶意，则须返还原物和孳息。① 为公平起见，僭称继承人在该财产上支出的必要费用，可以请求真正继承人偿还。

三、继承回复请求权的消灭

我国台湾地区“民法”对继承回复请求权的行使期间进行了明确规定，真正继承人应当在规定的时效期限内请求保护，超过时效期间提出请求的，

① 陈棋炎、黄宗乐、郭振恭著：《民法继承新论》（修订七版），三民书局 2011 年版，第 87 页。

法律将不予保护。根据台湾地区“民法”第1146条的规定，继承回复请求权应在真正继承人知悉其继承权被侵害之日时两年内行使；超过两年不行使的，其继承回复请求权消灭；自继承开始起超过十年不行使的，继承回复请求权也归于消灭。其中，两年为时效期间，十年为除斥期间，二者起算的时间点不同。

大陆对继承权的保护也有时效的限制，规定的时效期间也为两年，《继承法》第8条规定：“继承权纠纷提起诉讼的时效为二年，自继承人知道或者应当知道其权利被侵害之日起计算。但是，自继承开始之日起超过二十年的，不得再提起诉讼。”从两岸的规定上看，虽然两岸对继承权保护的时效期间均规定为两年，但二者对时效的起算点的规定不同。我国台湾地区规定，两年时间的起算点是继承人知道其继承权被侵害之时；《继承法》规定，两年时效的起算点是继承人知道或应当知道其权利被侵害之时，意味着继承人只要“应当知道”其继承权受侵害，即使继承人并未知道，也要承担时效完成的法律后果。台湾地区规定的时效完成的后果是继承回复请求权消灭；《继承法》规定的时效完成的后果是诉权的消灭。① 此外，台湾地区对继承权的最长的保护期限为继承开始时起十年，继承人从继承开始时起超过十年才知道其继承权受侵害的，其继承回复请求权归于消灭，继承人不得请求返还遗产。《继承法》对继承权的最长的保护期限为继承开始时起二十年，继承人超过二十年才得以知道其继承权受侵害的，其诉权归于消灭，不得再向法院提起诉讼。②

① 柳经纬、薛景元、施信贵著：《海峡两岸法律制度比较·民法》，厦门大学出版社1995年版，第349页。

② 最高人民法院《继承法若干意见》第18条规定：“自继承开始之日起的第18年后至第20年期间内，继承人才知道自己的权利被侵犯的，其提起诉讼的权利，应当在继承开始之日起的20年之内行使，超过20年的，不得再行提起诉讼。”

第三章　遗产继承

第一节　继承的效力

一、继承的开始

（一）继承开始的概念

继承是继承人依法承受被继承人遗产的法律制度。继承制度是为自然人而设，不适用于法人。法人解散后其财产的归属，属于法人清算程序问题，不是继承。继承的开始是指继承法律关系的产生。能够引起继承法律关系发生的事实就是被继承人的死亡。关于继承的开始，我国台湾地区“民法”第1147条规定“继承，因被继承人死亡而开始”。《继承法》第2条规定“继承人从被继承人死亡时开始”。两岸继承立法均认为被继承人的死亡是继承开始的唯一原因。

两岸的继承制度均为单纯的财产继承制度，不存在身份继承，因此，身份权的丧失不能成为继承开始的原因。但在世界继承立法的发展史上，曾经存在过以不治的恶疾、沦为奴隶、俘虏、隐居、出家为僧、国籍丧失、收养终止、户主权的丧失、女户主招婿、赘夫离婚等所引起的身份权的丧失等作为继承开始的原因。① 我国古代宗祧继承中的立嗣、过继、爵位继承、家长地位的继承，也是典型的身份继承。现今仍然存在的、最为典型的身份继承是韩国的“户主继承”，它以户主丧失国籍、离婚、女户主复籍、入他家籍、男人入赘等作为继承开始的原因。除韩国还保留有户主继承外，各国民法一般不将身份权的丧失视为继承开始的原因，只有自然人的死亡，才是继

① 刘春茂主编：《中国民法学·财产继承》（修订版），人民法院出版社2008年版，第395页。

承开始的唯一原因。①

自然人的死亡，包括自然死亡和宣告死亡。自然死亡属于事实上的死亡，是指自然人生命的绝对消灭。例如重病、衰老、地震、车祸等均可以导致生命的终结。宣告死亡属于法律上的死亡，是指自然人失踪达到法定期间之后，法院根据利害关系人或检察官的声请，② 以判决的方式推定失踪人死亡的法律制度。例如我国台湾地区“民法”第8条规定：“失踪人失踪满七年后，法院得因利害关系人或检察官之声请，为死亡之宣告。失踪人为八十岁以上者，得于失踪满三年后，为死亡之宣告。失踪人为遭遇特别灾难者，得于特别灾难终了满一年后，为死亡之宣告。”无论是自然死亡还是宣告死亡，都是继承开始的原因，都会引起继承法律关系的发生。当然，宣告死亡仅是法律推定的死亡，失踪人仍可能生存。若失踪人向法院声请撤销死亡宣告，则撤销的效力溯及既往，因死亡宣告而继承失踪人财产的继承人负有返还财产的义务。

（二）继承开始的时间

1. 继承开始时间的确定。继承开始的时间，我国台湾地区学者称之为“继承开始的时期”。台湾地区“民法”以被继承人的死亡时间为继承开始的时间。台湾地区学者认为，继承开始的时期应以死亡之时为据，而非以死亡之日为计。③ 被继承人的死亡时间的确定，自然死亡通常依死亡诊断书或检验书记载的时间为准，医学上一般采用心脏终止跳动、呼吸断绝之时；死亡宣告“以判决内所确定的死亡之时，推定其为死亡”，④ 即判决宣告死亡的，一般以失踪期间最后日终止之时，推定为其死亡之时。

在我国台湾地区，两人以上同时遇难，不能证明其死亡先后的，推定为同时死亡。⑤ 由于继承人须在被继承人死亡时仍然生存才有继承人的资格，因此，同时死亡的，互不继承。例如，乙为甲的次子，甲乙二人同车遇车祸

---

① 刘春茂主编：《中国民法学·财产继承》（修订版），人民法院出版社2008年版，第396页。

② 台湾地区“民法”所称的“声请”，同我国大陆的“申请”之意。

③ 陈棋炎、黄宗乐、郭振恭著：《民法继承新论》（修订七版），三民书局2011年版，第24页。

④ 台湾地区“民法”第9条规定：“受死亡宣告者，以判决内所确定死亡之时，推定其为死亡。前项死亡之时，应为前条各项所定期间最后日终止之时。但有反证者，不在此限。”

⑤ 台湾地区“民法”第11条规定：“二人以上同时遇难，不能证明其死亡之先后时，推定其为同时死亡。”

死亡：如果甲先亡，则乙以遗产继承人的身份取得相应的应继分，然后乙的应继分再转由乙的继承人（如乙的配偶、乙的子女）继承；如果乙先亡，则由乙的直系血亲卑亲属以乙的应继分为限代位继承甲的遗产；如果无法确定甲乙二人死亡先后，则依法推定为同时死亡，甲乙彼此不发生继承关系，但乙的直系血亲卑亲属仍可以乙的应继分为限代位继承甲的遗产。①

2. 继承开始时间的法律意义。在我国台湾地区，继承开始的时间具有重要法律意义，与继承相关的一系列法律问题均与继承开始的时间有着密切关系。在遗产继承中，继承开始的时间通常作为某个法定期间的起算点或作为某项权利生效的时间点。

（1）它是确定继承人范围的时间界限。只有在被继承人死亡时，仍然生存的人或受胎的胎儿才有继承资格，② 才属于继承人的范围。先于被继承人死亡或与被继承人同时死亡的人，不具有继承人资格，不能参加遗产继承。此外，在继承开始时，与被继承人已解除婚姻关系或收养关系的人也不能作为遗产继承人。

（2）它是确定遗产范围的时间界限。遗产是被继承人死亡时遗留的个人财产。在被继承人死亡之前，其财产状况会不断发生变化，因此，其遗产的范围和数额是不确定的。除法律规定的例外情形外，继承开始前已处分的财产原则上不属于遗产范围。一般只有在被继承人死亡时，即继承开始时才能最终确定被继承人遗产的具体范围。而被继承人遗产总额的确定，是计算各继承人应继分、特留分的基础。

（3）它是确定遗嘱生效的时间界限。遗嘱是否有效以立遗嘱的时间为准；但遗嘱是否有执行力以及是否生效，则是以被继承人死亡的时间为准。我国台湾地区“民法”第1199条规定：“遗嘱在遗嘱人死亡时，发生效力。”因此，在继承开始前，遗嘱不发生效力，遗嘱人有权变更或撤回遗嘱。

（4）它是有效行使抛弃继承权的时间界限。继承开始后，继承人所作

① 继承人与被继承人同时死亡是否发生代位继承的问题，台湾地区“民法”没有明文规定。但台湾地区通说认为，代位继承的设置是为了保护直系血亲卑亲属的利益，且代位继承权是直系血亲卑亲属固有的权利，因此，基于公平原理，应肯定同时死亡时仍可发生代位继承。

② 台湾地区“民法”第7条规定：“胎儿以将来非死产者为限，关于其个人利益之保护，视为既已出生。”

的抛弃继承权的表示方才有效，继承开始前所作的抛弃继承权的表示不发生抛弃的法律效力。另外，我国台湾地区“民法”第1175条的规定，继承人抛弃继承的，溯及于继承开始时发生效力。

（5）它是继承回复请求权时效的起算点。我国台湾地区“民法”第1146条的规定，继承回复请求权自继承开始起超过十年不行使的，继承回复请求权将归于消灭。

（三）继承开始的地点

继承开始的地点，在我国台湾地区称为继承开始的处所，它是继承人参与法律关系，行使继承权和接受遗产的场所。在通常情况下，继承开始的地点是清点被继承人的遗产并妥善加以保管的场所，是处理遗产继承纠纷的诉讼管辖地。因此，继承开始的地点的确定，对于继承人实现其继承权，实际取得被继承人的遗产具有重要意义。

关于继承开始的地点，各国和地区继承法有不同的立法模式，主要包括本籍地主义、住所地主义、死亡地主义、财产所在地主义等。我国台湾地区“民法”对此未明文规定，但通说认为，以被继承人住所地为继承开始的地点最为适宜。① 此外，台湾地区其他“法律”对涉及继承的诉讼管辖作了明确规定。例如台湾地区“民事诉讼法”第18条第1项规定了“因遗产之继承、分割、特留分或遗赠或其他因死亡而生效力之行为涉讼者，得由继承开始时被继承人住所地之法院管辖”，“非讼事件法”第145条第1项规定了“无人承认之继承事件，由继承开始时被继承人住所地法院管辖”，还有遗产清册的陈报、② 抛弃继承事件、③ 选任遗产清理人事件、④ 声请指定遗嘱执行人事件，⑤ 等也均由继承开始时被继承人住所地法院管辖。

---

① 史尚宽著：《继承法论》，中国政法大学出版社2000年版，第149页。

② 台湾地区“非讼事件法”第141条第1项规定：“民法第一千一百五十六条所定遗产清册陈报事件，由继承开始时被继承人住所地之法院管辖。”

③ 台湾地区“非讼事件法”第141条第1项规定：“民法第一千一百五十六条所定遗产清册陈报事件，由继承开始时被继承人住所地之法院管辖。”

④ 台湾地区“非讼事件法”第154条第2项规定：“前项选任遗产清理人事件，由继承开始时被继承人住所地之法院管辖。”

⑤ 台湾地区“非讼事件法”第156条第1项规定：“民法第六十条第三项、第一千二百十一条所定遗嘱执行人之声请指定事件及第一千二百十八条所定遗嘱执行人之声请另行指定事件，由继承开始时被继承人住所地之法院管辖。”

二、继承的标的

（一）继承标的的概念

继承的标的，即继承权的客体，是指继承法律关系中权利主体的权利和义务主体的义务共同指向的对象。关于继承权的客体问题，学界主要有三种不同的学说：（1）遗产说。该说认为，继承权的客体是遗产，遗产是死者财产权利和义务的统一体，因此遗产包括积极财产和消极财产两部分，被继承人在财产上的各项权利和义务均移转给继承人。①（2）遗产和债务说。该说认为，继承权的客体是被继承人的遗产和债务，以及某种必须履行的行为。这种行为是指继承人、受遗赠人于继承开始后必须完成的行为，如办理丧事等。该说所称的遗产仅指积极财产，不包括消极财产（即债务）。②（3）法律地位说。该说认为，继承权的客体是被继承人在财产法上的法律地位或法律关系。③ 对于以上三种学说，我国台湾地区继承立法采用的是遗产说，表现为在遗产继承方面，台湾地区“民法”沿袭了古罗马法的概括继承原则，将被继承人在财产上的各项权利和义务均移转给继承人，仅将身份继承摒弃。例如“民法”第1148条规定：“继承人自继承开始时，除本法另有规定外，承受被继承人财产上之一切权利、义务。但权利、义务专属于被继承人本身者，不在此限。”具体而言，在台湾地区，继承的标的是指被继承人死亡时在财产上的一切权利义务，不问其种类如何，包括动产、不动产、债权、债务以及其他财产权利等等，但专属于被继承人个人的权利或义务除外。所谓专属于被继承人个人的权利或义务，是指以被继承人的身份为基础，不能移转给他人的权利或义务，例如身份权、人格权、扶养义务、委托代理中代理人的义务等。

（二）继承的财产

继承的财产即为遗产。在我国大陆，遗产仅指积极财产，不包括债务。

---

① 参见郭明瑞、房绍坤、关涛著：《继承法研究》，中国人民大学出版社2003年版，第8—9页。

② 参见刘春茂主编：《中国民法学·财产继承》（修订版），人民法院出版社2008年版，第58—62页。

③ 参见［意］彼德罗·彭梵得著：《罗马法教科书》，黄风译，中国政法大学出版社1992年版，第420页。

但在台湾地区，遗产包括和财产有关的一切权利义务，既包括积极财产也包括消极财产。

1. 积极财产（权利）

（1）财产法上的一切权利，除专属于被继承人个人的权利外，均可以成为继承的标的。例如物权、债权、无形财产权（包括专利权、商标权、著作权等）、占有权等。

（2）被继承人生前赠与继承人的某些特定财产，也视为遗产。例如我国台湾地区“民法”第1173条规定：“继承人中有在继承开始前因结婚、分居或营业，已从被继承人受有财产之赠与者，应将该赠与价额加入继承开始时被继承人所有之财产中，为应继遗产。但被继承人于赠与时有反对之意思表示者，不在此限。”① 此条规定的是特种赠与的归扣，其实质在于将被继承人生前对继承人的特种赠与作为该继承人将来应继财产的预付，以维护共同继承中继承人之间遗产分割的公平。又如“民法”第1148条之1规定：“继承人在继承开始前二年内，从被继承人受有财产之赠与者，该财产视为其所得遗产。前项财产如已移转或灭失，其价额，依赠与时之价值计算。”此条规定的目的在于避免被继承人于生前将财产赠与继承人，导致遗产的减少，从而影响被继承人债权人的利益。

2. 消极财产（义务）。除专属于被继承人个人的义务外，被继承人的债务，无论是作为债务或不作为债务，均可作为继承的标的。需要注意的是，我国台湾地区“民法”第五编“继承”在2009年修正前，采用的是全面继承原则，即只要继承人没有抛弃继承的意思表示，则继承人不但要继承被继承人的财产也要继承被继承人的债务。这意味着即使被继承人没有留下什么财产，只留下一堆债务，只要继承人没有在规定的时间内依程序作出抛弃继承的意思表示，那么继承人仍必须继承被继承人的债务，并以自己的财产清偿所继承的债务。虽然修正前的“民法”赋予了继承人可以选择限定继承的权利，即继承人对于所继承的债务仅以所得遗产为限负清偿责任；但如果继承人没有在规定的时间内依程序作出限定继承的意思表示，即使继承人继承所得的财产价值远低于继承所得的债务，继承人仍需要对债务承担全部责

① 台湾地区“民法”第1173条规定了特种赠与归扣制度，具体内容详见本章第五节。

任。由于全面继承原则不利于保护继承人的合法权益，台湾地区“民法”经过2008年、2009年的两次修正后，将全面继承原则改为限定继承原则，无需继承人考虑被继承人债务多寡以作出抛弃继承或限定继承的意思表示，而直接适用第1148条第2项的规定，即“继承人对于被继承人之债务，以因继承所得遗产为限，负清偿责任”。

3. 法律关系与诉讼权利义务。在我国台湾地区，有关财产的法律关系，只要不是以被继承人的地位、身份、人格为基础，也应由继承人继承。例如，被继承人在租赁关系中的出租人的地位或承租人的地位、被继承人在买卖关系中的出卖人的地位或买受人的地位，均应由继承人继承。又如，被继承人生前处分不动产尚未履行的所有权移转的登记义务等，也应由继承人继承。

诉讼权利义务是否可以继承，应根据诉讼标的的性质决定。当诉讼程序因被继承人死亡而停止时，如果诉讼标的的权利义务或法律关系可以移转给继承人，则应由继承人承受该诉讼程序。①

三、继承的费用

继承的费用是指关于遗产的管理与分割、遗嘱的执行而支出的费用。遗产管理的费用是指为保存遗产所支出的必不可少的费用。包括保管遗产的费用、应缴纳的税费、有关遗产的诉讼费用、遗产管理人的报酬等。遗产分割的费用是指继承人分割遗产时所支出的必要费用。包括决定分割方法的费用、分割遗产的清算费用等。执行遗嘱的费用是指用于执行遗嘱所需的一切费用。包括提示与开视遗嘱的费用、遗嘱执行人的报酬等。根据我国台湾地区“民法”第1150条规定，遗产费用应从遗产中支付，但由于继承人的过失而支付的遗产费用，则由该继承人负担，不应从遗产中支付。例如因继承人的过失造成遗产损坏时，因此而支付的修理费用，则由该继承人承担。

① 台湾地区“民事诉讼法”第168条规定：“当事人死亡者，诉讼程序在有继承人、遗产管理人或其他依法令应续行诉讼之人承受其诉讼以前当然停止。”

第二节　遗产酌给请求权

一、遗产酌给请求权概说

我国台湾地区"民法"第1149条："被继承人生前继续扶养之人，应由亲属会议依其所受扶养之程度及其他关系，酌给遗产。"这是台湾地区有关遗产酌给请求权的规定。所谓遗产酌给请求权，是指继承人以外的自然人，由于与被继承人形成某种扶养关系，依赖于被继承人生活，依法享有的请求酌情给予一定遗产的权利。遗产酌给请求权的设置，主要是考虑到被继承人与其生前扶养的非继承人存在着事实上的扶养和被扶养的关系。一旦被继承人死亡，其继承人可以通过继承获得一定的物质生活保障，而依赖于被继承人扶养的非继承人不能参与遗产的继承，日后生活没有着落。既然被继承人生前愿意扶养非继承人，说明二人之间有着深厚的情谊，如果被继承人未死，应会愿意继续扶养。因此在被继承人死后，酌情给予其生前扶养的人以一定的遗产，完全符合被继承人的真实意愿。同时，受被继承人扶养的非继承人，往往生活有困难需要帮助，酌情给予一定遗产有利于维持其正常生活，也有利于减少社会的负担。①

关于遗产酌给请求权的性质，我国台湾地区学者认为，遗产酌给请求权不是物权，而是债权。这一债权的产生，主要是依据被继承人生前因某种原因所应该负担的义务，或者依据共同生活常理而考虑对社会弱者的保护。②遗产酌给请求权是与请求权人人身关系密切的权利，具有专属性，不得转让或继承，但可以被抛弃。③ 根据台湾地区"民法"第1149条的规定，台湾地区学者认为酌给请求权具有以下三个特点：第一，请求酌给的对象是遗产，而非请求继承人扶养；第二，对享有酌给遗产请求权的权利人没有硬性规定，不以被继承人的近亲属为限；第三，酌给程度及方法富有弹性，由亲

---

① 胡大展主编：《台湾民法研究》，厦门大学出版社1993年版，第493页。

② 参见史尚宽著：《继承法论》，中国政法大学出版社2000年版，第171页。

③ 张平华、刘耀东著：《继承法原理》，中国法制出版社2009年版，第212页。

属会议就具体情形予以决定。①

二、遗产酌给请求权的构成要件

（一）须请求权人为被继承人生前继续扶养的人

请求权人不限于被继承人的法定扶养人，只要与被继承人形成事实上的扶养关系，均可以请求酌给遗产，以维持正常生活。扶养应是一种事实状态。所谓的“继续扶养”，并无扶养时间长短的限制，只要在被继承人死亡以前，未曾间断地继续扶养即可。

（二）须被继承人未为相当的遗赠

遗产酌给制度的设置，主要是为了帮助受被继承人扶养的非继承人渡过难关，避免他们的生活因被继承人的死亡而突然艰难起来。如果被继承人生前已以遗嘱方式赠与相当的财产，事先解决了受扶养人将会面临的困境，那就没有再给予受扶养人遗产酌给请求权的必要了。

（三）须请求权人不能维持生活且无谋生能力

遗产酌给请求权的请求权人须是被继承人生前扶养的人。关于受扶养人的界定，根据我国台湾地区“民法”第 1117 条的规定，受扶养者，除直系血亲卑亲属外，须“以不能维持生活而无谋生能力者为限”。因此，有台湾地区学者主张遗产酌给请求权人也应限定于不能维持生活而无谋生能力者之人。②

三、遗产酌给的标准与权利的行使

（一）遗产酌给的标准

遗产酌给的标准，由亲属会议根据请求权人受扶养的程度及其他因素决定。其他因素包括请求权人与被继承人之间关系的远近、情谊的深浅，遗产情况，请求权人的性别、年龄、身体状况、经济状况等。酌给遗产仅以被继承人的遗产为限，若遗产甚少，继承人没有义务以自己固有财产另行给予。至于酌给遗产的数额，有的国家有明确的规定，例如《瑞士民法典》第 606

---

① 陈棋炎、黄宗乐、郭振恭著：《民法继承新论》（修订七版），三民书局 2011 年版，第 116 页。

② 陈棋炎、黄宗乐、郭振恭著：《民法继承新论》（修订七版），三民书局 2011 年版，第 118 页。

条规定："被继承人死亡时，受其扶养的继承人可请求自被继承人死亡后继续给予一个月的生活费。"① 我国台湾地区"民法"对此没有明文规定，因为何为相当的酌给，立法上不便做统一的规定，应由亲属会议根据具体情况确定酌给数额。根据台湾地区的司法判例，一般认为酌给的遗产不得超过继承人的应继分。②

（二）遗产酌给请求权的行使

被继承人生前继续扶养的人（即请求权人）如果要求酌给遗产，不能直接以诉讼方式向法院请求裁判，而必须依我国台湾地区"民法"第1129条的规定，③ 召集亲属会议进行决议；对亲属会议的决议不服的，再依"民法"第1137条的规定，④ 于三个月内向法院声诉撤销亲属会议的决议。⑤ 但如果亲属会议不能召开或召开有困难，或者亲属会议经召开而未能形成决议，请求人也可以依"民法"第1132条的规定，向法院提起诉讼。

亲属会议决议酌给遗产给请求权人的，则由继承人或遗嘱执行人履行，将酌给物交付或移转登记予受酌给人。在遗产清算时，受酌给人应后于被继承人的债权人而先于受遗赠人受遗产酌给。在共同继承中，应将遗产扣除酌给数额后，再由共同继承人进行遗产分割。但如果因遗赠或遗产酌给，致使继承人的特留分不足时，继承人（即特留分权利人）可以依法行使扣减权，以维护特留分权益。

第三节 共同继承

一、共同继承概说

共同继承是相对于单独继承而言的，它是指两个以上的继承人一起继承

① 殷生根、王燕译：《瑞士民法典》，中国政法大学出版社1999年版，第165页。

② 史尚宽著：《继承法论》，中国政法大学出版社2000年版，第169页。

③ 台湾地区"民法"第1129条规定："依本法之规定应开亲属会议时，由当事人、法定代理人或其他利害关系人召集之。"

④ 台湾地区"民法"第1137条规定："第一千一百二十九条所定有召集权之人，对于亲属会议之决议有不服者，得于三个月内向法院声诉。"

⑤ 台湾地区"民法"所称的"声诉"，同大陆地区的"申诉"之意。

被继承人的遗产的法律行为。被继承人死亡后，遗产即当然地归属于继承人所有。当继承人只有一人时，则遗产全部归其所有，继承关系简单明了；当继承人不只一人时，则每个继承人需要按一定的规则参与遗产的分配，继承关系也相对复杂。当两个以上的继承人以上共同继承遗产时，由于遗产不可能在继承开始时即时进行分割，因此从继承开始至遗产真正分割的这段时间内，不论时间长短，必然存在着各继承人共有遗产的状态。在各继承人处于共有遗产的状态时，法律需要明确各继承人彼此之间的权利和义务，也需要明确各继承人与被继承人的债权人或债务人之间的权利和义务。

大陆法系国家的继承立法对共同继承遗产问题，主要有两种立法例：(1) 按份共有主义。这种立法例源于罗马法，又称为罗马法主义。《十二铜表法》规定："债权债务，在法律上当然分割而归属于共同继承人。"① 此后，法国、日本、韩国等国民法继受了此种立法例。例如《日本民法典》第899条规定："各共同继承人，按其应继份额承继被继承人的权利义务。"② 这种立法例贯彻了个人主义思想，主张自继承开始后，各共同继承人按其应继分享有各自独立的、确定的应有部分，并且在遗产分割前可以单独处分其应有部分，例如设定抵押、用益权等。③ 共同继承的债权或债务，除债的标的不可分外，均按应继分归属于各继承人，即分割成为相对独立的债权或债务；若债的标的不可分，则成立连带债权或连带债务。(2) 共同共有主义。这种立法例源于日耳曼法，又称为日耳曼主义，后为德国、瑞士等国民法所沿袭。例如《瑞士民法典》第602条规定："数名继承人共同继承时，在遗产分割前共有遗产的全部权利及义务。"④ 此立法例以家族共同体为前提，贯彻团体主义思想，认为在继承开始后，遗产作为共同体归属于全体共同继承人，各继承人对构成遗产的各项具体财产并无物权的、确定的应有部分，仅是就遗产整体享有自己的应继分，而且其应继分是潜在的、不确定的。在遗产分割前，各继承人只能处分其对于遗产整体的应继分，而且这种处分通常还必须得到全体共同继承人的同意。被继承人的债权与债务，

① 郭明瑞、房绍坤、关涛著：《继承法研究》，中国人民大学出版社2003年版，第90页。
② 渠涛编译：《最新日本民法》，法律出版社2006年版，第195页。
③ 郭明瑞、房绍坤、关涛著：《继承法研究》，中国人民大学出版社2003年版，第90页。
④ 殷生根、王燕译：《瑞士民法典》，中国政法大学出版社1999年版，第164页。

自继承开始后也成为各共同继承人的连带债权与连带债务。①

我国台湾地区继承立法遵循的是日耳曼主义，其“民法”第1151条规定：“继承人有数人时，在分割遗产前，各继承人对于遗产全部为公同共有。”台湾地区所称的“公同共有”意同我国大陆地区民法中的“共同共有”，它是指两人以上基于共同关系对一项财产不分份额地享有权利的共有。虽然各共同继承人对被继承人的遗产有各自明确的应继分，但是这种应继分只是潜在的一个份额比率，是日后分割遗产的依据，并未具体到遗产中的某一项具体财产。只有在遗产实际分割后，各继承人才能取得相应的财产，拥有各自的财产所有权。因此，在遗产分割前，各共同继承人对被继承人的遗产是一种不分份额的公同共有关系。

二、共同继承财产的管理、使用、收益及处分

我国台湾地区“民法”第五编“继承”中有关共同继承的规定较少，只有第1151条、第1152条和第1153条三个条文，但其“民法”第三编“物权”第827条至831条等有关公同共有的规定，也适用于共同继承中的公同共有关系。

（一）管理行为

自继承开始到遗产分割需要一定的时间，在这段时间内，如何管理遗产，使遗产不受侵害、不受损失，是共同继承应当解决的首要问题。

根据公同共有原理，对于共同继承的遗产应由全体继承人共同管理，且各继承人就通常管理行为所需的必要措施有协助义务。通常管理行为，一般是指遗产的占有取得、保管、防御、修缮、使用安排、收取孳息、交付保险、起诉、收取债权等行为。② 这些通常管理行为，是保护遗产安全及确保遗产价值的必要行为，因此法律要求各继承人负有协助的义务。原则上遗产应由全体继承人共同管理，并非由多数人决定和管理。但如果是为保存遗产

① 《继承法》立法关于共同继承也是采取日耳曼主义。遗产自继承开始即归属于继承人，当继承人不只一人时，则遗产在分割前由继承人共有。例如最高人民法院《关于贯彻执行〈中华人民共和国民法通则〉若干问题的意见》第177条规定：“继承开始后，继承人未明确表示放弃继承的，视为接受继承，遗产未分割的，即为共同共有。”

② 史尚宽著：《继承法论》，中国政法大学出版社2000年版，第185页。

而进行的必要行为，则可由各继承人单独实施。所谓保存遗产的必要行为，是指为保存遗产标的物或遗产价值所必须的行为，例如易腐标的物的出售、请求排除妨害和排除危险、为防止债权灭失而为中断时效的行为（如提起诉讼、提出请求）等等。保存行为不会损害任何一个共同继承人的利益。由于保存行为对遗产价值的存续有重大影响，倘若未能及时实施保存行为，可能使遗产遭受损失甚至灭失，因此如不能及时取得全体继承人的同意，任何一个继承人都可以单独实施。

由于全体继承人共同管理遗产，可能在某些情形下存在一定的困难，因此我国台湾地区“民法”第1152条规定：“公同共有之遗产，得由继承人中互推一人管理之”，即为了方便遗产的管理，可以由全体继承人推选出一个继承人来负责管理遗产。所谓的互推，可以依据台湾地区“民法”第1124条规定的“家长之推定”,[①] 也可以用推选的方式或依习惯选任管理人。需要注意的是，该管理人与共同继承人之间实际上是一种委托关系，共同继承人可以随时终止委托。管理人受共同继承人的委托管理遗产，有权对遗产实行占有、取得、保管、修缮、使用、收取孳息、投保、变卖易腐易烂的遗产、收取债权等与遗产管理有关的必要行为，但原则上不得处分遗产。

（二）使用和收益行为

在共同继承中，虽遗产为共同继承人公同共有，但由于每个继承人都有其潜在的、不确定的应继分，因此在遗产实际分割前，各继承人可以依据其应继分，对于个别的应继财产享有使用的权利，但不能以此排除其他共同继承人进行使用的权利。[②] 通常情况下，在遗产的公同共有期间，共同继承人应当就具体财产的管理、使用和收益协商一致，订立使用规则，各共同继承人按照规则使用财产。经其他共同继承人同意，继承人也可对继承开始时自己所占有或保存的遗产单独进行使用和收益，直到遗产实际分割时止。在遗产的公同共有期间，遗产所产生的收益、孳息，例如房租、存款利息等，应

---

① 台湾地区“民法”第1124条规定：“家长由亲属团体中推定之；无推定时，以家中之最尊辈者为之；尊辈同者，以年长者为之，最尊或最长者不能或不愿管理家务时，由其指定家属一人代理之。”

② 陈棋炎、黄宗乐、郭振恭著：《民法继承新论》（修订七版），三民书局2001年版，第130页。

并入遗产总额中，待遗产分割时一并解决。

(三) 处分行为

在共同继承的公同共有关系中，各共同继承人在遗产分割前仅是对遗产整体享有潜在的、不确定的应继分，对组成遗产的各项具体财产并没有自己的应有部分，因此，各共同继承人可以处分自己的应继分（如放弃继承），但不能擅自处分组成遗产的各项具体财产。但是，只要经过全体共同继承人同意，继承人就有权处分遗产中的个别财产。

三、共同继承人对于遗产债务的责任

(一) 共同继承人继承债务时的对外关系

就共同继承人如何承担被继承人生前所负债务的问题，主要有三种不同的立法例：第一种是分割主义。此立法例认为共同继承人对于被继承人生前所负债务，给付可分者，则按各继承人的应继分负责清偿；给付不可分者，则由各继承人承担不可分债务人的责任。此立法例自罗马法以来，为法国、日本民法所采取。第二种是连带主义。此立法例认为无论给付是否可分，被继承人生前所负债务均应当由各继承人负连带清偿责任。德国、瑞士民法即采此种立法例。第三种是折中主义。此立法例认为在遗产分割以前，被继承人的债权人仅能对遗产请求清偿其债权；在遗产分割以后，债权人则可以依据应继分对各继承人请求清偿。荷兰、葡萄牙民法即采此种立法例。①

我国台湾地区“民法”采用的是连带主义的立法例，理由主要在于：既然共同继承为公同共有关系，那么根据民法共有原理，共有人在公同共有关系中所负的债务，其责任形式应为连带责任，而且采取连带主义的立法例更有利于保护被继承人的债权人的利益。因此，台湾地区“民法”第 1153 条第 1 项明确规定：“继承人对于被继承人之债务，以因继承所得遗产为限，负连带责任。”据此，被继承人的债权人有权向共同继承人全体请求清偿债务，也有权向共同继承人中的任何一人请求全部债务的清偿，被请求的继承人不得以应继分为由拒绝清偿。台湾地区“民法”第二编“债”中第

---

① 参见陈棋炎、黄宗乐、郭振泰著：《民法继承新论》（修订七版），三民书局 2001 年版，第 151—152 页。

272 条至第 280 条等有关连带债务的规定，也适用于共同继承人对被继承人的债务承担连带债务的情形。

（二）共同继承人继承债务时的内部关系

关于共同继承人继承债务时的内部关系，我国台湾地区“民法”第 1153 条第 2 项明确规定：“继承人相互间对于被继承人之债务，除法律另有规定或另有约定外，按其应继分比例负担之。”虽然共同继承人对外就被继承人的债务承担连带责任，以尽可能地保护债权人的利益，但是，就共同继承人之间的内部关系而言，则应按其应继分比例分担被继承人的债务，如此才公平合理。当然，如果共同继承人之间另有约定，则从其约定，而不必强行以应继分为分担债务的比例。当某一继承人对外清偿了被继承人的债务，则可依“民法”第二编“债”第 281 条至第 282 条的规定，对于超出自己份额的债务部分，取得对其他共同继承人的求偿权。

第四节　遗产的分割

一、遗产分割概说

遗产分割是指在共同继承中，将遗产按各继承人的应继分在共同继承人之间进行分配以消灭遗产公同共有关系，从而使遗产实际转归各继承人所有的法律行为。被继承人死亡后，若继承人仅有一人，则遗产全部归其所有，不发生遗产分割的问题；若继承人有两人以上，则遗产将由共同继承人公同共有，各共同继承人只是对遗产整体享有潜在的、不确定的应继分，不能擅自处分构成遗产的各项具体财产。各共同继承人为了实际取得自己的遗产份额，需要分割遗产结束公同共有关系，并按各共同继承人的应继分进行遗产的分配。因此在共同继承中，遗产的分割是最终确定遗产归属所必不可少的环节。遗产的分割标志着遗产公同共有关系的结束。遗产分割以后，各共同继承人取得自己所分得的财产的所有权。

关于遗产分割，各国和地区主要有两种不同的立法例：第一种是遗产先归遗产管理人。继承开始后，遗产并非当然直接转归继承人，必须经过一个过渡阶段即先将遗产转移给遗产管理人，由遗产管理人对遗产进行清算，制作遗产清册，收取遗产债权，清偿遗产债务，然后再将剩余遗产转移给继承人。此立法例为英国法所采用，也是信托制度在继承法中的具体应用。① 第二种是遗产直接归属继承人。共同继承开始后，遗产直接归属于共同继承人共有。② 各共同继承人只有在遗产分割后才能按其应继分，取得具体的财产。德国、瑞士、我国台湾地区均采此立法例。

二、遗产分割的自由和限制

（一）遗产分割的自由

遗产分割的自由是指在继承开始后，除被继承人以遗嘱禁止分割遗产或共同继承人之间存在不分割遗产的协议外，共同继承人有权随时请求分割遗产，当其中一个继承人请求分割时，其他继承人有协同分割的义务。每个共同继承人都享有遗产分割请求权，可以随时请求分割遗产。遗产分割请求权以自由行使为原则，以限制行使为例外。例如《德国民法典》第 2042 条规定："除第 2043 条至第 2045 条另有规定外，共同继承人的任何一人可以随时请求分割遗产。"③ 又如《瑞士民法典》第 604 条规定："各共同继承人可随时请求分割遗产。但依契约或依法律规定有共有义务的，不在此限。"④ 遗产分割请求权的性质为形成权，因为在共同继承中只要有人请求分割遗产，其他继承人便负有协同分割的义务，从而发生遗产分割的法律后果。

我国台湾地区"民法"也赋予共同继承人分割遗产的自由，其第 1164 条规定："继承人得随时请求分割遗产，但法律另有规定或契约另有订定者，不在此限。"所谓"随时"，是指继承开始后的任何时间。因为继承开始前，被继承人尚未死亡，其财产不构成遗产，不存在请求分割遗产的问题。实际上根据共有的基本原理，一般情况下，共有人不得于公同共有关系存续期间，请求共有财产的分割。但共同继承人之间的公同共有关系不同于夫妻之间的公同共有或合伙人之间的公同共有：一方面，共同继承人之间没

---

① 张平华、刘耀东著：《继承法原理》，中国法制出版社 2009 年版，第 405 页。

② 该共有的性质还有按份共有主义和共同共有主义两种不同的立法例，具体内容详见本章第三节第一点共同继承概说。

③ 陈卫佐译注：《德国民法典》，法律出版社 2004 年版，第 521 页。

④ 殷生根、王燕译：《瑞士民法典》，中国政法大学出版社 1999 年版，第 164 页。

有紧密的共有关系，共有关系的产生并非基于合意；另一方面，分割遗产是共同继承的终局目的。因此，共同继承人可以随时请求遗产分割，结束公同共有关系。所谓“法律另有规定”，是指台湾地区“民法”第1165条以遗嘱禁止分割遗产的规定和第1166条关于保留胎儿应继分后才可分割遗产的规定。

关于遗产分割前是否需要先清偿债务的问题，不同的国家和地区规定不同。有的规定遗产分割前须清偿债务，例如《德国民法典》规定非先清偿遗产债务不得为遗产分割，① 又如《瑞士民法典》规定各继承人在遗产分割前，可以请求清偿或担保被继承人的债务；② 有的国家和地区则不以债务的清偿为遗产分割的前提，例如法国、日本、我国台湾地区。但为保障债权人的利益，法律一般会要求继承人在遗产分割后对债务承担连带责任。

（二）遗产分割的限制

在我国台湾地区，共同继承人虽然可以随时请求分割遗产，但在法律另有规定或当事人另有约定的情况下，则不得进行分割。

1. 共同继承人以契约禁止在一定期限分割遗产。共同继承人可以经协商签订契约，约定在一定的期间内禁止分割遗产，维持公同共有关系。只要该契约不违反法律的强制性规定、禁止性规定或公序良俗，法律应尊重共同继承人的意愿。契约订立后，各共同继承人应遵守约定，不得在规定的期限内提出分割遗产的请求。对于禁止分割遗产的期限，《法国民法典》明确规定不得超过5年，期满可以更新；③《日本民法典》对遗产分割协议虽无明文规定，但解释上认为不超过5年的禁止分割协议有效；我国台湾地区“民法”对期限长短没有进行限制，但学界对此有不同的意见：有的学者主张应准用“民法”第823条第2项关于约定共有物不可分割的期限，以5年为限，约定期限超过5年的，缩短为5年；有的学者主张应准用“民法”

① 参见《德国民法典》第2046条、第2047条规定。

② 参见《瑞士民法典》第610条规定。

③ 《法国民法典》第815条规定：“任何人不得被强制维持遗产共有的状况，即使有相反的合意与禁止，仍得随时请求分割遗产。但继承人间得成立在一定期间内不分割的契约；此项期间，不得超过五年，但无妨予以更新。”李浩培、吴传颐、孙鸣岗译：《法国民法典》，商务印书馆1979年版，第109页。

第1165条第2项关于遗嘱禁止分割不得超过10年的规定；还有的学者认为应由共同继承人自由约定，法律没有加以干预的必要。①

2. 被继承人以遗嘱禁止分割遗产。被继承人有以遗嘱处分其遗产的自由，自然也有以遗嘱方式对遗产的分割期限进行限制的自由。当然，被继承人的遗嘱自由是有限制的，主要是不得违反法律的强制性规定，例如不得违反特留分的规定。只要被继承人不违反强制性规定，就可以在遗嘱中禁止继承人在一定期限内分割其遗产。一旦被继承人以遗嘱禁止分割遗产，则全体继承人在遗嘱确定的期限内，不得请求分割遗产，也不得以协议分割遗产。但是，倘若被继承人在遗嘱中要求的禁止分割遗产的期限过长或要求永久禁止分割遗产，则既不利于遗产的管理、改良和利用，也有损于继承人及与遗产有关的利害关系人的利益。因此，各国和地区在允许被继承人以遗嘱禁止分割遗产的同时，都对被继承人禁止分割遗产的最长期限进行了限制。对此我国台湾地区“民法”第1165条第2项规定：“遗嘱禁止遗产之分割者，其禁止之效力以十年为限。”意即被继承人以遗嘱禁止分割遗产的最长期限为10年，自继承开始时起算；超过10年或遗嘱规定永久禁止分割遗产的，其禁止分割遗产的效力仍以10年为限，超过的期间无效。禁止分割遗产的有效期限届满后，共同继承人有权请求分割遗产，也有权协商订立不得分割遗产的新契约以继续保持对遗产的公同共有关系。

3. 未保留胎儿应继分的不得分割遗产。我国台湾地区“民法”第7条规定：“胎儿以将来非死产者为限，关于其个人利益之保护，视为既已出生。”因此，在台湾地区胎儿具有继承能力，能够成为继承人。为了保护胎儿的利益，各国和地区的继承立法对胎儿应继分的保留有两种不同的处理规则。一部分国家和地区规定，在胎儿未出生前，其他继承人不得分割遗产。如《德国民法典》规定，由于共同继承人中尚有未出生的胎儿而未能确定应继分者，在此种情况消除之前，不得分割遗产。《瑞士民法典》、《意大利民法典》等也有类似的规定。如此规定是为了保护胎儿的利益，同时也是

① 参见陈棋炎、黄宗乐、郭振恭著：《民法继承新论》（修订七版），三民书局2011年版，第144页。

为了减少麻烦，使遗产分割一次完成。[①] 但这种在胎儿出生前绝对不得分割遗产的规定，会给其他继承人带来许多不便。因此，有一些国家和地区作出相对灵活的规定，只要共同继承人保留了胎儿的应继分，就可以进行遗产的分割。台湾地区也采用较灵活的处理规则，其“民法”第1166条规定：“胎儿为继承人时，非保留其应继分，他继承人不得分割遗产。胎儿关于遗产之分割，以其母为代理人。”对此，《继承法》第28条也规定：“遗产分割时，应当保留胎儿的继承份额。胎儿出生时是死体的，保留的份额按法定继承处理。”

三、遗产分割的方法

我国台湾地区“民法”第1165条第1项规定：“被继承人之遗嘱，定有分割遗产之方法，或托他人代定者，从其所定。”如果被继承人的遗嘱没有确定遗产分割的方法，则可依“民法”第830条第2项关于共有物分割的规定，以协议的方法分割遗产；不能协议时，则请求法院裁判分割。因此，在台湾地区，遗产分割的方法依次为：

（一）依被继承人遗嘱所定的分割方法

被继承人留有遗嘱的，如果遗嘱中有直接指定遗产分割的方法，或者在遗嘱中间接委托他人代为指定的，应尊重被继承人的意愿。但无论是被继承人直接指定还是委托他人代为指定遗产分割的方法，均须以遗嘱的方式作出，以确保被继承人意思表示的真实性。同时，指定遗产分割方法时不得违反特留分的规定，否则受侵害的继承人有权行使扣减权以补足特留分。指定遗产的分割方法，可以是抽象地指定房屋归配偶继承，存款和动产归儿子继承；也可以列财产目录，具体地将各项财产分配给各个继承人。[②] 实际上，当被继承人以遗嘱定有遗产分割方法时，相当于是对各个继承人的应继分进行了指定。各继承人只要其特留分没有受到侵害，就必须根据该指定取得相应的遗产，而不得要求以法定应继分分割遗产。

由于遗嘱是被继承人单方面的法律行为，遗嘱中委托他人指定遗产分割

① 张玉敏著：《继承法律制度研究》，法律出版社1999年版，第150页。

② 胡大展主编：《台湾民法研究》，厦门大学出版社1993年版，第509页。

方法无须事先取得该他人（即受托人）的同意。因此，受托人只享有决定遗产分割方法的权利，而没有须负担指定遗产分割方法的义务。如果受托人对于是否进行指定态度不明，继承人可以根据我国台湾地区“民法”第 170 条第 2 项的规定，催告受托人于一定的期限内给予答复，逾期未答复的，视为拒绝接受委托。如果受托人不接受委托，不愿意进行遗产分割方法的指定，或者因某种原因（如疾病、神志不清、死亡等）无法进行指定时，则等同于被继承人没有委托指定遗产分割方法，共同继承人可以协议方式分割遗产。如果受托人接受了委托并进行了指定，但其指定的遗产分割方法明显不公平，损害了部分继承人的利益，继承人可以向法院提起诉讼，请求法院重新确定遗产分割方法。

（二）依共同继承人的协议分割

协议分割是指由共同继承人以协议决定遗产分割的方法。当被继承人未以遗嘱指定遗产分割方法，也未以遗嘱委托他人代为指定遗产分割方法，或者虽有遗嘱委托他人但受托人最终未为指定，或者被继承人或受托人仅指定了部分遗产的分割方法，则共同继承人可以自行协商确定遗产的分割方法。

只要遗嘱没有规定禁止遗产分割的期限，继承人可以随时以协议确定遗产分割的方法。对具体财产的分割，可以采用实物分割、金钱补偿或变价分割的方式。分割协议的确定，必须全体继承人一致同意才能成立，而非多数继承人同意即可。如果共同继承人就遗产分割方法无法达成一致协议，则应请求法院裁判确定遗产分割方法。

（三）依法院的裁判分割

共同继承人就遗产分割方法不能达成协议或不能协议时，各继承人均有权请求法院进行裁判分割。所谓不能达成协议，是指共同继承人关于遗产的分割方法不能取得一致的意见。所谓不能协议，是指继承人中有人下落不明，或重病，或部分继承人占有遗产而拒绝其他继承人的分割请求等，从而无法进行协议。请求分割遗产的权利属于形成权，基于此权利提起的诉讼属于形成权之诉，诉讼的目的是以法院裁判的方式变更遗产公同共有关系，创设继承人之间新的权利义务关系。该诉讼由继承开始时被继承人住所地的法院管辖。

四、遗产分割的效力

（一）遗产分割的移转效力

遗产分割的效力是指公同共有的遗产分割后，各共同继承人就其分割遗产时所得的财产拥有单独的所有权，并因分割遗产彼此间产生的相应的权利义务关系。继承开始后，被继承人的遗产由共同继承人公同共有，各共同继承人对构成遗产的各部分财产均拥有权利。经过遗产的分割，遗产的公同共有关系归于消灭，各继承人按其应继分取得自己的遗产份额，形成了新的各自独立的所有权关系。

关于遗产分割的效力从何时开始的问题，各国有两种不同的立法例。第一种是创设主义，又称移转主义，该立法例认为遗产自分割时起发生归属和互相移转的效力，即各继承人对于分割所得的遗产的所有权或其他权利，是因分割公同共有的遗产而来，而不是从被继承人手中得来的。因此，遗产分割具备发生物权变动或物权创设的效力。德国、瑞士、西班牙等国采此主义。第二种是宣言主义，又称溯及主义，该立法例认为遗产分割仅仅是事实上财产已归各继承人所有的一种宣示，遗产分割的效力应溯及至继承开始时，即继承人不是因遗产分割取得权利，而是直接从被继承人手中取得权利。法国、日本、意大利等国采此主义。本书认为，以上两种立法例各有利弊。宣言主义（溯及主义）较为符合继承的本质，因为它认为各继承人所得的财产皆直接源于被继承人，保持了财产转移的连贯性。创设主义（移转主义）较有利于保障交易安全，因为它认可遗产分割前遗产上设置的负担及继承人对遗产进行处分的效力，从而维护了在继承开始后遗产分割前遗产的公同共有局面。此外，依据创设主义（移转主义），遗产分割后共同继承人之间的瑕疵担保责任是顺理成章的，而宣言主义（溯及主义）则导致共同继承人负瑕疵担保责任缺乏理论上的根据，因为瑕疵担保是从共有转为分别所有的一种制度，而宣言主义（溯及主义）不承认遗产存在从共有到分别所有的转化。

在 1985 年以前，我国台湾地区“立法”对遗产分割效力采取宣言主义（溯及主义），其“民法”第 1167 条规定的是“遗产之分割，溯及继承开始时发生效力”。后来台湾地区“民法”修改委员会对该规定的合理性提出质疑，认为其与共同继承的公同共有原则相抵触，于是在 1985 年修正“民法”时删除了第1167条的规定。因此，现行台湾地区“民法”对遗产分割效力问题采取的是创设主义（移转主义）。

（二）共同继承人之间的担保责任

遗产分割后，共同继承人之间的公同共有关系随之消灭。各继承人对自己所分得的遗产部分取得了单独的所有权。但是遗产分割后，可能发生以下情况：某一继承人分得某项动产，结果该动产被他人追夺或权利上有瑕疵，或者某一继承人分得某项遗产债权，结果该债权日后无法获得清偿。如果认为遗产分割后各继承人之间互不相关，发生以上情形时由该继承人独自承受损失，势必造成遗产分配的不公。为防止发生这种不公平的现象，许多国家和地区的继承立法都明文规定，在遗产分割后，各共同继承人对于其他继承人继承利益的实现负有相应的担保责任。我国台湾地区“民法”于第1168至1170条对共同继承人之间的担保责任进行了规定，具体内容如下。

1. 追夺及瑕疵担保责任。我国台湾地区“民法”第1168条规定：“遗产分割后，各继承人按其所得部分，对于他继承人因分割而得之遗产，负与出卖人同一之担保责任。”所谓与出卖人负同一担保责任，是指各共同继承人对于其他继承人因遗产分割而得到的财产，应负与出卖人相同的担保责任。也就是说，当某一继承人因遗产分割所得的财产存在瑕疵而遭受损失时，其他共同继承人将为该损失承担相应的担保责任。但如果遗产的权利瑕疵或物的瑕疵是因继承人本身的过失造成的，则其他共同继承人不负担保责任。各共同继承人承担担保责任时，应按各共同继承人应继分的比例进行责任的分担；各共同继承人所负的担保责任范围，以其所分得的遗产价值为限。

在我国台湾地区，出卖人的担保责任包括两方面内容：一是追夺担保责任（也称权利瑕疵担保责任），规定于“民法”第349条、350条；[①] 二是物上瑕疵担保责任，规定于“民法”第354条。[②] 既然共同继承人负与出卖

---

① 台湾地区“民法”第349条规定：“出卖人应担保第三人就买卖之标的物，对于买受人不得主张任何权利。”第350条规定：“债权或其他权利之出卖人，应担保其权利确系存在。有价证券之出卖人，并应担保其证券未因公示催告而宣告无效。”

② 台湾地区“民法”第354条规定：“物之出卖人对于买受人，应担保其物依第三百七十三条之规定危险移转于买受人时，无灭失或减少其价值之瑕疵，亦无灭失或减少其通常效用或契约预定效用之瑕疵。但减少之程度无关重要者，不得视为瑕疵。出卖人并就担保其物于危险移转时，具有其所保证之品质。”

人同一的担保责任，那么共同继承人的担保责任具体也包括这两方面内容：（1）共同继承人的追夺担保责任。它是指各共同继承人在遗产分割后，对其他继承人所分得的财产，担保其权利无瑕疵，保证不受第三人对其主张任何权利。在现实生活中，继承人所分得的遗产被第三人追夺的情况时常发生。一种可能是继承人所分得的某些财产，原本就不是被继承人的财产；另一种可能是某些财产原是被继承人的财产，但由于被继承人生前已经将此财产出卖或赠与他人，而在遗产分割时，各继承人均不知情，将该财产列为遗产进行分割了。在上述情形下，都可能发生遗产被追夺的后果。（2）共同继承人的物上瑕疵担保责任。它是指各共同继承人在遗产分割后，对其他继承人所分得的财产，担保该财产本身没有数量不足或质量缺陷。有学者认为，物的瑕疵担保责任的成立，需要具备以下条件：①瑕疵在遗产分割时已经存在；②瑕疵不是由于继承人的过失造成的；③遗产分割时继承人不知有瑕疵；④被继承人没有以遗嘱免除继承人的担保责任，继承人之间也没有免除担保责任的特约。[①] 例如，被继承人的遗产为一头牛和两只羊，由甲、乙二人共同继承。遗产分割后，甲分得一头牛，乙分得两只羊。如果在分割时，牛已染病，而甲乙二人均不知情，后牛因病死亡的，则乙应对甲的损失承担物上瑕疵担保责任；如果在分割时，牛并未患病，而是在遗产分割后，因甲对牛饲养不当或使用不当导致该牛病亡的，则乙无需承担物上瑕疵担保责任。

遗产分割后，遭受权利瑕疵或物上瑕疵的继承人可以行使以下三种请求权：①损害赔偿请求权。一般适用于以下情形：分割所得的财产或权利的全部或一部分已被他人追夺；分得的财产数量不足；分得的财产受第三人用益物权的限制；分得的财产因抵押权的实行而丧失所有权；分得的财产有质量瑕疵导致财产价值灭失或减少。②价金减少请求权。当某一继承人所分得的财产少于其他继承人时，该继承人可以对其他继承人请求给付与不足部分相当的价金。③契约解除权，即解除分割契约，重新进行遗产的分割。但一般只有在损失补偿不能达到分割公平的目的时，才会解除分割契约、重新分

① 参见张玉敏著：《继承法律制度研究》，法律出版社1999年版，第157页。

割，而且重新分割需以实际上可能为前提。①

2. 对债务人资力的担保责任。对债务人效力的担保责任是指共同继承人相互间须对遗产债务人的支付能力负担保责任。我国台湾地区“民法”第1169条第1项规定：“遗产分割后，各继承人按其所得部分，对于他继承人因分割而得之债权，就遗产分割时债务人之支付能力，负担保之责。”遗产分割后，如果继承人所取得的遗产为债权，那么债务人的支付能力如何将直接影响到该继承人的利益：债务人无财产可供清偿或者不足清偿时，继承人所分得的债权就得不到实现或不能完全得到实现。因此，共同继承人应就债务人的资力负担保责任，以避免某一继承人因债务人无支付能力而受到损失。

由于债务人的支付能力随其财产状况的变化而有不同，基于公平，共同继承人相互之间并不对债务人任何时候的支付能力负担保责任，只是对一定时间债务人的支付能力负担保责任。因此，我国台湾地区“民法”第1169条第2项规定：“前期债权，附有停止条件或未届清偿期者，各继承人就应清偿时债务人之支付能力，负担保之责。”即对于一般债权，继承人相互之间只对遗产分割时债务人的支付能力负担保责任；对于附停止条件或清偿期尚未届至的债权，则对应清偿时（即条件成熟或清偿期届满之时）债务人的支付能力负担保责任。各共同继承人负担保责任的结果，是对于债务人无力清偿的债权部分，按各共同继承人应继分的比例，进行分担。但各共同继承人所负的担保责任范围，以其遗产分割所得的财产价值为限。例如被继承人有遗产10万元，由甲、乙、丙三人继承，遗产分割后，甲继承5万元，乙、丙各继承2.5万元。甲所分得的遗产中有债权1万元，因债务人无支付能力，得不到清偿。对于甲的1万元债权的损失，则应由甲、乙、丙三人按应继分的比例进行分担，即由乙和丙各补偿甲2500元，甲自己承担5000元的损失。

3. 对继承人资力的担保责任。无论是我国台湾地区“民法”第1168条规定的追夺及瑕疵担保责任，还是第1169条规定的对债务人资力的担保责

---

① 陈棋炎、黄宗乐、郭振恭著：《民法继承新论》（修订七版），三民书局2011年版，第173页。

任，其责任承担的结果均是由各共同继承人按应继分的比例共同分担损失。但是倘若应分担损失的继承人本身没有支付能力，那么遭受损失的继承人的利益仍得不到救济。因此，台湾地区“民法”第1170条进一步规定了当负担保责任的继承人没有支付能力分担损失时，该如何救济受损失的继承人的问题。其具体规则为：“依前二条规定负担保责任之继承人中，有无支付能力不能偿还其分担额者，其不能偿还之部分，由有请求权之继承人与他继承人，按其所得部分比例分担之。但其不能偿还，系由有请求权人之过失所致者，不得对于他继承人请求分担。”例如，继承人甲乙丙三人中，甲因分得的财产有瑕疵遭受6万元的损失，则可依第1168条的规定向乙和丙各请求2万元的损害赔偿。若丙没有支付能力，其不能偿还的2万元，则由甲（甲为有请求权的继承人）和乙按其所得部分的比例分担丙无力支付的2万元，即甲和乙各分担1万元，最终结果是甲可以向乙请求3万元的损害赔偿。[①] 但是，倘若是甲在丙有支付能力时不及时行使请求权，拖至丙无支付能力时才行使请求权，则属于甲的过失所致，此时甲不能请求乙分担丙无力支付的2万元，只能自己承担丙无支付能力的后果。

（三）共同继承人对被继承人债务的连带责任

遗产分割也包括对被继承人债务的分割。为了保护被继承人的债权人的利益，我国台湾地区“民法”第1153条规定：“继承人对于被继承人之债务，以因继承所得遗产为限，负连带责任。”共同继承人对被继承人的债务承担的连带债务，并不因遗产的分割而消灭。遗产分割时，未得到清偿的遗产债务转移给特定的继承人承担，或者由各继承人分担，原则上各继承人仍应对该债务负连带清偿责任。但是，根据“民法”第1171条的规定，[②] 在下列两种情况下，共同继承人于遗产分割后，可以免除对遗产债务的连带责任：(1) 经被继承人的债权人同意。在遗产分割时，尚未清偿的遗产债务，需要转移给特定的继承人承担或者由各继承人分担。此时，如果债权人同意免除各继承人之间的连带责任，则将由承受债务的继承人单独承担清偿责

---

① 参见史尚宽著：《继承法论》，中国政法大学出版社2000年版，第254页。

② 台湾地区“民法”第1171条规定：“遗产分割后，其未清偿之被继承人之债务，移归一定之人承受，或划归各继承人分担，如经债权人同意者，各继承人免除连带责任。继承人之连带责任，自遗产分割时起，如债权清偿期在遗产分割后者，自清偿期届满时起，经过5年而免除。”

任，未分得债务的其他继承人无需承担连带责任。（2）法定期间的经过。遗产分割后，共同继承人对遗产债务负连带责任，但该连带责任自遗产分割时起经过5年而免除。若债务清偿期在遗产分割之后才届至的，则自清偿期届满时起经过5年，免除共同继承人之间的连带责任。需要注意的是，该5年期间为除斥期间。

五、遗产分割的实行

在分割遗产时，除应保留胎儿应继分外，还需注意以下情形：

（一）继承人对被继承人所负债务的扣还

扣还制度的设置，是针对共同继承人中有继承人对被继承人负有债务的情形。我国台湾地区“民法”第1172条规定：“继承人中如对于被继承人负有债务者，于遗产分割时，应按其债务数额，由该继承人之应继分内扣还。”在实践中，继承人不必现实地履行所负债务，只是在遗产分割时，将其债务数额计入遗产总额，并以此作为应继分的计算基数，而后再从该继承人的应继份额中扣还其对被继承人的债务数额。经扣还后，如果该继承人的应继份额还有剩余，则该继承人可以取得剩余部分的遗产；如果该继承人的应继份额不足扣还其所负债务，则该继承人仍须现实地偿还不足部分的债务。

（二）继承人接受被继承人生前特种赠与的归扣

归扣制度的设置，是针对共同继承人中有继承人曾受过被继承人特种赠与的情形。我国台湾地区“民法”第1173条规定：“继承人中有在继承开始前因结婚、分居或营业，已从被继承人受有财产之赠与者，应将该赠与价额加入继承开始时被继承人所有之财产中，为应继遗产。但被继承人于赠与时有反对之意思表示者，不在此限。前项赠与份额，应于遗产分割时，由该继承人之应继分中扣除。赠与份额，依赠与时之价值计算。”关于归扣制度的具体内容，详见本章第五节。

第五节 归扣制度

一、归扣制度概说

归扣，即是归入且扣除之意，是指将被继承人生前对继承人的特种赠与归入被继承人的遗产，作为计算应继分的基数，并在遗产分割时从该继承人的应继分中加以扣除的制度。归扣，还有扣除、扣抵、冲算、合算等称谓。在共同继承中，有的继承人曾因结婚、营业等特别情形于被继承人生前获得了被继承人赠与的财产，如果该财产不计入被继承人的遗产，则该继承人不仅保有被继承人生前赠与的财产，还能与其他继承人共同参与继承并享有相同的应继分，这将造成继承人之间取得财产上的失衡。若实行归扣制度，将受赠财产计入应继遗产中，并以此为基数计算各共同继承人的应继分，那么曾受赠与的继承人最终应得的遗产，将是其应继分扣除受赠价额后的剩余额。归扣制度扩张了实质意义遗产的范围，打破了遗产必须是死者身后财产的限制，其实质在于将被继承人生前所为的特种赠与从法律上拟制推定为应继分的预付，以维护共同继承中共同继承人间遗产分割的公平。①

在遗产分割中实行归扣的做法源于罗马法。在罗马法中，已解放和已出嫁的直系卑亲属，与仍处于家长权下的子女一样享有对其父系血亲尊亲属的继承权，但前者的劳动所得或者得到的赠与、遗赠以及嫁奁归他们自己所有，而仍处于家长权下的子女，其劳动所得和接受的赠与、遗赠等却归属于家长所有，并于家长死亡时被包括在家长的遗产之中。为了避免遗产继承发生不公平现象，罗马大法官便创设一种“财产加入”制度：一方面，允许脱离家长权的直系卑亲属回到生父家继承尊血亲的遗产；另一方面，要求脱离家长权的直系卑亲属将在脱离家长权期间的劳动所得或接受的赠与、遗赠等加入到尊血亲的遗产中，与其他共同继承人平等地加以分配。可见，“财产加入”制度的实质，是将所有直系晚辈血亲的财产都计入遗产的范围之内，让全体继承人在平等的条件下分配遗产。② 随着家父权的消亡，这种制度演变成赠与冲算制度，即被继承人生前给予继承人的赠与，在遗产分割时要归入遗产进行分配。由于这种制度对共同继承人的遗产分配较为公平合理，法国、德国、瑞士、日本等许多国家和地区均规定了归扣制度。有学者认为，现代归扣制度成为一项基于对死者生前意愿的法律推定，即从法律上推定被继承人不希望给予某继承人特别的恩惠，当然，倘若被继承人生前有

① 张平华、刘耀东著：《继承法原理》，中国法制出版社 2009 年版，第 96 页。
② 参见周枏著：《罗马法原论》（下册），商务印书馆 2009 年版，第 575—579 页。

明确归扣的范围或明确反对归扣，则必须尊重被继承人的意愿。①

我国民间长期存在父母生前将重要财产分配给晚辈直系血亲，当父母死亡后已分得财产的晚辈直系血亲就不分或少分遗产的习俗，这种习俗的实质就是归扣，它从一定程度上避免了继承人之间取得财产的失衡。目前，《继承法》立法没有规定归扣制度，而台湾地区“民法”第1173条明确规定了归扣制度：“继承人中有在继承开始前因结婚、分居或营业，已从被继承人受有财产之赠与者，应将该赠与价额加入继承开始时被继承人所有之财产中，为应继遗产。但被继承人于赠与时有反对之意思表示者，不在此限。前项赠与份额，应于遗产分割时，由该继承人之应继分中扣除。赠与份额，依赠与时之价值计算。”

二、归扣制度的具体内容

（一）归扣的财产范围

哪些财产应予归扣，是归扣制度的首要问题。对此各国和地区主要有三种立法例：（1）凡被继承人生前给予继承人的赠与，均应归扣，被继承人有相反表示者除外。如法国、意大利。（2）应予归扣的财产范围限于因结婚、教育、营业、另居等特别情形而从被继承人处获得的特种赠与。如德国、瑞士。（3）应予归扣的财产，除特种赠与外，还包括遗赠。如日本。②我国台湾地区采用第二种立法例，将归扣的财产范围限定于特种赠与，而且该特种赠与只限于被继承人生前对继承人因结婚、分居或营业三种原因所为的赠与。对特种赠与进行归扣，其实是法律对被继承人生前自由处分财产的限制，通过要求曾受特种赠与的继承人将该赠与归入到应继遗产中进行继承，达到共同继承人遗产分配的实质公平。尤其当特种赠与的价额较为巨大时，归扣制度的实施能更好维护共同继承人间遗产分配的公平。

关于如何确定继承人所受的特种赠与的价额问题，目前有以赠与时价值为准和以继承开始时价值为准两种立法例。对此，我国台湾地区明确规定，归扣财产的价额以该财产赠与时的价值计算。这意味着既不考虑赠与物的孳

---

① 张平华、刘耀东著：《继承法原理》，中国法制出版社2009年版，第97页。

② 张玉敏著：《继承法律制度研究》，法律出版社1999年版，第153页。

息或收益，也不考虑遗产分割时赠与物的价值是否减少或灭失，而是直接以赠与时赠与物的价值进行归扣。

（二）归扣的主体

归扣虽存在于共同继承人之间，但共同继承人各自的地位是不相同的，有归扣义务人和归扣权利人的区分。

1. 归扣义务人。归扣义务人是指曾受被继承人特种赠与的继承人。关于归扣义务人的范围，各国和地区的规定并不相同。有的规定凡受特种赠与的继承人都是归扣义务人，如日本、法国；有的规定归扣义务人限于被继承人的直系血亲卑亲属，如德国、瑞士；还有的规定归扣义务人为被继承人的子女及其直系卑亲属和配偶，如意大利。我国台湾地区“民法”规定，归扣义务人为受过被继承人特种赠与的任何一个共同继承人，但仅限于继承人本人所受的特种赠与。如果是继承人的直系尊血亲、直系卑血亲或配偶曾受被继承人的特种赠与，则不能因此将该继承人列为归扣义务人。

2. 归扣权利人。关于归扣权利人的范围，我国台湾地区“民法”没有明文规定。对此，有些学者认为“得请求归扣之权利人，系不受生前特种赠与之其他共同继承人”；① 有些学者认为“只要是同一继承顺序上之继承人（包括代位继承人），而未受特种赠与或受特种赠与较少者，皆为归扣权利人”；② 还有些学者认为“归扣权利人不限于不受特种赠与之其他共同继承人，亦不限于受特种赠与较少之其他共同继承人，只要有人受特种赠与，其他共同继承人无论其是否受有特种赠与，亦不问其所受赠与份额多寡，均为归扣权利人。若全体共同继承人均受有特种赠与，则全体共同继承人均为归扣义务人，亦皆为归扣权利人”。③ 此外，台湾地区通说认为，抛弃继承权的人、丧失继承权的人、受遗赠的人因不属于继承法律关系的当事人，不能成为归扣权利人。④

---

① 戴炎辉、戴东雄著：《中国继承法》，三民书局1998年版，第149页。

② 陈棋炎、黄宗乐、郭振恭著：《民法继承新论》（修订七版），三民书局2011年版，第153页。

③ 林秀雄著：《民法亲属继承争议问题研究》，五南图书出版公司2000年版，第281页。

④ 陈棋炎、黄宗乐、郭振恭著：《民法继承新论》（修订七版），三民书局2011年版，第153页。

（三）归扣的程序

在遗产分割过程中，归扣一般依下列步骤进行：（1）算定继承开始时被继承人所留的财产的价额；（2）确定各继承人于被继承人生前所受特种赠与的财产的价额（赠与财产的价额以赠与当时的价值计算）；（3）将确定好的特种赠与的价额加入被继承人所留的财产价额中，并以此作为应继遗产；（4）依法计算各继承人的应继分及其价额；（5）将第四步计算出来的某继承人的应继分的价额，扣除该继承人所受的特种赠与的财产的价额，所得的余额即为该继承人应取得的遗产数额。

根据以上步骤进行归扣，会出现三种结果：一是应继分的价额高于特种赠与的价额，此时受归扣的继承人仍然可以继承二者的差额，取得相应的遗产份额；二是应继分的价额等于特种赠与的价额，此时该继承人不能再参与遗产的分配；三是应继分的价额低于特种赠与的价额，此时受特种赠与的继承人是否需要返还超过其应继分的价额，我国台湾地区"民法"未明确规定，学者意见各有不同。各国和地区继承立法，有的采用否定返还说，即超过部分无需返还。例如《德国民法典》第2056条规定"共同继承人之一人因给予而获得多于在分割时会归属于其自己的财产的，没有义务偿还多得之额"；① 有的采用肯定返还说，即超过的部分原则上应予返还，除非能证明被继承人有特惠于受赠的继承人的意思表示，例如《瑞士民法典》第629条第1项规定"赠与超过了应继分的数额，但可证明系被继承人有意给予的特别利益，该继承人可不对超出部分提供结算"。② 目前台湾地区以否定返还为通说。因为归扣的实质是法律拟制被继承人并无使某继承人特别受惠的意思，将继承人之前从被继承人处所受的特种赠与，推定为其日后应继遗产的预先取得，以期在遗产分割时达到共同继承人之间的遗产分配公平。但这种公平只是一种相对的公平，而且对被继承人意思的拟制推测未必符合被继承人内心的真意。因此，为了衡平法律拟制与被继承人内心真意不符之不公，从保持财产秩序稳定的角度出发，应以否定返还为宜。③ 而且既然"民

---

① 陈卫佐译注：《德国民法典》，法律出版社2004年版，第523页。

② 殷生根、王燕译：《瑞士民法典》，中国政法大学出版社1999年版，第169页。

③ 张平华、刘耀东著：《继承法原理》，中国法制出版社2009年版，第104页。

法”没有明确要求返还，则不应扩大解释要求继承人负返还义务。

（四）归扣的免除

归扣的理论基础在于被继承人生前对继承人的特种赠与是该继承人将来应继遗产的预先取得，但这毕竟属于法律上的拟制和推定。如果被继承人对特种赠与有反对归扣的意思表示，则应尊重被继承人的意思，不应作归扣。因此，我国台湾地区“民法”第1173条明确规定被继承人于赠与时有反对归扣的意思表示的，则该特种赠与可以免于归扣。至于被继承人免除归扣的意思表示，应于何时以何种方式作出，“民法”并未明文规定。一般认为，免除归扣的意思表示，只要能够加以证明，应不以明示为条件。作出免除归扣意思表示的时间，从法条规定字面上分析，应限于赠与当时，但也有学者认为，应以尊重被继承人的意思为先，无论被继承人在赠与时还是赠与后作出免除归扣的意思表示，都应产生免除归扣的效力。①

三、归扣的效力

关于归扣的效力何时发生的问题，我国台湾学者认为“归扣之效力，因继承之开始即当然发生，仅于分割遗产时，应行充当计算而已”。② 所谓的充当计算，指的是归扣的实行方式。归扣的实行方式主要有两种：第一，法国法方式，即除被继承人明示以先取分和免除返还外，不得保留赠与物，这种需要所有权转移的做法称为现物归还主义；第二，德国法方式，即所给予者应存留于继承人，但应扣除其价额，此方式称为价额归还主义或充当计算主义。③ 近现代民法绝大部分采取德国法的充当计算主义，原因主要在于被继承生前对继承人的赠与历经数年，财产可能已经几易其主或毁损灭失，返还财产原物不可能或者很困难，强制规定返还财产原物还可能造成整个社会财产秩序的混乱。因此，台湾地区“民法”第1173条明文规定只是将赠与价额加入继承开始时被继承人所有的财产中作为应继遗产。这既确认归扣的方式采用充当计算主义，又确认归扣的效力发生于继承开始时。只是如果

---

① 参见陈棋炎、黄宗乐、郭振恭著：《民法继承新论》（修订七版），三民书局2011年版，第156页。

② 戴炎辉、戴东雄著：《中国继承法》，三民书局1998年版，第152页。

③ 张平华、刘耀东著：《继承法原理》，中国法制出版社2009年版，第104页。

归扣权利人不行使归扣权就难以真正产生归扣的效果，因此虽归扣的效力自继承开始时发生效力，但仍需依靠归扣权利人行使归扣权。归扣权的行使，不以共同继承人的共同行使为必要，继承人中只要有人主张归扣行使归扣权即可。同时，由于共同继承人对遗产是公同共有关系，所以未主张归扣的其他继承人也会因此获得归扣的利益。当然，未主张归扣的继承人也可以选择抛弃归扣利益，仅就继承开始时被继承人所留有的财产作为计算应继分的基础。

实行归扣后，受特种赠与的继承人，若其所受的特种赠与价额等于或超过其应继分价额时，则该继承人不能再请求分配遗产，也无需将超过部分的价额返还；若其所受的特种赠与价额低于其应继分价额时，则该继承人可以取得相当于二者差额的遗产分配。例如被继承人有子女甲、乙、丙三人，被继承人生前曾对甲、乙分别为特种赠与50万元、40万元，且均无免除归扣的意思表示。虽被继承人死亡时仅留有存款60万元，但由于丙行使了归扣权，应继遗产应为150万元（由50万元、40万元、60万元三笔价额相加所得）。甲、乙、丙三人的法定应继分各为三分之一，即三人的应继遗产份额各为50万元。经过计算，遗产分配的结果如下：甲所得特种赠与价额50万元与其应继分份额相等，甲不得再参加现有遗产的分配；乙所得特种赠与价额40万元低于其应继分份额，乙还可以请求分配10万元的现有遗产；丙根据其应继分，可以取得50万元的现有遗产。这样的分配结果，相比不实行归扣，直接由三人均分60万元遗产的结果而言，是较为公平合理的。

第六节　继承的承认

一、继承的承认概述

继承的承认是指继承人在继承开始后、遗产分割前，同意接受被继承人的遗产的意思表示。当今各国关于接受继承的立法例主要有四种①：

1. 当然继承主义。此立法例源于日耳曼法，认为继承权利义务的归属，

① 戴炎辉、戴东雄著：《中国继承法》，三民书局1998年版，第161—162页。

因继承的开始当然地转移于继承人，不论继承人是否愿意继承遗产，也不需要继承人作出是否继承的意思表示。因此继承的接受只具有消极效力，仅维持原已发生的继承的效力。德国和法国等国民法采此主张。

2. 承认继承主义。此立法例源于罗马法，认为遗产不因继承人的死亡而当然地归于继承人，须继承人做出接受继承的意思表示后，始发生遗产的归属效力。

3. 法院交付主义。此立法例为奥地利民法所采用，认为遗产须于法院决定将其交付于继承人时才发生归属效力。因此继承的接受，是请求交付所继承的遗产的意思表示。

4. 剩余财产交付主义。此立法例为英国所采用，认为遗产应先归属于遗产管理人或遗嘱执行人，经其清算后尚有剩余财产的，继承人才能请求交付。因此，继承的接受就是剩余财产交付请求权的行使。

我国封建社会时期以宗祧继承为主，继承人所继承的是家长的身份及其所包含的权利义务，不允许抛弃，自然无所谓承认；并且我国素来就有“父债子还”的习惯，子对其父生前所负的债务承担无限责任。此种制度与现代法律强调个人独立人格的观念相悖，不符合民法的意思自治原则。因此，我国自民国时期就废除旧制，采取当然继承主义，继承人可以选择接受继承，也可以放弃继承。目前我国台湾地区仍采当然继承主义。根据台湾地区“民法”第1148条的规定，继承人自继承开始时，除“民法”另有规定外，承受被继承人财产上的一切权利、义务；但权利、义务专属于被继承人的，不在此限。①

二、继承承认的种类

以继承人接受遗产是否附加条件（即继承人对被继承人生前所负的债务是否以其所继承的遗产为限进行清偿）作为划分标准，继承的承认可以分为限定承认和单纯承认两种。现今我国台湾地区的继承承认以限定承认为

① 大陆与台湾相同，也是采取当然继承主义，《继承法》第25条第1款规定：“继承开始后，继承人放弃继承的，应当在遗产处理前，作出放弃的表示，没有表示，视为接受继承。”因此，继承开始后，继承人无须做出接受继承的意思表示，即可承受被继承人的遗产。参见柳经纬、薛景元、施信贵著：《海峡两岸法律制度比较·民法》，厦门大学出版社1995年版，第388页。

基本准则，法定单纯承认为例外。

（一）限定承认

1. 限定承认概述。限定承认，也称为限定继承，是指被继承人仅就其继承所得的遗产为限对被继承人的债务进行清偿，对超过遗产实际价值的债务，继承人不负责清偿。

纵观历史沿革，世界各国早期立法常侧重于对遗产债权人利益的保护，要求继承人对被继承人的债务承担无限责任，即所谓的“强制继承”。① 至罗马法上的罗马共和时期，才由大法官赋予继承人以拒绝继承的“不参与继承权”，即出现遗产不足以清偿全部债务的情形时，继承人通过将遗产交由遗产债权人处理的方法，免予承担责任。② 但是，对遗产金额的确定和债务状况的调查并非易事，要求继承人在承担无限责任及放弃继承之间做出选择，对于继承人显然过于苛求。因此，查士丁尼于公元 531 年发布敕令，规定继承人可以制作遗产清册向被继承人的债权人作出清偿保证，即可以享受“财产清册利益”，将本人的财产和被继承人的遗产区分开来，仅以遗产清册载明的继承所得的遗产为限承担被继承人的债务。③ 此种做法为后世许多国家所沿用，发展为现代继承法的限定继承制度。

由此可见，限定继承制度旨在保护继承人的合法权益，在继承人不知晓被继承人的遗产状况时，一方面可不因当然继承而无限制地负担被继承人的债务，致使其原有的财产遭受损害；另一方面在清算后遗产仍有剩余的，继承人还保有继承的权利。④

限定承认的后果是否使被继承人的债权人的债权得不到全部清偿而遭受损害呢？其实未必。首先，对于债权人而言，自然希望尽快实现债权，如果继承人均因债务过多而抛弃继承时，该遗产应当按照无人承认继承的规定处理，其结果也是以遗产为限进行清算，因此在这种情况下，不如尽早清算对

① 张玉敏著：《继承制度研究》，成都科技大学出版社 1994 年版，第 178 页。

② 周枏著：《罗马法原论》（上册），商务印书馆 1994 年版，第 472 页。

③ 陈苇主编：《外国继承法比较研究与中国民法典继承编制定研究》，北京大学出版社 2011 年版，第 86 页。

④ 陈苇、宋豫主编：《中国大陆与港、澳、台继承法比较研究》，群众出版社 2007 年版，第 117 页。

债权人更为有利。其次，在采取单纯承认的情形下，遗产与被继承人的财产发生混同，继承人以包括遗产在内的全部财产清偿债务。如果债务额超过遗产总额，继承人必须以其原个人财产清偿债务，对继承人明显不利，并且继承人的债权人也因此减少其债权的一般担保；但是继承人的固有财产如果是负数，而遗产为正数时，对遗产债权人来说又是不利的，而继承人的债权人将因此获得不当利益。可见，单纯承认会发生遗产债权人与继承人的债权人之间的不公平。限定继承将遗产与继承人的固有财产分离的做法，与近代民法上债务人以其固有财产为限承担责任的原理相符，兼顾了遗产债权人及继承人的债权人二者的利益，实属公允合理。①

我国台湾地区“民法”关于继承的样态曾以单纯承认为基本原则，以限定承认及抛弃继承为例外。继承人选择限定继承的，必须在继承开始时起两个月内开具遗产清册，向法院呈报。超过法定期限未申报的，视为单纯承认。然而在实践中，许多人根本就不知道被继承人死亡的确切时间，常常错过呈报的期限。② 继承人未及时选择限定继承，如果被继承人的债务超过遗产总值，就要以继承人个人的固有财产清偿遗产债务。虽然继承人为了避免承担无限清偿责任，也可以抛弃继承。但是在继承开始之初，被继承人的债务是否超过遗产并未明了，并且财产价值经常波动，如果继承人盲目抛弃继承，当清偿债务完毕后遗产有剩余时，继承人将无法继承，势必追悔莫及。因此，台湾地区于 2007 年 12 月进行“继承法”修正，确定未成年人的限定继承原则；遗产清册呈报的时间改为自继承人知悉继承开始起算。然而 2007 年底的修法仍不够彻底，对于许多成年人而言，还会因未及时选择限定继承而要承担无限责任，以致影响其生存权。于是，2009 年 6 月 10 日，台湾地区再度通过“民法”“继承篇”部分条文修正案，将原“限定继承”一节删除，直接确定限定继承为继承的基本原则，继承人无须为限定继承的意思表示，仅以遗产为限对继承债务负责；当然，继承人也可以凭自己的意志选择抛弃继承，他人不得干涉。

---

① 陈棋炎、黄宗乐、郭振恭著：《民法继承新论》（修订七版），三民书局 2011 年版，第 185 页。

② 张平华、刘耀东著：《继承法原理》，中国法制出版社 2009 年版，第 140 页。

为便于修正案的施行，我国台湾地区“民法”“继承篇”施行法第1条之3规定，修正案关于限定责任的规定在下列情形下具有溯及效力：（1）于2009年6月11日之前已开始的代位继承人，由其继续履行债务显失公平的；（2）继承于2009年6月11日前开始时无法知悉继承债务存在，以至未能在法定期间为限定继承或抛弃继承的表示，由其继续履行债务显失公平的。

2. 限定承认的程序。[①] 如前所述，限定承认的继承制度有利于继承人，避免继承人因继承被继承人的遗产而投入个人的财产去清偿被继承人的债务。但是，这一制度却使债权人的利益处于不稳定的状态，因此，我国台湾地区“民法”第1156条第1项规定，继承人在知悉继承开始的三个月内开具遗产清册，向被继承人死亡时户籍所在地的法院呈报。[②] 继承人在这三个月内无法整理完资料并呈报的，应当在期满前向法院申请延长期限，法院依客观情况认为必要时，可以延长。如果继承人有数人时，其中一人已开具遗产清册呈报法院的，视为其他继承人已呈报，其他继承人无须单独提出。

为了便于遗产清算程序的进行，法院也可以依债权人的申请或职权要求继承人提出遗产清册：（1）根据台湾地区“民法”第1156条之1第1项的规定，债权人有权向法院申请要求继承人于三个月内提出遗产清册；（2）法院在知悉债权人以诉讼程序或非讼程序向继承人请求清偿继承债务时，也应依职权要求继承人于三个月内提出遗产清册。继承人申请延长期间的，法院认为必要时，也可以延长。同理，法院如已责令多数继承人中的一人提出遗产清册的，其余继承人自然无须另外提出。

遗产清册应记载非专属于被继承人所有的一切权利或义务，包括积极财产与消极财产。继承人为无行为能力人的，应由继承人的法定代理人代为制

---

① 依据《继承法》第25条的规定，继承法也采取当然继承主义，只要继承人未在遗产分割前做出放弃继承的意思表示，就推定为接受继承。同时《继承法》第33条规定：“继承遗产应当清偿被继承人依法应当缴纳的税款和债务，缴纳税款和清偿债务以遗产的实际价值为限。超过遗产实际价值部分的，继承人自愿偿还的不在此限。”由此可见，大陆采取的是无条件的限定继承主义，继承人不需要满足任何条件和履行特别手续，均可以以取得的财产为限，对被继承人的债务承担有限责任。《继承法》对于限定继承的规定破除了“父债子还”的传统观念，符合现代继承法的精神和民法的自己责任原则，但是现行立法过于简单，既未规定接受继承的期限和方式，也未要求继承人提供证明遗产状况的清单，限定继承缺乏程序性保障，不利于对遗产债权人利益的保护，而台湾地区的限定继承制度相对比较完备，值得借鉴。

② 邓建国著：《海峡两岸继承法律实务》，法律出版社2009年版，第91页。

作。对于开具遗产清册的方式，法律并未严格规定。但是，遗产清册是继承人所继承遗产的价值的凭证，也是继承人清偿遗产债务的依据，因此，必须如实、全面记载，不得缺漏；如有虚伪记载并且情节重大的，不得主张限定继承的利益。如果遗产清册内所记载的事项不完全或不真实是否可以补正的问题，多数台湾地区学者认为只要未满三个月的法定期间（包括延展期间），又无“民法”第1163条规定的虚伪记载情形的，应允许补正。① 理由在于，对于缺漏或不实记载的补正，不但不会妨碍反而有利于清算的进行，自然无限制的道理。

应当注意的是，我国台湾地区“民法”并不强制继承人必须开具遗产清册呈报法院。继承人未提出遗产清册的，对于遗产债权人的全部债权，继承人仍以遗产为限进行清偿。② 但是在继承人提出遗产清册呈报法院后，法院应依公示催告程序，要求遗产债权人申报债权。因此，继承人可以通过提出遗产清册而启动公示催告程序，便于确定遗产债权和遗产数额，有利于遗产的清算。

3. 限定承认的效力。（1）继承人的有限责任。限定继承人仅以其继承所得的遗产对被继承人的全部债务负责清偿，如果继承人继承的遗产不足以清偿被继承人的债务的，继承人不必以自己的财产进行清偿。但是对于遗产债权人而言，其债权并不因限定继承而减少，债权人仍可以就债权的全部要求继承人清偿，继承人享有以遗产为限承担有限责任的抗辩权。③ 如果继承人放弃限定继承的利益，自愿以其固有财产清偿债务的，应为有效，遗产债权人的取得不属于不当得利。日后，继承人不能以非债清偿为理由要求遗产债权人返还。

必须明确的是，虽然继承人可以以遗产为限承担有限清偿责任，但是遗产债务的保证人或连带债务人则不享有此权利，仍必须对全部债务负偿还责

---

① 陈棋炎、黄宗乐、郭振恭著：《民法继承新论》（修订七版），三民书局2011年版，第188页。

② 台湾地区“民法”第1162-1条规定：“继承人未依第一千一百五十六条、第一千一百五十六条之一开具遗产清册陈报法院者，对于被继承人债权人之全部债权，仍应按其数额，比例计算，以遗产分别偿还。”

③ 郭明瑞、房绍坤、关涛著：《继承法研究》，中国人民大学出版社2003年版，第40页。

任。保证人和连带债务人偿清债务后，有权向继承人追偿，但其追偿的额度，只能以遗产为限。①

（2）财产的分离。继承人为限定继承后不以自己的财产对被继承人的债务负责。继承人的固有财产与被继承人的遗产是分离的，继承人对于被继承人享有的权利和承担的义务，不因继承开始混同而消灭。②

被继承人与继承人之间的债权债务关系视为不消灭是限定继承的本质特征，也是必然要求。首先，如果继承人有数人时，允许其中一人或一部分的继承人对被继承人负有的债务发生消灭，则必将损害其他继承人的利益。其次，如果继承人与被继承人之间的债权债务关系一旦因继承而消灭，当继承人对被继承人负有债务时，那么该项债务不能并入遗产，必将侵害遗产债权人的利益；而如果继承人对被继承人享有债权的，因不能从遗产中取得清偿，又将侵害继承人的债权人的利益。因此，继承人对被继承人所享有的权利属于其个人财产，有权从被继承人的遗产中得到清偿；继承人对被继承人承担的义务属于遗产，继承人应承担清偿义务，或者从继承人的应继分中扣除。

如果继承人对被继承人的财产享有限制物权时，继承人可以以第三人的身份对遗产行使权利；相反，如果被继承人对继承人享有限制物权的，被继承人对继承人的限制物权作为遗产，为被继承人的债务提供担保。继承人对被继承人的债务以个人财产提供担保的，继承人必须以其个人财产承担物上保证人的责任，对遗产债权人履行义务。

如果继承人与被继承人为连带债权人时，继承人作为遗产管理人，既可主张被继承人的债权，也可以行使自身的那部分债权。当继承人与被继承人共同承担连带债务时，该债权人既是遗产债权人也是继承人的债权人，有权对遗产或继承人的个人财产，同时或先后主张债权；继承人清偿债务后，可以对被继承人应承担债务部分就遗产行使求偿权。上述两个债权或债务，不因混同而成为一个债权或债务。继承人是被继承人债务的保证人时，继承人应以固有财产承担无限责任。继承人作为被继承人的连带债务人或保证人承

---

① 陈棋炎、黄宗乐、郭振恭著：《民法继承新论》（修订七版），三民书局 2011 年版，第 191 页。

② 胡大展主编：《台湾民法研究》（下），厦门大学出版社 1993 年版，第 500 页。

担债务后，当然可以就遗产行使追偿权，但其实现额度只能以遗产为限。

财产的分离是遗产清算期间必要的处理方法，在实现一切债权人的债权及交付遗赠后，被继承人的遗产尚有剩余的，则由继承人全部承受，与其个人财产发生混同，继承人可以依其意志支配。

（3）共同继承人的清偿责任。继承人有数人时，共同继承人必须以所继承的遗产共同清偿债务。世界各国关于共同继承人对被继承人生前所负债务如何承担责任上，有三种不同的立法例：第一，分割主义，即共同继承人对遗产债务，给付标的可分的，继承人按各自应继分清偿；给付标的不可分的，由各共同继承人承担不可分债务人的责任。第二，连带主义，无论给付标的可分与否，各共同继承人对被继承人的债务承担连带清偿责任。第三，折中主义，即在遗产分割前，被继承人的债权人仅能对遗产主张债权，而在遗产分割后，则对各个继承人以其应继分请求清偿。[①] 我国台湾地区“民法”第1153条规定：“继承人对于被继承人之债务，以因继承所得遗产为限，负连带责任。继承人相互间对于被继承人之债务，除法律另有规定或另有约定外，按其应继分比例负担之。”这说明各共同继承人对遗产的债务应承担连带责任。原因在于共同继承人对遗产是共同共有的关系，而共同共有人在债的关系中所负的责任应为连带责任。同时，采取连带主义也有利于保护债权人的利益。所以，由共同继承人对遗产债务承担连带责任更为合理。因此，债权人既可以向共同继承人全体请求清偿，也可以向共同继承人中的任何一人请求全部债务的清偿，被请求的债权人不得以应继分为由拒绝清偿。[②] 但是基于公平正义原则，各共同继承人之间对被继承人的遗产债权承担的责任应依各自的应继分确定，因此共同继承人中的一人或部分继承人以自己的财产偿还被继承人的全部债务的，对于超过自己应承担的部分，有权向其他共同继承人追偿。

为了避免共同继承人因承担连带责任而处于极为不利的境地，我国台湾地区“民法”第1171条又作了连带责任免除的规定，即“遗产分割后，其

① 陈棋炎、黄宗乐、郭振恭著：《民法继承新论》（修订七版），三民书局2011年版，第126－127页。

② 杨立新、朱呈义著：《继承法专论》，高等教育出版社2006年版，第296页。

未清偿之被继承人之债务，移归一定之人承受，或划归各继承人分担，如经债权人同意者，各继承人免除连带责任。继承人之连带责任，自遗产分割时起，如债权清偿期在遗产分割后者，自清偿期届满时起，经过五年而免除。”此条款确定了以下两种情形下可以发生连带责任的免除：一是遗产分割后，通过债权人的同意，各个继承人免除连带责任，按约定的一个或一部分的继承人承担债务。由其中的一部分继承人来承担时，该部分继承人之间承担的也不是连带责任，而是分别对债权人负责。其余的继承人不再承担责任。① 二是五年除斥期间的经过。根据台湾地区“民法”的有关规定，债权的一般诉讼时效为五年，因此，遗产分割经过五年的，超过了诉讼时效，自然没有给予债权人以优待的必要，各共同继承人对外不需要承担连带责任。如果债务清偿期是在遗产分割之后届满的，则自清偿期届满时起五年，各继承人不再承担连带责任。

（二）单纯承认

单纯承认是指被继承人不附加任何条件地全面承受被继承人的财产法律地位的单方意思表示。由于继承人为限定承认必须严格履行法定程序，并且为平衡继承人和遗产债权人的利益，多数国家多于限定承认之外还规定了单纯承认。

在单纯承认下，继承人继承被继承人的法律地位，因此，被继承人的遗产与继承人的财产发生混同，继承人必须对遗产债务承担无限责任。即遗产不足以清偿全部债务时，继承人必须以其固有的个人财产继续偿还。

单纯承认的情形有两种：一种是基于继承人的自由选择而为的单纯承认，通常称为“一般的单纯承认”或“任意的单纯承认”。选择的单纯承认为不要式行为，并且不需要向特定的相对人表示，只要将其意思表达于外部即可。明示或默示的方式均可，前者如继承人以公证文书或向法院提交的申请书等明示接受；② 后者如继承人将属于遗产的金钱或其他代替物与自己的个人财产混合等。③ 另一种是基于法律的强制规定丧失法定选择权而产生的

---

① 邓建国著：《海峡两岸继承法律实务》，法律出版社2009年版，第124页。

② 陈苇主编：《外国继承法比较研究与中国民法典继承编制定研究》，北京大学出版社2011年版，第125页。

③ 史尚宽著：《继承法论》，中国政法大学出版社2000年版，第310页。

单纯承认，通常称为“法定的单纯承认”或“强制的单纯承认”，比如在限定继承或抛弃继承期间既未为限定承认也未为抛弃继承的，当然为单纯承认；或者继承人虽在限定继承期间为限定承认，但存在不正当行为的情形时，则不得主张限定继承也不得抛弃继承，只能为单纯承认。这两种单纯承认产生的原因虽有差异，但是在继承遗产的无限性上并无不同。①

我国台湾地区现行“民法”对继承采取限定原则，因此不存在一般单纯承认的情形。但是如果继承人存在一些不当行为侵害遗产债权人利益时，则不得主张限定继承，需要对被继承人的债务承担无限责任，即承受单纯承认的后果。

依台湾地区“民法”第1163条的规定，继承人因下列原因丧失限定继承利益:②

1. 隐匿财产情节重大的。在继承开始后，继承人隐匿财产的行为主要包括以他人不知道的方式隐藏被继承人的财产；或者已掌握被继承人的遗产的但隐瞒该事实（例如隐瞒被继承人生前赠与物等重要事实，以期避免产生扣除的效果）。继承人隐匿财产的行为应出于主观故意，即以知道自身具有继承权和该财产属于遗产为前提。如不存在隐匿的故意，不知是遗产而为隐匿，或是出于过失的，不构成惩罚事由。只要继承人有故意隐匿财产的行为，不管隐匿的目的为何，是否损害了他人利益，是否实现了其目的，都在所不问。隐匿财产还需要达到情节重大的程度。只是何谓“情节重大”，我国台湾地区“民法”未进一步予以明确。

继承人为无行为能力或限制行为能力时，其法定代理人有隐匿财产的行为并且情节重大的，对该无行为能力人或限制行为能力的继承人发生强制单

① 郭明瑞、房绍坤、关涛著:《继承法研究》，中国人民大学出版社2003年版，第37页。

② 《继承法》采取的是无条件的限定继承，不认可单纯承认。如果继承人故意实施诈害遗产债权人利益的不当行为时，是否导致丧失限定继承利益的后果，《继承法》未给予明确的规定，仅在最高人民法院《继承法若干意见》第61条规定:“人民法院对故意隐匿、侵吞或争抢遗产的继承人，可以酌情减少其应继承的遗产。”该规定对故意实施欺诈行为的继承人过于宽容，对债权人明显不公。实践中，继承人隐匿、转移财产非常方便，而被继承人的债权人难以查证。即使继承人的诈害行为被发现，也并不影响继承人的有限清偿责任，有恶意的继承人往往未受到应有的法律制裁。因此，未规定限定继承利益的缺失是《继承法》的缺陷之一，应在未来立法中增加这方面的规定。

纯承认的后果。①

2. 在遗产清册中作虚伪记载，情节重大的。继承人应忠实、全面、准确地记载遗产的范围，以维护债权人和受遗赠人的利益。如果继承人恶意在遗产清册中做虚假记载的，例如将被继承人已清偿的债务仍予以记载、对被继承人已收取的债权不予记载以谋取私利等行为，必然损害被继承人的债权人或其他利害关系人的利益，应当受到必要的制裁。同样，虚伪记载的情节必须达到重大，如果只是一般记载不实，仍可以主张限定继承。

继承人在遗产清册上作虚假记载与隐匿财产常常互为方法和结果的关系，如继承人通过少报遗产的方式隐匿遗产。但是，虚伪记载的行为并不必然以隐匿财产为目的，如将被继承人已收取的债权仍列入遗产清册的行为。因此，二者不尽然相同，有分开规定的必要。

值得探讨的是，目前台湾地区实行的是限定继承制度，并不强制继承人提出遗产清册。而如果继承人主动提出了遗产清册，却因为存在虚假记载的情形，就要导致被强制承担单纯承认的严重后果。该行为与责任间是否存在失衡，有待斟酌。

3. 意图诈害被继承人的债权人利益而处分遗产的。继承人本只有管理遗产的权限，如果超过管理范围，以诈害被继承人的债权人利益的故意处分遗产（如用遗产为他人提供担保等），致使债权人无法或难以实现债权的，丧失有限继承的利益。

继承人的诈害行为须具备下列特征：

（1）继承人主观上必须是出于诈害债权人利益的故意，如过失不在此列；

（2）继承人应明知是针对遗产的处分，如果继承人误认为是对自己财产的处分，不在此项规定之列；

（3）继承人如果是基于对遗产的管理而处分遗产的，从表面上看侵害了债权人的利益，但实为保全遗产的行为，也应该排除在外。比如作为交付的特定物属于不易保存之物品，为了标的物免受腐烂变质等损失而予以变价出卖的；

（4）继承人的诈害行为也应达到重大的情节，如果被处分的遗产价值

① 史尚宽著：《继承法论》，中国政法大学出版社2000年版，第317页。

甚微，也不适用本项规定。

应当注意的是，应当将此项继承人诈害行为与我国台湾地区“民法”第1158条至第1160条规定的不当清偿行为区别开来。继承人因不当清偿行为侵害遗产债权人或受遗赠人利益的，应对利益受损的遗产债权人或受遗赠人承担赔偿责任，但并不丧失限定继承的利益。但是不当清偿行为与诈害行为如何区分？标准不甚明了，这有待于立法进一步完善。①

继承人因上述不当行为丧失限定继承利益的，应承受被继承人财产上的一切权利和义务，不得主张限定继承承担有限责任，也不得放弃继承。其实质是我国台湾地区“民法”对继承人实施不正当行为的制裁。继承人与被继承人的权利义务因财产混同而消灭，如果遗产多于债务，则继承人承受利益；遗产不足以清偿债务的，继承人应以固有财产承担无限责任。但是对受遗赠人，因承担义务的不对价性，继承人仍以遗产为限负责。

共同继承人中有一人存在上述不当行为，仅该继承人丧失限定继承的利益，对其他继承人不产生影响。遗产债权人可以就遗产不能清偿的部分，要求不正当行为的继承人承担无限责任。②

此外，继承人在抛弃继承后有上述不当行为，是否丧失抛弃继承的效力？我国台湾地区学者对此有不同的见解。一种观点是主张抛弃继承无效，应认为是单纯继承；另一种观点是主张不丧失抛弃继承的效力。因为继承人依法抛弃继承后，其应继分即归属于其他继承人。即使继承人抛弃继承之后有不当行为，也不影响其他继承人已取得的继承权。至于其他的继承人有权要求该不当行为继承人交还被隐匿的财产或损害赔偿的，则是另一问题。③本书认为，第二种观点更为合理。

---

① 台湾地区“民法”第1158条规定：“继承人在前条所定之一定期限内，不得对于被继承人之任何债权人偿还债务。第1159条规定：在第一千一百五十七条所定之一定期限届满后，继承人对于在该一定期限内报明之债权及继承人所已知之债权，均应按其数额，比例计算，以遗产分别偿还。但不得害及有优先权人之利益。（第1项）继承人对于继承开始时未届清偿期之债权，亦应依第一项规定予以清偿。（第2项）前项未届清偿期之债权，于继承开始时，视为已到期。其无利息者，其债权额应扣除自第一千一百五十七条所定之一定期限届满时起至到期时止之法定利息。（第3项）”第1160条规定：“继承人非依前条规定偿还债务后，不得对受遗赠人交付遗赠。”

② 史尚宽著：《继承法论》，中国政法大学出版社2000年版，第319页。

③ 史尚宽著：《继承法论》，中国政法大学出版社2000年版，第316—317页。

第七节 遗产的清算

遗产的清算，指的是根据遗产债权的性质并遵循法定的程序对遗产债权人或受遗赠人等清偿债务或交付遗赠物的制度。可见，遗产清算的目的在于实现遗产债权人的债权和受遗赠人的受遗赠权。为了保障遗产清算的顺利进行，我国台湾地区“民法”对限定继承下的遗产清算程序作了具体规定。

一、遗产债务的范围

遗产债务是指需要用遗产负责的债务。对遗产债务进行清偿，首先需要加以确定的是遗产债务的范围。根据我国台湾地区“民法”的相关规定，遗产债务的范围包括：

1. 被继承人生前所负的债务。包括被继承人生前因合同、侵权、无因管理、不当得利等原因所欠的债务，以及应缴纳的税款、罚款等。家庭债务中应当由被继承人承担的部分也属于遗产债务。①

2. 继承开始后产生的债务。即继承费用，如遗产管理和分割、公示催告及执行遗嘱产生的费用。根据我国台湾地区“民法”第1150条的规定，关于遗产管理、分割及执行遗嘱之费用，由遗产中支付。但因继承人的过失而支付的，不在此限。

3. 继承开始而发生效力的债务。② 该项债务与被继承人生前所产生的债务不同，它是特指因为继承开始这一事实才发生效力的债务。包括遗赠、酌给财产等。③

二、遗产清算的程序

（一）遗产管理人的选任

自继承的开始至遗产的分割完毕的相当长时间里，必然会发生对死者遗

---

① 张平华、刘耀东著：《继承法原理》，中国法制出版社2009年版，第427页。

② 陈苇、宋豫主编：《中国大陆与港、澳、台继承法比较研究》，群众出版社2007年版，第422页。

③ 我国台湾地区“民法”第1149条规定：“被继承人生前继续扶养之人，应由亲属会议依其所受扶养之程度及其他关系，酌给遗产。”

产的保管问题，因此有必要设置遗产管理人。遗产管理人的主要职责为保存和管理遗产，清理遗产债务，履行遗赠，将剩余遗产分交各法定继承人等。

在通常情况下，继承开始之后，继承人即为遗产管理人，但利害关系人请求法院选任第三人为遗产管理人时，法院可以根据需要另行指定遗产管理人，并由该遗产管理人接替继承人主持清算的全部过程。① 例如继承人作为遗产管理人有存在危及债权人利益行为时，债权人有权向法院请求更换遗产管理人，以保护遗产安全和债权人的利益。②

（二）公告报明债权

为了及早确定债权人的范围及其债权性质和权利范围，有必要通过公示催告的程序告知债权人在一定的期间内申报债权。

根据我国台湾地区“民法”第 1157 条的规定，继承人依第 1156 条或 1156 条之 1 规定开具遗产清册呈报法院时，法院应依公示催告程序发布公告，要求遗产债权人于一定期限内报明其债权。为使债权人有足够机会充分了解公告的内容，公告的期限应不得少于三个月，自最后登在公报或新闻报纸之日开始计算。对于继承人已知的债权人，继承人应以通知形式告知其有关事项，如果无法通知的，应于遗产清算时保留其份额。③

至于受催告的对象是否包含受遗赠人，我国台湾地区学者亦有不同的见解。④ 多数学者认为根据台湾地区“民法”第 1179 条第 3 项的规定，对于无人承认的继承而为公示时，应命令被继承人的债权人及受遗赠人，于公告期间内报明债权及为愿受遗赠与否的声明。因此，在遗产清算的公示催告中，受遗赠人也应该在公告期内作出是否接受遗赠的声明，从而有利于遗产

① 史尚宽著：《继承法论》，中国政法大学出版社 2000 年版，第 289 页。

② 我国大陆关于遗产管理人的选定也有两种情形：一是由被继承人死亡时存有遗产的人保管遗产；一是当死者的遗产无人保管时，由法院指定保管人。但总体而言，我国大陆地区和台湾地区关于遗产管理人选任的规定比较简单，应参考各国的立法予以完善。参见张平华、刘耀东著：《继承法原理》，中国法制出版社 2009 年版，第 115 页。

③ 郭明瑞、房绍坤、关涛著：《继承法研究》，中国人民大学出版社 2003 年版，第 158 页。

④ 史尚宽先生主张：该公示催告仅及于被继承人的债权人，不包括受遗赠人。理由是在无人承认的继承中，因剩余财产归属“国库”，所以有公告受遗赠人的必要。在限定继承的情形下，遗产清偿所有债务有剩余后才归于继承人所有，受遗赠人权利始终居于债权人之后，受遗赠人自可以向继承人要求接受遗赠财产。参见史尚宽著：《继承法论》，中国政法大学出版社 2000 年版，第 291 页。

债务范围的确定。①

在法院公示催告期间内，继承人不得对被继承人的任何债权人进行清偿，目的在于保护其他债权人或受遗赠人的权利不受侵害，这在遗产不足以偿付全部债务或给付全部受遗赠人时更为明显。只有上述期限届满以后，继承人才可以对申报的债权和继承人已知的债权进行清偿。在公告期内，已届清偿期的债务，继承人仍有权拒绝清偿，并不会导致迟延履行的后果，否则给遗产债权人或遗赠人造成损失的，应负赔偿责任。因此，拒绝清偿既是继承人的权利，也是一项重要义务。但是，对于享有优先权的债权人，如抵押权人、留置权人或质权人等，因其债权具有物的担保，先行履行不会侵害到其他债权人的利益，可以获得个别的清偿。

在公告期间届满时，如果遗产总额或债务数额尚未确定的，继承人是否可以以此为理由拒绝清偿或交付遗赠的问题，我国台湾地区学者有不同的主张：（1）肯定说。该说认为，台湾地区“民法”第1158条虽然禁止继承人在公告期内先行清偿或交付，② 但不能推导出公告期间届满后，继承人不得拒绝清偿或交付的结论。如果不允许继承人拒绝偿付，那么期间届满后，即使各债权数额或比例份额尚未确定，继承人也得对提出主张的部分债权人清偿或对受遗赠人交付，势必导致其他债权人或受遗赠人利益受损，根据台湾地区“民法”第1160条第1项的规定，继承人为此要承担赔偿责任；③ 而继承人为避免负赔偿之责拒绝偿付的，又将导致违法的后果，从而使继承人陷入两难境地。因此，在债权数额或比例尚未确定的情形下，继承人可拒绝偿付。（2）否定说。该说认为，为避免继承人以债权数额或比例未确定为借口不及时清偿债务或交付遗赠，应采不得拒绝说为宜。（3）折中说。该说综合了上述两种学说的理论之后认为，原则上应采否定说。理由是根据台湾地区“民法”第1158条的规定，自公告期间届满后，继承人自无拒绝清

---

① 陈棋炎、黄宗乐、郭振恭著：《民法继承新论》（修订七版），三民书局2011年版，第193页。

② 台湾地区“民法”第1158条规定：“继承人在前条所定之一定期限内，不得对于被继承人之任何债权人偿还债务。”

③ 台湾地区“民法”第1160条第1项规定：“继承人违反第一千一百五十八条至第一千一百六十条之规定，致被继承人之债权人受有损害者，应负赔偿之责。”

偿或交付的依据。但是，参酌台湾地区“民法”第1159条的意旨，继承人必须按债权数额或比例进行偿付，以实现正确、公平偿债的目的。因此，依诚信原则，在例外情况下采肯定说为妥，即在计算清偿数额的合理期间内，继承人得拒绝清偿。① 本书认为，折中说最为合理。

另外，在公告期内，遗产债权人也不得向法院申请对遗产强制执行，如果在公告期内已经开始强制程序的，应停止强制执行。

（三）依法定顺序清偿债务

公告期满之后，继承人或遗产管理人应对遗产总额和已申报的债权数额进行计算，并按照法定的程序清偿债务。遗产债务清偿的顺序对继承关系的各方当事人的利益均有重要的影响，因此要综合考虑遗产的性质以及法律确认该债务的目的等因素确定遗产债务的清偿顺序。② 依台湾地区“民法”第1159条、第1160条、第1162条及相关法规的规定，按下列顺序清偿债务：

1. 继承费用。继承的费用是指被继承人死亡之后，为管理、分割遗产，进行清算和执行遗嘱等所支出的费用，例如管理费用、诉讼费用、公示费用、清算费用、遗嘱的提示费用、遗嘱执行人的报酬等。根据我国台湾地区“民法”第1150条的规定，继承的费用从遗产中支付，原因在于继承费用的支出有利于全体遗产债权人、受遗赠人和继承人等所有利害关系人，属于公益费用，应从遗产中优先支付。当然，因继承人的过失而支出的费用不属于继承费用，应由负有过失的继承人自己负担。

2. 享有优先权的债权。有优先权的债权包含了对于遗产享有抵押权、质权、留置权或海商法上优先权的债权。对于享有担保物权的债权，位次有先后顺序的，依其先后顺序受偿；位次相同或无法分清先后顺序的，按照债权比例同一清偿。

对于享有优先权的债权，因其对遗产以占有或登记为公示方式，债权人如果未在公示催告期间内申报权利的，也不影响他的优先受偿权。但是，如

① 陈棋炎、黄宗乐、郭振恭著：《民法继承新论》（修订七版），三民书局2011年版，第197页。

② 陈苇主编：《外国继承法比较研究与中国民法典继承编制定研究》，北京大学出版社2011年版，第503页。

果债权人行使优先权后不能满足其全部债权时，其余债权应为普通债权。如其在公告期间向法院申报债权的，则可以与普通债权人一并受偿；如未申报债权并为继承人所不知的，只能在受遗赠人之后受偿。

3. 普通债权。普通债权是指除享有物上担保的债权以外的债权。清偿完有优先权的债权后，继承人应清偿在公告期限内报明的债权或其已知的债权。普通债权人之间的权利是平等的，不问其债权产生的先后顺序，均应平等受偿。当普通债权人有数人而遗产不够清偿时，应按债权比例，分别偿还。

对于继承开始时未届清偿期的债权，于继承开始时，视为已到期予以清偿。有利息的债权，则将利息算至清偿时与原债权构成总债权额；无利息的，其债权额应扣除自公告期限届满时起至到期时止的法定利息。应注意的是，如果第三人为债务提供担保时，不能加重第三人的负担，要求其提前承担担保责任。

对于附条件的或存续期间无法确定的债权，在条件成就前或存续期间确定前应否清偿？我国台湾地区学者参考《日本民法典》第930条第2项规定，① 认为只要不妨害遗产清算程序进行的，应予以清偿，只不过实现的方法各有不同。通说认为，② 类推适用破产法关于破产债权分配的规定，即：（1）附条件的债权，不论是附停止条件或解除条件的，均可以对其全额按比例清偿；③（2）附解除条件的债权，一旦条件成就即失去效力，因此在对其分配财产时，应要求提供担保，若不提供担保的，将其分配额予以提存；④（3）附停止条件的债权，因条件是否成就不确定，所以应将其分配额提存。⑤（4）关于存续期间不确定的债权，破产法中无相关规定，则推定其可存续期间，估算其每期金额，而后扣除中间利息，算出各期债权额，再合并计算为债权总额，按比例分配。

---

① 《日本民法典》第930条第2项规定："附条件之债权或存续期间不确定之债权，应依法院所选任鉴定人之估价额，予以清偿。"

② 史尚宽著：《继承法论》，中国政法大学出版社2000年版，第297页。

③ 参照台湾地区"破产法"102条规定。

④ 参照台湾地区"破产法"104条规定。

⑤ 参照台湾地区"破产法"141条规定。

在清偿债务过程中，对于有争议的债权，可以通过民事诉讼程序给予确定。如果有争议和无争议的债权共存时，对于无争议的债权无须停止清偿，债权人仍可以按照债权比例先行受偿；而有争议的债权，可以类推适用破产法的相关规定解决，① 即在诉讼判决确定前，按照债权分配比例提存相当金额。之后根据诉讼判决的结果，如果该债权存在的，债权人即可受偿；反之，该提存额应再分配与其他债权人。②

4. 酌给遗产债务。被继承人生前扶养的人，可以向亲属会议请求酌情给予遗产，由亲属会议根据请求权人所受扶养的程度、受扶养人和被继承人之间的关系、受扶养人的生活能力、经济状况等情况酌给，这就是遗产酌给制度。请求酌给遗产的人，须为法定继承人以外的自然人，且须以不能维持生活而无谋生能力为限。如果被继承人在遗嘱中已遗赠相当财产，该被扶养人就不得再请求酌给遗产。请求酌给人对亲属会议的决议不服的，可以向法院起诉。根据我国台湾地区的司法判例，酌给的遗产不得超过继承人的应继份额。该制度既有尊重被继承人意思的一面，即推测被继承人若没有死亡，仍会扶养他生前所扶养之人；同时也体现了关注社会整体利益的一面，这在社会福利制度和社会保险制度不完善的情况下，意义甚大。③

在我国台湾地区，遗产酌给请求权被解释为是遗产债权，是一种法定遗赠，酌给请求权人和受遗赠人一样只接受遗产不需要承担债务。而法定遗赠应优先于被继承人的遗赠，所以遗产酌给应排在遗赠之债之前。

5. 交付遗赠。受遗赠人在债权人之后受偿的原因在于：第一，债权人的债权在被继承人死亡之前已经确定，而遗赠是被继承人死亡时发生效力的债务；第二，债权人的债权通常是有偿行为，需要对待给付，而遗赠为无偿行为，受遗赠人不需要负担义务，是纯粹的受益人。因此，为维护债权人利益，我国台湾地区“民法”规定继承人在清偿所有债权（包括在公告期间报明或为继承人所知的）后，如有剩余遗产，才可对受遗赠人交付遗赠财产。继承人违反上述规定清偿债务的，被继承人的债权人有权请

---

① 参照台湾地区“破产法”144 条规定。

② 陈棋炎、黄宗乐、郭振恭著：《民法继承新论》（修订七版），三民书局 2011 年版，第 199 页。

③ 徐卫：《台湾地区继承法特色评述》，载《江西警官学院学报》2004 年第 1 期，第 58 页。

求继承人承担赔偿责任，受损害人也可以要求不当受遗赠人偿还不当受领数额。

如果受遗赠人有数人，而剩余遗产不足以交付全部遗赠时，为体现公平原则，也可类推适用我国台湾地区“民法”1159 条关于比例清偿的规定，按遗赠数额比例分配。如属特定遗赠物的，继承人应通过变卖等换价的方式分配其价款。

6. 未申报并为继承人所不知的债权。未在法定公告期间内申报债权又为继承人所不知的债权人，在前面顺序的债权人实现债权或交付遗赠后出现，向继承人要求履行债务或交付遗赠的，继承人仍负有履行义务，应就剩余财产予以偿付。所谓剩余财产，指的是清偿已申报或已知债权及交付遗赠后剩余的遗产。对于已经分配的遗产，债权人无权要求重新分配。这样规定的目的在于防止债权人怠于行使自己的权利，从而催促债权人及早申报权利，有利于及时公平地清偿遗产债务。① 债权人有数人时，也应当按照债权额就剩余财产按比例清偿。如果债权人于公告期间后报明权利，此时继承人尚未对债权人清偿或交付遗赠，则债权人可以主张与普通债权人共同依照我国台湾地区“民法”第 1159 条的规定，按比例进行清偿。继承人对本顺序的债权人清偿后无剩余遗产的，应终结清算程序。之后再有债权人出现主张债权的，因继承人只承担限定责任，该债权人自然不能以未获清偿为理由，要求继承人赔偿损失或向已受领的受遗赠人要求返还遗产。②

三、继承人的赔偿责任

继承人应当依照遗产清算的法定程序进行清算，根据我国台湾地区“民法”第 1161 条规定，继承人违反“民法”第 1158 条至第 1160 条之规定，致遗产债权人或遗赠人权利受有损害的，应负赔偿之责。

具体而言，继承人有下列行为之一时，应对债权人或受遗赠人的损失以其个人固有财产承担赔偿责任：

---

① 郭明瑞、房绍坤、关涛著：《继承法研究》，中国人民大学出版社 2003 年版，第 351 页。

② 陈棋炎、黄宗乐、郭振恭著：《民法继承新论》（修订七版），三民书局 2011 年版，第 203 页。

1. 继承人开具遗产清册呈报不实，使法院公示催告方法欠缺，例如明知有债权人远在境外而不在遗产清册中如实记载，使法院未能个别通知，继承人也未自行通知，致债权人无法受其清偿的。①

2. 在法院公示催告期间内，对一部分遗产债权人或受遗赠人先行偿付，致使其他债权人或受遗赠人不能按其应得比例受偿的，或损及遗嘱继承人利益及法定继承人特留分的。

3. 对于享有物上担保的债权人，未优先予以清偿，损害其优先受偿权的。

4. 对在公告期内报明的债权或其他继承人已知的债权，未按其债权数额清偿，或遗产不能满足全部债务时，未按同一比例计算清偿，致部分债权人未能满足其应有份额的。

5. 对于尚未到期或有争议的遗产债务，未在遗产分割前保留为清偿此债务所必要的财产，致部分继承人利益受损的。②

6. 未先清偿继承债务，提前对受遗赠人交付遗赠，致债权人不能满足其份额的。

7. 受遗赠人有数人，未按遗赠数额或比例分配遗产，致受遗赠人不能受领其应有份额的。

根据一般侵权行为的理论，行为与后果必须存在因果关系，因此，继承人的赔偿责任应以继承人的违法行为与债权人或受遗赠人的损失后果之间具有因果关系为要件。在主观方面，不论继承人是故意还是过失的，均应承担赔偿责任。另外，债权人或受遗赠人要求继承人承担损害赔偿的，应在我国台湾地区“民法”第 197 条规定的诉讼时效内主张权利。

四、不当受领人的返还义务

因继承人的不当清算行为导致债权人或受遗赠人利益受损的，利益受损者虽有权要求继承人承担赔偿责任，但如果继承人的财产不足或全无资力时，受害人的利益就难以获得保障，因此，我国台湾地区“民法”第 1161

① 史尚宽著：《继承法论》，中国政法大学出版社 2000 年版，第 305 页。

② 张平华、刘耀东著：《继承法原理》，中国法制出版社 2009 年版，第 123 页。

条、第1162条之2第4项规定了不当受领返还请求权，即利益受损的债权人或受遗赠人有权向不当受领的债权人或受遗赠人请求其返还不当受领的数额，从而使债权人及受遗赠人的利益得到全面、公平的保护。

关于不当受领返还请求权的性质，主要有三种不同的学说：(1)“不当得利返还请求权说”。该说认为受领人在不当受领的额度内构成不当得利；(2)“损害赔偿请求权说”。这是日本民法所采纳的学说。该学说认为损害的发生以不当受领人知情为要件，其主观上有过错，行为构成对受损害之遗产权利人的侵权；①(3)“特别请求权说”。我国台湾地区“民法”采纳此学说。该说认为不当受领人的返还义务，不以其主观上的故意或过失为要件，返还义务也仅以不当受领的数额为限，因此不当受领人并非承担基于侵权行为的损害赔偿责任；同时，继承人清偿债务的行为虽为不当，但不当受领人从继承人处取得财产，或基于债权，或基于受遗赠权，并非毫无法律依据可言，因此不当受领人不构成不当得利。也就是说，不当受领返还请求权既非侵权行为损害赔偿请求权，也非不当得利返还请求权，而是基于法律规定而产生的特别请求权。②

利益受损的遗产权利人行使不当受领请求权，应当遵行以下几项规则：

1. 继承人以遗产清偿自己的个人债权时，遗产债权人或受遗赠人也可以准用台湾地区“民法”第1161条的规定向继承人的债权人要求返还不当受领利益。

2. 继承人的损害赔偿责任与不当受领之债权人或受遗赠人的返还义务为不真正连带关系。即利益受损的债权人或受遗赠人既享有向继承人主张损害赔偿的请求权，也享有向不当受领人的返还请求权，两项请求权的标的相同，一方清偿时，他方的债务在其限度内，因目的的达到而消灭。③举例而言，利益受损人如果向继承人请求损害赔偿的，当继承人的资产不够承担全部损失时，则利益受损人可以就未受偿部分向不当受领人要求返还，不当受领人仅负有返还剩余未受偿部分的义务；若继承人全部承担的，则利益受损

① 郭明瑞、房绍坤、关涛著：《继承法研究》，中国人民大学出版社2003年版，第164页。
② 史尚宽著：《继承法论》，中国政法大学出版社2000年版，第307页。
③ 史尚宽著：《继承法论》，中国政法大学出版社2000年版，第308页。

人不得再主张不当受领返还请求权。

3. 利益受损的债权人有权向不当受领的债权人或受遗赠人要求返还，但是遗赠的受领在普通债权之后，所以受害之遗赠人只能向不当受领的受遗赠人请求返还，不得向不当受领的债权人要求返还。

4. 继承人对受害人承担了赔偿责任后，不得向不当受领的债权人或受遗赠人要求返还不当受领的份额。原因在于，继承人以固有财产承担赔偿责任是因其过错所致，不当受领的债权人或受遗赠人所得遗产超过其应得份额，并非无法律上的依据，因此不构成不当得利。继承人应以自己的财产承担不当清偿责任。

五、未经公示催告的债权清偿

继承开始后，继承人通常会自行开具遗产清册呈交法院。法院也可以依债权人的申请或依职权要求继承人提交遗产清册，而后启动公示催告程序进行公告，确定债权数额，进入遗产清算程序。如果继承人不提交遗产清册，自己做债务清偿的也应允许。对于未经公示催告的债权，根据我国台湾地区“民法”第 1162 条之 1 规定，继承人仍应按全部债权人的份额按照优先债权、普通债权、遗赠的顺序以遗产分别偿还，遗产不够清偿的，则按同一比例清偿。对于未届履行期的债务，视为到期，继承人也应一并清偿。如果继承人违反上述规定，致使遗产债权人或受遗赠人原应得受清偿或受赠部分未能实现的，遗产债权人或受遗赠人可以向继承人就该未实现部分行使权利，继承人必须以自己的固有财产和继承所得的遗产共同对遗产债权人或受遗赠人负责。但是如果继承人是无行为能力人或限制行为能力人的，则不需要承担此无限责任，只以继承所得为限负清偿责任，这体现了对无行为能力人和限制行为能力人利益的保护原则。

同样的，继承人因不当清偿行为损害了遗产债权人的债权或受遗赠人的受赠权的，应负赔偿之责。受有损害的债权人或受遗赠人，对于不当受领之债权人或受遗赠人，可以请求返还不当受领的数额。继承人对受害人承担了赔偿责任后，不得请求不当受领之债权人或受遗赠人请求返还其不当受领之数额。

第八节 抛弃继承

一、抛弃继承的概念

抛弃继承，又称继承权的放弃，是指继承人依法作出的不继承被继承人遗产意思表示。

继承的抛弃和继承的承认一样，并非自有继承制度以来继承人就享有的权利。在我国历史上，基于礼教的宗祧制度不允许继承人放弃祭祀祖先的权利和义务。进入封建社会时期后，继承逐渐由身份继承发展为财产继承，继承已不再是家、家族、家产、祭祀的继承，而成为单纯的财产继承。① 因而，自民国时期废除旧制，而采当然继承主义，赋予继承人继承选择权，准许其对于继承有抛弃、单纯承认或限定承认的自由。1930 年的《中华民国民法》第 1174 条第 1 项明确规定："继承人得抛弃继承权。"② 司法实践中也认可继承人有自由选择继承的权利。③ 我国台湾地区"民法"为尊重被继承人的人格及意思自主，也设立了继承抛弃制度。继承人遇有遗产债务明显超过遗产总额或有其他事由存在，不愿继承遗产时，可以在继承开始后，作出放弃继承的意思表示。

继承人抛弃继承与丧失继承权，都不能取得遗产。两者在法律后果上具有相同性，但性质上完全不同。体现在：（1）继承人抛弃继承所放弃的是继承即得权；丧失继承权丧失的继承期待权。只有没有丧失继承权的人才可以抛弃继承，丧失继承人的人已无继承权，自然无从抛弃继承。（2）继承人抛弃继承是继承人自愿放弃既得的继承权，不需要有特别的理由；继承权的丧失则是因为继承人的某种不当或不法行为，其继承权被依法剥夺。（3）继承人抛弃继承的意思表示应在继承开始后遗产分割前做出；丧失继承权的

① 孙若军编著：《继承法学原理与案例教程》，中国人民大学出版社 2008 年版，第 31 页。

② 参见杨立新主编：《中国百年民法典汇编》，中国法制出版社 2011 年版，第 516 页。

③ 如"司法院院字第 744 号解释"："遗产继承权者为有应继资格之人，可以承受遗产的权利……故抛弃应继之份为个人之自由，不问继承篇施行前或施行后，均得为之。"参见张平华、刘耀东著：《继承法原理》，中国法制出版社 2009 年版，第 128 页。

是由通常发生在继承前，而且有些事由，如胁迫被继承人立遗嘱的，只会发生继承开始之前。①

二、抛弃继承的要件

抛弃继承应谨慎而确定，且必须符合一定的要件。

（一）抛弃继承的时间要件

继承开始后，继承人应当在知道自己可以继承的三个月内做出抛弃的表示。

1. 继承开始前，继承权仅仅为期待权；继承开始之后，继承人始得享有现实的权利。因此，继承人在继承开始之前抛弃继承的表示无效，继承开始后，仍可以主张继承权。至于继承人可否在继承开始前通过订立继承契约抛弃继承？因我国台湾地区并无继承契约制度，② 因此被继承人和继承人之间有此约定的，归于无效。

2. 享有抛弃继承权的继承人应当是在继承开始时享有继承权之人。如果继承人因法定事由而丧失继承权的，自然不能再主张抛弃；有前顺序继承人存在时，后顺序继承人则无继承权，也无法主张抛弃继承权。只有在前一顺序的继承人均抛弃继承权，后一顺序的人取得继承权时，才有抛弃之可能。

3. 抛弃继承属单方法律行为，不许代理。继承人是无行为能力人的，其抛弃继承权的行为由其法定代理人代理；如果继承人是限制行为能力人的，抛弃继承的行为应征得其法定代理人的同意。但是当法定代理人与继承人存在利益冲突时，例如父亲死亡，母亲与数子女同为继承，为避免母亲以法定代理人的身份为代理子女放弃继承的行为以谋取私利，应要求法定代理人只能为行为能力欠缺的继承人的利益而为抛弃继承。③

4. 继承人应自知道其现实享有继承权之时开始的三个月内抛弃继承。

---

① 郭明瑞、房绍坤著：《继承法》（第二版），法律出版社 2004 年版，第 78 页。

② “继承抛弃契约”为《德国民法典》、《瑞士民法典》所规定，即被继承人与继承人之间或应为共同继承人之间，约定的某一继承人于继承开始后抛弃继承，以换取若干赠与的契约，从而允许继承人在继承开始前为承认或放弃继承的意思表示。

③ 史尚宽著：《继承法论》，中国政法大学出版社 2000 年版，第 265—266 页。

法定期间的开始时间为继承人知道其享有继承权时开始起算，而非从继承开始时起算；继承人虽知被继承人已死亡，但不知其享有继承权时，则不得开始起算。前一顺序的继承人抛弃继承权，后一顺序的继承人欲放弃继承权的，也应在其知道本人享有继承权时起算三个月的期间。继承人未在该三个月内做出抛弃继承的表示的，视为接受。法律上规定继承人必须在法定时间内作出抛弃的意思表示，目的在于及早地确定继承人，避免遗产的归属处于长期的不确定状态，有利于财产关系的稳定。①

5. 根据“台湾地区与大陆地区人民关系条例”第66条规定，大陆地区人民继承台湾地区人民的遗产时，应于继承开始起的三年内以书面向被继承人住所地的法院为继承的表示，逾期视为放弃继承权。

（二）抛弃继承的形式要件

抛弃继承为要式法律行为，抛弃继承的意思表示须符合法定形式。

在我国台湾地区，继承人应依法向有管辖权的法院提出抛弃继承的书面意思表示。依据台湾地区“非讼事件法”第114条的规定，抛弃继承案件的管辖法院为继承开始时被继承人住所地的法院。继承人如向亲属会议或只向其他继承人表示的，则不发生抛弃的效力。继承人还必须以书面的形式向被继承人死亡时的住所地法院提出声明，口头形式无效。例如甲常年在国外，甲父死亡后，甲认为其父遗产不多，于是向其母发电子邮件表示抛弃继承。之后，甲得知其父留下丰厚的遗产，遂表示也要参加继承。此时，其余共同继承人不得以甲以抛弃继承为理由拒绝其继承，理由是显而易见的，甲做出的抛弃继承的意思表示并不符合法定的形式要件。

此外，继承人提出声明时还应当根据我国台湾地区“非讼事件法”第14条的规定交纳诉讼费用。②

继承人在向法院提出书面的抛弃申请后，根据我国台湾地区“民法”第1174条第3项的规定，继承人应以书面方式通知因为他抛弃继承而应为

① 《继承法》对放弃继承的时间限定在继承开始后遗产分割之前，由于遗产的处理并无时间限制，因此抛弃继承的时间也处于不确定的状态，这样不利于财产关系的稳定和交易安全的保护，建议今后修订《继承法》时对抛弃继承的期间应加以明确规定。

② 此处与《民事诉讼法》的规定不同，依现行《民事诉讼法》，特别程序的案件不征收诉讼费用。

继承的人，但如果无法通知到或不知继承人所在的除外。

（三）抛弃继承不得附条件或附期限

各国继承法都明文禁止抛弃继承附条件或附期限，原因在于抛弃继承的效力溯及于继承开始之时，如果允许抛弃继承附条件或附期限，将使继承的效力不易确定，而且必将损害遗产债权人的利益，影响次顺序继承人的地位。例如允许抛弃继承附期限，那么继承人在享受继承的权利和义务后，于一定期限到达时又抛弃继承，只会使继承关系复杂化，徒然增加继承纠纷。① 我国台湾地区“民法”虽无明文规定抛弃继承不得附条件或期限，但台湾地区学者也持该主张。②

（四）抛弃继承必须包括为之，不得对遗产部分抛弃

根据继承的承认和抛弃的不可分原则，遗产是由积极财产和消极财产构成的集合体。继承人要么整体接受，要么整体抛弃，而不能只接受一部分抛弃另一部分。如果允许继承人选择部分承认、部分抛弃，将损害其他继承人或遗产债权人的利益，也与继承本质不符。因此，许多国家都对抛弃继承作此限制。我国台湾地区“民法”虽未明文规定，但学理上也作此解释。③ 这里的不得部分承认、部分抛弃是针对单个的继承人而言，如果继承人有数人，不必全体为抛弃，其中一部分继承人承认其他部分继承人抛弃的，应予许可。

三、法院的审查

法院对继承人的抛弃继承的申请应做具体的审查，确定其声明是否符合条件，是否真实意思表示，法院对各项具体事实审查后，认为抛弃继承合乎法律规定的，准予备查，通知抛弃继承人，并予以公告。经过审查，如果认为不符合法律规定的，应当驳回其声明，抛弃继承人对驳回的裁定，得为抗告。④

---

① 张玉敏主编：《中国继承法立法建议稿及立法理由》，人民出版社2006年版，第49页。

② 史尚宽著：《继承法论》，中国政法大学出版社2000年版，第326页。

③ 史尚宽著：《继承法论》，中国政法大学出版社2000年版，第266页

④ 陈棋炎、黄宗乐、郭振恭著：《民法继承新论》（修订七版），三民书局2011年版，第216—218页。

四、抛弃继承的效力

（一）溯及效力

依我国台湾地区“民法”第1175条规定，继承人抛弃继承的，溯及于继承开始时发生效力，继承人既不取得遗产也不需要负担债务。遗产债权人不得向抛弃继承权人主张债权，债权人只能要求与其同一顺序的继承人清偿债务，如前一顺序的继承人均放弃继承，由后一顺序的继承人清偿，如果所有继承人均放弃债权，以遗产管理人为债务人，以遗产为限强制执行。

既然“继承人抛弃继承的，效力溯及至继承开始之时”，那么继承开始之时，应如何界定抛弃继承人的地位？对此各国有不同的规定，一种规定是“视为继承人在继承开始时死亡”或遗产对其“未发生归属”，如《德国民法典》第1953条规定：“（1）遗产被拒绝的，视为未发生对拒绝人的遗产归属。（2）遗产归属于假如拒绝人在继承开始时死亡会有资格做继承人的人；该项归属视为在继承开始时发生。”因被视为在继承开始时死亡，则抛弃继承者在客观意义上至少享有继承权，因而其直系卑亲属可代位继承。另一种规定是“视为未曾有继承人的”，如《日本民法典》第939条规定：“放弃继承者，关于继承，视为自始不为继承人。”因抛弃继承者自始不为继承人，则其未曾拥有过继承权，不会发生代位继承的问题。我国台湾地区“民法”亦采此观点，“基于溯及效力，继承人自被继承人死亡时即视为不曾参与过遗产的所有或共有，也不曾负担过遗产债务”。① 因此，如果是继承人抛弃继承的，其应继分自始归属于与他同一顺序的继承人所有，其晚辈直系血亲不发生代位继承。同时，抛弃继承权人的应继分，归属于其他继承人继承时，不仅及于生存的其他继承人，也及于已死亡的继承人，从而该人有继承人时可以代位继承应继分。如果是遗嘱继承人抛弃继承的，则其应继分归法定继承人继承。如果所有的法定继承人或遗嘱继承人均抛弃继承的，则遗产适用无人继承遗产的规定，进行遗产清算后收归国库所有。

（二）对抛弃继承人的效力

继承人抛弃继承后，自始脱离继承关系，既不享有被继承人的利益，也

---

① 史尚宽著：《继承法论》，中国人民大学出版社2000年版，第328页。

不负担被继承人的义务，其固有财产与遗产发生绝对的分离；被继承人生前与继承人之间的债权债务关系，不因继承人的抛弃继承而消灭，即继承人可以对遗产或接受继承的人主张债权，对被继承人的义务也应履行。但是，在继承开始前因结婚、分居或营业等原因，已从被继承人受有财产赠与的，不因抛弃受影响，也不需要在遗产分割时给予扣除。

为避免遗产的遗失、毁损，抛弃继承权人就其所管理的遗产，在其他继承人和遗产管理人开始管理之前，应与处理自己事务为同一注意继续管理，包括保存、利用及改良等行为，不可使遗产陷入无人管理的状态。继承人有数人时，由继承人全体共同管理。如果继承人不为管理或管理失当时，类推适用无人承认的继承相关规定，选定遗产管理人管理遗产。遗产管理人选任之前，法院可依利害关系人或检察官的声请，为保存遗产做必要的处置。①

（三）对其他继承人的效力

继承人抛弃继承后，其应继分按下列方式继承：

1. 第一顺序继承人中有人抛弃继承时，其应继分额归属于其他继承人平均继承。配偶与第一顺序继承人共同继承的时候，由配偶与其他直系血亲卑亲属分之；如果没有配偶共同继承的，由其他同为继承的直系血亲卑亲属均分。抛弃继承权人的子女不发生代位继承。例如，被继承人甲死亡时有配偶乙、子丙、女丁，女丁有儿子戊，丁抛弃继承的，其应继分额归乙与丙均分，即乙、丙各分得甲遗产的二分之一，戊无权代位继承。

2. 当第一顺序的继承人中亲等近的继承人均抛弃继承时，根据我国台湾地区“民法”第1139条规定，由次亲等的直系血亲卑亲属继承。次亲等的直系血亲卑亲属取得继承权，并非基于代位继承，而是本位继承。例如，被继承人甲死亡时有子丙、女丁，丁有儿子戊。丙、丁均抛弃继承的，由甲配偶乙与戊各继承遗产的二分之一。

3. 第二顺序至第四顺序继承人中有人抛弃继承时，其应继分额归属于其他同一顺序的继承人。配偶参与继承的，无权分得抛弃继承权人的份额。例如，配偶与被继承人的父母共同继承遗产，父亲抛弃继承的，其应继分额

---

① 陈棋炎、黄宗乐、郭振恭著：《民法继承新论》（修订七版），三民书局2011年版，第183页。

由母亲继承，则配偶可分得遗产的二分之一，母亲继承二分之一。

4. 与配偶共同继承的同一顺序继承人均抛弃继承，由后顺序的继承人与配偶共同继承。如果没有后顺序的继承人时，则其应继分额归配偶。例如，被继承人刘某去世时有妻子甲，女儿乙、丙和刘某两位弟弟，女儿乙、丙均抛弃继承的，则妻子甲继承遗产的二分之一，刘某的弟弟各继承四分之一；如果乙、丙、及刘某的弟弟均抛弃继承的，则由甲全部继承。

5. 配偶抛弃继承时，其应继分额归属于与之共同继承的继承人。例如，被继承人死亡时有配偶，儿子甲与女儿乙，如配偶放弃继承，则甲、乙各继承遗产的二分之一。

6. 先顺序继承人均抛弃其继承权时，由次顺序的继承人继承。次顺序继承人有无不明或者第四顺序的继承人均抛弃继承，又无配偶的，则遗产应适用关于无人承认继承的规定，归属于国库。

（四）抛弃继承的撤销

继承人抛弃继承后，是否可以撤回其抛弃的意思表示？世界各国有肯定说和否定说两种立法例。法国和意大利等国采取肯定说，例如《意大利民法典》第525条规定："直到接受继承的时效期限届满以前，在不损害第三人对遗产享有的权利的情况下，如果其他根据遗嘱或法律有权取得遗产之人尚未取得被放弃的遗产，则作出放弃继承声明的、根据遗嘱或法律有权取得遗产之人可以随时接受继承。"即在不损害他人权利的前提下，可在接受继承的时效期间内撤回放弃继承的意思表示。同时，意大利民法又规定，因受胁迫或欺诈而作出放弃继承决定的人，可以提起撤销之诉。提起撤销之诉的权利，自停止胁迫或发现被欺诈之日起五年不行使而消灭。①采取否定说的国家以德国和日本为代表。例如《日本民法典》第919条规定："承认和放弃，即使在第915条第1项的期间内，亦不得撤销。前项的规定，不妨碍依第一编及前编的规定将承认和放弃撤销。但其撤销自得追认时起，6个月内不行使时，因时效而消灭。自承认或放弃时起，经过10年时，亦同。"②也

① 陈苇主编：《外国继承法比较研究与中国民法典继承编制定研究》，北京大学出版社2011年版，第108页。

② 《日本民法典》第915条第1项规定："继承人，应自知有为自己继承开始之时其3个月内，为单纯或限定的承认，或者表示放弃……"

就是说，接受和抛弃继承的意思表示不得撤回，但在受欺诈、胁迫的情况下做出的接受或抛弃继承的意思表示，由于不是继承人和受遗赠人的真实意思表示，因此特别予以排除。①

我国台湾地区“民法”对此问题没有明文规定，但理论上亦认为接受或放弃继承的意思表示不得撤销。② 依民法一般原理，承认或放弃继承的行为属于单方法律行为，如果当事人的意思表示不一致或意思表示不自由，自可以撤销之。但是一旦允许继承人随意撤回其意思表示，将使遗产的归属处于不稳定的状态。因此，抛弃继承的意思表示已经作出，不许撤回。除非存在重大的意思表示瑕疵，如因错误、③ 被欺诈或被胁迫之情事时，可以依照民法总则的规定，于法定期限内行使撤销权，并且应以书面形式向之前受理抛弃继承意思表示的法院进行撤销。④

（五）继承人之债权人的放弃撤销权

放弃继承撤销权是指因为继承人放弃继承导致其债权人损害的，继承人的债权人主张撤销继承抛弃行为的权利。关于继承人的债权人是否可以撤销继承人抛弃继承的行为的争议由来已久，有肯定说和否定说两种观点：

1. 肯定说。采取此学说的有法国和我国澳门地区等。该说认为，继承权于继承开始之前仅为一种期待权，该期待权因与身份不能分离，因此其不能为他人代为行使。但一旦继承开始后，被继承人的一切权利义务即概括地转移于继承人所有，因此，放弃继承之单独行为不过为财产法上之无偿处分行为，当有诈害债权之情形时，债权人自得行使撤销权。⑤ 例如，《法国民

---

① 郭明瑞、房绍坤、关涛著：《继承法研究》，中国人民大学出版社 2003 年版，第 330 页。

② 我国大陆关于继承人放弃继承是否可以反悔的问题规定在最高人民法院《继承法若干意见》第 50 条：“遗产处理前或在诉讼进行中，继承人对放弃继承翻悔的，由人民法院根据其提出的具体理由，决定是否承认。遗产处理后，继承人对放弃继承翻悔的，不予承认。”依据这一规定，人民法院可以决定承认继承人对放弃继承的反悔。本书认为，对于继承人放弃继承的撤回应严格限制，可以借鉴台湾地区的理论或外国的立法作出合理的规定，以维护各方的利益。

③ 史尚宽先生认为，基于内容的错误（如关于继承开始，开始原因之错误，对于遗产或被继承人同一性之错误）或知其情事即不为意思表示者（如误以为其他文书，而向法院为限定或承继抛弃呈报书签名），均得撤销。参见史尚宽著：《继承法论》，中国政法大学出版社 2000 年版，第 339 页。

④ 陈棋炎、黄宗乐、郭振恭著：《民法继承新论》（修订七版），三民书局 2011 年版，第 212 页。

⑤ 戴东雄著：《继承法实例解说》，三民书局 1999 年版，第 196 页。台湾地区学者戴修瓒、王伯琦、孙森焱亦持该见解。

法典》第788条规定："继承人的抛弃继承，有损债权人的权利时，债权人得请求法院许可其以债务人的名义承认继承，并替代其地位。在此情形，抛弃应仅在债权额的限度内，并仅为债权人的利益，予以取消。此种取消并不因而使债务人的继承人获得利益。"

2. 否定说。采取此学说的有德国和日本等国。该说认为，继承权虽具有财产权属性，但其取得是以一定身份为前提的，如无身份，则不得为继承人；且抛弃继承权属身份行为，具有人身专属性；[①] 继承人决定抛弃继承，对于单方面给予财产利益加以拒绝，更是一种人格自由之体现，自应当尊重。因此继承人抛弃继承的行为，其债权人不能撤销。[②] 我国台湾地区学者还认为：（1）继承人既然有选择抛弃继承的自由，如果允许其债权人撤销该抛弃行为，其结果等同于强制其继承，继承人无选择自由而言，显然与法律的初衷不符；（2）台湾地区"民法"第244条关于撤销权的规定，在于防止债务人"不当地减少"其责任财产，以确保其偿债能力，而不在于增加其财产。继承人抛弃继承的行为，并非不当地减少其财产，因此即使有债务人拒绝利益取得行为，债权人也不得撤销。[③]

除理论上的分歧外，我国台湾地区实务界也存在肯定说与否定说两种观点。例如1980年台上字第847号判决认为，台湾地区"民法"已经废除宗祧继承，改为财产继承制度。继承人自开始继承时，即承受被继承人财产上的一切权利和义务，所以继承人抛弃继承权的行为，应是处分其已取得的财产上的利益。因此继承人因抛弃继承权而侵害其债权人利益的，债权人有权依照"民法"第244条行使撤销权。[④] 而台湾地区"最高法院"1984年度第二次民事庭会议决议则认为，债权人行使撤销权的前提，必须是债务人实施了非以人格权益为基础的财产上的行为。继承权以人格法益为基础，继承人抛弃继承权的后果，尽管不承受被继承人的财产权利，但也不承受被继承

---

① 史尚宽著：《债法总论》，中国政法大学出版社2000年版，第464页。

② 王泽鉴著：《民法学说与判例研究》（第四册），中国政法大学出版社2005年版，第289页。

③ 陈棋炎、黄宗乐、郭振恭著：《民法继承新论》（修订七版），三民书局2011年版，第220页。

④ 参见张平华、刘耀东著：《继承法原理》，中国法制出版社2009年版，第150页。

人的财产债务。因此，继承人抛弃继承权，即使有害于债权，债权人也无权撤销。

第九节　无人承认的继承

一、无人承认继承的概念

无人承认的继承，即继承人旷缺，是指继承开始时，继承人有无不明或生死不明的状态。①

继承人有无不明，包含了继承开始时是否有继承人不确定以及不知何人为继承人的情形。在被继承人死亡时，确定有继承人，但继承人因外出所处不明或生死不明的，应适用我国台湾地区“民法”第108条及“非讼事件法”关于失踪人财产管理的规定为其设置财产管理人管理遗产，以避免遗产散失；如继承人下落不明的状态符合宣告死亡条件的，利害关系人可以向法院申请宣告死亡，遗产将作为继承人的财产由该继承人的继承人继承。

当前一顺序的共同继承人全部抛弃继承时，如果存在后一顺序的继承人，不属于无人承认的继承。对于全体继承人均抛弃继承的，尽管区别于严格意义上的继承人有无不明，但结果准用无人承认遗产的规定。②

---

① 无人承认的继承不同于我国大陆地区的无人继承又无人受遗赠。首先，根据《继承法》的规定，无人继承又无人受遗赠的遗产是指“没有法定继承人、遗嘱继承人和受遗赠人的遗产；法定继承人、遗嘱继承人全部放弃继承，受遗赠人全部放弃受遗赠的遗产；法定继承人、遗嘱继承人全部丧失继承权，受遗赠人全部丧失受遗赠的财产”。因此，无人继承又无人受遗赠的遗产无人承受的状态是确定的，法律规定无人承受的遗产直接归属于国家或集体组织所有。而无人承认的继承有无继承人是不确定的，这种不确定的状态可能因继承人的出现而转为一般继承，因此须为遗产设立管理人，并进行继承人的搜索及遗产清算程序后，才能将剩余财产归属于国家所有。其次，无人继承又无人受遗赠必须是无人继承遗产也无受遗赠人，如虽无继承人，但有受遗赠人时，也不构成无人承受遗产；但无人承认的继承的程序发动与有无受遗赠人无关，即使被继承人指定有受遗赠人，也不妨碍搜寻继承人等程序的进行。相比较而言，上述两种制度都确定了遗产在无人继承的情况下的归属，但在对遗产债权人的利益及确保可能存在的继承人的继承权不受侵犯方面，无人承认继承的制度更科学严谨。特别是我国台湾地区“民法”对遗产管理人的选任、搜索继承人等遗产利害关系人的公告程序和无人承受遗产的清算等制度做了比较完善的规定，值得大陆地区借鉴。

② 台湾地区“民法”第1176条第6项规定：“先顺序继承人均抛弃其继承权时，由次顺序之继承人继承。其次顺序继承人有无不明或第四顺序之继承人均抛弃其继承权者，准用关于无人承认继承之规定。”

继承人有数人时，其中一人或数人是明确的，其他继承人有无不明，也不属于无人承认的继承。如果共同继承人中有人死亡，有无继承人不能确定的，就该死亡继承人的应继分，适用无人承认继承的规定。该死亡继承人的债权人可以依无人承认继承的程序，请求选任遗产管理人，要求以死者的应继分清偿债务，如死者的应继分有剩余时，不归属于国库，应归属于其他共同继承人。①

二、遗产管理人的选定与职责

遗产管理人是指对被继承人的遗产负责保存和管理的人。在继承开始之后，继承人有无不明的状态下，为避免被继承人的遗产毁损、灭失，有必要设定遗产管理人对遗产进行管理。

（一）遗产管理人的选定

遗产管理人在许多情形下都存在，例如在法定继承中由继承人作为管理人，遗嘱继承中遗嘱执行人为管理人，在无人承认继承中同样也需要指定遗产管理人。在有继承人存在的情况下，继承人基于其与被继承人的亲属关系及因继承而产生的财产关系，自应担负起管理遗产的职责。如果被继承人的遗嘱中指定了遗嘱执行人的，由遗嘱执行人管理遗产自不待言。而在继承人旷缺的情形下，如何确定遗产管理人？依我国台湾地区“民法”第1177条的规定，遗产管理人由亲属会议在继承开始一个月内选定，② 并将继承开始及选定遗产管理人的情况向被继承人住所地的法院报明。如无亲属会议或亲属会议未能在继承开始时的一个月内选定遗产管理人，则利害关系人或检察官可以请求法院直接选任遗产管理人。法院所选任的管理人，除自然人外，也可选任公务机关。在遗产管理人尚未选任前，被继承人所在地法院或遗产所在地法院可以依利害关系人或检察官的申请作出基于保存遗产目的的必要处置。

（二）遗产管理人的职责

根据我国台湾地区“民法”第1179条的规定，遗产管理人的职责包含

① 史尚宽著：《继承法论》，中国政法大学出版社2000年版，第368页。

② 在台湾地区，亲属会议是以处理亲属间法定职权事项，由当事人、法定代理人或其他利害关系人召集而由一定亲属临时组成的会议机构。亲属会议处理的事项包括亲权、监护、扶养方法和遗产继承等。

以下几项：

1. 编制遗产清册。遗产管理人应在就职后的三个月内清点遗产，查清遗产的数量、名称、地点和价值等，如实编制遗产清册，详细列明被继承人的积极财产和消极财产。这不但可以防止遗产流失，方便清算，同时也为将来管理人将遗产移交继承人或国库提供依据。

2. 为保存遗产采取必要的处置措施。为了维护遗产债权人、受遗赠人与将来出现的继承人的利益，遗产管理人应妥善保管遗产。但遗产管理人在执行职务时应尽何种注意义务？各国采取不同的立法态度。日本和韩国民法明确规定遗产管理人应尽与处理自己事务同一注意。但我国台湾地区的学者对此见解不一。一种观点认为，遗产管理人应尽善良管理人的注意义务，与宣告失踪人时的财产管理人的注意义务相同；① 第二种观点认为，遗产管理人应尽与处理自己事务同一的注意义务；② 第三种观点认为，受有报酬者，应尽善良管理人的注意义务。无偿任职者，则仅需尽与处理自己事务相同的注意义务。③ 我国大陆地区学者认为第一种观点更为妥当，尽管立法上赋予遗产管理人取得报酬的权利，但其放弃受报酬的权利，也不能因此使其注意义务随之降低。为使遗产债权人、受遗赠人等遗产权利人的利益得到更多的保障，也应使遗产管理人负善良管理人的注意义务。④

遗产管理人为了保存遗产的需要，可以实施有利于遗产而不改变物或权利性质的利用或改良行为，甚至处分行为，例如修缮房屋、变卖易腐烂物品、收取债权等。因保存遗产的需要而对被继承人的遗产所做的处分，遗产管理人可以独立进行，不需要征得亲属会议的同意。遗产管理人未尽注意义务或管理不当实施了非必要处分行为，如擅自将遗产赠与他人，亲属会议有权撤换，利害关系人也可以向法院请求解任。如果管理人的行为导致遗产债权人、受遗赠人或将来出现的要求继承的主体利益受损的，应承担损害赔偿责任。

---

① 史尚宽著：《继承法论》，中国政法大学出版社 2000 年版，第 285 页。

② 陈棋炎、黄宗乐、郭振恭著：《民法继承新论》（修订七版），三民书局 2011 年版，第 182 页。

③ 戴炎辉、戴东雄著：《中国继承法》，三民书局 1998 年版，第 224 页。

④ 郭明瑞、房绍坤、关涛著：《继承法研究》，中国人民大学出版社 2003 年版，第 163 页。

3. 声请公告或通知被继承人的债权人和受遗赠人。自然人的死亡，类似于法人的破产或解散，应设立公告程序，以提示并催促权利人主张权利。我国台湾地区的公告程序分为两种，一种是遗产管理人选任后声请法院对遗产债权人及受遗赠人的公告，另一种是亲属会议选任遗产管理人后对继承人的公告。

因此，遗产管理人就职后，应向法院声请依公示催告程序，限定一年以上的期间，要求被继承人的债权人或受遗赠人在公告期间内报明债权或做出是否愿意接受遗赠的声明。如果遗产管理人已知被继承人的债权人及受遗赠人的，应分别通知。

公示催告的布告，应粘贴于法院牌示处，并登载于公报或新闻纸。公告的内容包括以下事项：（1）声请人的姓名、年龄、职业及住所；（2）被继承人的姓名、年龄、职业及住所或居所；（3）被继承人死亡的年月日及场所；（4）催告利害关系人报明债权或声明接受遗赠的期间；（5）因不报明或不声明权利的失权效果；（6）申报法院。

4. 清偿债权和交付遗赠物。在公告期间内，遗产管理人不得对任何债权人清偿债权或对任何受遗赠人交付遗赠物。公告期间届满后，遗产管理人应对报明的债权以遗产清偿，对已表示接受遗赠的受遗赠人交付遗赠物。债权的清偿按照债权的性质进行，享有优先权的债权先于普通债权清偿；如果债权人为多数而遗产不足以分配的，按其权利比例分配。债权的清偿完毕有剩余的，才可以向受遗赠人交付遗赠物。对于遗产管理人所不知的又未在公告期限内报明债权和表示接受遗赠的，仅以剩余遗产清偿或交付。

为清偿债权或交付遗赠物之必要，遗产管理人经亲属会议同意，可以变卖遗产。未经亲属会议同意，之后又未经亲属会议的追认或最终继承人的承认的，属于无权代理，不发生效力。给遗产或继承人造成损害的，遗产管理人应承担赔偿责任。

5. 移交财产。在继承人承认继承之前，遗产管理人对于遗产的管理行为，视为继承人的代理。公示催告期间内，有继承人承认继承的，遗产管理人应将遗产移交继承人，不管债权是否已清偿，债务是否履行。如果公告期满无人承认的，应移交国库。

6. 报告或说明遗产状况。亲属会议作为遗产管理人的选任者，被继承人的债权人或受遗赠人作为利害关系人，均有权要求遗产管理人报告或说明遗产状况，内容包括遗产孳息的收取，清偿债务、交付遗赠的情况等。报告或说明的形式不限，口头或书面均可；报告或说明可以分别提出也可以同时提出。

7. 请求报酬的权利。遗产管理人有权请求报酬，因其由亲属会议选任产生，因此报酬多寡由亲属会议确定。通常综合考虑遗产管理人付出的劳务及其与被继承人的亲疏关系确定，与被继承人关系疏远的，则报酬多；与被继承人关系越亲近的，报酬应越少。遗产管理人的报酬，列入继承费用，由遗产中优先支出。

8. 遗产管理人的撤换或解任。遗产管理人如不尽职责履行义务，有危害遗产的行为的，亲属会议可以随时撤换，利害关系人也可以申请法院解任。当然，遗产管理人也享有请辞的权利。如果遗产管理人被选任后，发现自己不能胜任或具有其他正当理由，例如疾病、迁徙等原因，可以向法院申请辞职。但遗产管理人在法院允许其辞职并与新任遗产管理人交接完毕之前，仍然应尽善良管理的义务。

三、继承人的搜索

根据台湾地区“民法”第1178条第1项的规定，亲属会议将选定遗产管理人的情况向法院报明后，法院应依公示催告程序，限定不少于六个月的期限公告继承人，责令其在规定期限内承认继承。由利害关系人或检察官声请法院选任遗产管理人的，法院也应依该条规定搜索继承人。

继承人在公告期内出现或于遗产清算完毕之前主张其继承权的，遗产管理人应在证实继承人的身份后，将遗产移交于继承人。遗产管理人之前的职务上的管理行为，视为继承人事务的代理，法律效果当然归属于原为遗产主体的继承人。① 如果遗产管理人未尽善良管理义务或管理失当，给继承人造成损失的，应对继承人承担赔偿责任。遗产管理人的不当管理侵害了遗产债权人或受遗赠人的利益的，继承人应基于被代理人的身份，以所继承的遗产为限，向遗产债权人或受遗赠人负赔偿责任。继承人承担赔偿责任后，可以

---

① 史尚宽著：《继承法论》，中国政法大学出版社2000年版，第381页。

向遗产管理人追偿。

公告期间届满后，仍未有继承人主张继承的，遗产管理人应依法律规定的顺序清偿债务，分配遗产。

四、剩余财产的归属

公告期间届满，在无继承人表示承认继承时，遗产管理人在清偿债权或交付遗赠物后，如有剩余财产，应移交“国库”。

世界各国继承法对继承人旷缺时遗产的归属通常规定由国库或地方组织所有，前者如日本、法国、德国等国，后者如瑞士。但各国对于国库或地方组织取得剩余遗产的性质有两种不同的立法例：

（一）继受取得说

这种主张认为，国库或地方组织是剩余遗产的最后顺序的法定继承人，属于继受取得，遗产上原有的负担不因国家的取得而消灭。国库或地方组织不得拒绝继承，并应以剩余遗产为限对债务承担有限责任。因此，遗产交付国库后，未在公告期间内申报登记的遗产债权人、受遗赠人仍可以对国库或地方组织行使权利，交付后出现的继承人也可以对国库或地方组织提起继承回复之诉。采取这种做法的有德国、瑞士等多数大陆法系国家。例如《德国民法典》第1936条规定：“如果在继承开始时，被继承人既无亲属也无配偶，则被继承人在死亡时所属的邦的国库为法定继承人；如果被继承人率属于数个邦，则各该邦的国库享有等额的继承资格。如果被继承人是不率属于任何邦的德国人，则帝国国库为法定继承人。”

（二）原始取得说

这种主张认为国库有优先取得无人承受遗产的权利。例如《法国民法典》第539条规定：“无主财产，或者去世后无继承人的人的财产，或者继承人放弃继承的财产，归于公有财产。”① 英美法系等国家也采此观点，例如英国《遗产管理法》规定无人承认继承的遗产归王室所有。② 日本民法及

① 杨立新，朱呈义著：《继承法专论》，高等教育出版社2006年版，第271页。

② 陈苇主编：《外国继承法比较研究与中国民法典继承编制定研究》，北京大学出版社2011年版，第662页。

我国台湾地区“民法”虽未明确规定国库基于先占原则取得剩余财产，但均认为国库取得遗产的性质为原始取得，遗产清算完毕后尚有剩余财产的，当然归属于国库。遗产管理人不予以交付剩余财产的，“国库”可以提起所有权之诉，要求管理人交付。① 依原始取得说，继承人旷缺时的遗产归属国库之前已经经过了合法的程序，因此遗产上的负担也随之消灭，即国家只取得清算后的积极财产，不取得义务。剩余遗产交付国库后，未在公告期间内申报登记的遗产债权人、受遗赠人不得再向国库行使其权利。但是台湾地区学者认为，遗产债权人、受遗赠人的权利并非已消灭，如有其他物上保证人或保证人时，权利人仍可向保证人主张权利。②

上述两种立法例的最终结果都是无人继承的财产归属于国家，但两者在实现的方法上具有重要的差别。相比较而言，第一种立法体例更优，更有利于保护遗产债权人、受遗赠人和将来出现的继承人的权利。③

---

① 史尚宽著：《继承法论》，中国政法大学出版社2000年版，第383页。

② 史尚宽著：《继承法论》，中国政法大学出版社2000年版，第384页。

③ 《继承法》第32条规定：“无人继承又无人受遗赠的遗产，归国家所有；死者生前是集体所有制成员的，归所在集体所有制组织所有。”很显然，我国采用了第二种立法体例，建议我国未来修订《继承法》时借鉴第一种立法例的优点。

第四章　遗　　嘱

第一节　遗嘱概述

一、遗嘱的起源

依照世界各国立法例，遗嘱继承是与法定继承相对应的继承方式。通说认为遗嘱继承源于罗马法。公元前五世纪的《十二铜表法》中第五表第3条规定："关于金钱和对于自己财产的保护，均依照遗嘱办理。""法定继承之适用，以不能适用遗嘱继承为限。"至公元前二世纪，遗嘱已为一般人所普遍采用，无遗嘱继承反而成为例外现象。当时罗马人立遗嘱主要是为了人格继承。罗马法中关于遗嘱继承制度的规定，对后世成文法有着深远的影响。作为法律制度的现代遗嘱制度，是在资本主义时期发展和完善起来的。法国、德国等大陆法系国家在十二世纪至十三世纪就开始使用遗嘱。

在中国，古代时期就有遗嘱存在，当时遗嘱也称为遗命、遗令或遗言。其遗嘱的涵义也很广泛，凡是在遗嘱人生前处理其死后事宜的意思表示，均称为遗嘱，包括继承王位、继承宗祧、处分家产、遗训子孙、丧葬事宜等内容，财产处分仅仅是其中一部分内容。近代遗嘱继承制度始于清末民初，清末《大清民律草案》规定了遗嘱继承的内容，这是民法意义上的遗嘱继承。

在我国台湾地区，继承是取得财产的方式之一。如前所述，我国台湾地区"民法"中并没有关于遗嘱继承和遗嘱继承人的规定。依据台湾地区"民法"第1187条的规定，遗嘱人只要不违背特留分的规定，就有权立遗嘱自由处分其个人所有的财产。[①] 其有关遗嘱问题的内容主要被规定在台湾

---

① 柳经纬，薛景元，施信贵著：《海峡两岸法律制度比较研究·民法》，厦门大学出版社1995年版，第375页。

地区“民法”“继承编”和“民法继承编施行法”中。① 此外，在台湾地区的其他法规和其“民法典”在其他章节中也有所涉及。台湾当局在1985年修改“民法典”“继承编”时，共修正条文15条，删除3条，主要修正内容为：第一，废除了指定继承人制度（即原1143条）；第二，修订了遗产分割的内容；第三，详细规定了继承人抛弃遗产继承权制度；第四，完善遗嘱制度。② 台湾地区“民法”第1187条规定：“遗嘱人于不违反特留分规定之范围内，得以遗嘱自由处分遗产。”③ 意即遗嘱人在不违反继承人特留分规定范围内，可以自由指定如何处理遗产。④ 包括继承人如何分得遗产、遗产遗赠何人等等，这就从法律上确认了被继承人（即遗嘱人）享有以遗嘱形式处分其个人财产的权利。遗嘱人可以用遗嘱指定遗产继承人的继承顺序和应继份额（即指定应继份），也可以将遗产遗赠给遗产继承人和遗产继承人以外的人。这是目前台湾地区“民法”“继承编”中所规定的遗嘱的主要作用。

二、遗嘱的概念、性质和特征

（一）遗嘱的概念

遗嘱是自然人在生存期间以处置其死亡之后的遗产或其他事务为目的而为的要式的单独行为。⑤ 按照学界通说，遗嘱制度一般认为系起源于罗马法。早在公元前五世纪的罗马十二铜表法即已承认遗嘱。《十二铜表法》中第五表第3条规定：“关于金钱和对于自己财产的保护，均依照遗嘱办理。”“法定继承之适用，以不能适用遗嘱继承为限。”到了公元前二世纪，遗嘱已为一般人所普遍使用，而无遗嘱继承（即法定继承）已成为例外情况。⑥

---

① 台湾地区“民法”中没有直接采用遗嘱继承的称谓，但其第五编“继承”第一章“遗产继承人”规定的内容就是法定继承；其第二章“遗嘱”规定的内容就是遗嘱继承。为了说明问题的方便，本书在此采用遗嘱继承的称谓。

② 曾宪义主编：《台湾法概论》，中国人民大学出版社2007年版，第63页；陈苇、宋豫主编：《中国大陆与港、澳、台继承法比较研究》，群众出版社2007年版，第26—32页。

③ 特留分即为外国继承法通常所称的特留份，在台湾地区“民法”中采用的是特留分的提法，本书沿用之。

④ 黄碧芬著：《民法·亲属继承》，书泉出版社2010年（第三版），第358页。

⑤ 郑玉波著，黄宗乐修订：《民法概要》（修订十三版），东大图书股份有限公司2012年版，第443页。

⑥ 陈棋炎、黄宗乐、郭振恭著：《民法继承新论》（修订七版），三民书局2011年版，第237页。

在现代社会，各国均把遗嘱继承作为一种重要的与法定继承相对应的继承方式加以规定，要求遗嘱人在指定继承人时，必须同时指明其继承的份额。如果遗嘱只指明部分遗产份额归某个或者某些继承人继承，则未指明的其余遗产依法定程序继承。

在我国台湾地区，由于“民法”规定每个法定继承人都有其特留分，遗嘱人不得以遗嘱加以剥夺，因此，遗嘱人不能把遗产只留给继承人中的一人或某些人，而不给与其他的同一顺序的继承人；也不能只把遗产留给后顺序继承人，而不给与前顺序继承人。①这是台湾地区继承制度中与大陆不同的一个地方。

（二）遗嘱的性质和特征

遗嘱作为遗嘱人的生前行为，它是遗嘱人单方要式的法律行为，又是一种身份上因遗嘱人死亡而生效的财产行为。②因此，它具有以下法律特征：

1. 遗嘱是遗嘱人独立作出的无相对人的单方法律行为。遗嘱人立遗嘱处分其个人财产，只要遗嘱人具有遗嘱能力，且遗嘱为本人的意思表示并符合法律规定，即可发生法律效力，既不必向一定相对人作出意思表示，也无须征得他人的同意。遗嘱人日后依法变更或撤销遗嘱，也不需要征得任何人的同意。因此，遗嘱是无相对人的单方法律行为。

2. 遗嘱是死因法律行为。遗嘱以遗嘱人死后发生法律效力为目的，③即只有遗嘱人死亡这一法律事实出现，遗嘱才能发生法律效力并开始执行。在遗嘱生效前，遗嘱人的意思有可能发生变化，因此，遗嘱人可以随时变更或撤销遗嘱而不需要任何理由。遗嘱是否有效，应以遗嘱人死亡时的情形为准。从这一意义上说，遗嘱是一种终意处分行为。

3. 遗嘱是要式法律行为。遗嘱必须具备法律规定的方式才能发生效力。遗嘱的变更或撤销也同样必须符合法定方式。这样规定的目的在于确保遗嘱意思的真实性并能够得到实现。我国台湾地区“民法”继承编特别规定遗

---

① 柳经纬，薛景元，施信贵著：《海峡两岸法律制度比较研究．民法》，厦门大学出版社 1995 年版，第 375 页。

② 胡大展主编：《台湾民法研究》，厦门大学出版社 1993 年版，第 514 页。

③ 陈棋炎、黄宗乐、郭振恭著：《民法继承新论》（修订七版），三民书局 2011 年版，第 241 页。

嘱为要式行为，具体包括口授遗嘱、密封遗嘱、公证遗嘱、自书遗嘱、代笔遗嘱等五种遗嘱方式及其形式上的要求。①

4. 遗嘱是一种身份法上的财产行为。立遗嘱必须由当事人亲自进行，任何其他自然人或组织都不能代理。只有遗嘱人自己才有权就其财产为立遗嘱之意思表示。同时，与世界各国一样，我国台湾地区的遗嘱继承也仅限于遗产继承，废除身份继承。只有对遗产的遗嘱处分，才能发生法律效力。遗嘱关于遗产的处分，既可以是指定遗产分割的方法，也可以是禁止继承人在一定期限内分割遗产。在不违反特留分的前提下，遗嘱既可以是对各继承人的继承份额做不同的分配（即指定应继份额），也可以是将遗产赠与遗产继承人、遗产继承人以外的其他人或国家、团体。

三、遗嘱能力

（一）遗嘱能力概述

遗嘱能力又称遗嘱处分能力，是指自然人依法享有的设立遗嘱，自由处分自己财产的法律资格。立遗嘱是遗嘱人处分自己财产的法律行为，它只能体现遗嘱人自己的意思。在我国台湾地区“民法”上，自然人的遗嘱能力与行为能力不完全一致，有遗嘱能力的人不一定具有完全行为能力。而限制行为能力的人，其遗嘱能力并不一定受到限制。② 因此，只有具有遗嘱能力的自然人才能设立遗嘱，不具备遗嘱能力的自然人所立的遗嘱则当然无效。

在台湾地区，由于遗嘱是无相对人的单独行为，因此，对于已有相当识别能力的人，允许其立遗嘱，而不适用“民法”总则一般行为能力的规定。③

（二）遗嘱能力的分类

根据我国台湾地区“民法”第 12 条的规定，满 20 岁为成年人。该法第 13 条规定，7 岁以上未满 20 岁的未成年人为限制行为能力人。未成年人已结婚者，有行为能力。据此，无行为能力人不具有遗嘱能力，所立遗嘱无

---

① 陈明添、吴国平主编：《中国民法学》，法律出版社 2007 年版，第 688 页。

② 胡大展主编：《台湾民法研究》，厦门大学出版社 1993 年版，第 516—517 页。

③ 陈棋炎、黄宗乐、郭振恭著：《民法继承新论》（修订七版），三民书局 2011 年版，第 248 页。

效。有行为能力者则具有遗嘱能力，所立遗嘱有效。有行为能力人包括成年人和已婚的未成年人。

我国台湾地区“民法”第1186条就自然人的遗嘱能力问题做出了明确规定，即“无行为能力人，不得为遗嘱。限制行为能力人，无须经法定代理人之允许，得为遗嘱。但未满十六岁者，不得为遗嘱”。据此，自然人在遗嘱能力上可分为有遗嘱能力和无遗嘱能力两种情况。

1. 有遗嘱能力人。第一，年满20岁的成年人，具有完全的遗嘱能力。第二，已年满16岁且未受监护宣告的人。此类人具有完全的遗嘱能力。即使是未满20岁的限制行为能力人，根据我国台湾地区“民法”第1186条第2项的规定，也可以单独立遗嘱，不必经过法定代理人的允许。第三，虽年满16岁，且未受监护宣告之未成年人，在无意识或精神错乱状态下所立的遗嘱，台湾地区通说主张应适用“民法”第75条后半段的规定而归于无效。①

2. 无遗嘱能力人。凡是无遗嘱能力人，因其不能理解自己所作出的意思表示的意义和后果，均不能立遗嘱，否则其所立之的遗嘱无效。

无遗嘱能力人包括：（1）无行为能力人（台湾地区“民法”1186条第1项）。它包括：第一，未满7岁的未成年人（台湾地区“民法”第13条第1项）；第二，受监护宣告之人（台湾地区“民法”第14条、第15条）。（2）未满16岁之限制行为能力人（台湾地区“民法”第1186条第2项但书规定）。即使在征得法定代理人的同意或承认的情况下，此类限制行为能力人所立的遗嘱仍为无效。

对于心神丧失或精神耗弱致不能处理自己事务者，法院可根据其本人、配偶、最近亲属二人或检察官的申请，宣告禁治产。至于禁治产人（现为受监护宣告之人）在恢复正常状态时，是否可以进行立遗嘱之法律行为？目前台湾地区“民法”未作出规定。依据民法解释和台湾地区通说，受监护宣告之人为无行为能力人（台湾地区“民法”第15条），“绝对不得为遗嘱”之法律行为，② 即使是其恢复常态，也不得为之。③ 此外，对年满16

---

① 台湾地区“民法”第75条规定：“无行为能力人之意思表示，无效。虽非无行为能力人，而其意思表示，系在无意识或精神错乱中所为者亦同。”

② 陈棋炎、黄宗乐、郭振恭著：《民法继承新论》（修订七版），三民书局2011年版，第249页。

③ 陈棋炎、黄宗乐、郭振恭著：《民法继承新论》（修订七版），三民书局2011年版，第249页。

岁但有精神问题却又未受监护宣告的人的遗嘱能力问题立法上没有作出明确规定，这些问题还需要进一步深入研究。

（三）确定遗嘱能力的时间标准

设立遗嘱是一种法律行为，行为人必须具有相应的行为能力。而遗嘱设立之时与遗嘱效力发生之时往往有一段时间距离，因此，遗嘱能力的有无，究竟应当以遗嘱人立遗嘱时为准，还是应当以遗嘱发生效力时为准？我国台湾地区“民法”无明文规定。在法理解释上认为，遗嘱是遗嘱人单方要式的法律行为，因此应以行为人实施该行为时的能力有无为准。① 换言之，遗嘱人在设立遗嘱时是否具有遗嘱能力，应当以实施该行为时其遗嘱能力的状况为标准来确定，即应以遗嘱成立时为准。如果遗嘱人在立遗嘱时无遗嘱能力，其所立遗嘱无效。即使遗嘱人死亡之前已经成年或恢复健康而撤销监护宣告，其在无行为能力期间所立的遗嘱仍归于无效。而遗嘱人在设立遗嘱时具有遗嘱能力，则该遗嘱具有法律效力，而不论其后来是否仍然具有还是丧失遗嘱能力。因此，在遗嘱发生效力之前，遗嘱人有权随时撤回或变更其遗嘱。

第二节　遗嘱的内容与方式

一、遗嘱的内容

遗嘱的内容就是遗嘱人在遗嘱中对自己的财产进行处分所作出的意思表示。根据我国台湾地区通说，一切法律行为，只要不违反强行规定或公序良俗者，均得以遗嘱为之。② 同时，依照台湾地区“民法”及特别法的规定，遗嘱的内容除了以遗产处分为主外，还可以包括其他方面的事项。具体如下：

1. 只能以遗嘱来规定的事项。包括：指定未成年子女的监护人（第1093条），指定受监护宣告之人的监护人（第1110条、第1111条），决定

---

① 胡大展主编：《台湾民法研究》，厦门大学出版社1993年版，第517页。

② 陈棋炎、黄宗乐、郭振恭著：《民法继承新论》（修订七版），三民书局2011年版，第242页。

遗产分割的方法或委托他人代定（第1165条第1项），禁止遗产的分割（第1165条第2项），附停止条件遗赠之生效期（第1200条）、指定或委托他人指定遗嘱执行人（第1209条），撤回已有的遗嘱（第1219条），[①] 领受抚恤金遗族的指定（台湾地区“公务人员抚恤法”第8条第3项）。

2. 有一些法律行为既可以在被继承人生前进行，也可以在其死后进行。包括捐助行为（第60条）、遗赠（第1200条—第1208条）、非婚生子女的认领（台湾地区“户籍法”第46条）。[②]

此外，有关人伦道德方面的教导事项，如孝顺父母、特别照顾弟弟、兄弟要和睦相处，共同经营事业等，则不发生法律上的效力。

总之，“遗嘱人于不违反关于特留分规定之范围内，得以遗嘱自由处分遗产。”（台湾地区“民法”第1187条）即在不违反特留分规定的前提下，遗嘱人可以在遗赠中对各继承人的继承份额作出不同的分配，也可以将遗产赠与其他人、团体和国家。

二、遗嘱的方式

遗嘱的方式就是遗嘱人处分自己财产的意思表示方式。为了确保遗嘱人的真实意志能够得到实现，并防止日后发生纠纷，参照各国立法例，我国台湾地区“民法”规定遗嘱为要式行为，且宽严适中。因此，遗嘱的方式必须符合法律规定，才能产生法律上的效力。而在法定方式之外，由当事人创设的其他形式的遗嘱，法律上不承认其效力（参见台湾地区“民法”第73条规定）。

根据我国台湾地区“民法”规定，遗嘱的方式可分为普通方式和特别方式两大类。台湾地区“民法”第1189条规定，遗嘱有自书遗嘱、公证遗嘱、密封遗嘱、代笔遗嘱和口授遗嘱五种形式。自书遗嘱、公证遗嘱、密封遗嘱、代笔遗嘱为遗嘱的普通方式，口授遗嘱为遗嘱的特别方式。其中，口

---

① 信春鹰、李湘如编著：《台湾亲属和继承法》，中国对外经济贸易出版社1991年版，第125页；陈棋炎、黄宗乐、郭振恭著：《民法继承新论》（修订七版），三民书局2011年版，第242页；信春鹰、李湘如编著：《台湾亲属和继承法》，中国对外经济贸易出版社1991年版，第125页。

② 陈棋炎、黄宗乐、郭振恭著：《民法继承新论》（修订七版），三民书局2011年版，第242页。

授遗嘱包括笔记口授遗嘱和录音口授遗嘱两种。普通方式遗嘱为永久性质的遗嘱，适用于一般情况下订立遗嘱。特别方式遗嘱为紧急临时性质的遗嘱。立遗嘱人可以根据自己的意愿和实际情况，决定采用的遗嘱方式，但只能在这五种遗嘱方式内进行选择，不能采用法定方式之外的其他方式订立遗嘱，否则，所立遗嘱无效。

（一）自书遗嘱

自书遗嘱是遗嘱人亲笔书写的遗嘱。我国台湾地区“民法”第1190条第1项规定：“自书遗嘱者，应自书遗嘱全文，记明年、月、日，并亲自签名。”据此，遗嘱人必须亲笔书写自书遗嘱，不能采用打字方式，否则所立遗嘱无效。如果遗嘱人仅自书部分遗嘱内容，其余由他人记录，或者以打字机或排版印刷制作的遗嘱，也归于无效。① 台湾地区“民法”第1190条第2项还规定，如遗嘱内容有修改，则应注明增减、涂改字迹的位置及字数，并在该注明处另行签名。如果遗嘱人未按照法定方式对遗嘱进行增减、涂改的，其遗嘱视为无修改。此外，根据台湾地区“民法”第3条规定，若有用印章代签名者，其盖章与签名生同等效力。如以指印、十字或其他符号代签名者，在文件上经两人签名证明，亦与签名生同等之效力。

自书遗嘱的构成要件是：（1）遗嘱人自己书写遗嘱全文；（2）遗嘱人在遗嘱上签名；（3）注明年、月、日。此类遗嘱的特点是简单方便，即只有由遗嘱人亲笔书写遗嘱亲文并亲自签名即可，无须请见证人。自书遗嘱是唯一不需要见证人在场见证的遗嘱。

（二）公证遗嘱

公证遗嘱是指遗嘱人根据公证法的规定而制作的遗嘱。② 依据我国台湾地区“公证法”及其“实施细则”和“民法”第1191条的规定，办理有关公证事务，须在公证处进行。公证人须为公证法所规定的法院的公证人或民间公证人。③ 根据台湾地区“公证法”第22条第3项的规定，“法院之公证人，得由地方法院或其分院法官兼充之”。因此，台湾地区的公证处是设在

① 胡大展主编：《台湾民法研究》，厦门大学出版社1993年版，第518页。

② 郝守才主编：《台湾法概论》，河南大学出版社1995年版，第215页。

③ 陈棋炎、黄宗乐、郭振恭著：《民法继承新论》（修订七版），三民书局2011年版，第242页。

法院内的。而民间公证人则由司法院依照“公证法”从符合条件的人员中选任。在无公证人的地方，可以由法院书记官代替，侨民则可由“领事”代替（参见台湾地区“民法”第1191条规定）。

办理公证遗嘱的要件是：第一，须由遗嘱人亲自到公证机关提出申请，不得由他人代理。如遗嘱人因病或其他原因不能前往公证机关的，可以请公证人前来病床旁或其他地方办理公证遗嘱。在无公证人的地方，可以由法院的书记官代办公证业务。华侨到“领事”驻在地立遗嘱时，由“领事”执行公证人职务；第二，须指定两个以上的见证人在场见证，并参与遗嘱制作的全过程。第三，遗嘱人应在公证人面前口述遗嘱内容，由公证人记录作成笔记，并由公证人就遗嘱全文向遗嘱人和见证人进行宣读、讲解。口述时仅以口头叙述，不得以笔记、举动或表情代替。遗嘱人如发现遗嘱内容有错误，可以请求公证人予以更正，并就更正部分再进行宣读。第四，经遗嘱人确认无误后，记明年、月、日，并由公证人、见证人和遗嘱人共同签名。如遗嘱人不能签名，公证人应将其事由记明，遗嘱人可以按指印代替签名。

需要注意的问题是：第一，公证遗嘱必须由遗嘱人在公证人面前直接以口述等话语表达，而不能以举动来进行表达。如果遗嘱人以点头、摇头等方式表达的，属于无效表达，不能成立公证遗嘱。聋哑人不能以公证方式作成遗嘱。[①] 第二，根据我国台湾地区“公证法”第8条第1项的规定，“办理公证事务，应于公证处为之。但必要时，得于其他适当处所为之。”据此，在办理公证遗嘱时，原则上应由遗嘱人亲自到公证处进行。如果遗嘱人因病或者其他原因不能前往公证处的，也可以请公证人前来病床旁或者其他适当的地点办理公证遗嘱。在没有公证人的地方，则根据台湾地区“民法”第1191条第2项的规定，可以由法院的书记官代为办理遗嘱的公证业务。华侨在“领事”驻在地立遗嘱时，由“领事”代办公证遗嘱业务。

（三）密封遗嘱

密封遗嘱是遗嘱人在没有他人知晓的情况下，秘密处理自己死后的遗产的行为。[②] 这是我国台湾地区继承法上的一种遗嘱方式。依据台湾地区“民

① 邓建国著：《海峡两岸继承法律实务》，法律出版社2009年版，第133页。
② 郝守才主编：《台湾法概论》，河南大学出版社1995年版，第216页。

法”第1192条规定，立密封遗嘱时，遗嘱人应在遗嘱上签名，之后将其密封，在封缝处签名，指定两个以上的见证人，并向公证人提出，陈述其为自己的遗嘱。在陈述时，遗嘱人只需说明遗嘱确系其本人所作，不必涉及遗嘱的内容。① 如非本人自写，则应向公证人陈述缮写人的姓名、住所，并由公证人于封面记明该遗嘱提出的年、月、日及遗嘱人所为的陈述，由遗嘱人及见证人共同签名。如果系使用打字机、印刷机等所作，则应陈述其操作人的姓名、及住所。如果当地没有公证人的，则公证人的相应职责可由法院书记官行使。根据台湾地区“民法”第1193条的规定，如果密封不具备法定方式而具备自书遗嘱的要求，则按自书遗嘱对待。

密封遗嘱的构成要件是：（1）须由遗嘱人在遗嘱上签名；（2）须将遗嘱书密封，并在封缝处签名；（3）须由遗嘱人指定两个以上的见证人，并向公证人提出申请；（4）须由遗嘱人向公证人陈述其为自己的遗嘱。如非本人自写，则应向公证人陈述缮写人的姓名和住所；（5）须由公证人在遗嘱的封面记明该遗嘱提出的年、月、日及遗嘱人所为的陈述；（6）须由公证人、见证人和遗嘱人共同在遗嘱封面上签名。

密封遗嘱的特点在于其相对于其他遗嘱而言，保密性更强。密封遗嘱如果不具备密封遗嘱的法定要件，但具备自书遗嘱的法定要件者，则产生转换为自书遗嘱的效力。

（四）代笔遗嘱

代笔遗嘱是指由他人代笔书写而作成的遗嘱。代笔遗嘱相当于大陆的代书遗嘱，是专门为不识文字或不能书写的遗嘱人设立的一种遗嘱方式。

根据我国台湾地区“民法”第1194条的规定，代笔遗嘱应由遗嘱人指定三人以上的见证人，经遗嘱人口述遗嘱意旨，使见证人中的一人负责笔录、宣读和讲解，经遗嘱人认可后，记明年、月、日及代笔人姓名，最后由全体见证人及遗嘱人共同签名。遗嘱人不能签名的，应按指印代替，不适用台湾地区“民法”第3条第2项以印章代替签名之规定。②

---

① 陈棋炎、黄宗乐、郭振恭著：《民法继承新论》（修订七版），三民书局2011年版，第271页。

② 陈棋炎、黄宗乐、郭振恭著：《民法继承新论》（修订七版），三民书局2011年版，第274页。

代笔遗嘱的构成要件是：（1）须有三名以上由遗嘱人指定的见证人在场见证。这是代笔遗嘱与公证遗嘱、密封遗嘱在见证人要求上的不同之处，目的是为了防止作假；（2）须由遗嘱人口述遗嘱内容。这里的口述要求应以语言形式进行，不能以举动表示，如点头、摆手等；（3）由其中一名见证人记录、宣读和讲解遗嘱；（4）须经遗嘱人认可后，注明年、月、日及代笔人姓名；（5）须由见证人全体及遗嘱人共同签名。①

（五）口授遗嘱

遗嘱人因生命垂危或者发生其他特殊情形，不能采取其他遗嘱方式时，只能采用口头的形式表达自己的真实意思的，可以立口授遗嘱。这种遗嘱形式相对于前述四种遗嘱而言，可称之为特别方式的遗嘱或紧急遗嘱。

口授遗嘱包括口头遗嘱和录音遗嘱两种方式。在 1985 年之前，我国台湾地区“民法”规定的口授遗嘱只有笔记口授遗嘱一种，1985 年修正“民法”“继承编”时，根据民众生活的实际需要，参考了《韩国民法典》第 1067 条的立法例，增设了录音口授遗嘱的方式。②

根据我国台湾地区“民法”第 1195 条至 1197 条的规定，口授遗嘱应具备以下两个要件，

1. 实质要件。即遗嘱人因生命危急或其他特殊情形，不能依其他方式订立遗嘱时方可适用。这是仿效瑞士民法的立法例而来的。所谓生命危急，是指重病、急病、生命有危险，或在军中，因疾病或受伤，致生命有危险；或乘船舰在海中遭遇危难等。所谓其他特殊情形，是指因交通断绝、传染病或因战事等，致不能依其他方法订立遗嘱的。至于交通断绝的具体原因，则在所不问。所谓不能依其他方式订立遗嘱，是指即使有生命危急或其他特殊情形，但如果能够依其他方式订立遗嘱者，仍然不能采用口授遗嘱方式。例如，某甲在战乱中，害怕自己随时会有生命危险而立了一份口授遗嘱。数日后某甲不幸死于战乱，其所立遗嘱经过其亲属会议确认为真实遗嘱，但利害关系人某乙提出异议，认为当时某甲有自书遗嘱的能力，并经证明属实，则

---

① 郝守才主编：《台湾法概论》，河南大学出版社 1995 年版，第 216 页。

② 王杲纯主编：《中国民商法律制度》，中国检察出版社 1998 版，第 232 页；陈棋炎、黄宗乐、郭振恭著：《民法继承新论》（修订七版），三民书局 2011 年版，第 276 页。

某甲所立口授遗嘱就应归于无效。

2. 形式要件。在大陆法系多数国家，特别遗嘱均须做成书面形式（如《瑞士民法典》第 506 条、第 507 条、《德国民法典》第 2249 条、第 2250 条、《日本民法典》第 976 条第 1 款规定），且不少于两名其他人（包括证人或替代公证人位置的人）在场，目的在于防止遗嘱欺诈。美国规定证人须在作证后的规定时间内将作证这一事实写成书面形式，除非他在旅途中出现意外状态。

在我国台湾地区，在制作口头遗嘱时，“民法”首先要求应由遗嘱人指定两个以上的见证人，由其中一人负责笔记，另一人负责在场监督；其次，由遗嘱人向见证人以言语口授遗嘱意旨，由见证人中的一人将该遗嘱意旨据实作成笔记，并记明年、月、日，与另一见证人在笔记上共同签名。因此，台湾地区借鉴了外国的立法经验，明确要求制作口头遗嘱仍须以书面形式（笔记）体现出来。

在适用口头遗嘱时需要注意的事项是：第一，如果遗嘱人使用外国语言时，笔记也必须采用该外国语言。这就要求所有见证人必须通晓外国语言，否则无见证人资格。第二，关于遗嘱的内容，一般无须全部口授，遗嘱中涉及的物件，可以用备忘录或目录的形式体现出来。第三，笔记中如有增减涂改，须由笔记人注明增减涂改之处及字数，另行签名，否则视为无变更，原笔记保持其效力。① 第四，在制作口授遗嘱时，负责笔记的见证人只须据实作成笔记即可，既无须宣读、讲解，也无须经遗嘱人认可。这是口头遗嘱与代笔遗嘱的一个明显不同之处。第五，担任笔记任务的见证人的签名必须自己为之，不得以按指印或由他人代替。其他见证人应阅览该笔记内容，待确认记录无误后，方可签名。第六，对于口头遗嘱，无须遗嘱人签名或按指印。

根据我国台湾地区“民法”第 1195 条第 2 款的规定，在制作录音遗嘱时，要求由遗嘱人指定两个以上的见证人，并口授遗嘱意旨、遗嘱人姓名及年、月、日，由见证人全体口述遗嘱之为真正及见证人姓名，全部予以录音，

---

① 陈棋炎、黄宗乐、郭振恭著：《民法继承新论》（修订七版），三民书局 2011 年版，第 278—279 页。

将录音带当场密封，并记明年、月、日，由全体见证人在封缝处共同签名。由此可见，台湾地区“民法”规定的录音遗嘱的形式要件也是非常严格的。

与《继承法》的规定一样，在我国台湾地区，口授遗嘱作为一种遗嘱的特别方式，它只能在紧急情况下才能使用。一旦紧急情况消除，则须采用普通方式来处理死后的财产，先前所立的口授遗嘱归于无效。

关于口授遗嘱的有效期限问题，从外国立法例来看，法国、日本规定为6个月（《法国民法典》第984条、第987条、第994条、《日本民法典》第983条），德国规定为3个月（《德国民法典》第2252条），俄罗斯规定为1个月（《俄罗斯民法典》第1129条），瑞士规定为14天（《瑞士民法典》第508条），前南斯拉夫曾规定为30天。根据我国台湾地区“民法”第1196条的规定，口授遗嘱，自遗嘱人能以其他方式订立遗嘱时起，经过3个月后该遗嘱即失去其效力。

需要注意的是，我国台湾地区的口授遗嘱包括口头遗嘱和录音遗嘱二种，而大陆地区的口头遗嘱只有一种，不包括录音遗嘱，后者为普通方式的遗嘱。

3. 口授遗嘱的认定。由于口授遗嘱制作程序简单，容易操作，且是在紧急情况下作成的，见证人有时难免可能误听误记，往往影响遗嘱的真实性，因此，台湾地区“民法”第1197条对口授遗嘱的认定程序作出了规定，即口授遗嘱人死亡后3个月内，由见证人中的一人或利害关系人提请亲属会议对口授遗嘱的真伪加以认定。如果对亲属会议的认定结论有异议的，可以在亲属会议决议后3个月内向法院以提起诉讼的方式提出申请，由法院通过司法程序来判定。

一般情况下，亲属会议对口授遗嘱的审查范围限于该遗嘱是否出于遗嘱人的真实意愿，至于遗嘱的内容是否合法，是否具备遗嘱的其他有效条件，则不属于亲属会议的责任。同时，亲属会议的认定是口授遗嘱的有效要件，只有经过亲属会议确认后的口授遗嘱才具有法律效力。但由于亲属会议的认定是自由心证来判别认定，因此，法院最后的判定这一程序起到了保障作用。[①] 司法判定的管辖法院为遗嘱人在继承开始时的住所地法院。

① 邓建国著：《海峡两岸继承法律实务》，法律出版社2009年版，第136页。

三、共同遗嘱

（一）共同遗嘱的概念和特征

所谓共同遗嘱，是指两个以上的遗嘱人共同订立一份遗嘱，在遗嘱中同时处分各自所有或共有财产的遗嘱形式。它以共同意思表示记载于同一遗嘱书上为必要，是一种特殊的遗嘱形式。因为共同遗嘱行为具有一般共同法律行为所具有的所有表意人身份相同、意思表示内容相同（即权利和义务相同）、意思表示方向相同、意思表示所指向的目标实体（标的）同一等所有特征。

（二）共同遗嘱的形态

外国法上一般将共同遗嘱分为单纯共同遗嘱、相互遗嘱和相关遗嘱三种。根据学界通说，共同遗嘱有形式意义的共同遗嘱和实质意义的共同遗嘱之分。形式意义的共同遗嘱是指两个或两个以上内容各自独立的遗嘱记载于同一遗嘱书中而作成的遗嘱。这种共同遗嘱只是形式上的同一，而在内容上是由各遗嘱人独立进行意思表示，并根据各自意思表示产生独立法律效果，相互间不存在效力上的制约和牵连。实际上它是一种单独遗嘱的组合，应当排除在共同遗嘱之外。而实质意义的共同遗嘱是指两个或两个以上的遗嘱人将其共同一致的意思通过一个遗嘱表现出来，形成一个内容共同或相互关联的整体遗嘱。严格地说共同遗嘱仅限于实质意义的共同遗嘱。① 因为形式意义上的共同遗嘱实质上是两份独立的遗嘱，只不过载体同一而已。“就实质意义上的共同遗嘱而言，因为它不是双方当事人基于各自的目标和利益而形成的相对应的表意合致，而是各方当事人为追求一个共同的目标所实施的法律行为，各方的意思表示内容相同，方向相同且平行，因此，其性质乃属一种共同行为，而非契约。”②

实质意义上的共同遗嘱，依其形态，主要可以分为以下两种：③

---

① 蒋月主编：《婚姻家庭与继承法》，厦门大学出版社 2007 年版，第 342 页。

② 韩长印：《共同法律行为理论的初步构建——以公司设立为分析对象》，http：//www. privatelaw. com. cn/new2004/shtml/20100310 - 000025. htm，下载时间：2011 年 3 月 18 日。

③ 根据大陆学界通说，共同遗嘱除相互遗嘱和相关遗嘱外，还包括为第三人利益的遗嘱和混合遗嘱两种。前者即夫妻之间明确约定他们相互间不发生继承，待他们均死亡后，将遗产留给指定的继承人或受遗赠人；在实践中，有的遗嘱除相互指定对方为自己遗产的继承人外，还规定夫妻双方均死亡后，所留下的全部遗产均归第三人继承或受遗赠，此为混合遗嘱。

第一，相互的共同遗嘱。这是指两个以上的遗嘱人在同一份遗嘱上相互为遗赠或相互指定对方是自己遗产的继承人的遗嘱。

第二，相关的遗嘱。即共同遗嘱人相互以对方的遗嘱内容为条件的遗嘱。如因一方的遗嘱撤回或者失效，另一方的遗嘱也归于失效；一方的遗嘱执行了，他方的遗嘱则必须执行，不得撤回。①

（三）共同遗嘱的效力

在古罗马法时代未承认共同遗嘱的法律地位。共同遗嘱制度来源于欧洲德、法等国的习惯法，盛行于中世纪。在14、15世纪的欧洲，当时允许数人尤其是夫妻在同一文书中（或由同一公证人及见证人办理）作出遗嘱，此即为共同遗嘱之肇端。这种遗嘱形式主要是发生在夫妻之间。此后有一些国家民法典均对共同遗嘱的作成和性质予以规定。

现世界各国对夫妻共同遗嘱的立法态度差异较大，归纳起来，主要有否定主义立法例和肯定主义立法例。持否定主义立法例的国家有法国、日本、瑞士、匈牙利等国家。持肯定主义立法例德国、奥地利、韩国、越南等国家以及英、美等国家，但这些国家仅承认夫妻之间的共同遗嘱。此外，还有少数国家或地区的继承法既未明确规定允许订立共同遗嘱，也未明确禁止订立共同遗嘱，但在实践中并不承认共同遗嘱的法律效力。

我国清末《大清民律草案》第1501条规定："二人以上，不得共同立一遗嘱。"《澳门民法典》第2018条明文规定禁止共同遗嘱，"但就婚姻协定所规定之情况除外"。台湾地区"民法"虽然没有禁止共同遗嘱，学者通说认为为确保遗嘱人的独立的意愿，法律上应禁止一切形式的共同遗嘱的法律效力。② 但史尚宽先生则认为现行"民法"既无明文禁止共同遗嘱，对于内容完全独立之共同遗嘱，应不在禁止之列。③

四、遗嘱见证人

（一）遗嘱见证人概说

遗嘱见证人就是在场直接参与遗嘱制作，能够证明遗嘱确系遗嘱人的真

---

① 史尚宽著：《继承法论》，中国政法大学2000年版，第416页；陈棋炎、黄宗乐、郭振恭著：《民法继承新论》（修订七版），三民书局2011年版，第252页。

② 陈棋炎、郭振恭、黄宗乐著：《民法继承新论》（修订七版），三民书局2011年版，第253页。

③ 史尚宽著：《继承法论》，中国政法大学2000年版，第418页。

实意思表示的证人。① 在我国台湾地区，除自书遗嘱外，其他方式的遗嘱均要求必须有见证人在场见证，并作为其遗嘱有效成立的要件之一。法律设立遗嘱见证人，是为了确保遗嘱的真实性。因此，见证人必须具备一定的资格，而且与遗嘱继承和遗赠无利害关系。②

我国台湾地区"民法"第1198条对遗嘱见证人采取排除式立法模式，该条于2009年12月30日总统令修正公布，并依台湾地区"民法"继承编施行法第11条第2项规定，自2009年11月23日期施行。在这次修正中，将原"民法"第15条条文中的"禁治产人"修正为"受监护宣告之人"，同时，将原1198条第1项第2款中的"禁治产人"修正为"受监护或辅助宣告之人"。"受辅助宣告之人"因为有精神障碍或心智缺陷，致其为意思表示或受意思表示的能力不足，或辨识意思表示效果的能力不足，也不适合担任遗嘱见证人。③ 对于遗嘱见证人的这些限制，目的在于确保见证人的能力和公正性。

对于见证人的任务，我国台湾地区"民法"没有具体规定。根据各国民法典的规定，见证人的任务主要是：（1）证明立遗嘱人立遗嘱时的心神状况。即证明遗嘱人立遗嘱时心神是否健康。（2）证明立遗嘱时的情况。主要是证明遗嘱人是否出于自愿，有无不当影响。如果是特别方式遗嘱，还要证明遗嘱人当时所处的非常情况。（3）记录遗嘱内容。如果是特别方式遗嘱，应当由1名见证人负责记录口授遗嘱。④

（二）见证人之缺格

见证人缺格者，是指不适于担任遗嘱见证人的人。在国外，一般以无识别能力和有利害关系作为判定条件。

1. 法律上的资格限制。根据2009年修正后的我国台湾地区"民法"第1198条的规定，下列之人，不得为遗嘱见证人：第一，未成年人；第二，受监护或辅助宣告之人；第三，继承人及其配偶或其直系血亲；第四，受遗

① 胡大展主编：《台湾民法研究》（下），厦门大学出版社1993年版，第523页。

② 信春鹰、李湘如编著：《台湾亲属和继承法》，中国对外经济贸易出版社1991年版，第130页。

③ 黄碧芬著：《民法·亲属继承》，书泉出版社2010年版，第365页。

④ 张玉敏著：《继承法律制度研究》，法律出版社1999年版，第259页。

赠人及其配偶或其直系血亲；第五，为公证人或代行公证职务人之同居人、助理人或受雇人。

以上见证人缺格者分为两种：绝对的缺格者和相对的缺格者。

（1）绝对的缺格者。具体包括以下两种人：

第一，未成年人。未成年人即使征得其法定代理人的同意，也不能担任见证人。但已经结婚的未成年人是否可以担任见证人？台湾地区的学者认识并不一致。有的持否定态度，有的主张如未成年人已结婚而有行为能力，应认定为有见证能力。根据台湾学者陈棋炎、黄宗乐、郭振恭等人的观点，台湾地区立法虽未实行结婚成年制，但法律既然明确规定未成年人已结婚者，具有行为能力，则已经结婚的未成年人可以担任见证人。①

第二，受监护或辅助宣告之人。此类人员因其以上能力欠缺或以上能力不足，也不能担任遗嘱见证人。根据台湾地区“民法”的规定，心神丧失或精神耗弱致不能处理自己事务者，法院可根据本人、配偶、最近亲属二人或检察官的申请，宣告其为受监护之人。受监护的原因消灭时，法院应撤销其宣告。

上述人员不得担任任何人的见证人。

（2）相对的缺格者。具体包括以下三种人：

第一，继承人及其配偶或其直系血亲。这里的继承人是指遗嘱成立时最优先顺序的继承人而言。② 继承人及其配偶或其直系血亲与遗嘱人具有密切关系，也最有可能成为遗嘱继承的受益人，是最大的利害关系人，由他们见证遗嘱，难以确保公正性。

第二，受遗赠人及其配偶或其直系血亲。因受赠人及其配偶或其直系血亲与遗嘱继承有利害关系，由他们担任见证人不足以证明遗嘱的真实性。

第三，为公证人或代行公证职务人之同居人、助理人或受雇人。由于公证人或代行公证职务人的同居人、助理人或受雇人与公证人或代行公证职务人有着密切的关系，且为服从关系，难以保持其公平独立的地位，因而不得

① 陈棋炎、黄宗乐、郭振恭著：《民法继承新论》（修订七版），三民书局2011年版，第254页。

② 陈棋炎、黄宗乐、郭振恭著：《民法继承新论》（修订七版），三民书局2011年版，第254页。

作为公证遗嘱和密封遗嘱的见证人，① 但他们可以作为其他遗嘱方式的见证人。

2. 事实上的资格限制。由于遗嘱见证人以有听、说、读、写之能力为必要条件，否则其不能满足各种遗嘱方式所应具备的要件，在客观上无法履行遗嘱见证人的职责。因此，凡是无书写能力者（如因健康原因等）、不能了解遗嘱人口述或口授遗嘱意旨者（如不懂遗嘱人所用的语言者、未受监护或辅助宣告的精神障碍或其他心智缺陷者、聋哑人等）、不识字者均属于事实上的缺格者，均无担任遗嘱见证人的资格。

（三）缺格者参与见证时的遗嘱效力

如果缺格者参与了遗嘱见证时时，该遗嘱的效力应如何认定？根据台湾地区学者的研究，应分别不同情况加以认定：

1. 有缺格者一人参与时，该遗嘱是否本人无效？如果将缺格者除外，仍符合见证人的法定人数时，该遗嘱是否仍然有效？虽然台湾地区有的学者主张缺格者如为代笔遗嘱的代笔见证人或口授遗嘱作成笔记的见证人时，即使其他见证人已经达到法定人数，该遗嘱仍为无效，但通说认为不必作此区别，凡是除去缺格者而计算见证人的人数尚无不足时，则符合遗嘱的要件，自应认定该遗嘱为有效；反之，则应以遗嘱因成立要件有欠缺而归于无效。②

2. 受遗赠人或其配偶，或其直系血亲为见证人而参与时，是否仅使对于这些人的遗赠为无效？台湾地区有的学者主张因“民法”无明文规定，应理解为全部无效。但也有的学者认为，台湾地区“民法”第 1198 条第 4 款限制的理由在于与遗赠有利害关系。对于受遗赠人或其配偶，或其直系血亲以外的利害关系人，应当不会产生影响。因此，仅对这些人的遗赠为无效，该遗嘱的其他部分仍为有效。③

① 陈棋炎、黄宗乐、郭振恭著：《民法继承新论》（修订七版），三民书局 2011 年版，第 254 页。

② 陈棋炎、黄宗乐、郭振恭著：《民法继承新论》（修订七版），三民书局 2011 年版，第 255 页。

③ 陈棋炎、黄宗乐、郭振恭著：《民法继承新论》（修订七版），三民书局 2011 年版，第 255 页。

第三节 遗嘱的有效条件

根据我国台湾地区“民法”的规定，有效遗嘱应具备如下条件：

一、遗嘱人须有立遗嘱的能力

遗嘱必须由遗嘱人本人订立，因此法律上要求遗嘱人必须具有遗嘱能力。与大陆地区民法不同的是，根据我国台湾地区“民法”的规定，遗嘱能力与行为能力的要求不同步，行为能力受限制的人，其遗嘱能力不一定受限制；而有遗嘱能力的人不一定具有完全行为能力。具体而言，无行为能力人不能立遗嘱；未满 16 岁的人，不论其行为能力如何，均不得立遗嘱；限制行为能力人无须经其法定代理人的同意，可以立遗嘱；已年满 16 岁的人和成年人（年满 20 周岁者）具有立遗嘱能力，其中，已年满 16 岁的未成年人无须征得其法定代理人的同意，其所立遗嘱有效。

一般认为，遗嘱人立遗嘱时有遗嘱能力，后来丧失了遗嘱能力，如被依法宣告为受监护之人，但只要其立遗嘱时具有立遗嘱能力，就不影响其所立遗嘱的效力。如果立遗嘱时不具有遗嘱能力，即使其本人后来有了遗嘱能力，改遗嘱仍属无效遗嘱。

二、遗嘱人的意思表示须真实

无论是自书遗嘱，还是其他形式的遗嘱，都必须出于遗嘱人的自愿，反映遗嘱人的真实意思表示。其基本的判断依据是：遗嘱完全是由遗嘱人自愿作出的，且遗嘱对遗产的处分符合遗嘱人立遗嘱时的真实意思。他人伪造的遗嘱无效。公证遗嘱、代笔遗嘱等均须经遗嘱人的认可，才具有法律效力。与大陆法律规定不同的是，在台湾地区，因受胁迫或欺诈所立的遗嘱并非当然无效，而只是产生遗嘱人得以撤销其所立遗嘱的效力。如果该遗嘱在遗嘱人生前未被撤销，仍然有效。

三、遗嘱内容不得违反法律和公序良俗

遗嘱不得违反法律强制性规定和公共秩序或善良风俗，不违反关于特留

分规定的范围，否则，其违反的部分归于无效。

在我国台湾地区，继承法对遗嘱的内容所作的限制性规定是“特留分”制度（见本章第七节）。凡是法定继承人都应有相应的特留分。如果遗嘱人对遗产的遗嘱处分侵害了继承人的特留分，则该遗嘱所涉及的特留分部分遗产的内容即为无效，权利受到侵害的继承人有权请求从遗嘱处分的遗产中予以扣减，以补足其特留分。①

四、遗嘱必须具备法定形式

遗嘱是要式法律行为，必须具备法定的形式才能成立并发生法律效力，不具备法律规定方式的遗嘱无效（详见本章第二节）。

第四节　遗嘱的撤回②

一、遗嘱撤回概述

（一）遗嘱撤回的概念

遗嘱撤回是指遗嘱人阻止遗嘱发生法律效力的法律行为。遗嘱是单方法律行为，但只能在遗嘱人死亡时才发生法律效力；如遗嘱人未死亡，其所立遗嘱不发生效力。从遗嘱人立遗嘱到遗嘱发生效力往往需要经过相当长的时

---

① 柳经纬、薛景元、施信贵著：《海峡两岸法律制度比较．民法》，厦门大学出版社 1995 年版，第 366 页。

② 《继承法》称为遗嘱的撤销与变更，其分别相当于台湾地区“民法”所规定的“遗嘱全部撤回”与“遗嘱部分撤回”。目前，海峡两岸继承法规定既存在共同点也有差异，例如对于遗嘱撤回的撤回后，原遗嘱的效力如何，两岸继承法都没有予以明文规定。同时，两岸继承法的规定还存在诸多差别。体现在：（1）在称谓上，《继承法》称为遗嘱的撤销与变更，而台湾地区“继承法”称为遗嘱的撤回；（2）在遗嘱撤回的方式上，《继承法》也有类似于明示撤回和法定撤回的规定，但是没有似台湾地区“继承法”那样将“遗嘱的废弃”规定为法定撤回的情形之一。（3）在明示撤回中，关于撤回遗嘱的遗嘱方式，根据《继承法》第 20 条规定，若原遗嘱为公证遗嘱，则只有采取公证的方式才能予以变更或撤销，公证遗嘱可以变更或撤销其他方式的遗嘱，其他方式的遗嘱相互间可以变更和撤销。而台湾地区“继承法”并没有限制，不要求与先前所立遗嘱的方式相同。（4）台湾地区“继承法”第 1220 条规定的法定撤回情形之一，即“前后遗嘱又相抵触者，其抵触之部分，前遗嘱视为撤回”。《继承法》也有类似的规定，但是在大陆如果前遗嘱为公证遗嘱，后遗嘱为其他形式的遗嘱，则尽管内容相抵触，却不发生变更、撤销的效力，仍以前遗嘱为准。此外，前后遗嘱内容相抵触时，产生前遗嘱被变更或撤销的效力。

间，其间人情世故难免发生诸多变化。如果让遗嘱人受其最初意思表示的约束，势必违反遗嘱人本意。因为在法律上，遗嘱是遗嘱人的意思表示和自主的法律行为，法律应当尊重遗嘱人的意思表示，在尽可能的范围内应以近于遗嘱人死亡时的意思表示为准。遗嘱人既然享有遗嘱自由权，则其生前当然也有权撤回其所立的遗嘱，以阻止遗嘱发生效力。

遗嘱的撤回可以是全部撤回，使原来所立的遗嘱全部不发生效力；也可以是部分撤回，使撤回的部分不发生效力，没有被撤回的部分仍可发生效力。当然，撤回遗嘱，必须以一个有效成立的遗嘱存在为前提，只有一个有效成立的遗嘱存在，才有遗嘱撤回的问题，否则也就不存在遗嘱撤回的问题。

（二）遗嘱撤回与遗嘱撤销

我国台湾地区旧“民法”对于遗嘱的撤回原来使用的是“撤销”一词。“撤销”一般是指当事人在法律行为发生效力后，由于一定的原因（如意思表示有瑕疵或错误）而申请废除，使法律行为的效力溯及既往的消灭。“撤销”是针对已经发生效力的法律行为，而撤销作为一项法律行为，通常会涉及相对人的利益，因此须有法定的理由，如可撤销民事行为的撤销；而撤回的标的是尚未生效的法律行为，因此不需要有任何理由，也不发生法院裁决的问题。① 在性质上，订立遗嘱的行为是单方民事行为，是遗嘱人表达终意的行为，是不需要继承人或受遗赠人的同意而在其死亡后生效的行为，因此根据遗嘱的性质，直到生命的终点，遗嘱人的意思都是在变化的。遗嘱人可以在死亡前，也就是遗嘱生效前随时撤回自己所订立的遗嘱。因此，台湾地区学者均认为遗嘱的“撤销”应改为遗嘱的“撤回”。② 台湾地区有关部门在1985年修订“民法”“继承编”时，已经将“撤销”改为“撤回”。③

（三）遗嘱撤回与一般撤回

遗嘱的撤回与一般的撤回，例如要约的撤回、承诺的撤回、悬赏广告的

---

① 张玉敏：《继承法律制度研究》，法律出版社1999年版，第260页。

② 参见陈棋炎、黄宗乐、郭振恭著：《民法继承新论》（修订七版），三民书局2011年版，第287页。

③ 《继承法》第20条第1款规定：“遗嘱人可以撤销、变更自己所立的遗嘱，”其中“撤销”一词，其实质含义应该是“撤回”。

撤回等一样，都是指在法律行为尚未生效之前，为防止其发生法律效力而进行的单方法律行为，且都与撤回原因之间没有必然联系。但是学理上，遗嘱的撤回与一般的撤回还是有诸多不同之处，表现在：

1. 一般的撤回，除表意人之外，代理人或者继承人也可以作出，但是遗嘱的撤回只能由遗嘱人本人作出。

2. 一般的撤回，不能仅撤回部分内容，而根据我国台湾地区“民法”第1219条，遗嘱的撤回可以是全部撤回或者部分撤回。

3. 一般的撤回，时间上受有限制，而遗嘱的撤回，只要在遗嘱人生前都可以作出，遗嘱人撤回遗嘱的意思表示不受时效限制。

4. 一般的撤回，对于撤回的方式一般没有要求，而遗嘱的撤回，是一种要式行为，必须依据法律规定的撤回遗嘱的方式作出。

5. 一般的撤回，都是以意思表示的方式作出，而遗嘱的撤回，除了以意思表示的方式作出明示撤回外，还有法定撤回方式。

二、遗嘱撤回的方式与效力

（一）国外的有关规定

在罗马法中，遗嘱的撤回须以与被撤回的遗嘱相同方式的遗嘱来撤回。而今考察多数国家或地区的立法例，大多已然没有如此严格的限制，[①] 在撤回遗嘱方式也灵活多样，常见的方式有：（1）依据与前遗嘱相同的方式或其他方式的遗嘱来撤回遗嘱；（2）在遗嘱中明确表示撤回前遗嘱的意思；（3）订立与前遗嘱的内容不同的新遗嘱，等等。例如《德国民法典》规定：遗嘱人有权随时撤回遗嘱以及包含在遗嘱中的个别处分，但该撤回也必须以遗嘱的方式进行。如果发生遗嘱人故意销毁遗嘱证书等行为，可推定遗嘱人有撤回遗嘱的意思表示。此外，遗嘱人还可以用到官方遗嘱管理机构取回遗嘱等方式撤回遗嘱。《日本民法典》规定，遗嘱人可以依遗嘱的方式，随时撤回其遗嘱的全部或部分内容。如果遗嘱人未以后遗嘱来撤回前遗嘱，而是订立与前遗嘱内容不同的新遗嘱，造成前后遗嘱内容相抵触的，关于抵触部

① 参见《德国民法典》2254条、《瑞士民法典》第509条、《日本民法典》第1022条以及我国台湾地区“民法”第1219条规定。

分，视为以后遗嘱撤回前遗嘱。这款规定也准用于遗嘱与立遗嘱后的生前处分及其他法律行为相抵触的情形。遗嘱人故意毁弃遗嘱的书面文件的，也视为撤回。① 而依据《法国民法典》第1035条规定，遗嘱人可以通过订立新遗嘱或者在公证人面前作成载明改变意愿的声明的文书等方式来全部或部分地取消原来订立的遗嘱。遗嘱人应在新遗嘱中明确取消原遗嘱。

（二）我国台湾地区立法例

依据我国台湾地区“民法”的规定，遗嘱撤回的方法基本有两种，一种是明示撤回，另一种是法定撤回。在法定撤回的各种情形中，如果因为遗嘱人破毁或涂销遗嘱视为撤回的，则又可称之为物质撤回。以下部分将分别介绍明示撤回与法定撤回。

1. 明示撤回。明示撤回是遗嘱人以明文的、直接的表示撤回先前所立遗嘱的意思表示，属于要式行为。台湾地区“民法”第1219条规定：“遗嘱人得随时依遗嘱之方式，撤回遗嘱之全部或一部。”这种撤回的表示必须具备遗嘱的法定方式才能有效。但不要求与先前所立遗嘱的方式相同，不论采用何种法定方式的遗嘱，均可撤回先前所立任何方式的遗嘱。例如，先前所立的是自书遗嘱，遗嘱人可以用代笔遗嘱，或者密封遗嘱，或者公证遗嘱将其撤回。

关于明示撤回，必须注意以下几个问题：

（1）为撤回前遗嘱而作出的新遗嘱中必须明确表示撤回前遗嘱的意思，否则不属明示撤回而依法只能发生法定撤回的法律效力。如果前后两个遗嘱的内容并没有相互抵触或者只有部分有抵触时，可以同时存在两个遗嘱。

（2）撤回遗嘱的范围可以是全部也可以是一部分。如果遗嘱人没有明确表示撤回遗嘱的范围，应由法院根据遗嘱人的意思进行推测判断。此时如果遗嘱的内容是可分的，应由法官根据自由心证的原则来判断究竟撤回哪一部分内容，如果遗嘱的内容是不可分的，应当视为全部撤回。

（3）遗嘱人固然作出遗嘱后在生前可以随时撤回遗嘱，但是遗嘱人为撤回前遗嘱而作出的遗嘱必须符合法定方式，否则其撤回不产生法律效力。

2. 法定撤回。法定撤回也称为视为撤回，是指根据法律规定，由于一

① 参见《日本民法典》第968条、第970条、第982条、第1022条—第1026条规定。

定事实的存在，而不问遗嘱人的意思如何，法律上推定遗嘱已经全部撤回。视为撤回又分为以下三种情形：

（1）前后遗嘱的内容相抵触。我国台湾地区“民法”第1220条规定：“前后遗嘱有相抵触者，其抵触之部分，前遗嘱视为撤回。”这是一种法定撤回，不论遗嘱人是否有撤回的意思，只要存在着内容相抵触的前后两个遗嘱，当然产生后遗嘱撤回前遗嘱的效力。前后两个遗嘱的内容全部抵触，使前遗嘱视为全部撤回；如果是部分抵触，其中前遗嘱与后遗嘱的抵触部分视为撤回，但其余部分仍然有效。前者例如，前遗嘱将某土地遗赠给甲，而后遗嘱又将该土地遗赠于乙，则对于甲的遗赠全部是无效的。后者例如，前遗嘱将某土地遗赠给甲，后遗嘱又在该土地上为乙设定地上权，那么对于甲的遗赠并非全部无效，只是对甲的遗赠变成了设有地上权负担的土地遗赠。反之，如果前遗嘱在土地上为甲设定地上权，后遗嘱又将该土地遗赠给乙时，那么除非遗嘱中载明对于乙的遗赠是附有地上权负担的遗赠，否则就视为撤回前遗嘱。而且，无须在后遗嘱中表明撤回前遗嘱，因为如果在后遗嘱中明示撤回前遗嘱，那么就不是法定撤回遗嘱的方式了，而是明示撤回。

该种情形的法定撤回，在理解时应注意如下几个方面：

第一，前后遗嘱的内容相抵触，大多情况下是遗嘱人有撤回遗嘱的意思，但有时也未必如此，例如遗嘱人忘记之前已经立过遗嘱而再次订立遗嘱情形下，就未必有撤回前遗嘱的意思表示。然而既然遗嘱人作出最终的遗产处分，法律应该尊重其最后的意思，因此如果有日期不同的前后两个遗嘱时，应当以与遗嘱人死亡时间更接近的后遗嘱为优先，此乃遗嘱的性质所决定的，这就是后遗嘱优先原则。因而法律不论遗嘱人是否有撤回的意思，一律在前后遗嘱相抵触的情况下，将前遗嘱视为撤回。

第二，关于“抵触”的理解。前后遗嘱的内容是否相抵触，应当依据遗嘱的解释来确定。所谓抵触是指前后两个遗嘱的内容必须达到如下的程度：即如果前遗嘱的内容执行则后遗嘱的内容就无法实现的状况。至于是否达到抵触的程度，虽然是个事实问题，但不能仅依据遗嘱的表面来判断，而应当根据遗嘱的全部内容和遗嘱人的主观意思来解释。例如前遗嘱以甲为概括受遗赠人，后遗嘱以乙为概括受遗赠人，如果将两个遗嘱的内容同时实现，将甲乙作为共同受遗赠人虽然理论上是可能的，但是这恐怕并非遗嘱人的意思，除非对照两遗嘱的内容可以做出如此解释，否则通常应解释为视为撤回前遗嘱，仅乙是受遗赠人。简言之，前后两个遗嘱的内容是否相抵触，应当依据遗嘱人主观的意思来判断，不必完全与客观的外在相一致。不过遗嘱人的主观意思又主要是通过遗嘱的全部内容表现以及其他客观情况来推断。

第三，关于遗嘱前后日期的判断。遗嘱的前后，主要依据遗嘱订立的日期来决定。如果两个遗嘱记载的日期是相同的，应当结合其他情形来判断；但如果还是不能判断先后的，应该怎么办？有学者主张应视为同一份遗嘱，其相抵触之处都视为无效。也有主张两份遗嘱都有效，应当执行其中一份，而对于另一份进行赔偿。① 我国台湾地区学者大多赞同后者观点：或者认为各个遗嘱都是有效的，应该执行其中一份，而对另一方进行补偿救济；或者认为基于有效解释的原则，除非遗嘱的内容是自相矛盾而绝对的无法同时执行外，否则都是有效的。②

（2）遗嘱人作成遗嘱后的行为与遗嘱相抵触。我国台湾地区“民法”第1221条规定：“遗嘱人于为遗嘱后所为之行为与遗嘱有抵触者，其抵触部分视为撤回”。这也是一种法定撤回，不论遗嘱人有无撤回的意思，只要遗嘱人作成遗嘱后的行为与遗嘱相抵触，其抵触部分的遗嘱视为撤回。在理解该种情形的法定撤回时，应当注意以下几个方面：

第一，这里的行为是指生前处分行为以及其他法律行为。生前处分行为，是指对于遗赠的标的物进行转移所有权、设定地上权或设定抵押权等，不论其是有偿还是无偿的。但是这里的遗赠仅指特定财产的遗赠；如果是包括遗赠，③ 即使遗嘱人生前处分其遗赠中的个别标的物，也不会视为撤回遗嘱。其他法律行为，例如遗嘱人在遗嘱中设定不动产租赁权给甲，而后又以生前行为将同一标的物设定租赁权给乙且有死后继续生效的意思。再如，遗嘱人在遗嘱中表示甲因以诈欺的方法妨害被继承人制作遗嘱而丧失继承权

---

① 陈棋炎、黄宗乐、郭振恭著：《民法继承新论》（修订七版），三民书局2011年版，第290页。

② 陈棋炎、黄宗乐、郭振恭著：《民法继承新论》（修订七版），三民书局2011年版，第290页。

③ 台湾地区“民法”的遗赠分为包括遗赠与特定遗赠。

后，在生前又对甲表示宽恕的意思。

第二，对于“抵触”的理解。所谓抵触，与前后遗嘱的抵触情形是相同的，即抵触达到如下的程度：即如果前遗嘱的内容执行，则生前的行为就不能有效。例如遗嘱人立遗嘱将其不动产遗赠给甲后，又于生前行为将其赠与乙。我国台湾地区学者一般认为，只要后行为与前遗嘱的内容意旨是相矛盾的，就认为是抵触。至于是否有抵触以及抵触的范围，涉及对遗嘱的解释以及对生前行为的解释问题。① 总之，虽然应当综合前遗嘱与生前行为的所有情况作出合理的判断，但是都要尊重遗嘱人的真实意思。如有台湾地区学者认为，② 遗嘱人生前虽将遗赠物卖于他人，但若有遗嘱人将卖款交付于受遗赠人的意思时，则二者并没有抵触，遗嘱不应视为撤回。

第三，关于抵触的情形。如果生前行为与遗嘱相抵触时，抵触部分视为撤回。例如遗嘱人将不动产遗赠于甲，后又将其赠与乙，当发生这种情形时为全部抵触，对于甲的遗赠全部失去法律效力。又如遗嘱人将某一不动产遗赠于甲后，又在该不动产之上为乙设定地上权或者抵押权，此情形是部分抵触，那么对于甲的遗赠变成附有地上权或抵押权的不动产遗赠；如果抵押权在遗嘱人死亡前被实现，由于不动产所有权已经归于第三人，无法实现遗赠，此时就是全部抵触，对于甲的遗赠就全部失去法律效力。我国台湾地区学者大多主张生前处分行为是指以丧失遗赠标的物为目的的行为，因此如果仅在遗赠标的物上设定限制所有权的地上权或抵押权时，其设定的权利与遗赠该物的所有权是可以共存的，因此并不适用本条，并不存在抵触的问题，受遗赠人仍可以取得附负担的遗赠。

第四，如果抵触的生前行为是附期限或者附条件的，应该理解为在其所附的期限或条件相抵触的范围内，其遗嘱视为撤回。关于附期限的生前行为，例如，遗嘱人将某不动产遗赠给甲，后来又与乙签订附十年期限的始期（经过十年后转让所有权）或终期（现在转让但经过十年后失效）的转让该不动产的合同，那么在附始期的情况下，假如期限到来之前，遗嘱人死亡

---

① 陈棋炎、黄宗乐、郭振恭著：《民法继承新论》（修订七版），三民书局 2011 年版，第 291 页。

② 陈棋炎、黄宗乐、郭振恭著：《民法继承新论》（修订七版），三民书局 2011 年版，第 291 页。

的，该不动产因为遗赠归属于甲，待期限到来时，遗赠视为撤回，该不动产又因附始期的合同归属于乙；而在附终期的情况下，遗嘱暂时视为撤回，该不动产因附终期的合同归属于乙，待所附期限到来时，如遗嘱人尚生存的，该不动产回归于遗嘱人，则待遗嘱人死亡时，遗赠恢复效力，该不动产又因遗赠归属受遗赠人甲所有。关于附条件的生前行为，例如，遗嘱人将某不动产遗赠于甲，后来又与乙签订以乙的结婚为停止条件或解除条件的转让该不动产的合同，那么在附停止条件的情况下，如果条件成就前遗嘱人死亡的，则该不动产因遗赠归属于甲，待条件成就时，遗赠视为撤回，该不动产因合同又归属于乙；在那么在附解除条件的情况下，遗赠暂视为撤回，该不动产归属于乙，待条件成就时，遗嘱人尚生存的，该不动产回归于遗嘱人所有，若其死亡，则又发生遗赠，该不动产归于受遗赠人甲所有。

第五，哪些人的行为有权撤回遗嘱？该条规定所拟制的遗嘱撤回，主要是推定遗嘱人有撤回遗嘱的意思，所以生前行为应当由有撤回权的遗嘱人本人作出。因而，法定代理人所为的抵触遗嘱的行为、遗嘱人的债权人就遗赠的不动产标的物所进行的强制拍卖、征收遗赠标的物的土地或者遗赠标的物因他人侵权而灭失等，都不适用本条规定。因为在这些情形中，虽然结果是遗嘱的内容无法实现，但是并不存在抵触视为撤回的情节。在后三种情形中，受遗赠人可以依据我国台湾地区“民法”第 1203 条行使权利。但是如果遗嘱人委托他人作出生前行为，且授予代理权，则委托代理人在代理权内所进行的生前行为，可以视为遗嘱人自己的行为。至于年满十六周岁以上的限制行为能力人在未征得法定代理人同意之下所进行的抵触遗嘱的行为，是否产生撤回遗嘱的效力？台湾地区学者中观点不一，有学者持否定观点，认为必须其行为是有效的，否则不产生撤回的效力。[①] 也有台湾地区学者主张肯定说，认为既然满十六周岁以上的限制行为能力人无须征得法定代理人的许可独立订立遗嘱，那么其后所为的与遗嘱相抵触的行为，即使未征得法定代理人的同意，也应解释为发生撤回的法律效力，否则有失平衡。[②]

---

① 参见史尚宽著：《继承法论》：中国政法大学出版社 2000 年版，第 479 页。

② 陈棋炎、黄宗乐、郭振恭著：《民法继承新论》（修订七版），三民书局 2011 年版，第 292 页。

第六，遗嘱人在作出生前行为之前或者进行生前行为的同时，订立了撤回前遗嘱的遗嘱，是不适用本条规定，而应当适用第1219条规定，即属于明示撤回的情形。此外，遗嘱人在进行生前行为之前或者在作出生前行为同时，如果表示其并没有以生前行为撤回遗嘱的意思，则不产生撤回遗嘱的效力。例如遗嘱人将某不动产遗赠于甲，之后又将其卖于乙，但在遗嘱中表明：对于甲的遗赠不受此买卖的约束，对于甲的遗嘱内容并不撤回时。此时该遗赠不能视为撤回。台湾地区学者一般认为，此时遗赠义务人（即遗嘱人）负有自己买回不动产转移给甲的义务，如果不能买回，则应当向甲进行赔偿价款。①

（3）物质撤回（遗嘱的废弃）。遗嘱书是证明遗嘱最为重要的证据，因此如果遗嘱人故意破毁或涂销遗嘱的，可以认为是遗嘱人有撤回遗嘱的意思。我国台湾地区"民法"第1222条规定："遗嘱人故意破毁或涂销遗嘱，或在遗嘱上记明废弃之意思者，其遗嘱视为撤回。"这也是一种法定撤回。但是，这种破毁或涂销遗嘱的行为或在遗嘱上记明废弃的行为，必须以遗嘱人的故意为必要要件，如果是由于遗嘱人的过失，或者是第三人的行为，或者是不可抗力事件所造成的，则不发生撤回遗嘱的效力。下面分别阐述物质撤回的要件和法律后果。

①物质撤回的要件：

第一，必须是遗嘱人自己破毁遗嘱或者涂销遗嘱。这里的遗嘱，指的是遗嘱书。如果是第三人破毁或者涂销是不产生遗嘱撤回的效力，除非因此导致遗嘱的内容破坏十分严重内容无法辨明时，才会产生遗嘱撤回的结果。但是第三人如果是受到遗嘱人的委托进行的遗嘱销毁，可以视为遗嘱人自己的行为。当然如果受委托人实际没有销毁，自然不产生遗嘱撤回的效力。

第二，遗嘱人主观上必须有破毁或涂销遗嘱的故意。只要遗嘱人知道其所破毁或涂销的是遗嘱书，并且进行了实际的销毁或涂销行为，不论其是否有撤回遗嘱的主观意思，更不问其动机如何。台湾地区学者认为，在现实中

---

① 陈棋炎、黄宗乐、郭振恭著：《民法继承新论》（修订七版），三民书局2011年版，第292页。

如果遗嘱人并没有撤回遗嘱的意思，但只要实际上有破毁或涂销遗嘱时，就产生撤回遗嘱的法律效力。①

我国台湾地区学界通说认为，因为遗嘱人的过失、第三人的行为或者不可抗力破毁或涂销遗嘱书的，不产生撤回遗嘱的法律效力。② 例如，由于遗嘱人的过失将遗嘱破毁，后经复原可以辨认其内容，则该遗嘱仍可有效。但是如果遗嘱的破毁十分严重以至全部无法辨认，则视为撤回。遗嘱被涂销，如其涂销程度严重致使无法辨认其内容，其不能辨认部分视为撤回。根据台湾地区“民法”第1190条的规定，如果遗嘱人注明涂销的处所及字数，同时签名，其余未涂销部分仍然有效。

对于第三人的破毁或涂销遗嘱书行为，利害关系人能否提出赔偿要求？对此我国台湾地区“民法”并没有明文规定。台湾地区学界观点不一，但学者多主张利害关系人有权提出损害赔偿请求，只是就请求赔偿的依据以及赔偿的范围等问题上颇有争议。③

第三，必须有破毁、涂销或者在遗嘱上记明废弃的行为。所谓破毁，是指一切有形的破坏遗嘱书的行为，包括焚烧、撕碎、截断或者切去部分遗嘱书等。涂销是指涂去遗嘱的正文或遗嘱的重要部分（例如自书遗嘱的遗嘱人签名）。涂销可以是针对遗嘱的全部或一部分，台湾地区学者认为，以涂鸦的方式或用横线划掉等等不一而足，都属于涂销的行为，而无须达到不能识别遗嘱内容的程度。④ 破毁或者涂销行为应当是针对遗嘱书本身。台湾地区有学者认为，若为公证遗嘱的情况下，仅对正本进行破毁或涂销，而没有对保存在公证处的原本破毁或涂销，是不产生撤回的法律效力的。⑤

在遗嘱上记明废弃的意思是指遗嘱人撤回其意思时，因为没有依据遗嘱的方式，而不能产生明示撤回的效力。那么仅在遗嘱上注明“撤回”字样或作撤回记号时是否视为撤回？我国台湾地区学者认为：第一，如果遗嘱人

---

① 史尚宽著：《继承法论》，中国政法大学出版社2000年版，第482页。

② 陈棋炎、黄宗乐、郭振恭著：《民法继承新论》（修订七版），三民书局2011年版，第294页。

③ 参见史尚宽著：《继承法论》：中国政法大学出版社2000年版，485页。

④ 史尚宽著：《继承法论》：中国政法大学出版社2000年版，第483页。

⑤ 史尚宽著：《继承法论》：中国政法大学出版社2000年版，第483页。

在遗嘱上另行签名并且注明日期的，因为符合台湾地区“民法”第1219条（明示撤回）、第1190条（自书遗嘱的增减、涂改）所规定的撤回遗嘱的方式，自然具有撤回遗嘱的法律效力。第二，只有在附记本身具有撤回遗嘱的意思，并且是依据生活常理的做法有表示撤回遗嘱的意思时，才可以视为撤回遗嘱，否则不可视为撤回遗嘱。例如将撤回遗嘱的字样横写在遗嘱的正文上，并对遗嘱的部分内容加以括弧，同时在遗嘱书上记明部分撤回的字样，那么该括弧部分可以视为撤回。①

②物质撤回的法律后果

第一，根据我国台湾地区“民法”规定，如有破毁、涂销的行为或在遗嘱上记明废弃的意思，其遗嘱视为撤回。

第二，破毁或者涂销遗嘱书的一部分或者记明废弃其一部分，但其他部分仍然具备有效遗嘱的要件的，其他部分还是有效的，但是被破毁、涂销或者记明废弃的部分若是与其他部分不可分割的或者因此产生遗嘱不能实现、无法辨认或违法的，则遗嘱全部是无效的。

第三，如是密封遗嘱，即使封缝处被破毁，但如果遗嘱还符合自书遗嘱的方式，就仍有自书遗嘱的效力。

三、遗嘱撤回的撤回

（一）遗嘱撤回的撤回概述

遗嘱撤回的效力在于使原遗嘱的内容不再发生效力，假如撤回（包括明示撤回和法定撤回）遗嘱的后遗嘱又被撤回，那么原来的遗嘱法律效力如何？是否复活？各国立法有不同主张，有的主张复活主义，有的采取不复活主义。例如《德国民法典》采用的是复活主义，其规定：以遗嘱进行的对终意处分的撤回被撤回时，有疑义时，该终意处分有效力，如同它未被撤回一样。后遗嘱被撤回后，有疑义时，前遗嘱有效力，如同它未被废弃一样。采用不复活主义的国家如日本，其民法规定：依据前三条的规定被撤回的遗嘱，即使撤回行为被撤回、被撤销或者不生效力时，也不恢复法律效力。由于我国台湾地区“民法”对此并没有明文规定，台湾地区学界颇有

① 参见史尚宽著：《继承法论》，中国政法大学出版社2000年版，第484页。

争议，主要有以下三种观点。①

1. 绝对不复活说。持这种观点的学者认为不问遗嘱人的意思如何，一概否定原遗嘱复活。其理由是，撤回遗嘱行为经过撤回后，不但不能证明遗嘱人有恢复原遗嘱效力的意思，而且如果恢复原遗嘱效力会因此导致利害关系人发生种种争端，还不如让遗嘱人订立意思更加明确的新遗嘱。

2. 相对不复活说。持这种学说的理由与前一学说基本一致，但是认为应该尊重遗嘱人的意思，如果遗嘱人有复活原遗嘱的意思，不妨复活原遗嘱；如果遗嘱人意思不明时，应该依据情形进行合理解释，来判断原遗嘱是否复活。

3. 相对复活说。这种观点的学者认为，判断遗嘱人的意思，在遗嘱人死亡后是非常困难的，因此原则上采用复活主义。当遗嘱人意思不明时，应解释为复活。而且应当区分明示的撤回还是法定的撤回来分别进行判断，这种观点主要认为是否复活要根据具体情形以及尊重遗嘱人的真实意思。

以上几种学术观点，相比之下，本书认为第二种观点更有说服力，即遗嘱经过撤回之后，应当解释为原遗嘱原则上不复活，但遗嘱人明确表示原遗嘱复活的，则要尊重遗嘱人的意思。理由如下：第一、遗嘱的撤回是独立的法律行为，会即刻产生法律效力，撤回后前遗嘱即视为自始不存在，如果认为撤回行为经过撤回后，即恢复原遗嘱的效力，理论上会产生矛盾。第二、遗嘱人撤回其遗嘱的行为，未必有使原遗嘱复活的意思，如果遗嘱人想要原遗嘱复活的，不如重新订立内容一样的遗嘱，这样更能体现其真实意愿。第三、遗嘱的撤回又经撤回后，遗嘱人的真实意愿往往处于不明状态；而且遗嘱人在已经死亡的情况下，很难探明遗嘱人的真实意思，利害关系人之间容易产生争端；另外，在遗嘱人意思不明时，不使原遗嘱复活，通常更符合遗嘱人的真实意思。第四、如果遗嘱人明确表示使原遗嘱复活的，则要尊重遗嘱人的意思使原遗嘱复活，这时，由于遗嘱人的意思明确，复活原遗嘱也不会在利害关系人之间产生纷争。

---

① 陈棋炎、黄宗乐、郭振泰著：《民法继承新论》（修订七版），三民书局2011年版，第296—297页。

（二）遗嘱撤回的撤回具体效力探讨①

关于“遗嘱撤回的撤回”效力，目前在我国台湾地区“民法”中并没有明确规定。本书此部分关于“遗嘱撤回的撤回”具体效力的探讨，主要介绍的是台湾地区民法学界探讨的观点。

1. 遗嘱人以第二遗嘱撤回第一遗嘱的（即“民法”第1219条规定的“明示撤回”），而后第二遗嘱又被撤回或视为撤回的。该情况又可细分为以下四类情形：

（1）以第二遗嘱撤回第一遗嘱后，再以第三遗嘱专门撤回第二遗嘱的。这种情况下，多数学者认为，遗嘱人撤回第二遗嘱时，有使第一遗嘱复活的意思，从逻辑上来说，也可以认为第一遗嘱复活。

（2）以第二遗嘱撤回第一遗嘱（即台湾地区“民法”第1219条规定的“明示撤回”）后，遗嘱人故意废弃第二遗嘱的（即台湾地区“民法”第1222条规定的“物质撤回”），这种情况下，通常第一遗嘱还存在，可以认为遗嘱人有使第一遗嘱复活的意思，因此，台湾地区学者往往解释为第一遗嘱复活。

（3）以第二遗嘱撤回第一遗嘱（即台湾地区“民法”第1219条规定的“明示撤回”），然后又再订立第三遗嘱，如果第三遗嘱与第二遗嘱相抵触的（即“民法”第1220条规定的“视为撤回”），这种情况下，台湾地区学者一般认为，第二遗嘱视为撤回，第三遗嘱是有效的，而第一遗嘱不复活，因为遗嘱人没有使得第一遗嘱复活的意思。

（4）以第二遗嘱撤回第一遗嘱（即台湾地区“民法”第1219条规定的“明示撤回”）后，遗嘱人的生前行为与第二遗嘱相抵触（即台湾地区“民法”第1221条规定的“视为撤回”）的，在这种情况下，台湾地区学者多认为，因为该生前行为，第二遗嘱视为撤回，第一遗嘱自然也没有复活，因为此时，遗嘱人也没有使第一遗嘱复活的意思。

2. 前后遗嘱因为相互抵触，前遗嘱的抵触部分视为撤回（即台湾地区“民法”第1220条规定的“视为撤回”），而后，后遗嘱被撤回或视为撤回

---

① 陈棋炎、黄宗乐、郭振恭著：《民法继承新论》（修订七版），三民书局2011年版，第297—300页。

的。这种情况，又可细分为以下四种：

（1）以第三遗嘱，将与前（第一）遗嘱相抵触的后（第二）遗嘱撤回（即台湾地区“民法”第1219条规定的“明示撤回”）时；

（2）第一遗嘱与第二遗嘱相抵触（即台湾地区“民法”第1220条规定的“视为撤回”），而遗嘱人故意废弃第二遗嘱（即台湾地区“民法”第1222条规定的“物质撤回”）的；

（3）第一遗嘱与第二遗嘱相抵触（即台湾地区“民法”第1220条规定的“视为撤回”），而第三遗嘱与第二遗嘱也相抵触（即台湾地区“民法”第1220条规定的“视为撤回”）的；

（4）第一遗嘱与第二遗嘱相抵触（即台湾地区“民法”第1220条规定的视为撤回），而第二遗嘱又与遗嘱人的生前行为相抵触（即台湾地区“民法”第1221条规定的视为撤回）的。一般在这种情形下，都不认为遗嘱人有使第一遗嘱复活的意思，所以第一遗嘱都不复活。

3. 遗嘱人在立遗嘱后的行为，与遗嘱相抵触（即台湾地区“民法”第1221条规定的“视为撤回”），而生前行为又发生无效、不生效、失效或被撤销的。在此情况下，台湾地区有学者认为遗嘱人并没有使遗嘱复活的意思，因为遗嘱人在生前的行为内心意思已经表明有撤回遗嘱的意思。也有学者认为，由于台湾地区“民法”没有采用不复活主义，而生前行为是以有效成立为前提的，如果生前行为是无效或者不生效力，则根本不存在生前行为，更无生前行为与遗嘱抵触可言，因此第一遗嘱并不存在因抵触受撤回之说，① 本书赞同后一种观点。

4. 遗嘱人废弃遗嘱（即台湾地区“民法”第1222条规定的“物质撤回”）的，在这种情况下，因为遗嘱人废弃遗嘱时，其遗嘱视为撤回，由于物质撤回是一种事实行为，自然不发生遗嘱视为撤回后再撤回、无效、不生效等问题，也不可以作为撤回遗嘱或者视为撤回遗嘱的标的。因此通说认为，不存在遗嘱废弃后遗嘱复活的问题。

5. 以第二遗嘱撤回第一遗嘱（即台湾地区“民法”第1219条规定的“明示撤回”）的，但第二遗嘱的撤回，因为被欺诈或者被胁迫时。在这种

---

① 史尚宽著：《继承法论》，中国政法大学出版社2000年版，第488页。

情况下通常认为遗嘱人有使第一遗嘱复活的意思，所以第一遗嘱复活。

6. 以第二遗嘱撤回第一遗嘱（即台湾地区“民法”第1219条规定的“明示撤回”）或者第一遗嘱与第二遗嘱相抵触（即台湾地区“民法”第1220条规定的“视为撤回”）的，但第二遗嘱因为遗嘱人无遗嘱能力或不遵守法定遗嘱方式而无效时。在这种情况下，撤回行为本身无效，所以第一遗嘱并不能视为撤回，自然是第一遗嘱仍然保持效力。

7. 以第二遗嘱撤回第一遗嘱（即台湾地区“民法”第1219条规定的“明示撤回”）或者第一遗嘱与第二遗嘱相抵触（即台湾地区“民法”第1220条规定的“视为撤回”）的，但在第二遗嘱中，因第二遗嘱的受遗赠人都比遗嘱人先死亡；附停止条件的受遗赠人在条件成就前已经死亡的；或者附解除条件的第二遗嘱，因在遗嘱发生效力前，其条件已经成就等而失去效力时。在上述情形下，第二遗嘱因受遗赠人死亡等的事实而失效，遗嘱人的意思不明，通常不能认为遗嘱人有使第一遗嘱复活的意思，所以第一遗嘱不复活。

第五节　遗嘱的效力

一、遗嘱的一般效力

（一）遗嘱的效力概述

我国台湾地区“民法”实行遗嘱相对自由原则，即在不违反关于特留分规定的范围内，遗嘱人有以遗嘱处分其遗产的自由。台湾地区1985年修正的“民法”“继承篇”取消了遗嘱人以遗嘱指定继承人的规定，于是遗嘱的效力就在于遗嘱人能自由处分其遗产。同时，修正后的“民法”“继承篇”第三章第三节虽题为“效力”，但仅有一条就遗嘱的效力作了一般性的规定，即台湾地区“民法”第1199条规定：“遗嘱，自遗嘱人死亡时，发生效力”。这就是说，遗嘱人死亡前，遗嘱不发生效力，遗嘱人可以随时撤回遗嘱或变更其遗嘱，当然也可以处分其遗嘱所处分的财产，即使根据遗嘱将来可以获得利益的人也无权干涉。由于我国台湾地区“民法”就遗嘱的一般效力问题规定得较为简单，因此本书这里主要参照台湾地区“民法”

的法理与学说观点来阐述遗嘱的效力问题。

遗嘱只要是以遗嘱人真实的意思表示而依法成立，则当遗嘱人死亡时遗嘱即发生效力，遗嘱的内容就可以得到实现。如遗嘱人指定遗产分割方法或委托第三人代定遗产分割方法，继承人就应按照遗嘱指定的方法或第三人代定的方法分割遗产。如我国台湾地区"民法"第1165条第2项规定："遗嘱禁止遗产之分割者，其禁止之效力以十年为限。"意即遗嘱禁止分割遗产的，其禁止分割的期限不超过十年，继承人在遗嘱规定的期限内就不得请求分割遗产。依照台湾地区"民法"第1160条的规定，遗嘱有关于遗赠的规定的，则继承人或遗嘱执行人在偿还被继承人的债务后，应当向受遗赠人交付遗赠物。又如依照台湾地区"民法"第1209条的规定，遗嘱人在遗嘱中指定遗嘱执行人的，遗嘱执行人在遗嘱生效后即可就任。

（二）遗嘱效力的发生时期

根据我国台湾地区"民法"第1199条的规定："遗嘱自遗嘱人死亡时发生效力。"这是由遗嘱的性质所决定的。因为遗嘱是遗嘱人的终意行为或最终意思，遗嘱虽在遗嘱人依据法定方式作成时成立，但要等到遗嘱人死亡时才能生效。

关于遗嘱效力的发生，需要注意以下几个方面的问题：

1. 在遗嘱人还没死亡前，因遗嘱受益的人只有在将来取得权利的希望和可能，在遗嘱生效前并没有实际取得权利，而且遗嘱人可以随时撤回。在理论上，这种权利处于一种期待的状态而非既得的状态。

2. 以遗嘱的捐助行为而设立财团法人，所捐助的财产何时归属于该财团法人的问题。遗嘱是单方法律行为，因此，因遗嘱受益的人无论是否知晓遗嘱的存在或者遗嘱人的死亡，都与遗嘱效力的发生无关。但以遗嘱的捐助行为而设立财团法人时，所捐助的财产是否在遗嘱人死亡时就归属于该财团法人呢？从理论上说，遗嘱人死亡时，该财团法人还没有成立，自然是没有权利能力，也就无法接受该捐助财产。根据一般法理的解释，其捐助的财产本应该在财团法人向主管机关登记之日起，才归属于该财团法人，但是这样解释又往往与遗嘱人的本意不符。关于这个问题，由于我国台湾地区立法没有明文规定，学界也众说纷纭。第一种观点认为，财团法人设立人的继承人或者遗嘱执行人，应该在许可设立财团法人的时候转移该财产，财团法人此时也只有这个请求权。[1] 第二种观点主张采用日本民法的规定，认为自遗嘱发生效力时，捐助财产归属于法人。[2] 第三种观点认为应主张类比适用台湾地区“民法”第7条关于胎儿的个人利益保护之视为既已出生的法理，认为为财团法人设立所捐助的财产，在法人设立许可以及登记之前，应该视为无权利能力的独立财产，不允许继承人进行处分及其债权人扣押。法人在许可以及设立登记时溯及于继承开始时取得其捐助财产。[3] 第四种观点认为应根据物权变动的原理来区分捐助财产的性质，如果是不动产，则在不动产转移登记时财团法人取得财产所有权或他物权；如果是动产，则在交付时财团法人取得所有权或他物权；捐助的财产如果是可以以转让的意思直接进行权利转移的，例如债权，在没有除外表示的情况下，应当自财团法人成立时，当然地归属于财团法人。[4] 以上各种学说观点都有一定的道理，难以取舍。但是根据台湾地区“民法”物权变动的一般原理，似以最后一种观点更为可取。

3. 以遗嘱认领子女的效力。以遗嘱方式认领子女的，认领的效力溯及子女出生之时。在这种情况下，遗嘱的效力溯及于继承开始之前就生效，此乃遗嘱一般效力的例外规定。

4. 关于附条件或期限的遗嘱更具有特殊性，其发生效力的时间如何认定，本书将在下一部分进行详细介绍。

（三）附条件或期限的遗嘱

1. 关于遗嘱是否可以附加条件或期限。在罗马法中，遗嘱是不得附加期限的，从而也禁止遗嘱附加解除条件。但近代各国民法原则上都允许遗嘱附加条件或期限，例如《德国民法典》、《瑞士民法典》、《法国民法典》、《奥地利民法典》、《日本民法典》、《韩国民法典》等都有相关规定。我国台湾地区“民法”仅在第1200条就遗赠规定了“遗嘱所定遗赠附有停止条

---

① 陈棋炎、黄宗乐、郭振恭著：《民法继承新论》（修订七版），三民书局2011年版，第301页。

② 陈棋炎、黄宗乐、郭振恭著：《民法继承新论》（修订七版），三民书局2011年版，第301页。

③ 史尚宽著：《继承法论》，中国政法大学出版社2000年版，第491页。

④ 陈棋炎、黄宗乐、郭振恭著：《民法继承新论》（修订七版），三民书局2011年版，第301页。

件者，自条件成就时发生效力。”那么，在台湾地区“民法”中，在遗嘱的内容中，除遗赠外的其他事项是否可以附加停止条件？进一步说，除了停止条件，是否还可以附加解除条件以及期限？台湾地区“民法”并没有明确规定，但是台湾学界通说认为遗嘱是可以附条件或期限的，仅就所附的事项性质应当有所限制。有些遗嘱的内容事项，性质上是只能附终期而不能附始期的。例如遗嘱禁止分割遗产，所附的禁止分割的时间就是终期而不能为始期。有些遗嘱的内容是不允许附加条件或期限的，例如根据台湾地区“民法”第1065条规定，遗嘱中对于非婚生子女的认领，就不得附加条件或期限。

2. 遗嘱中附加条件或者期限的法律效力

（1）遗嘱附加条件的效力

①因遗嘱附加条件，使得遗嘱内容违法或者违背公序良俗或者条件根本不能实现的，该遗嘱的效力如何？我国台湾地区“民法”并没有明文规定。台湾地区学者认为，如果条件根本不可能实现的，在附停止条件的情况下，该遗嘱的处分是无效的，附解除条件的情况下，相当于没有附条件。[①]

②遗嘱附加停止条件的，如遗嘱人死亡前条件已经成就的，则遗嘱相当于没有附加条件，在遗嘱人死亡时遗嘱发生效力。如果遗嘱人死亡后条件才成就的，则遗嘱在条件成就时发生效力，当遗嘱人表示其条件成就的效力溯及成就之前的，应尊重遗嘱人的意思，但最多不得溯及到遗嘱人死亡之前。

③遗嘱附加解除条件的，如遗嘱人死亡前条件已经成就的，如同未立遗嘱，其遗嘱不会因为遗嘱人的死亡而发生效力。如果遗嘱人死亡后条件成就的，则遗嘱在遗嘱人死亡时发生效力，在条件成就时失去法律效力；当遗嘱人表示条件成就的效力溯及条件成就之前，则要尊重遗嘱人的意思，但最多不得溯及到遗嘱人死亡之前。

（2）遗嘱附加期限的效力

①遗嘱附有始期的，如果遗嘱人死亡前始期已经到来的，则遗嘱相当于没有附始期，自遗嘱人死亡时，遗嘱发生效力；如果遗嘱人死亡后始期才到来时，则遗嘱在始期到来时发生法律效力。

②遗嘱附有终期的，如果遗嘱人死亡前期限已经到来的，遗嘱不发生效

---

① 史尚宽著：《继承法论》，中国政法大学出版社2000年版，第493页。

力；如果遗嘱人死亡后期限才到来的，遗嘱自遗嘱人死亡时发生效力，待期限到来时失去效力。

3. 停止条件的事由如果属于受遗赠人的终身消极行为的，该如何判断该遗嘱的效力？

例如，遗嘱的内容为“甲如果不再婚，则遗赠甲某物”，在此情形下，严格来说，遗赠是否发生，要等到受遗赠人死亡时，才能确定，因为在受遗赠人死亡之前，受遗赠人都有再婚的可能，但作这样解释，受遗赠人终生就不可能接受遗赠了，恐怕这也不是遗嘱人的本意。在罗马法，这样的情形，视为单纯遗赠，受遗赠人可以直接请求交付遗赠物。我国台湾地区学者有主张视为未附条件的；有主张单纯遗赠的；也有主张如果条件有违背公序良俗或违法的，应当视为没有附条件，反之，如果条件正当合法则应当视为附解除条件的遗赠。[①] 本书认为最后一种观点较为合理。依照此观点，上述例子中就应当视为没有附条件，因为所附条件的内容可以说违背了社会的公序良俗原则。再如遗嘱内容为“乙如果不吸鸦片，则遗赠生效”，那么该遗嘱在遗嘱人死亡时就应发生效力，日后如果乙吸食鸦片，该遗赠就失去效力。

二、遗嘱的无效、不生效与撤销

遗嘱的无效、不生效与撤销，虽然我国台湾地区“民法”没有明文规定，但根据遗嘱的特殊性与台湾地区“民法”总则的一般法理说明如下。

（一）遗嘱的无效

根据台湾地区“民法”总则的法理，以下情形将导致遗嘱无效：

1. 无遗嘱能力的人所立的遗嘱无效。

2. 遗嘱的内容违反了法律强制性规定或禁止性规定的无效，但法律规定并不因此无效的除外。例如遗嘱违反特留分的规定时并非无效，只是特留分权人享有扣减权。

3. 遗嘱的内容违反公序良俗的无效。如果遗嘱只是部分内容违反公序良俗的，在遗嘱内容为不可分的情况下，遗嘱全部无效；在遗嘱内容为可分的情况下，仅违反的部分无效。

---

① 史尚宽著：《继承法论》，中国政法大学出版社2000年版，第494页。

4. 遗嘱违反法定方式的无效。除非法律规定不产生无效后果的，仍为有效。例如根据台湾地区“民法”第1193条的规定，密封遗嘱由于不具备台湾地区“民法”第1192条所规定的方式，但具备台湾地区“民法”第1190条所规定的自书遗嘱的方式，则具有自书遗嘱的法律效力。

需要说明的是，由于遗嘱是没有相对人的单方法律行为，因此，不存在因心中保留或者虚伪表示而导致无效的问题。

（二）遗嘱不生效

所谓遗嘱的不生效是指遗嘱虽已经合法成立，但由于遗嘱订立后出现一定的客观情况，导致遗嘱不能发生法律效力。虽然也有学者称之为失效，但由于遗嘱在遗嘱人死亡后才发生效力，因此应当称之为不生效比较恰当。① 遗嘱的无效和不生效虽然都不能按照遗嘱的内容发生法律效力，但二者有本质区别。无效遗嘱是不具有遗嘱的有效条件，从一开始就是无效的，因而是既没有设立效力，也没有执行效力。遗嘱不生效则并非因遗嘱违法，其虽然没有执行效力，但是具有设立效力。

一般来说，导致遗嘱不生效的客观情况是遗嘱人立遗嘱时候事先没有预料到的。通常以下情形会导致遗嘱不生效：

1. 受遗赠人在遗嘱生效前死亡的，遗赠内容不生效。

2. 受遗赠人在遗嘱成立后丧失受遗赠权的，遗赠不生效。例如，某人立遗嘱言明1万元存款分别由甲乙两人继承，但乙因杀害被继承人而被剥夺继承权，则关于由乙继承5千元遗产的部分不生效力，对该部分遗产只能依法定继承处理。

3. 继承开始后，遗赠标的物已经不属于遗产范围的。这种情形，台湾地区“民法”1202条虽然规定为无效，但实际上是因为遗嘱成立后的事由导致的不能发生效力，因此归属于遗嘱不生效的情形更为恰当。

例如，某人立遗嘱将其摩托车由大儿子继承，但在遗嘱人死亡前已被其卖给其他人，则处理摩托车部分的遗嘱内容不生效力。

4. 遗嘱中指定应继分或遗赠而侵害特留分的，侵害特留分的部分属于扣减的标的。但是侵害特留分的遗嘱部分是否不生效要根据特留分权人的主

① 史尚宽著：《继承法论》，中国政法大学出版社2000年版，第496页。

张。在特留分权人主张特留分权利的情况下是不生效的，如果特留分权人放弃特留分，则是可以生效的。

5. 附解除条件的遗嘱，在遗嘱人死亡前，如果条件已经成就的，该遗嘱不生效。例如，被继承人立下遗嘱，言明每年以500元作为其侄子的学习费用，直至其侄子能独立工作为止。但在被继承人死亡时，其侄子已独立工作，则此遗嘱不发生法律效力。

6. 附停止条件的遗赠中，受遗赠人在条件成就前死亡的，遗赠不生效。例如，某人立下遗嘱将5000元存款给自己的三儿子当学习费用，但以其考上某名牌大学为条件，在遗嘱人死亡时，其三儿子仍在高中苦读，则此遗嘱因条件未能成而不能生效。

7. 附终期的遗嘱，在遗嘱人死亡前若期限已经到来的，则遗嘱不生效。

一般来说，遗嘱的不生效与遗嘱的无效一样，既可能是整个遗嘱不生效，也可能是部分遗嘱不生效，要视具体情况来定。

（三）遗嘱的撤销

遗嘱的撤销是指在被继承人去世后遗嘱执行的过程中，对已经生效的遗嘱效力的否定。遗嘱的撤销应适用我国台湾地区“民法”总则关于撤销的有关规定。

遗嘱的撤销发生在以下几种情形下：

1. 因遗嘱意思表示不真实而导致遗嘱被撤销。如符合台湾地区“民法”第88条关于错误的法律规定以及台湾地区“民法”第92条因被欺诈或被胁迫所立的遗嘱，遗嘱人都可以撤销。但是由于遗嘱人在生前可以随时依据遗嘱的方式或其他行为直接撤回遗嘱，遗嘱人无须以错误、欺诈、胁迫作为理由申请撤销，因此真正以此为由撤销遗嘱的很少。但是在遗嘱人死后，由遗嘱人的继承人继承了遗嘱人撤销权而申请撤销遗嘱的情形下，遗嘱的撤销还是具有法律意义的。

2. 在附有负担的遗赠中，受遗赠人不履行其负担的，继承人有权请求受遗赠人履行负担，也可以选择撤销遗赠。当然有学者认为这种撤销实为解除性质。①

① 史尚宽著：《继承法论》，中国政法大学出版社2000年版，第497页。

三、遗嘱内容的承认和抛弃

根据我国台湾地区“民法”第1206条的规定，受遗赠人在遗嘱人死亡后有权承认或抛弃遗赠。法理上一般认为，对于遗嘱内容，被指定人都有承认和抛弃的自由。但是，如果遗嘱设立捐助行为、指定遗产分割方法以及遗嘱禁止分割遗产等内容的，都应尊重遗嘱人的意思，不允许有任何争议，他人只能加以承认，不能放弃。

相反，对于遗赠、指定监护人、指定遗嘱执行人等遗嘱内容，相对人有抛弃的自由。因为如果依据遗嘱人一方的意思表示就可以约束受遗赠人或被指定人，只允许其承认而不能抛弃的话，岂不侵害了个人的自由，违反了意思自治的原则，也给他人带来巨大困扰。遗嘱中指定应继分、指定遗产分割方法以及遗嘱执行人等所受到委托的人，若要求受委托人只能承认而不能抛弃，同样严重侵害了其个人的自由权利。

因此，在遗嘱中被指定的人，不论在什么情况下，都有拒绝的自由和权利。

第六节　遗嘱的执行

一、遗嘱执行概述

（一）遗嘱执行的意义

遗嘱的执行是指遗嘱人死亡后，依法实现遗嘱内容所必须的行为和程序。

遗嘱执行制度是遗嘱继承的一项重要内容，其源于日尔曼法，近代各国民法均有规定遗嘱执行制度，如《德国民法典》、《瑞士民法典》、《法国民法典》、《日本民法典》等。我国台湾地区“民法”在“继承编”第三章“遗嘱”中有专节对遗嘱的执行作了具体的规定。

遗嘱执行的主要意义在于：第一，可以使遗嘱人的遗嘱得以实现，有利于遗嘱人的意志得到公正的体现；第二，有利于维护遗嘱继承人和受遗赠人的利益；第三，可以使遗产的分割得以顺利进行，从而避免纷争，有利于促进当事人家庭的和睦团结。①

（二）遗嘱执行的内容

遗嘱自遗嘱人死亡时生效，也就是说遗嘱只能在遗嘱人死亡后才能执行。但是并不是全部遗嘱内容都必须经过执行才能实现，有些遗嘱内容是无须执行即可生效的，而有些遗嘱内容是必须经过执行才能实现的。

根据我国台湾地区“民法”规定与法理，一般来说，以下遗嘱的内容是无须经过执行即可实现的。

1. 遗嘱指定或委托他人指定应继分的内容
2. 遗嘱指定或委托他人指定遗产分割的方法
3. 遗嘱禁止或限制分割遗产的内容
4. 遗嘱指定监护人的内容
5. 遗嘱表示免除生前特种赠与归扣
6. 遗嘱表示继承权以及受遗赠权的丧失或宽恕
7. 遗嘱表示遗赠标的物不属于遗产
8. 遗嘱委托指定遗嘱执行人或者委托他人指定的内容
9. 遗嘱指定领受抚恤金的家族

相反，如果遗嘱的内容体现为某种积极的事项，特别是要求变动一定的法律关系时，是必须要经过执行才能实现的。根据我国台湾地区“民法”规定，以下遗嘱的内容是必须经过执行才能实现的，或者可以说，遗嘱执行制度主要是为以下三者而设的：（1）以捐助为内容的遗嘱；（2）遗赠；（3）遗产分割的实行。

我国台湾地区“民法”“继承编”的遗嘱执行制度主要规定了遗嘱执行的准备程序和遗嘱执行人两个方面内容。下面将分而述之。

二、遗嘱执行的准备程序

遗嘱执行的准备程序是遗嘱的提示和开视。遗嘱的提示和开视制度是确认遗嘱的真伪、效力，保证遗嘱的执行符合立遗嘱人的真实意愿的重要的程序性规定。只有经过检认的遗嘱才能予以执行，这是各国继承法大都一致的

① 张玉敏主编：《中国继承法立法建议稿及立法理由》，人民出版社2006年版，第128页。

规定。“遗嘱之执行，以证明遗嘱之存在为开始。”①

（一）遗嘱的提示

遗嘱的提示的目的在于确定遗嘱是否存在以及查验遗嘱的形式与状态，以防止日后出现伪造、编造遗嘱，并可以确实加以保存。至于遗嘱是否为遗嘱人的真实意思表示，则不属于遗嘱提示确定的范畴。

1. 提示义务人。我国台湾地区“民法”第1212条规定：“遗嘱保管人知有继承开始之事实时，应即将遗嘱提示于亲属会议；无保管人而由继承人发见遗嘱者亦同。”不论何种遗嘱，遗嘱保管人或发现遗嘱的继承人都负有在知道遗嘱开始时立即向亲属会议提示的义务，否则会因隐匿遗嘱而承担丧失继承权或受遗赠的法律后果。遗嘱的提示应由遗嘱保管人作为，但没有遗嘱保管人时，由发现遗嘱的继承人作为。

2. 法律效力。遗嘱的提示仅是遗嘱执行的准备程序，并非遗嘱的有效条件。因此即使未履行这个程序，并不影响遗嘱的效力。

（二）遗嘱的开视

1. 遗嘱开视的概念。遗嘱的开视是指有封缄的遗嘱在知道继承开始时应在亲属会议当场开启或在法院、公证处开启。遗嘱的开示是为了查验遗嘱是否真实可靠，避免继承人或遗嘱保管人私自开封，尤其是密封遗嘱和录音口授遗嘱，如果不经过开视而允许随意开拆，就难以保证其真实可靠性。

我国台湾地区旧“民法”仅规定密封遗嘱的开视，但事实上有封缄的遗嘱除了密封遗嘱之外，录音口授遗嘱也是必须封缄的，而且自书遗嘱、代笔遗嘱以及笔记口授遗嘱等三种遗嘱根据当事人的意愿都可以予以封缄（当然也可以不封缄）。因此台湾地区1985年修订“民法”“继承编”时将有关规定修改为凡是有封缄的遗嘱，都适用开视的规定（即台湾地区“民法”第1213条）。

2. 遗嘱开视的处所。遗嘱的开视应在何处进行？根据我国台湾地区“民法”1213条第1项规定，“有封缄之遗嘱，非在亲属会议当场或法院公证处，不得开视。”由此可见，遗嘱的开视应在亲属会议当场或法院公证处，这种规定不仅符合现代社会的需要，也符合现代家庭法中加强公权力监

---

① 史尚宽著：《继承法论》，中国政法大学出版社2000年版，第496页。

督的要求。

3. 遗嘱开视的现场要求。至于在遗嘱开视时是否应传唤法定继承人及其他利害关系人到场？我国台湾地区“民法”并没有规定，根据国外的立法例，① 一般都有规定应当传唤法定继承人及其他利害关系人到场。有学者认为，从立法上应当明确规定，遗嘱的开视必须有利害关系人在场；在现行实务中应当通知利害关系人到场，以避免争端。② 同时，根据规定遗嘱开视时应当制作笔录，记载遗嘱的封缄是否有毁损的情形或其他异常情况，并由在场人同时签名。

4. 法律效力。遗嘱的开视与遗嘱的提示同样只是遗嘱执行的准备程序，并非遗嘱的有效条件。这些规则的设计，主要原则是公开、公证、迅捷、可行，并兼顾各方利害关系人的利益。即使不遵守开视程序，例如遗嘱没有在亲属会议或法院公证处开视或没有制作开视记录等，均不影响遗嘱的效力。

三、遗嘱执行人

（一）遗嘱执行人的概念和法律地位

遗嘱执行人是指为执行遗嘱被指定或选任的人。关于遗嘱执行人的法律地位或者遗嘱执行人的性质，在立法和学说上有不同的观点，大致可以分为固有权说和代理权说。③

固有权说认为，遗嘱执行人执行遗嘱是基于自己固有的权利，既不是仅仅代表遗嘱受益者的利益，也不是继承人的代理人。固有权说又可以分为以下三种不同观点。一是机关说，认为遗嘱执行人是被继承人法律上所认利益的机关；二是限制物权说，认为遗嘱执行人是遗嘱人的限制包括继承人或受托人，对遗产享有限制物权；三是任务说，认为遗嘱执行人如同破产管理人一样基于其任务而有法律上的独立地位。

代理权说认为，遗嘱执行人在遗嘱继承关系中处于代理人的地位，但究

① 《德国民法典》第2260条第1项、《瑞士民法典》第557条第2项、《日本民法典》第1004条第3项以及《韩国民法典》第1092条等都有类似规定。

② 陈棋炎、黄宗乐、郭振恭著：《民法继承新论》（修订七版），三民书局2011年版，第310页。

③ 参见史尚宽著：《继承法论》，中国政法大学出版社2000年版，第566—567页。

竟是谁的代理人，又有两种不同的观点。一是遗嘱人的代理说。此说认为，遗嘱执行人是遗嘱人的代理人或代表人，遗嘱执行人必须依遗嘱人的意思为忠实地执行。法国学者多采此说，英美法上也基本采此说。二是继承人的代理说。此说认为，由于遗嘱人的权利能力已因死亡而消灭，因而已不能委托代理人为法律行为，并且，民法上的代理也是以被代理人的人格存在未基本前提的；同时，由于遗嘱执行是以遗产为标的的，而遗产则因继承的开始而归于继承人，因此遗嘱执行人所为的行为实际上是代理继承人进行的。日本民法即采此说。

我国台湾地区“民法”第1215条第2项规定：“遗嘱执行人因前项职务所为之行为，视为继承人之代理。”这无疑是采用继承人代理说。那么遗嘱执行人是继承人的法定代理人还是委托代理人？台湾地区学界通说认为遗嘱执行人是基于法律规定产生的法定代理人，而非继承人所委托的代理人。①《继承法》上对遗嘱执行人的法律地位未作规定。应该指出，对遗嘱执行人法律地位的争议基本上是一个纯粹的理论问题，对遗嘱执行实践的影响并不大。

（二）遗嘱执行人的产生

关于遗嘱执行人的产生方法，不同国家或地区的民法规定有所不同。根据《德国民法典》第2197条的规定，由遗嘱人在遗嘱中指定或委托第三人指定，遗嘱人可以指定一人或也可以指定数人充当遗嘱执行人；此外还可指定一名补充遗嘱执行人，在原遗嘱执行人空缺时，充当遗嘱执行人。遗嘱人还可以授权遗嘱执行人指定一人或数人为共同遗嘱执行人或指定其继任人。《瑞士民法典》第517条和《法国民法典》第1025条有同样的规定：被继承人可以在遗嘱中指定一人或数人为遗嘱执行人，但不得委托他人指定，仅可委托他人指定补充遗嘱执行人。根据《日本民法典》第1006条规定，遗嘱人执行人由遗嘱人在遗嘱中指定一人或数人或者委托第三人指定，以及第1010条之规定，在没有遗嘱执行人或遗嘱执行人出缺（指因病或死亡出现空缺）时，依据利害关系人的请求，由家庭裁判所选任。《继承法》16条

---

① 参见陈棋炎、黄宗乐、郭振恭著：《民法继承新论》（修订七版），三民书局2011年版，第316页。

第1款规定：公民可以依照本法规定立遗嘱处分个人财产，并可以指定遗嘱执行人。从内容上看《继承法》的规定相对简单，而台湾地区“继承法”的规定比较详细。依据其“民法”第1209条和1211条的规定，遗嘱执行人的产生有以下三种情况：

1. 首先由遗嘱人在遗嘱中指定遗嘱执行人或委托他人指定。遗嘱执行人的产生首先要尊重遗嘱人的意思。谁能胜任遗嘱执行人，遗嘱人是最清楚不过的，因此应由遗嘱人自行指定。在一时找不到合适的人选或者遗嘱人认为委托他人指定更为稳妥的情况下，可以由遗嘱人委托他人代为指定。两种方式都是遗嘱人意愿的体现。

在上述两种情况下，遗嘱执行人的人数不受限制，而且继承人、受遗赠人或其他人都可以作为遗嘱执行人。如果有数个遗嘱执行人，可以指定共同执行遗嘱事项，也可以指定各遗嘱执行人分别执行遗嘱事项。

遗嘱人的指定或者委托他人代定都是遗嘱人单方意思表示，无须被指定人或者受托人的同意，但是，被指定人或者受托人有决定是否接受指定或接受委托的自由。被指定人一旦接受委托，即取得遗嘱执行人的资格，受托人一旦接受委托，即应指定遗嘱执行人，并通知继承人。受托人根据遗嘱的委托要求指定一人或数人为遗嘱执行人。受托人的指定也是受托人单方意思表示，无须被指定人的同意，当然，被指定的人是否接受受托人的指定可由自己决定。

遗嘱人还可以在遗嘱中指定补充遗嘱执行人，在遗嘱执行人不就任或者出缺（因病或死亡出现空缺）时，充当遗嘱执行人。

遗嘱人委托他人指定遗嘱执行人，其中“他人”是否包括委托继承人与受遗赠人在内？台湾地区学界有不同的观点，有学者认为不应包含继承人，也有学者认为继承人与受遗赠人都不得为受托指定遗嘱执行人。但大部分学者认为，既然法律没有除外规定，应该尊重遗嘱人意思，没有理由限制继承人与受遗赠人受委托的资格。①

2. 由亲属会议指定遗嘱执行人。遗嘱执行人虽然不是执行遗嘱的必要

---

① 参见陈棋炎、黄宗乐、郭振恭著：《民法继承新论》（修订七版），三民书局2011年版，第318—319页。

条件，但是有时为了公正执行遗嘱，有必要设立遗嘱执行人，例如对于遗赠和以捐助为内容的遗嘱的执行。由于遗嘱没有指定遗嘱执行人，也未委托第三人代定，或者被指定人拒绝接受指定或者因被指定的人不合法致使其指定无效，或者受托人拒绝接受委托，或者受托人指定的人拒绝接受指定，在上述情况下，由亲属会议选定遗嘱执行人。亲属会议由谁来召集？法律没有明文规定，我国台湾地区学者一般认为应限于由与遗嘱的执行有利害关系的人召集，即继承人、受遗赠人或其他利害关系人。①选定遗嘱执行人是亲属会议的权限，继承人及其他利害关系人不得未经亲属会议选定而直接向法院申请指定遗嘱执行人。

3. 由与遗嘱有关的利害关系人申请法院指定遗嘱执行人。如果遗嘱会议没能依法成立或者亲属会议没有选定合适的遗嘱执行人，在此情况下，应由与遗嘱有关的利害关系人（继承人、受遗赠人、被继承人的债权人），申请法院指定遗嘱执行人。法院指定遗嘱执行人必须具备如下实质要件和形式要件：（1）实质要件：第一，遗嘱的内容必须要经过遗嘱执行人的执行才能实现或者由遗嘱执行人执行比较合适。第二，无遗嘱执行人或者遗嘱执行人缺席。第三，亲属会议无法召集或者经过召集仍无法选任出遗嘱执行人。（2）形式要件：必须经过利害关系人的申请。所谓利害关系人是指继承人、遗产债权人、受遗赠人、受遗赠人的债权人等，与遗嘱的执行有利害关系的人而言。利害关系人应当在继承开始时向被继承人住所地法院提出申请。

立遗嘱捐助财产设立财团法人的，如果没有遗嘱执行人时，根据台湾地区“民法”第60条第3项的规定，法院有权依据主管机关、检察官或利害关系人的申请，指定遗嘱执行人。由法院指定的遗嘱执行人有权决定是否接受指定，如果拒绝，应当重新指定。有学者认为，出于避免浪费时间与简化程序的考虑，法院在指定时，应当听取被指定人的意见，以便及时选择愿意就任的人担当。②

不论是遗嘱人自己指定遗嘱执行人还是他人或法院指定遗嘱执行人，均

① 参见陈棋炎、黄宗乐、郭振恭著：《民法继承新论》（修订七版），三民书局2011年版，第320页。

② 参见史尚宽著：《继承法论》，中国政法大学出版社2000年版，第581页。

属于遗嘱人的单方法律行为，不管被指定的人或者受委托的人承诺与否，都有效。不过，被指定的遗嘱执行人是否接受执行遗嘱的职务，受委托指定遗嘱执行的人是否愿意履行指定的职责，则是他的自由。但为避免遗嘱执行陷于停顿，倘若遗嘱执行人或受委托指定的遗嘱执行人的人不愿承担此任，则应当及时向继承人、受遗赠人及其他利害关系人表明态度。“此义务既非基于契约，亦非基于身份关系。乃为一种社会服务义务，即基于应协力于遗嘱执行的促进义务。”① 世界上有些国家的民法为此专门设有催告其是否承担遗嘱执行人的任务或是否受托指定遗嘱执行人的职责的规定；并根据在催告期内遗嘱执行人和受托指定人仍不作出确实回答的后果不同，可以划分为两种立法体例。一种是视为拒绝就职，德国、韩国采用此立法例，另一种是视为接受委托，瑞士、日本采用此立法例。本书认为，采取前一种立法例更加合理，因为在催告期内，如果遗嘱执行人或者受委托人不表明态度，即使法律推定他视为承诺，但若其仍不执行遗嘱任务，也无济于事，还得另行指定遗嘱执行人。

（三）遗嘱执行人的资格

由于遗嘱的执行属于重大和复杂的民事行为，因此遗嘱执行人必须是具有完全行为能力的人，我国台湾地区“民法”第1210条规定：“未成年人、受监护或辅助宣告之人，不得为遗嘱执行人”。由于法律要求遗嘱执行人是成年人，台湾地区学界通说认为，未成年人即使因为结婚而具备完全行为能力，也不可以作为遗嘱执行人。② 为便于在继承人中间分配遗产，保证遗嘱得到公正、合理的执行，遗嘱一般应当由与遗产分配没有利害关系，又能够反映遗嘱人真实意愿的人担任。

继承人是否可以作为遗嘱执行人？由于法律没有明确限制，我国台湾司法实践和台湾学界通说采用肯定说，并不将继承人排除在遗嘱执行人范围之外。此外台湾司法实践和台湾学界认为，既然法律对遗嘱执行人除了台湾地区“民法”第1210条所规定的未成年人以及受监护或辅助宣告之人不得担

---

① 史尚宽著：《继承法论》，中国政法大学出版社2000年版，第578页。

② 参见陈棋炎、黄宗乐、郭振恭著：《民法继承新论》（修订七版），三民书局2011年版，第322页。

任之外没有其他的限制，受遗赠人、遗嘱的见证人、公证人等都可以作为遗嘱执行人。①

如果指定或选定没有资格的人为遗嘱执行人，则不论是由遗嘱人、受托人指定还是亲属会议选定或法院指定，其结果均为无效。遗嘱执行人在其合法就任后，如果出现了受到了监护或辅助宣告的情形，其资格也当然丧失。遗嘱执行人在丧失资格的情况下所为的遗嘱执行的行为，视为无权代理的行为，可以因继承人的追认而有效。

（四）遗嘱执行人的职务

遗嘱执行人无论是实现遗嘱人生前遗愿还是保护继承人和其他遗嘱受益人的合法权益都是其任务和职责，都必须依法进行。遗嘱执行人就任后，应当立即履行执行遗嘱的职务。

遗嘱执行人的职务有如下几项：

1. 编制遗产清册。我国台湾地区“民法”1214 条规定：“遗嘱执行人就职后，于遗嘱有关之财产，如有编制清册之必要时，应即编制遗产清册，交付继承人。”

遗产大多涉及财产，遗嘱执行人为了管理遗产以及执行遗嘱，有必要了解遗产状况，从而明确其管理处分的对象，为其履行好遗产交付义务、报告义务以及赔偿义务做基础准备。此外，当继承开始时，遗嘱执行人只有在知道遗产的数额情况下才能判断遗嘱内容是否有违反特留分的有关规定。应当说，“制作遗产清单是正确执行遗嘱，保护继承人、受遗赠人和遗产债权人及其他利害关系人合法权益的重要程序。”② 因此，为了正确管理遗产以及执行遗嘱，法律规定遗产执行人履行编制遗产清册并交付遗产继承人的义务是十分必要的。编制遗产清册的费用属于执行遗嘱的费用，应当从遗产中支付。

遗嘱执行人编制遗产清册与我国台湾地区“民法”第 1156 条的限定责任继承、第 1179 条 1 项 1 款的无人承认继承时的编制遗产清册有所不同。

---

① 参见陈棋炎、黄宗乐、郭振恭著：《民法继承新论》（修订七版），三民书局 2011 年版，第 323 页。

② 张玉敏著：《继承法律制度研究》，法律出版社 1998 年版，第 290 页。

体现在：（1）编制的义务人不同。在遗嘱执行中，编制遗产清册义务人为遗嘱执行人，在限定责任继承中为继承人，在无人承认的继承中，是遗产管理人。（2）编制的必要性不同。在遗嘱执行中，只有在遗嘱执行人认为有必要时才编制遗产清册，如被继承人的遗产简单而无编制遗产清册的必要，则无须编制。在限定责任继承以及无人承认继承时，则无论有没必要都必须编制遗产清册。（3）编制期间的限制不同。在遗嘱执行中，法律没有期间的限制；而限定责任继承的限定责任继承人应于继承开始时起三个月内编制遗产清册，无人承认继承的遗产管理人则应于就职后三个月内编制遗产清册。（4）编制的范围不同。在遗嘱执行，仅要求与遗嘱有关的遗产必须编制遗产清册，在后两种情况下，要求就全部遗产都要编著遗产清册。（5）编制的宽严程度不同。法律对于遗嘱执行的要求最宽，对于记载的疏漏，并没有特别的制裁措施；而对于限定责任继承的要求最严格，明确规定其记载不得虚假或遗漏。无人承认继承则次之，规定编制有不真实不详尽的地方，亲属会议或利害关系人有权监督与纠正。

2. 有权管理遗产，并根据执行职务的必要作出一定的行为。我国台湾地区“民法”第1215条第1项规定：“遗嘱执行人有管理遗产并为执行上必要之行为。”在遗产分割之前，遗产执行人有管理遗产的职责。遗产管理的目的是为了保存遗产，避免损失，为遗嘱执行准备条件。遗产管理包括事实上的管理和法律上的管理。事实上的管理行为是指对遗产进行占有、保管、维修等。法律行为包括签订租赁合同、收取租金、变卖遗产、进行抵销、收取债权、清偿债务、为中断时效所必需的行为（如提起诉讼、申请仲裁等）等法律上处分遗产的行为，此外，还可以根据执行遗嘱的需要进行其他行为，如查阅公证遗嘱书原件或者请求公证机关交付正本或缮本等。具体说来，一般包括如下权限内容：

（1）管理权。管理遗产首先要遵循遗嘱人的指示，没有指示时，其管理权以执行遗嘱的必要为限。管理的权限，一般指为了遗产的保存、利用、改良等所必要的一切处置行为，例如必要的维修行为或者阻止继承人无权处分遗产的行为等。此外，遗嘱执行人只有在继承人同意的情况下或是基于履行道德上的义务，或是符合继承人身份而为合乎礼俗上的需要，才可以无偿处分遗产。

（2）必要时占有标的物的权利。为了执行遗嘱，实现遗嘱内容，在很多情况下遗嘱执行人必须实际占有遗产。如果遗产被继承人或他人占有，遗嘱执行人应向他们请求转移占有，以实现对遗产的实际控制，以便于遗产的执行。

（3）处分权。遗嘱执行人为执行遗嘱的必要，在遗嘱的限制范围内享有处分权，无须征得继承人的同意。相反，继承人却无处分权。处分权的内容，具体来说如：收取遗产债权、订立租赁合同、变卖遗产的权利、进行抵销的权利、签订和解协议的权利，也可以在不动产遗产上设定抵押权，或者清偿被继承人债务。甚至包括必要时为履行不特定物的遗赠而变卖全部遗产的权利。

（4）诉讼权。为了执行遗嘱，实现遗嘱内容，遗嘱执行人可以以自己的名义起诉，遗嘱的利害关系人也只能起诉遗嘱执行人。但继承人对于与遗嘱有关的遗产没有管理处分权，也没有诉讼权。理论上认为，遗嘱执行人的独立诉讼权，不是基于代理权（继承人的代理人）产生，而是由于法律规定遗嘱执行人的管理处分权所派生享有的。

（5）对于公证遗嘱的执行，遗嘱执行人有权请求查阅公证遗嘱书原件或者请求公证机关交付正本或缮本。如果遗产有宣告破产的可能时，可以向法院申请宣告遗产破产。

（6）在履行遗赠以及设立基于捐助成立的财团时，遗嘱执行人可以根据实际情况，在执行遗嘱过程中聘请履行辅助人，而无须亲力亲为。

另外，遗嘱执行人管理遗产以与遗嘱有关的遗产为限，对于与遗嘱无关的遗产，遗嘱执行人没有管理责任。

3. 有权排除继承人妨碍其执行职务。我国台湾地区“民法”第1216条规定：“继承人于遗嘱执行人执行职务中，不得处分与遗嘱有关之遗产，并不得妨害其职务之执行。”这一规定是为了保证遗嘱执行人独立顺利地执行遗嘱。遗嘱执行人的执行行为受法律保护，任何人不得非法干涉，特别是占有遗产的继承人不得妨害遗嘱执行人执行其职务。如果继承人擅自处分与遗嘱有关的遗产，或以其他行为妨害遗嘱执行人执行遗嘱，遗嘱执行人可以请求法院排除妨害。

继承人本为遗产的主体，但是既然法律规定被继承人可以依遗嘱处分其遗产，并赋予遗嘱执行人遗产管理处分权，显然必须禁止继承人作出与遗嘱执行人的权限相抵触的遗产处分行为，否则，遗嘱执行人的处分权存在被架空的可能。该条规定同样适用于继承人的法定代理人，继承人的法定代理人在遗嘱执行中，不得处分与遗嘱有关的遗产。

如果继承人违反该条规定处分遗产的行为其效力如何？我国台湾地区学者认为，在遗嘱执行人执行职务中，继承人丧失遗产处分权，继承人如果有处分行为，其行为应为无权处分，属于效力待定的法律行为。具体来说，有以下几种情形：（1）假如继承人的处分行为事先征得遗嘱执行人同意，则是有效行为。但是对于遗赠特定物的标的物之处分，理论上认为遗嘱执行人没有事前同意权，因为对于遗赠特定物，遗嘱执行人的职务仅限于标的物的交付或转移登记而已。（2）继承人的处分行为，事后经过遗嘱执行人的承认则自始有效；同样对于遗赠特定物，遗嘱执行人也没有事后同意权。（3）在遗嘱执行完毕后，继承人的处分行为若与遗嘱的执行不相抵触的，是有效的行为，因为遗嘱执行完毕后，继承人恢复了遗产处分权。（4）因继承人的处分行为造成他人财产损害的，继承人应负损害赔偿责任。①

4. 数个遗嘱执行人执行职务的方法。遗嘱执行人不论是指定的还是选定的，人数不受限制，如果有数个遗嘱执行人应该如何执行职务？各国立法规定不尽相同，如《德国民法典》、《瑞士民法典》规定原则上应由遗嘱执行人共同执行，《日本民法典》、《韩国民法典》规定原则上应依据少数服从多数的办法。而我国台湾地区“民法”第1217条规定：“遗嘱执行人有数个人时，其执行职务，以过半数决之。但遗嘱另有意思表示者，从其意思。”这就是说，（1）如果遗嘱人在遗嘱中没有另外意思表示，则以过半数通过决定执行遗嘱的方法。根据该条规定，如果遗嘱执行人没有依据半数以上决定所进行的法律行为，应属效力待定，必须由过半数以上的遗嘱执行人承认方为有效。假如一名遗嘱执行人以全体遗嘱执行人的名义所签署的法律行为，其行为的效力类似于表见代理。（2）如果遗嘱执行人在遗嘱中明确规定必须全体遗嘱执行人共同执行，或者规定2/3多数遗嘱执行人执行，或者规

---

① 参见陈棋炎、黄宗乐、郭振恭著：《民法继承新论》（修订七版），三民书局2011年版，第333页。

定某一遗嘱执行人单独执行，均无不可。遗嘱执行人应当尊重遗嘱人的意愿，不得随意改变。所谓共同执行，是指全体遗嘱执行人意见一致才能执行。

（五）遗嘱执行人的责任和权利

1. 遗嘱执行人的责任。我国台湾地区有学者认为，遗嘱执行人如果是有报酬的，应尽到善良管理人的注意义务；没有报酬的，则须尽到与处理自己事务相同的注意义务即可。① 遗嘱执行人因过失违反所尽的义务，应负赔偿责任。

遗嘱执行人不论是指定的还是选定的，其职务都是执行遗嘱，实现遗嘱的内容。这既是遗嘱执行人的权利，又是遗嘱执行人的义务。如果遗嘱执行人的行为违背其职责，损害继承人、受遗赠人或被继承人债权人的利益时，根据台湾地区“民法”第1218条规定，遗嘱执行人如果是遗嘱指定或委托他人指定，或者由亲属会议选定的，与遗嘱有关的利害关系人可以请求亲属会议另行选定。如果遗嘱执行人是由法院指定的，与遗嘱有关的利害关系人可以申请法院另行指定。利害关系人请求法院变更遗嘱执行人大致有两种情况：一是遗嘱执行人怠于执行职务，如应当及时编制遗产清册而不及时编制；对遗产未能尽责妥善保管；应当交付遗赠物而迟迟不交付，等等；二是其他重大事由，严重损害利害关系人的权益，如遗嘱执行人擅自变卖、处分遗产，利用职务侵吞遗产等。

2. 遗嘱执行人的权利

（1）请求偿还费用的权利。

遗嘱执行人因执行遗嘱所支出的必要费用，可以向继承人请求偿还费用与相应的利息。遗嘱执行人为执行遗嘱所承担的必要债务，有权向继承人请求代为清偿，债务尚未到期的，可以要求继承人提供相应的担保。如果遗嘱执行人执行遗嘱过程中因非自身原因受有损害的，可以向继承人请求赔偿。上述债务与损害赔偿均视为遗嘱执行的费用，属于遗产的负担，因此不可以对继承人的固有财产进行强制执行。②

---

① 参见陈棋炎、黄宗乐、郭振恭著：《民法继承新论》（修订七版），三民书局2011年版，第337页。

② 参见史尚宽著：《继承法论》，中国政法大学出版社2000年版，第602页。

（2）请求报酬的权利。遗嘱执行人可否请求报酬，法律无明文规定。但参照台湾地区“民法”第547条、“非诉法”第120条的相关规定，应解释为遗嘱执行人可以请求给予适当的报酬。①

（六）遗嘱执行人职务的终止

理论上认为，遗嘱执行人的职务可因以下情形而终止：（1）遗嘱执行完毕；（2）遗嘱执行人死亡；（3）遗嘱执行人受监护或辅助宣告而丧失资格；②（4）遗嘱执行人被解任；（5）遗嘱执行人辞职。

对于以上遗嘱执行人职务终止的原因分别论述如下。

1. 遗嘱执行完毕。遗嘱执行人的任务就是执行遗嘱，遗嘱执行完毕了，任务也就完成了，遗嘱执行人的职务自然应当终止。但是何者为遗嘱执行完毕？遗嘱执行完毕后需要哪些程序才能终止遗嘱执行人的职务？遗嘱执行人的职务终止后其在管理遗产和分配遗产过程中产生的义务如何处理？对此我国台湾地区“民法”没有明文规定。但是从学理上来说，遗嘱执行完毕后要终结遗嘱执行人的职务至少要经过以下步骤：

第一，向所有利害关系人提交一份遗产管理和遗产分配的报告，报告中要包含遗产清册、管理遗产的账目和有关遗产的所有债权、管理费用、遗产税都已经支付或通过其他手段做了安排以及遗产已经分配到了遗产继承人或受赠人手里的声明；

第二，在一个合理期间内，利害关系人对报告没有异议，则遗产执行完毕，遗嘱执行人的职务终止；

第三，如果在一个合理期间内，利害关系人提出异议的，可以举行一个听证进行处理，或通过司法程序解决，由法院裁定遗嘱执行人的职务是否终止。遗嘱执行人职务终止后，其在管理遗产和分配遗产过程中的产生的义务

---

① 参见史尚宽著：《继承法论》，中国政法大学出版社2000年版，第603页。

② 台湾地区“民法”2008年修正案将原来的禁治产宣告修改为受监护宣告和辅助宣告两级制，受监护宣告是“因精神障碍或其他缺陷致不能为意思表示或受意思表示，或不能辨识意思表示者”，受监护宣告人属无行为能力人。辅助宣告，是“因精神障碍或其他缺陷致其为意思表示或受意思表示，或辨识其意思表示效果之能力显有不足者”。其针对心智障碍和心智缺陷程度较低的人，将老人失智、自闭症及精神障碍者纳入保护范畴。受辅助宣告人担任独资、合伙或法人负责人、不动产或其他重要财产的买卖、设定负担、赠与、诉讼、等重要法律行为时要征得辅助人同意才可以，但纯获利益的行为或者依其年龄及身份、日常生活所必须的行为除外。

并不随之消灭，属个人应承担义务的，按有关时效的规定由遗嘱执行人承担，不属于个人义务的由债权人向分配到遗产的继承人或受遗赠人求偿。

2. 因遗嘱执行人死亡或受监护或辅助宣告而丧失资格。遗嘱执行人死亡或受监护或辅助宣告的，遗嘱执行人的职务即终结。此时应该由继任遗嘱执行人来代替，继任执行人可以由利害关系人请求亲属会议选定，如果是由法院指定的，可以请求法院另行指定。在此情况下，如果死亡的或受监护或辅助宣告的遗嘱执行人被任命有财产保管人的，那么在继任遗嘱执行人替代原遗嘱执行人之前，该财产保管人有责任保管死者或受监护或辅助宣告人在职务终止时占有或保管的遗产，并且应当采取适当的遗产保护措施；在继任遗嘱执行人产生后，保管人有义务将保管的遗产移交给继任遗嘱执行人。

3. 遗嘱执行人被解任。根据台湾地区“民法”第 1218 条的规定，遗嘱执行人怠于执行职务，或者有其他重大事由时，利害关系人可以请求亲属会议改选他人，如果是由法院指定的，可以请求法院另行指定。

（1）遗嘱执行人被解任的原因

第一，怠于执行职务。遗嘱执行人怠于执行职务一般是指，遗嘱执行人完全怠于实行遗嘱的内容、无正当理由拒绝将非其管理的遗产交付给继承人或无正当理由拒绝作出遗产执行状况的报告等。如遗嘱执行人有催告遗产中房屋租金支付之义务，而怠于为之；债权将要超过诉讼时效而怠于采取必要的行动的。如果对于遗嘱人的指示或其义务有重大违反的，也应属于被解任的原因。

台湾地区有学者认为，如果编制的遗产清册有内容不周全的地方或者遗嘱执行人委托他人保管遗赠动产，但没有发生灭失毁损的，以上不属于怠于执行职务。①

第二，其他重大事由。“其他重大事由”一般是指遗嘱执行人因长期疾病、去向不明或长期不在，导致其无法执行职务或懈怠执行职务的。所谓的“重大事由”不以遗嘱执行人有过失为必要，但通常须对于遗产及继承人有客观的危险，例如“遗嘱执行人之居住不在遗嘱执行之地，不得不将全部

① 参见陈棋炎、黄宗乐、郭振恭著：《民法继承新论》（修订七版），三民书局 2011 年版，第 340 页。

遗嘱执行悉以委任于第三人，因疾病失踪或长期不在，妨碍其执行职务”。[①]但遗嘱执行人长期疾病或不在，理论上是选任复代理人的事由，因此如果还能通信，遗嘱执行人并选任有适合的复代理人时，则不是解任的原因。遗嘱执行人若被一时拘留也是作这样的解释，但是被处以有期徒刑而入监服刑则应解职。理论上认为，遗嘱执行人提出遗嘱无效的确认之诉，是其行使管理权的行为，不是解任的原因。[②] 如果对于遗嘱的解释有争执，并不属于重大事由，但是遗嘱执行人偏袒一部分继承人或者一部分受遗赠人的利益，而与其他继承人或者利害关系人处于对立关系，无法期待遗嘱的公正实现的，则为重大事由。如果几个遗嘱执行人激烈对立，意思不能达成一致，以致妨碍了遗嘱的执行，则全体遗嘱执行人都应当被解任。

（2）遗嘱执行人解任的程序

第一，由利害关系人请求亲属会议改选他人，如亲属会议不能召集或不能决议时，应该解释为利害关系人得申请法院指定。所谓利害关系人是指继承人、受遗赠人、共同遗嘱执行人及遗产债权人，也包括受遗赠人的债权人及继承人的债权人。

第二，遗嘱执行人若由法院指定的，利害关系人可以申请法院另行指定。管辖法院是继承开始时被继承人住所地法院。程序费用应由遗产负担，除非驳回其申请，费用由申请人负担。遗嘱执行人对于解任的裁定不服的，可以抗诉；对于驳回解任的裁定，申请人也可以抗诉。

4. 遗嘱执行人辞职。被指定或被选定的遗嘱执行人固然有拒绝就任的自由，但是一旦就职后是否可以辞职？关于这点，国外立法大多持肯定态度。例如，《德国民法典》规定：“遗嘱执行人可随时终止其职务。其终止应向遗产法院以意思表示为之。于此情形，准用第671条第二项及第三项之规定。”[③]《日本民法典》规定：“遗嘱执行人有正当理由时，可以经家庭裁判所的许可，辞去其职务。”[④] 我国台湾地区“民法”对此没有明文规定，

---

① 史尚宽著：《继承法论》，中国政法大学出版社2000年版，第604页。

② 陈棋炎、黄宗乐、郭振恭著：《民法继承新论》（修订七版），三民书局2011年版，第340页。

③ 《德国民法典》第2226条规定。

④ 《日本民法典》第1019条规定。

学说上均持肯定观点。但在是否可以随时辞职上略有分歧。主要有以下几种观点：（1）有的学者笼统主张应仿效德国日本的规定；（2）有的学者认为如果有正当理由应当准许其辞职；（3）有的学者主张台湾地区“民法”既然没有限制要求必须有正当理由，应当解释为可以随时辞职，但是若在不利继承人、受遗赠人的时期辞职的，应负赔偿责任，除非因不可归责于执行人的事由不得不辞职的；（4）有的主张可以采用日本民法相同的解释。①

以上几种观点以第三种观点较为合理。类推我国台湾地区“民法”关于监护的规定，② 事关社会公益的监护人职务，允许监护人有正当理由，经法院许可的，辞任其职务，那么对于非公益性质的遗嘱人执行的职务，自然不得以法无明文规定为由不允许遗嘱执行人辞职，而且遗嘱执行人出缺时，仍可以由亲属会议选定或法院选定。而且，遗嘱执行人与继承人之间类似于委任关系，因此遗嘱执行人可以随时辞职，而不需要正当理由，但若是在不利于继承人、受遗赠人的时期辞职的，例如继承人出国考察期间突然辞职的，应负损害赔偿责任，除非因不可归责于遗嘱执行人的事由不得不辞职的（例如疾病、服军役、调职出国）。遗嘱执行人辞职时应当向继承人或者受遗赠人表示；法院指定的，应当向法院辞职。因为遗嘱执行人由遗嘱人指定的，遗嘱人已经死亡；由第三人指定的，第三人的职务已经结束；由亲属会议选定的，由于亲属会议不是常设机构，已经无法或不适合接受辞职表示。所以应当以与遗嘱的执行有重大利害关系的继承人、受遗赠人作为相对人接受辞职。由法院指定的，自然应当向法院辞职。遗嘱执行人是由遗嘱人或受委托者指定的或者由亲属会议选定的，除非遗嘱人有补充遗嘱执行人或亲属会议已经另外选定，法院可以根据利害关系人的申请另外指定遗嘱执行人。由法院指定而辞职的，法院认为必要时也可以另行指定遗嘱执行人。

5. 遗嘱执行人职务终止时注意事项。遗嘱执行人职务终止的，如果其

① 陈棋炎、黄宗乐、郭振恭著：《民法继承新论》（修订七版），三民书局 2011 年版，第 341 页。

② 参见台湾地区“民法”第 1095 条、第 1113 条规定。

终止职务可能损害继承人、受遗赠人利益时，遗嘱执行人或遗嘱执行人的继承人或法定代理人，在遗嘱人的继承人、受遗赠人或其法定代理人接受其事务前，应该继续接受其事务。遗嘱执行人应将终止职务的事由通知继承人及受遗赠人，在继承人及受遗赠人知道其事由或应当知道其事由前，遗嘱执行关系视为存续。

综上，我国台湾地区有关遗嘱执行的相关规定，相对比较具体详细，值得立法参考与借鉴。①

第七节 特 留 分

一、特留分概述

（一）特留分的概念

特留分是指法律规定的遗嘱人不得以遗嘱取消的由特定的法定继承人继承的遗产份额。其实质是通过对特定的法定继承人规定一定的应继承份额来限制遗嘱人的遗嘱自由。

我国台湾地区“民法”第1187条规定：“遗嘱人于不违反关于特留分之范围内，得以遗嘱自由处分遗产。”特留分是继承人的一种权利，也可称为特留分权。遗嘱人在设立遗嘱时，如果没有给特留分权利人保留法定的份额，则其相应部分的处分无效，继承人有权从遗嘱处分的遗产中扣减，以补足其特留分。但是继承人如果丧失继承权或抛弃继承权，则不能再享有特留分权。至于受遗赠人或其他遗产承受人（即非继承人）则不享有受特留分权。

特留分制度是对遗嘱自由的一种限制，其目的在于保护法定继承人的权

---

① 《继承法》涉及遗嘱执行问题仅寥寥数个条款，虽对于遗嘱执行人的产生也充分尊重遗嘱人的意思，确定遗嘱执行人时首先考虑遗嘱人在遗嘱中的相关意思。但仍可发现，《继承法》的规定较为粗陋简单，没有专门的遗嘱执行程序规定，缺乏遗嘱执行人的相关规定，存在以下主要缺憾：一是没有规定遗嘱执行的准备程序（遗嘱的开启）；二是没有规定可以在遗嘱中委托第三人指定遗嘱执行人；三是没有规定遗嘱执行人的资格；四是没有规定遗嘱执行人的接受、拒绝以及变更等内容；五是没有系统地规定遗嘱执行人的职责；六是没有规定遗嘱执行人的获得报酬权。

益，保证遗产分配上的公平合理，它是一种强制性的法律制度。[①]

（二）特留分的渊源

“特留分”制度之渊源可溯至古代罗马法的“义务份”制度，设立该义务的目的在于限制遗嘱自由，防止家长对遗嘱自由的滥用和家产的分散。值得注意的是，与现代特留份制度保护继承人利益不同，义务份设立的最初目的是为了保护受遗赠人的利益，后来才演变为保护继承人利益。

罗马法最初并未规定义务份制度。在《十二铜表法》时代，古罗马的遗嘱继承制度已逐渐普及，遗嘱自由原则亦得与确立，《十二铜表法》规定“个人无论怎样处置其则产，法律都认可”。因此遗嘱人可以通过遗赠处置其全部财产。[②] 当然，此时的遗嘱自由并非由于个人主义的观点，而是家长通过遗嘱自由指定继承人，以防止家产的分散，维护家庭的完整。在当时，家长虽然可依遗嘱自由，除子女的继承权，但当时民风敦厚，家长还是按照习惯给未立为继承人的子女一定的财产，以尽养育之责。由于遗嘱的作用不过是用以表示家父权转移的工具，即遗嘱的内容，主旨明确了解，无可保密，因此罗马法中的遗嘱最初是以公开方式作出。公开的情况下，如果遗嘱人滥用遗嘱自由的权利，就会受到非议及舆论和宗教教规的制裁。但是到了共和国末期，随着私式遗嘱的出现和普通采用，立遗嘱的行为也逐渐由公开变为秘密，家长滥用遗嘱自由权的现象日趋严重，有的奴隶主甚至立遗嘱将遗产留给情妇或不相干的人，而不给自己的子女。于是法律基于对近亲的慈爱义务，创设了义务份制度。侵害义务份的遗嘱，法律认为不符合人伦道德，遗嘱人的近亲可提起“遗嘱逆伦之诉”，以请求撤销遗嘱，恢复其法定应继分，通常认为，这是特留分制度的最早源流。

---

① 在我国大陆，遗嘱自由的限制主要表现在以下两个方面：（一）遗嘱的内容不得违反社会公德和社会公共利益。《民法通则》第7条规定：“民事活动应当遵守社会公德，不得损害社会公共利益。”遗嘱作为一种民事活动，自然也应该适用这一概括性条款。因此，在遗嘱中不应该设立严重违反社会公德和损害社会公共利益的内容。（二）遗嘱的内容不得取消继承人必要的遗产份额。为了防止遗嘱自由的绝对化，《继承法》第19条规定：“遗嘱应当对缺乏劳动能力又没有生活来源的继承人保留必要的遗产份额。”最高人民法院《继承法若干意见》第37条进一步规定：“遗嘱人未保留缺乏劳动能力又没有生活来源的继承人的遗产份额，遗产处理时，应当为该继承人留下必要的遗产。所剩余的部分，才可参照遗嘱确定的分配原则处理。”

② 查士丁尼著：《法学总论》，商务印书馆1997年版，第113页。

罗马法上的“义务份”制度后被德国法接受，在此基础上，德国法对其进行了若干改进，现代意义上比较成熟的特留分制度才基本形成。

在日尔曼固有法上，家长的财产处分权受亲属的继承期待权所约束，当初不承认有遗嘱处分。后来，因受罗马法的影响，加之教会势力的膨胀，社会鼓励人们死后把自己的财产施舍给教会，日尔曼法逐渐承认遗嘱处分。但是，由于家产制度的根深蒂固，为防止家长的自由处分而导致家产的分散、家族的崩溃，法律曾明确规定，家产分为自由分和特留分两部分。家长即被继承人享有自由处分的遗产只占家产中的很小一部分，扣除自由分的大部分遗产为特留分，不得由被继承人剥夺的遗产份额。值得一提的是，日尔曼法上享有特留分的范围限于法定继承人，非近亲属如为法定继承人，则为特留分权利人。这说明在日尔曼法上享有特留分的人较之罗马法更为广泛，日尔曼法的做法对大陆法系特别是法国、瑞士等国特留分制度的形成，产生了深远影响。

目前，世界上大多数国家的继承立法都规定了特留分制度。如《法国民法典》第913条至第916条规定，遗嘱人可自由处分和不能自由处分两部分，被继承人的子女越多，遗嘱人可自由处分的遗产越少；《意大利民法典》在“继承编”详细规定了享有特留分的继承人范围及享有的特留份额等内容；《德国民法典》第2303条至第2338条的规定更为详细，其他大陆法系国家的民法典也有相应类似的规定。而在英美法系国家，在相关司法判例和有关成文单行条例中也有类似于特留分制度的内容存在。

（三）特留分的性质

关于特留分的性质，历来就有不同的学说，各国的规定也有所不同。概括起来主要有三种学说。一是“继承权说”，又称“遗产说”。此说认为，特留分为继承财产即遗产的一部分，非继承人不得享有。特留份的性质仍为法定继承分，特留分权利是一种受保护的法定的继承权。法国、日本、瑞士等国立法采此学说。二是“债权说”。此说认为，特留分是特留分权人对继承人的请求权，特留份权属于一种债权性的权利。《德国民法典》即采此学说。三是“折中说”。此说为晚期罗马法主义，认为死者的直系卑血亲属正系继承人，除依遗嘱指定为继承人或有效的由继承排除外，取得法定应继份之全部，直系血亲卑亲属就遗产之一部分指定为继承人时，其部分不论数额多少，对于共同继承人唯以特留份之限度有请求权。该说认为特留分权是对于继承人之债权的请求权，类似于德国主义；非继承人不得付与特留分，类似于法国主义。[①] 上述各说虽各有道理，但也均有不足，相较而言，“继承权说”更合理。我国台湾地区“继承法”学界采“继承权说”。特留分权是法定继承人才能享有的，因此它以法定继承权为基础，如果法定继承人丧失继承权、抛弃继承权，特留分权也不存在。特留分实质是法定应继份的一部分，因此，特留分的性质应当是法定继承权的一种表现。

（四）特留分的特征

1. 特留分是适用于有遗嘱继承的情况下。在被继承人未立有遗嘱的情况下，适用法定继承，不存在遗嘱侵害特留份的可能。

2. 特留分是法律特别规定的继承人于继承开始后所享有的特别继承权。在继承开始前，并无现实的特留分权。因为继承人为何人，在继承开始前尚处于变动之中，特留分的具体数额更是无法确定。

3. 法定继承人身份是享有特留分的充要条件，而不论其财产状况、有无劳动能力、生活来源。非法定继承人不能享有特留分，法定继承人只有在丧失或抛弃继承权的情况下才不享有特留分。

4. 特留分只是被继承人遗产的一部分。遗嘱人只有在为特留分权人保留特留分的前提下才可以自由处分其遗产。被继承人将财产以何种形式遗留给特留权利人，由其自由决定。因此特留分是遗产中的积极财产的一部分，而不是遗产中的消极财产。

5. 特留分权利不得因遗赠或遗嘱指定而被剥夺，任何以遗赠或遗嘱指定而规避法律的行为均为无效，受遗赠人或遗嘱指定人理应返还部分或全部已取得的遗产以满足特留分之需，当然特留分权人也可以放弃该权利，另一方面，由于特留分权利的法定性，且因特留分权自继承开始才产生，因此，在被继承人死亡前，特留分权利人放弃特留分的声明不具有法律效力。

6. 特留分比例依法律明文规定，除法定事由出现外，任何人无权更动。

（五）特留分制度的作用

1. 特留分制度的建立，符合基本的道德规范的要求。将遗产不留给父

---

① 史尚宽著：《继承法论》，中国政法大学出版社2000年版，第609页。

母、妻儿，反而全部赠与保姆、情人，难免乖情悖义，情理不容。如果发生这种情形，法官能够以违背公序良俗原则为依据，而判决被继承人所立遗嘱无效的。而特留分制度的建立一方面符合自食其力的传统道德观，另一方面也维护了遗嘱人对财产的自由处分权。

2. 特留分制度的建立，有利于对家庭成员的扶助和社会利益的保护。对于生活困难的亲属，可依靠“特留分”得以独立生存而无须社会扶助，减轻社会压力，符合全体社会成员的利益。

3. 特留分制度的建立，是维系家庭关系的重要方式。现代社会科学技术高度发达，但家庭仍然承担着一个民族与国家种的繁衍、延续传承的重要职责，而亲属间的相互扶养、相互继承正是确保实现这一职责，维系家庭关系的重要方式。扶养职能是家庭的基本职能，继承是亲属之间相互扶养权利义务的延伸，继承制度在一定程度上保障了家庭扶养职能的实现，被继承人死亡后，其财产由与其有法定扶养义务的继承人继承，就可以使遗产继续发挥实现家庭成员间相互扶养的职能，维系了家庭关系的延续和发展。①

近亲属间的相互扶养、相互继承仍然是表达亲情、爱情，维系家庭关系、维持家庭的发展与凝聚力的不可替代的重要方式。可以说，近代法上特留分制度是私有财产制度下财产自由处分的要求与法定继承人继承利益之保护两者相互妥协与调和的产物。

（六）特留分的放弃

特留分作为法定继承人的一项权利自然是可以放弃的。特留分权利人既可以全部放弃其特留分权，也可以部分放弃其特留分权利，应当指出的是，特留分的放弃与继承权放弃二者之间既有相同之处又有根本不同。

特留分放弃与继承权放弃的相同之处在于：特留分权利与继承权都是继承人的法定权利，因此，二者都只能在被继承人死亡后放弃才具有法律效力。在被继承人死亡之前，继承人所作出的放弃特留分权利或放弃继承权的

① 《继承法》确定的“必要的遗产份额”，又称为“必留份”制度，即保障继承人生活需要必不可少的份额。根据法律规定，享有必留份的继承人必须是既缺乏劳动能力，又没有生活来源，两者应同时具备，缺一不可。台湾以亲等作为划分是否享有“特留分”权利的标准，将“特留分”权利人限制在近亲属范围的法定继承人中。因此，台湾地区特留分权利人的范围较大陆地区必留份权人要广。

声明都是无效的。

特留分放弃与继承权放弃的根本区别在于：特留分与继承权在立法的价值取向上是不同的。法律规定继承权的目的是为了对法定继承人的利益进行一般保护，而特留分的立法目的则在于对法定继承人的继承利益进行特殊保护。上述价值取向的差异决定了特留分权利与继承权的效力必然是不同的。前已述之，特留分以继承权为基础，从二者所涵盖的范围上看，继承权应当包括特留分权利。换言之，特留分权利的放弃并不意味着继承权的放弃，但继承权的放弃则涵盖了特留分权利的放弃。特留分权利和一般继承权的上述关系决定了特留分权利的放弃与继承权的放弃必然存在如下差别，即：特留分的放弃仅产生特留分回复请求权丧失的结果，因此，在特留分权利放弃的情况下，他人所获益的范围仅限于特留分的数量。但继承权的放弃则不同，在某一继承人放弃继承权的情况下，由于他不再对遗产享有权利，因此，他人的遗产分配数额包括特留分的数额都将随之增加，此时基于他人特留分数额的增加，放弃继承权的人所丧失的可能不仅仅是一种可得利益，甚至可能受到上述增加的特留分权利的追索。例如，甲有二子丙、丁，遗产数额为10 万元，其中遗嘱指定丁继承 4 万元，对第三人乙遗赠 6 万元，若甲对丙的生前特种赠与为 2 万元，则丙和丁的特留分数额均为 3 万元。此时，丙得依据特留分权利向乙和丁请求回复特留分权利 1 万元（由乙、丁按照其所得的遗产份额按比例分担）。如果丙抛弃特留分，则丧失该回复请求权。但如果丙放弃继承权，则丁的特留分数额将由原来的 3 万元上升为 6 万元，而丁仅依遗嘱继承了 4 万元，因此，丁尚可依据特留分的权利向乙和丙请求回复特留分数额 2 万元（由乙和丙按其所得的遗产比例承担）。

二、特留分权利人及特留分的比例

（一）特留分权利人

1. 各国立法例。各国和地区继承法关于特留分权利人范围的规定并不完全相同。有的规定特留分的权利主体为法定继承人的全部，有的则将特留分的权利主体限定于法定继承人中的某些人。例如：《德国民法典》第 2303 条规定："被继承人的直系血亲卑亲属由于死因处分被排除继承者，得向继承人请求特留分；被继承人的父母和配偶，在其由于死因处分被排除继承时，享有与上述相同的权利。"《意大利民法典》第536条规定："特留分继承人是那些由法律规定为他们的利益保留一部分遗产或者其他权利的人。他们是：配偶、婚生子女、私生子女以及直系尊亲属。"《法国民法典》仅规定对于直系卑亲属和直系尊亲属享有特留分权，而旁系亲属以及配偶则不享有。《瑞士民法典》规定直系血亲卑亲属、父母、兄弟姐妹以及配偶，均享有特留分，但允许各州废止兄弟姐妹的特留分请求权或将此请求权扩张到兄弟姐妹的直系血亲卑亲属。继承人对于被继承人或其近亲犯有重罪，或继承人对被继承人或其亲属中的一人违反其所负的亲属法上的义务，情节严重的，被继承人可以由于死因处分，剥夺继承人的特留分。《奥地利民法》规定对于子女、孙子女、曾孙子女、父母、祖父母、曾祖父母都享有特留分权，抛弃继承权、依法应排除继承权、或经被继承人合法剥夺继承权的，不得主张特留分。

2. 我国台湾地区"立法"例。我国台湾地区"民法"第1223条规定，特留分权利人为全部法定继承人，即被继承人的直系血亲卑亲属、父母、兄弟姐妹、祖父母及配偶。直系血亲卑亲属包括胎儿以及代位继承人。丧失继承权以及抛弃继承权的人，均无特留分权。①

（二）特留分的比例

1. 不同的立法例。特留分是法定继承人应继分中依一定比例所计算出的一部分，并不是指某一特定的财产。为法定继承人保留特留分，也不是为保留某一特定财产，只是保留计算的一定比例的财产。关于特留分的比例，世界上各国或地区的立法有采取全体特留主义，也有采用各别特留主义的。

（1）全体特留主义。所谓全体特留主义，是指特留的部分是为有特留权的继承人全体保留的，特留分的比例额，规定是遗产总数量的一定比例。依此种方式，若有第一顺序继承人且第一顺序继承人的特留份额为1/2，则不论有几个继承人，特留分数额均为遗产的一半。法国、意大利、日本、我

---

① 《继承法》确定的"必要的遗产份额"，又称为"必留份"制度，即保障继承人生活需要必不可少的份额。根据法律规定，享有必留份的继承人必须是既缺乏劳动能力，又没有生活来源，两者应同时具备，缺一不可。台湾以亲等作为划分是否享有"特留分"权利的标准，将"特留分"权利人限制在近亲属范围的法定继承人中。因此，台湾地区特留份权利人的范围较大陆地区必留份权人要广。

国澳门地区的继承法均采用全体特留立法例。在《日本民法典》中，特留分权利人及其特留分，除兄弟姐妹以外的继承人，按下列规定得到特留分：①只有直系尊亲属为继承人时，为被继承人财产的1/3；②于其他情形，为被继承人财产的1/2。《澳门民法典》对特留分的规定内容完备。“特留分继承人为配偶、直系血亲卑亲属及直系血亲尊亲属，且按照为法定继承所定之顺序及规则而继承；”如配偶单独继承的，其特留份为全部遗产的1/3；配偶与子女共同分享特留分的，则特留分为全部遗产的1/2；如无配偶，子女的特留份为遗产的1/3或1/2；二亲等及二亲等以外的直系卑亲属，有权享有其直系血亲尊亲属应得的特留分；如配偶与直系血亲尊亲属共同分享特留分，特留分为遗产的1/2；如无直系血亲卑亲属或生存配偶，则直系血亲尊亲属的特留分为遗产的1/3或1/4。

（2）各别特留主义。所谓各别特留主义，是指特留的部分是为有特留分权的继承人分别保留的，是按各继承人应继分中的一定比例计算的。即就各个继承人应继分计算特留分数额。依此种方式，若第一顺序的继承人有丧失继承权的，则其他继承人的特留分数额始终不变即为其原应继分的几分之几，丧失继承权人应有的特留分则属于遗嘱人可自由处分的部分。德国、瑞士、奥地利、日本、韩国、越南等国家的继承法均采用各别特留立法例。例如：《德国民法典》第2303条规定，被继承人的晚辈直系血亲、父母和配偶作为特留份额权利人，其特留份额为法定应继分价值的半数。在韩国，根据其《民法典》第1112条的规定，特留分权利人及继承人的特留分，依据以下各项确定：第一，被继承人的直系卑亲属，为其法定继承份额的1/2；第二，被继承人的配偶，为其法定继承份额的1/2；第三，被继承人的直系尊亲属，为其法定继承份额的1/3；第四，被继承人的兄弟姐妹，为其法定继承份额的1/3。

上述两种立法例，其结果大不相同。最大的区别在于，有特留分权的继承人中有一人丧失继承权的情况下，按照全体特留主义，则其特留分即归其他享有特留分的继承人，不影响被继承人自由处分的部分。相反，按照各别特留主义，则其特留分归入被继承人自由处分的部分，不影响其他特留分权利人。这两种立法例中，全体特留主义计算比较简单易行，但各别特留主义似乎更加合理，其反映不同的特留份继承人与被继承人之间关系的亲疏远近，并注意到特留份权利人对遗产积累贡献的有无及大小，计算复杂，对各位特留份继承人也更公平，从继承份额的绝对值看，更有利于配偶和其他法定继承人。

2. 我国台湾地区“立法”例。我国台湾地区“民法”“继承篇”采取各别特留主义，即特留份遗产是为有特留分权的继承人各别保留，是按各继承人的应继份的一定比例计算决定的。如果享有特留分权的继承人中有一人丧失继承权，其特留分归入被继承人自由处分的部分，不影响其他特留分权人的利益。各继承人的特留分比例，因继承人与被继承人关系的亲疏远近而有所差别。台湾地区“民法”第1223条作了如下规定：

（1）直系血亲卑亲属、父母、配偶的特留分，为其应继分的二分之一。例如，根据台湾“民法”第1141条，被继承人遗有遗产八万元，由其子女各一人继承，每个继承人的应继分为四万元，则其特留分每人为二万元。如果被继承人无直系血亲卑亲属，而由其配偶和父母共同继承，按台湾“民法”第1144条规定，其配偶的应继分为四万元，其父和母的应继分各为二万元，那么配偶的特留分为二万元，而其父和母的特留分各为一万元。

（2）兄弟姐妹和祖父母的特留分为其应继分的三分之一。例如，根据台湾“民法”第1141条，被继承人死亡时遗有遗产十二万元，无配偶、直系血亲卑亲属又无父母，由其兄弟姐妹各一人共同继承，其应继承分各为三万元，其特留分则各为一万元。如果无兄弟姐妹，仅有祖父母二人共同继承，每个继承人的应继分为六万元，其特留分各为二万元。

三、特留分的算定

我国台湾地区“民法”第1224条规定：“特留分，由依1173条算定之应继财产中，除去债务额，算定之。”即是继承开始时被继承人所有的财产加上继承人所受被继承人生前的特别赠与价额作为应继遗产，再从中扣除被继承人的债务，其剩余的遗产作为算定特留分的基数。现分述如下：

1. 核对定继承开始时被继承人的财产，应将继承开始时被继承人所有的财产（以积极财产为限）核定。例如，被继承人的物权、债权、著作权、专利权、商标权中的财产权等，均应按其现状和时价估定价额。

2. 加上被告继承人生前的特别赠与。我国台湾地区“民法”第1173条规定："继承人在继承开始前因结婚、分居或营业而从被继承人接受赠与的财产，如果被继承人于赠与时没有相反的意思表示，应按赠与时的时价计算价额，加入被继承人死亡时所有的财产中，作为应继遗产。"

3. 扣除被继承人的债务，凡被继承人所负担的债务，不论是对有优先权的债权人的债务，还是对普通债权人的债务，还是对特留分权人的债务均应包括在内。应从应继遗产中扣除被继承人债务总额，其剩余遗产作为算定特留分比例的基数。

4. 以扣除债务后剩余遗产为基数，按各法定继承人的特留分比例，算定各法定继承人的特留分部分遗产数额。如果被继承人债务总额超过或等于应继遗产，各法定继承人就无法享受特留分权。

四、特留分的扣减

（一）扣减权的概念

继承法在设立了特留分制度后，就必须对这一权利的实现加以有效的保护，特留分的规定是强制性规定，遗嘱人不得违反。因此，法律赋予特留分权利人在受到侵害时的救济权。对此，各国继承法大都作出了明确的规定，其具体做法大致有两种：第一，将违反特留分部分的遗嘱处分视为无效，从而特留分权利人即可根据特留分权而要求其回复其法定的继承份额，如捷克、希腊民法即采此种立法例；① 第二，将违反特留分部分的遗嘱处分视为有效，② 同时赋予特留分权利人以相应的扣减权，对于违反特留分规定而进行的财产处分因扣减权的行使而归于无效，我国台湾地区"民法"采此立法例。

我国台湾地区"民法"第1225条规定："应得特留分之人，如因被继承人所为之遗赠，致其应得之数不足者，得按其不足之数由遗赠财产扣减之。受遗赠人有数人时，应按其所得遗赠价额比例扣减。"这种情况，称之为遗赠的扣减。如果遗嘱人违反特留分权的规定，法律赋予特留分权被侵害

---

① 史尚宽著：《继承法》，中国政法大学出版社2000年版，第627页。

② 赵莉：《日本特留份制度的修改及其启示》，http：//www. legaldaily. com. cn/Frontier _ of _ law/content/2013 -05/24/content _ 4489329 _ 2. htm，下载时间：2013年6月23日。

的法定继承人保全自己权益的权利，即称为扣减权。

（二）扣减权的性质

对于扣减权的性质，学理上有三种观点：①

1. 为物权的形成说。这种学说认为，侵害特留分的行为，因为特留分权利人行使扣减权而当然失去法律效力，标的物上的权利当然地归属于特留分权利人。因此，当标的财产尚未给付于相对人时，对于相对人的给付请求，特留分权利人有拒绝给付的抗辩权，如果标的财产已经给付相对人，特留分权利人有权基于物权请求权或不当得利返还请求权请求返还标的财产。

2. 为债权的形成说。这种学说认为特留分权人行使扣减权时，特留分侵害行为视为撤销而失去效力，但是标的物上的权利并没有当然归属于特留分权利人，只是受遗赠人、受赠人对于特留分权人负有标的物返还的义务。这种学说的主要理由是，如果依据物权的形成说，则会因扣减权的行使而使得一度归于特留分权人的标的物将因为特留分权人受到折价补偿再度归属于受益人，这样会使得权利关系更加复杂，所以以下这样理解扣减的结果更加合理：即侵害行为虽然失去法律效力，但受益人负有返还标的物的义务，但若进行折价补偿，可以免去返还标的物的义务。

3. 为债权说即请求权说。这种学说认为特留分人即使行使扣减权，侵害特留份的行为也不当然失去效力，只是标的物的受益人负有返还标的物的债务而已。

台湾学界通说将扣减权解释为形成权，但究竟是物权的形成权还是债权的形成权说，学者间有所分歧，有待于进一步深入研究。

（三）扣减权的发生

扣减权的行使必须在继承开始以后而不是继承开始之前。因继承开始之前，特留分权人和特留分数额均无从确定，同时只有法定继承人才享有特留分权。扣减权因特留分受到侵害的时候发生。而且必须继承人进行继承，不论是限定责任继承还是法定单纯继承。换言之，如果继承人丧失继承权或者抛弃继承权，则没有特留分权，也就没有扣减权，因为扣减权的发生以保护

① 陈棋炎、黄宗乐、郭振恭著：《民法继承新论》（修订七版），三民书局2011年版，第399—400页。

特留分为目的。

（四）扣减的标的

根据我国台湾地区“民法”第1225条的规定，仅明确遗赠是扣减的标的。

但学者们认为应当不限于遗赠，那么扣减的标的除了遗赠之外还有哪些呢？

例如被继承人在遗嘱中指定各继承人的应继份，改变了各继承人的法定应继分致使某一继承人或几个继承人所得遗产份额少于其特留分，此时，特留分权受侵害的继承人有何权利？我国台湾“民法”没有明文规定，但台湾地区学者认为应依台湾地区“民法”第1187条规定的精神，应允许特留分权受侵害的继承人主张权利，调整各继承人实际分得的份额，以保障各继承人的特留分。① 例如，被继承人某甲遗有遗产6万元，由配偶乙和儿子丙二人共同继承。按我国台湾地区“民法”第1144条规定，乙和丙的应继分额各为3万元，但甲在遗嘱中指定丙继承5万元，余额1万元由乙继承。根据台湾地区“民法”第1223条规定，乙和丙的特留分各为1.5万元，结果乙按特留分少得0.5万元。这不足部分可以从丙的指定应继份额（5万元）中扣减而补足。该种情形就是以指定应继分作为扣减的标的。

我国台湾地区学界一般认为，可以被扣减的标的，除了遗赠之外，还有指定应继分、指定遗产分割以及相当于遗赠的死因赠与和为第三人利益的无偿死因处分行为。② 至于被继承人生前赠与法定继承人或非法定继承人的财产，根据台湾地区的司法判例，不属于扣减对象之列。即使是继承人因结婚、分居或营业从被继承人承受财产赠与，虽然应纳入继承开始时被继承人所有财产中以作为应继遗产，但根据台湾地区司法判例，也不属于扣减对象。③

（五）扣减权人及其相对人

1. 扣减权人。毫无疑义，特留分权人是扣减权人。由于扣减权是财产

---

① 胡大展主编：《台湾民法研究》（下），厦门大学出版社，第541页。

② 陈棋炎、黄宗乐、郭振恭著：《民法继承新论》（修订七版），三民书局2011年版，第406页。

③ 参见陈棋炎、黄宗乐、郭振恭著：《民法继承新论》（修订七版），三民书局2011年版，第403—404页。

权而非人身专属性权利，我国台湾地区学界通说认为，扣减权人（即继承人）的继承人也可以行使扣减权。此外，学者一般认为，继承人的固有债权人、或者继承人破产时，破产管理人、或者继承人失踪时，其遗产管理人也可以代位继承人行使扣减权。①

2. 相对人。扣减是有相对人的单方行为，其相对人是指侵害特留分的人。在我国台湾地区“民法”生前赠与、生前特种赠与都不是扣减的标的。所以，扣减权的相对人依次如下：（1）因遗赠而侵害特留分时，受遗赠人是相对人；（2）因指定应继分或者指定遗产分割而侵害特留分的，受到利益的共同继承人是相对人；（3）因相当于遗赠的死因赠与或者为第三人利益的无偿死因处分行为，侵害特留分情况下，受赠人或受益人是相对人；（4）上述所列之人的继承人；（5）有遗嘱执行人的，也可能是扣减权的相对人。

（六）扣减权的行使

一般认为，扣减权的行使，只要向相对人进行意思表示即可，无须以诉讼的方式行使。但是如果必须有相对人的给付行为而相对人又拒绝给付时，特留分权人则必须以诉讼的方式行使。

（七）扣减的限度

继承人行使扣减权必须以保全其特留分为必要限度，而不得超过。例如。被继承人某甲遗有遗产6万元，由配偶乙和儿子丙二人共同继承。按我国台湾地区“民法”第1144条规定，假如乙和丙的应继分额各为3万元，但甲在遗嘱中指定丙继承5万元，余额1万元由乙继承。在此例子中，乙的特留分为1.5万元，乙可从丙的指定应继份额中扣减0.5万元得到补足，实得1.5万元，虽然仍少于法定应继份额（3万元），则乙不可以再请求丙补足其法定应继份额的不足部分。因为继承人行使扣减权必须以保全其特留分为必要限度，这是法律允许被继承人以遗嘱自由处分遗产的结果。

（八）扣减的顺序

一般认为，由于我国台湾地区“民法”规定，特留份扣减权的标的仅限于死后处分，而没有及于生前赠与，因此不产生扣减的先后顺序问题，而

① 参见史尚宽著：《继承法》，中国政法大学出版社2000年版，第633页。

是在相同顺序的情况下按比例扣减。关于遗赠的扣减，台湾地区“民法”1225条规定“受遗赠人有数人时，应按其所得遗赠价额比例扣减”。

（九）扣减的效力

经过扣减的遗赠或死因赠与，其中侵害特留分的部分失去效力，如果已经履行的，标的物上的权利当然恢复属于特留分权利人，特留分权利人可以基于物权的请求权请求要回其标的物；尚未履行的，该侵害部分消灭，受遗赠人或受赠人不得请求；如果请求，特留分权利人可以拒绝。

（十）扣减权的消灭

扣减权除了因为抛弃继承、抛弃特留分、折价补偿而消灭外，是否也会因为时效而消灭？

关于扣减权的消灭时效，各国法律大都有明文规定，如《德国民法典》、《瑞士民法典》、《日本民法典》、《韩国民法典》等都有规定扣减权的消灭时效，我国台湾地区的“民法”对此没有明文规定，但台湾地区学者认为扣减权性质上与继承回复请求权相类似，解释上应当类推适用台湾地区“民法”第1146条的规定，以尽早确定有关扣减的法律关系，从而保护交易的安全。①

① 陈棋炎、黄宗乐、郭振恭著：《民法继承新论》（修订七版），三民书局2011年版，第417页。

第五章 遗　　赠

第一节 遗赠概述

一、遗赠的概念和特征

遗赠是指遗赠人采取遗嘱的形式将其财产利益部分或全部无偿地给予受遗赠人，并于遗赠人死后发生法律效力的单独行为。① 其主要特征如下：

1. 遗赠须以遗嘱的方式进行。遗赠一般是根据遗嘱来进行，它属于遗嘱的全部或一部分。因此，若遗嘱无效，必然影响到遗赠的效力，导致遗赠的无效。

2. 遗嘱属于死因行为。因为遗赠属于遗嘱或遗嘱的部分内容，因此其和遗嘱一样属于死因行为。即遗赠虽然是遗赠人生前进行的行为，但只有在遗赠人死后才能发生效力。

3. 遗赠是给予受遗赠人财产利益的行为。

首先，受遗赠人应是遗赠人在遗嘱中指定的财产利益归属者，在遗嘱人死亡时，即遗赠行为生效时应具有权利能力，并且不具有台湾地区“民法”第 1188 条所规定的受遗赠缺格的情形。② 受遗赠人既可以是继承人，③ 也可以是继承人以外的人；既可以是自然人，也可以是法人。此外，根据台湾地

① 单独行为，在大陆一般称为单方法律行为，下同。

② 台湾地区“民法”第 1188 条规定受遗赠权之丧失准用“民法”第 1145 条继承权丧失的规定。详见本书第二章“遗产继承人”之第五节“继承权的丧失”。

③ 大陆按照继承人资格来区分遗赠与遗嘱继承，通过遗嘱将遗产指定给法定继承人的是遗嘱继承，给予法定继承人以外的人则是遗赠。可见，两岸的规定差异极大，通过遗嘱将全部或部分遗产指定给受遗赠人称为包括遗赠，受遗赠人无论是否属于法定继承人都因此取得相当于遗嘱继承人的地位。目前世界上也有部分大陆法系国家否认包括遗赠，而将其称为指定继承人，如德国、瑞士等。

区“民法”第7条关于胎儿权利能力的规定，“胎儿以将来非死产者为限，关于其个人利益之保护，视为既已出生”，因此，胎儿也可以被指定为受遗赠人，但以将来非死产者为限。

其次，给予受遗赠人的财产利益，不仅可以是权利的供与，也可以是对受遗赠人义务的免除，即债务的免除。该财产利益一般应属于遗产范围，但根据台湾地区“民法”第1202条的规定，如遗赠人另有意思表示，也可以以不属于遗产的财产来进行遗赠。

最后，遗赠的财产利益必须是直接的财产利益，如果仅仅是要求继承人或遗嘱执行人为他人服务，则不是遗赠。例如甲立遗嘱希望自己的儿子在自己死后每个月去探望慰问自己的老友乙，因缺乏直接财产利益供与的内容，因此，这不属于遗赠。

4. 遗赠是无偿行为。在遗赠中，遗赠人给予受遗赠人财产上的利益，受遗赠人无须支付对价，属于无偿行为。虽然遗赠行为有时也规定受遗赠人应履行一定的义务，但这种义务不可能是对等的，更不能是对遗赠人的对价，否则就不成其为遗赠。

5. 遗赠是单独行为。遗赠人为遗赠行为时，因其为单独行为，不需要征求受遗赠人的意见，更无须受遗赠人进行任何意思表示。这一点使遗赠明显区别于赠与。赠与是一种合同，是双方行为，必须双方意思表示一致才可成立。

二、遗赠与类似概念的比较

（一）遗赠与死因赠与

死因赠与是以受赠人在赠与人死亡时仍生存作为停止条件的赠与，属于赠与的一种，性质上仍然属于契约，必须要有双方当事人意思表示一致。这一点与遗赠不同，遗赠属于单独行为。

从社会经济的角度来看，死因赠与以无偿给予财产为内容，与遗赠以本应归属于继承人的财产无偿让与他人相类似，并且两者都以行为人（赠与人或遗赠人）死亡作为效力发生的基准。因此，对于死因赠与能否准用或类推适用关于遗赠的规定的问题，《日本民法典》第554条明文规定：“因赠与人之死亡而发生效力之赠与，从关于遗赠之规定”，德国、瑞士均有类似规定。台湾地区“民法”对此没有规定，在解释上，死因赠与应有效，在性质许可的范围内，可以准用关于遗赠的规定。① 台湾地区学者黄宗乐先生认为，这里说的“准用”，更精确地说，应该是“类推适用”。②

1. 就其能力方面。死因赠与性质上属于契约，行为人须具有行为能力；遗赠须以遗嘱方式进行，而遗赠人只需具有遗嘱能力即可。因此，在这方面死因赠与无法准用遗赠的规定。

2. 就其方式方面。死因赠与为不要式行为，对行为方式没有强制规定；遗赠必须以遗嘱方式进行，遗嘱行为属于要式行为。因此，在这方面死因赠与无法准用遗赠的规定。

3. 就其效力方面。死因赠与与遗赠均因行为人（赠与人、遗赠人）死亡而发生效力，两者之间并没有差别，因此在效力方面，死因赠与可以准用遗赠的规定。只是由于遗赠仅需遗赠人一方的意思表示就可成立，而死因赠与属于契约，须双方当事人意思表示一致，因此在关于遗赠效力的规定中，如果是以单独行为为前提的，例如关于遗赠的承认、抛弃的规定，则不在可以准用之列。

4. 就其执行方面。遗赠的实现有赖于继承人或遗嘱执行人的执行；死因赠与在效力发生之后，产生赠与法律关系，继承人负履行义务，不同于遗嘱存在提示、开视的问题，也没有执行的问题。但有关学说中认为原则上除了台湾地区“民法”第1212条、第1213条外，死因赠与的履行应当可以准用关于遗嘱执行的规定。③

（二）遗赠与捐助行为

1. 捐助行为是以设立财团法人为目的，订立捐助章程，提供所捐助的财产为公益用途的行为。捐助行为与遗赠都属于单独行为，但遗赠须以遗嘱的方式进行，是死因行为；捐助行为虽然也可以遗嘱的方式进行，但通常是以生前行为进行，两者之间仍有差异。

---

① 史尚宽著：《债法各论》，台湾荣泰印书馆有限公司1981年版，第136页；郑玉波著：《民法债编各论》，三民书局1981年版，第169页以下。

② 陈棋炎、黄宗乐、郭振恭著：《民法继承新论》（修订七版），三民书局2011年版，第344页。

③ 史尚宽著：《债法各论》，台湾荣泰印书馆有限公司1981年版，第136页。

2. 遗赠在本质上属于权利主体之间财产上利益的转移，必定有受益的受遗赠人，其中如果对公益团体进行遗赠就会使遗赠具有公益成分，但法律并不要求遗赠一定要有公益上的价值；捐助行为则旨在创设以公益为目的的财团法人，行为当时并没有相对人存在，也不存在预先就有的受益权利主体，并且财团法人成立时，必须以实现公益为要务，因此，捐助行为本身必定具有公益上的价值。

（三）遗赠与赠与

赠与虽然也是以无偿给予他人财产利益为目的，也可以附条件或期限，但终究与遗赠有所不同，主要体现在：

1. 遗赠必须以遗嘱的方式进行，属于单独行为、死因行为，必须等遗赠人死亡时才发生效力；赠与则属于契约，在双方当事人意思表示一致时即发生效力，对行为方式没有限定，且为生前行为。

2. 遗赠标的物在遗赠人死亡前已经不存在时，遗赠为无效；在赠与中，若赠与人死亡时，赠与标的物不存在，赠与人的继承人仍负履行责任。

三、遗赠的种类

（一）单纯遗赠与非单纯遗赠

1. 单纯遗赠。不附加条件、期限或负担的遗赠，称为单纯遗赠。单纯遗赠于遗赠人死亡时发生效力。

2. 非单纯遗赠。与单纯遗赠相反，遗赠若附加了条件、期限或负担，就称为非单纯遗赠。因此可知非单纯遗赠包括附条件遗赠、附期限遗赠和附负担遗赠。

（1）附条件遗赠。附条件遗赠又可再分为附停止条件的遗赠和附解除条件的遗赠。附停止条件遗赠于条件成就时遗赠发生效力；在遗赠人死亡前停止条件就已经成就的，遗赠为无条件的单纯遗赠；在遗赠人死亡前停止条件已经确定不能成就的，遗赠不发生效力。附解除条件的遗赠于条件成就时遗赠失效；在遗赠人死亡前解除条件就已经成就的，遗赠不发生效力；在遗赠人死亡前解除条件已经确定不能成就的，遗赠为无条件的单纯遗赠。

（2）附期限遗赠。附期限遗赠又可再分为附始期的遗赠和附终期的遗赠，受遗赠人于遗赠人死亡时，取得附始期或附终期的权利。例如甲立遗嘱表示在自己死后愿意将房屋供与老友乙无偿居住 10 年，即属于附终期的遗赠，其中无偿供与他人的财产利益为不动产的使用权。

（3）附负担遗赠。附负担遗赠是规定受遗赠人以其所得财产利益为限履行一定义务的遗赠。其中，要求受遗赠人将其所受财产利益的一部分分给他人的附负担遗嘱，称为转分遗赠或次遗赠，[①] 台湾地区学者认为在民法解释上应为有效。

（二）包括遗赠与特定遗赠

所谓包括遗赠，[②] 是指遗赠人抽象地以遗产的全部或一部分作为标的的遗赠。例如甲在遗嘱中规定将其财产的 1/2 赠给老友乙，即为包括遗赠。目前世界各国关于包括遗赠的观点不一。德国、瑞士等国不承认包括遗赠，将包括受遗赠人称为指定继承人。被指定的继承人处于继承人的地位，享有继承人的权利，同时也必须履行继承人的义务。而法国、日本等国则承认包括遗赠，但一般也认为包括受遗赠人与遗嘱继承人的权利地位相同。台湾地区"民法"中并无关于包括遗赠的规定，但通说承认包括遗赠。在包括遗赠中，财产利益既包括积极财产，也包括消极财产，即将权利义务（除专属于遗赠人的外）一并为遗赠。包括受遗赠人的地位也因此与继承人相当。但通说认为即便如此，其也仅是遗产的受遗赠人，与继承人仍然有所差别。体现在：包括受遗赠人与遗赠人之间不发生身份关系，与继承人之间也不发生公同共有关系。[③] 更有台湾地区学者强调，包括遗赠的标的若为遗产的全部，则受遗赠人应与继承人负同一的义务，但若仅为遗产的一部分则不然。[④]

特定遗赠是指遗赠人以某项具体、特定的财产为标的的遗赠。例如甲在遗嘱中声明以坐落于 X 街 X 号的某栋房屋，或是某项债权赠给老友乙。特定遗赠的标的可以是但不限于特定物，也可以是种类物或者财产权利，但因为标的已经被特定化了，因此仍然属于特定遗赠。例如甲立遗嘱表示愿意将自己存款中的 5 万元人民币遗赠给自己的老友乙，该 5 万元人民币为种类

---

① 史尚宽著：《继承法论》，中国政法大学出版社 2000 年版，第 508 页。

② 包括遗赠，大陆称为概括遗赠，下同。

③ 公同共有，大陆称为共同共有，下同。

④ 陈棋炎、黄宗乐、郭振恭著：《民法继承新论》（修订七版），三民书局 2011 年版，第 346 页。

物，但该遗赠仍为特定遗赠。特定遗赠的内容一定是积极的财产利益，不包括义务，这是特定遗赠与包括遗赠的区别。包括受遗赠人具有和继承人同一的权利义务，不仅享有受领遗产的权利，且负有清偿死者债务的义务，甚至在一些大陆法系国家被称为指定继承人。但特定遗赠的受遗赠人则不承担继承人的义务，其地位通常相当于遗产的债权人，享有向遗赠义务人请求交付遗赠物的权利，对遗产债务一般不承担责任。

（三）补充遗赠和后位遗赠

补充遗赠是指遗赠人规定如果受遗赠人抛弃遗赠、丧失受遗赠权或先于遗赠人死亡，其本应取得的财产即给予补充受遗赠人的遗赠。

后位遗赠，也称为后继遗赠，是指遗赠人规定受遗赠人在某条件成就或某期限届至时，将其所得的遗赠利益移转给后位受遗赠人的遗赠。后位受遗赠人无须于遗嘱发生效力时存在，只要于规定的条件成就或期限届至时存在即可。例如甲立下遗嘱要求受遗赠人乙将来诞下子女后应将受赠利益移转给子女，该遗赠即是有效的。后位受遗赠人在移转遗赠利益的时候必须是存在的，如果在此之前死亡，遗赠人又没有另外的处分的，遗赠利益应仍归于原受遗赠人。

这两种遗赠在德国、奥地利、瑞士等国家民法中均有明文规定。但对于后位遗赠，法国民法则明文禁止。还有一些国家对后位遗赠既未明文规定承认，也不禁止，例如日本民法。① 台湾地区“民法”中虽对补充遗赠和后位遗赠均无规定，但通说认为应尊重遗嘱人意思，承认其效力。②

第二节　遗赠的要件与效力

一、遗赠的要件

（一）遗赠人须具有遗嘱能力

遗赠属于遗嘱或遗嘱的一部分，遗赠人通过订立遗嘱进行遗赠的行为，

① 刘文编著：《继承法比较研究》，中国人民公安大学出版社 2004 年版，第 293 页。

② 史尚宽著：《继承法论》，中国政法大学出版社 2000 年版，第 509 页；陈棋炎、黄宗乐、郭振恭著：《民法继承新论》（修订七版），三民书局 2011 年版，第 347 页。

属于法律行为，因此遗赠人必须具备相应的行为能力即遗嘱能力，没有遗嘱能力的遗赠人所进行的遗赠无效。

（二）成立遗赠须依照遗嘱的法定方式进行

法律对遗嘱的形式要件有明确的规定。遗赠既然以遗嘱的方式进行，则该遗嘱须符合法律所规定的形式要件。若遗赠不具备遗嘱成立的形式要件，则该遗赠不成立。

（三）受遗赠人须是在遗嘱发生效力时存在的自然人或法人

受遗赠人须于遗赠人死亡时尚存在，否则遗赠无效，这就是所谓的同时存在原则。若受遗赠人是自然人，必须在遗赠人死亡时还活着。受遗赠自然人在遗赠人死亡前已经死亡、与受遗赠人同时死亡或推定同时死亡，则遗赠都是无效的。台湾地区有学者指出，若遗赠人表示受遗赠人死亡时，其应受的财产利益由其继承人承继的，则可以视为补充遗赠，法律应承认有效。①

如果遗赠人以胎儿为受遗赠人而该胎儿在遗赠人死亡时尚未出生的，遗赠仍应有效。其根据是台湾地区“民法”第7条的规定，“胎儿以将来非死产者为限，关于其个人利益之保护，视为既已出生”。既然视为已经出生，也就是视为其存在，则当然以胎儿将来非死产为限。若胎儿出生时死亡的，则不发生遗赠，原预备转移给出生后婴儿的财产利益仍回归于遗产。但问题是：遗赠人是否可以以尚未受胎的胎儿为受遗赠人？例如甲立遗嘱表明将自己的房屋遗赠给自己将来出生的长孙，而甲死亡时其儿媳却尚未怀孕，该遗赠是否有效？对此，台湾地区学者观点不一。史尚宽先生采肯定说，其理由是：第一，受遗赠人并非被继承人权利的承受者，只是取得对遗赠义务人的请求权，因此受遗赠人在概念上无须在继承开始时就已经存在或确定；第二，遗嘱制度的价值核心在于尊重死者的最终意思，因此不必像对继承人一样对受遗赠人做严格的解释；第三，遗赠既然允许附条件，则以将来享有权利能力作为条件的遗赠也应承认有效，这在理论上应该不存在妨碍。② 黄宗乐先生则采否定说，理由是：第一，如果采取肯定说，那么如果受遗赠人一

① 史尚宽著：《继承法论》，中国政法大学出版社2000年版，第509页。

② 史尚宽著：《继承法论》，中国政法大学出版社2000年版，第510页。

直未出生，法律关系就一直无法确定，尤其是继承人究竟要管理遗赠财产到什么时候，更是无法明确，这显然对继承人不利；第二，在遗赠中，仍然应当尊重继承法上的同时存在原则，受遗赠人必须是在遗赠发生效力即遗赠人死亡时存在的人或胎儿。①

遗赠人是否可以以设立中的法人为受遗赠人？通说认为可以，理由是设立中的法人也就如同受孕的胎儿，应准用关于胎儿的规定。如果法人最终未设立，也就如同胎儿死产，原预备转移给设立后法人的财产利益仍回归于遗产。但对于遗嘱发生效力时尚未订立章程或完成捐助行为的营利法人或公益法人，能否为受遗赠人，史尚宽、黄宗乐两位先生依然存在分歧。史尚宽先生仍采肯定说，理由一如遗赠发生效力时尚未受胎的胎儿。② 黄宗乐先生则主张除非遗赠本身即是捐助行为以成立公益法人，否则按照继承法同时存在原则，应解释为不得为受遗赠人。③

（四）遗赠人死亡时遗赠财产须属于遗产

根据台湾地区“民法”第1202条规定，一般来说，遗赠人死亡时遗赠财产应属于遗产范围。若有部分不属于遗产的，则涉及该部分的遗赠无效，若全部不属于遗产的，则全部遗赠无效。如果遗赠人生前已将该遗赠标的物的所有权让与他人，则根据台湾地区“民法”第1221条的规定，“遗嘱人于为遗嘱后所为之行为与遗嘱有相牴触者，其牴触部分，遗嘱视为撤回”，据此，对该行为应视为遗赠人撤回遗赠。

但有一情况例外，根据台湾地区“民法”第1202条的但书规定，纵然在遗赠人死亡时遗赠标的物不属于遗产，但遗嘱另有意思表示者，从其意思。也就是说，如果遗赠人在遗嘱中明确表示虽然遗赠标的物不属于遗产范围，但仍以之遗赠的，则该遗赠仍然有效。此时，在遗赠生效后，遗赠义务人负有取得遗赠标的物并将之移转给受遗赠人的义务；若无法取得该遗赠标的物，则应支付其价额；若虽能取得该遗赠标的物但须花费巨额费用的，允

---

① 陈棋炎、黄宗乐、郭振恭著：《民法继承新论》（修订七版），三民书局2011年版，第348页。

② 史尚宽著：《继承法论》，中国政法大学出版社2000年版，第510页。

③ 陈棋炎、黄宗乐、郭振恭著：《民法继承新论》（修订七版），三民书局2011年版，第348页。

许遗赠义务人给付价额，而免除其取得并移转遗赠标的物的义务。①

（五）受遗赠人须未丧失受遗赠权

如前所述，凡是具有权利能力的人都有受遗赠权。但是如果受遗赠人对遗赠人或遗赠人的应继承人有重大不法或不道德的行为，却仍然可以获得遗赠，则与人情法理不合。因此我国台湾地区“民法”第1188条规定对此准用第1145条关于继承权丧失的规定。根据台湾地区“民法”第1145条“继承权丧失之事由”的规定，有以下情事之一的，受遗赠人丧失受遗赠权：

1. 故意致遗赠人或遗赠人的应继承人死亡或虽未致死但因此受到刑事制裁的；

2. 以诈欺或胁迫的方式使遗赠人进行关于遗赠的遗嘱，或使其撤回或变更相关遗嘱，未经遗赠人宥恕的；

3. 以诈欺或胁迫的方式妨害遗赠人进行关于继承、遗赠的遗嘱，或妨害其撤回或变更相关遗嘱，未经遗赠人宥恕的；

4. 伪造、变造、隐匿或湮灭遗赠人关于继承、遗赠的遗嘱的；

5. 对于遗赠人有重大虐待或侮辱情事，经遗赠人表示其不得受遗赠的。

（六）遗赠须不违反关于特留分的规定

根据台湾地区“民法”第1187条的规定，“遗嘱人于不违反关于特留分规定之范围内，得以遗嘱自由处分遗产”。因此，遗赠须不违反法律关于特留分的规定。但遗赠如果违反了关于特留分的规定，也并非就是无效的，而是属于效力待定。根据台湾地区“民法”第1225条规定，继承人可以在保全特留分必要的限度内，按其不足之数从遗赠财产中扣减。至于是否扣减，则是继承人的自由。如果继承人不进行扣减，则即使是违反了关于特留分的规定，该遗赠仍然有效。

二、遗赠的效力

（一）遗赠效力的发生时间

1. 单纯遗赠，即一般的遗赠，在遗赠人死亡时发生效力。

---

① 史尚宽著：《继承法论》，中国政法大学出版社2000年版，第512页。

2. 附停止条件的遗赠，于条件成就时发生效力；如果在遗赠人死亡之前条件就已经成就，遗赠视为无条件，在遗赠人死亡时发生效力。附解除条件的遗赠，于遗赠人死亡时发生效力；在遗赠人死亡前解除条件已经确定不能成就的，遗赠为无条件的单纯遗赠，仍于遗赠人死亡时发生效力。

3. 附始期的遗赠，于期限到来时发生效力。附终期的遗赠，于遗赠人死亡时发生效力。

4. 附负担的遗赠，于遗赠人死亡时发生效力。因为负担并非条件，因此受遗赠人是否履行负担，并不影响遗赠发生效力。

（二）遗赠的债权效力

遗赠的效力是属于物权的效力还是债权的效力？换句话说，遗赠标的物是在继承开始时就当然移转给受遗赠人，还是要等到登记或交付时才发生移转？对此，我国台湾地区学者的见解不一：①

1. 有学者认为：对于包括遗赠，遗赠标的财产于遗赠效力发生的同时当然移转给受遗赠人，无须等待遗赠义务人的交付，因此，其具有物权的效力；只是如果遗赠财产中有不动产且没有经过登记时，其效力还未完成。对于特定遗赠，遗赠标的物经常一并概括地移转给继承人，在遗赠发生效力时，受遗赠人仅有向继承人（即遗赠义务人）请求标的物交付或登记的权利，因此仅有债权的效力。

2. 有学者认为：我国台湾地区"民法"就物权的变动，既然是采取形式主义，动产所有权的移转须依交付，不动产所有权的移转须经登记，则除了遗赠人没有直系血亲卑亲属时包括遗赠可以视为继承人的指定外，其他的遗赠都只有债权的效力。

3. 通说认为：不论是包括遗赠还是特定遗赠，均仅发生债权的效力。首先，因为我国台湾地区"民法"并不把包括受遗赠人视为继承人，因此不能像遗产继承一样做物权效力的解释。其次，台湾地区"民法"经过修正，已经废除指定继承人制度，遗赠仅仅是单纯地作为遗产上利益的无偿让与，今后已经不可能有"遗赠人没有直系血亲卑亲属时包括遗赠可以视为

---

① 陈棋炎、黄宗乐、郭振恭著：《民法继承新论》（修订七版），三民书局2011年版，第349—350页。

继承人的指定”这种情形的存在。最后，台湾地区“民法”在物权的变动上，对于不动产以登记，对于动产以交付作为生效要件。对于遗赠在法律上并没有设任何例外，因此仍须适用一般的原则，受遗赠人物权的取得，有待于登记或交付，遗赠仅有债权效力。

依照通说，遗赠仅有债权的效力，因此，第一，受遗赠人在继承开始时，并不当然地取得遗赠标的物的所有权或其他物权，而必须在继承开始后，由继承人进行移转登记或交付后，受遗赠人才取得遗赠标的物的所有权或其他物权。第二，没有经过移转登记或交付，受遗赠人不得对第三占有人、第三债务人进行关于受遗赠财产的请求。第三，受遗赠人的债权居于遗产债权人之后，在限定责任继承、无人承认的继承情形下，继承人或遗产管理人必须对继承债务进行清偿后，才能交付遗赠财产。第四，继承人或遗产管理人为清偿继承债务或缴纳遗产税，可以变卖遗赠财产。但是，在执行时应注意以下问题：（1）受遗赠人属于遗产债权人，除了其遗赠因为违反特留分的限制而被扣减外，应先于继承人及继承人的债权人受清偿。（2）为保护受遗赠人的利益免受继承人及其债权人的侵害，在特定物遗赠中，应解释为遗赠开始时，即视为遗赠财产的所有权移转给于遗赠人；在债务免除的遗赠中，应解释为在遗赠开始时，受遗赠人的债务即视为归于消灭。从而使以上两种遗赠具有物权的效力。（3）受遗赠人为保全其遗赠，可以对遗赠财产进行假扣押或假处分；对于不动产遗赠，可以按照我国台湾地区“土地法”的规定进行预告登记。（4）按照台湾地区“民法”第1216条的规定，继承人在遗嘱执行人执行职务的过程中，不得处分和遗嘱有关的财产，其中包括遗赠财产。

三、遗赠义务人

遗赠义务人是指负有履行遗赠义务的人。在遗赠中，虽然也有不产生遗赠义务的情形，例如债务免除的遗赠，但大部分遗赠都伴有遗赠义务，因此，以有遗赠义务人为必要。我国台湾地区“民法”中没有遗赠义务人的名称，只使用“继承人”的称谓。遗赠义务人多数情况下为继承人，但也有非继承人作为遗赠义务人的情况，主要体现在：

1. 遗嘱执行人。遗嘱执行人由遗嘱指定或遗嘱委托他人指定，或亲属会议、法院选任，因具有管理遗产，并为执行上必要行为的职务，被视为继承人的代理人，但在其执行职务中继承人不得处分和遗嘱有关的遗产，并不得妨碍其职务之执行。因此，遗嘱执行人未必为继承人，此时的遗嘱执行人为遗赠义务人。

2. 遗产管理人。在无人承认的继承中，遗产管理人有交付遗赠物的职务。在继承人承认继承前，遗产管理人所进行的职务行为视为继承人的代理。因此，在继承人承认继承前，遗产管理人为遗赠义务人。

3. 前位受遗赠人。在后继遗赠中，前位受遗赠人是后位受遗赠人的遗赠义务人。

当继承人有数人时，除遗嘱另有指定外，共同为遗赠义务人。在遗产分割前为公同共有债务人，在分割后各按其所受遗产价值的限度负连带责任；而在相互之间，除另有约定外，按其应继分比例负担。遗赠标的物即使属于共同继承人当中一人的，也同上处理。但是，遗赠人可以指定共同继承人当中的一人负担该遗赠。①

遗赠义务人即使在遗赠人死亡时已经死亡或丧失继承权或抛弃继承权，除遗嘱另有意思表示外，不影响遗赠的效力，此时由因为原遗赠义务人的出缺而直接受益的人作为新的遗赠义务人。

四、遗赠的无效、不生效、撤回和撤销

遗赠本身即是遗嘱内容的部分或全部，因此遗嘱的无效、不生效、撤回和撤销的规定也当然适用于遗赠。根据我国台湾地区“民法”的规定，遗赠无效、不生效、撤回及撤销的情形包括如下：

（一）遗赠的无效

1. 根据台湾地区“民法”第1186条规定，无遗嘱能力人所为的遗赠无效。

2. 根据台湾地区“民法”第71条规定，遗嘱的内容违反强制规定或禁止规定的无效，但如果该规定不以之为无效的，则仍为有效。例如根据台湾地区“民法”第1225条规定，遗嘱违反关于特留分规定的，并非无效，而

① 史尚宽著：《继承法论》，中国政法大学出版社2000年版，第517页。

是赋予特留分权利人权利进行扣减，甚至特留分权利人也可放弃扣减。

3. 根据台湾地区“民法”第72条及民国二十六年院字1656号规定，遗嘱的内容违反公序良俗的无效。但是如果仅仅是遗嘱的一部分内容违反公序良俗的，应当理解为该部分如与遗嘱的其他部分不可分，则遗嘱全部无效，如系可分，则仅该违反公序良俗的部分无效。

4. 根据台湾地区“民法”第73条及民国二十八年上字2293号规定，遗嘱违反法定方式的无效，但法律规定不以之为无效的，则仍然有效。例如根据台湾地区“民法”第1193条，密封遗嘱不具备第1192条所定的方式，而具备第1190条所定自书遗嘱方式的，有自书遗嘱的效力。

5. 由于遗嘱是没有相对人的单独行为，因此不会发生因为心中保留或虚伪表示而导致无效的问题。

（二）遗嘱的不生效

所谓遗嘱的不生效，是指遗嘱已经合法成立，然而因为后来的事由导致不能发生效力。其情形如下：

1. 遗赠附有解除条件或终期，在遗嘱人死亡之前，条件业已成就或期限已届至的，遗赠不生效。

2. 根据台湾地区“民法”第1201条规定，受遗赠人于遗嘱发生效力前死亡的，其遗赠不生效力。但学说认为遗赠人在遗嘱中另有意思表示的应承认其效力。① 例如遗嘱人在遗嘱中明确表示，如发生受遗赠人先于遗嘱人死亡的，当遗嘱生效时，遗赠之遗产给予受遗赠人的子女，即是一种有效的补充遗赠。

3. 对于附停止条件的遗赠，受遗赠人在条件成就前死亡的，遗赠不发生效力，但遗嘱中另有意思表示的，学说认为应承认其效力。②

4. 根据台湾地区“民法”第1188条规定，受遗赠人在遗嘱成立后丧失受遗赠权的无效。

5. 根据台湾地区“民法”第1202条规定，遗赠的财产于继承开始时已不属于遗产的，其遗赠无效，但实际上该事由系“后来的事由”，因此应解

① 陈棋炎、黄宗乐、郭振恭著：《民法继承新论》，三民书局1990年版，第423页。
② 陈棋炎、黄宗乐、郭振恭著：《民法继承新论》，三民书局1990年版，第423页。

释为遗赠不生效力。

6. 以遗嘱指定应继分或为遗赠而侵害特留分时，该侵害的部分为扣减的标的，但因为是否扣减有赖于特留分权利人的意志，因此，遗嘱的这部分是否不生效取决于特留分权利人的主张。

7. 以胎儿为受遗赠人，而胎儿出生为死产的，遗赠不生效力。

当遗赠无效或不生效力时，遗赠财产仍属于遗产。

（三）遗赠的撤回

遗赠为遗嘱内容的部分或全部，关于遗嘱撤回或视为撤回的规定，也适用于遗赠。依照我国台湾地区“民法”第1219条至第1222条的规定，遗赠可因以下事项撤回：

1. 遗赠人依照遗嘱的方式撤回遗赠的部分或全部。

2. 遗赠人以后面的一份遗嘱处分前面所为遗赠中同一标的物的部分或全部，前遗赠视为撤回

3. 遗赠人在为遗赠后所进行的生前行为与遗赠内容有抵触的部分视为撤回。

4. 遗赠人故意破毁或涂销遗嘱，或在遗嘱上记明废弃全部遗嘱或废弃遗赠部分的，其遗赠视为撤回。

（四）遗赠的撤销

台湾地区“民法”总则中关于撤销的规定，也适用于以财产上事项为内容的遗嘱：

1. 根据台湾地区“民法”第88条和第92条的规定，遗嘱人错误的意思表示下所立的遗嘱以及因被诈欺、胁迫而立下的遗嘱可以被撤销。但这样的遗嘱由何人来行使撤销权？如果仅是由遗嘱人自己则可不必有此规定。因为根据台湾“民法”第1219条至1222条的规定，遗嘱人在生前随时可以按照遗嘱的方式或其他行为撤回其遗嘱，而无须另以错误、诈欺、胁迫为理由来撤销。只有根据台湾地区“民法”第1148条规定，由遗嘱人的继承人得承继其撤销权而撤销遗嘱，这样的规定才有意义。至于遗嘱的撤回全则属于遗嘱人的专属权利，不得被其继承人继承。

2. 根据台湾地区“民法”第1205条及准用第412条关于附负担赠与的撤销的规定，对于附有负担的遗赠，受遗赠人不履行其负担时，继承人可以

请求受遗赠人履行其负担或撤销其遗赠。

第三节　遗赠的标的

遗赠的标的包括可供交易的物、权利、劳务及其他有价值的行为。也就是凡是可以成为债务给付标的，都可以成为遗赠的标的。遗赠的标的应该客观、可能，并不违反法律和公序良俗。因为遗赠发生效力的时间是在遗赠人死亡时，因此遗赠的标的是否符合以上要求以及遗赠物确定的时间标准也应为遗赠人死亡时为依据，而不是遗嘱成立时。

一、特定物遗赠

以特定物为遗赠的，在动产须为交付，在不动产须在土地登记簿上进行登记。通常遗赠人仅就遗产中存在的财产进行遗赠，以遗赠发生效力时为准，移转于受遗赠人。我国台湾地区“民法”第1202条规定：“遗嘱人以一定之财产为遗赠，而其财产在继承开始时，有一部分不属于遗产者，其一部分遗赠为无效；全部不属于遗产者，其全部遗赠为无效。”因此，遗赠财产在遗赠成立时属于遗赠人所有，但在遗赠发生效力时不属于遗产范围的，遗赠不发生效力；反之，若遗赠财产在遗赠成立之际并不属于遗赠人所有，但在遗赠发生效力时已经属于遗产范围的，不妨碍遗赠生效。

但是，如果完全贯彻以上原则，就有可能与遗赠人的意思相违背。继承法应在不违背法律和公序良俗原则的情况下最大可能地尊重遗赠人的意思，因此，我国台湾地区“民法”设置了若干特别规定：

（一）根据台湾地区“民法”第1202条但书规定，遗赠财产于继承开始时不属于遗产，但遗赠人明确表示以之遗赠的，该遗赠仍然有效。依台湾地区学者通说，此时，遗赠义务人有取得该遗赠财产并移转于受遗赠人的义务。如该遗赠财产不能取得或需费过巨，除遗嘱有另有意思表示外，遗赠义务人可补偿受遗赠人价额。①

---

① 陈棋炎、黄宗乐、郭振恭著：《民法继承新论》（修订七版），三民书局2011年版，第354页。

（二）根据台湾地区“民法”第1203条的规定，遗赠人因遗赠物灭失、毁损、变造，或丧失物之占有，而对于他人取得权利时，推定以其权利为遗赠。对该部分法条内容进行解读应注意：

1. 在法理上，这是物上代位的推定。即遗赠标的物本身虽然不存在但其代位物存在时，推测遗赠人的意思通常是以遗赠标的物的代位物作为遗赠的标的。但既然是推定，则在遗赠人另外有意思表示时，自然应以其意思为准。而对于遗赠义务人，当然也就可以在提供反证证明遗赠人另有意思表示的情况下推翻这种推定。

2. 遗赠人可因遗赠物灭失、毁损、变造、或丧失物之占有，取得代位标的的偿金请求权：（1）在遗赠物灭失、毁损时，例如因为第三人侵权行为而发生的损害赔偿请求权、因遗赠物曾投保而发生的保险金请求权、因土地征收而发生的补偿金请求权。遗赠物即使仅部分灭失、毁损，也可产生以上权利。又例如遗赠的标的为共有物的一部分，因共有物分割结果而取得的偿金请求权。（2）在遗赠物被变造时，例如因为附合、混合、加工，致使新物的所有权由他人取得时的偿金请求权。（3）在丧失对遗赠物的占有时，例如因为第三人侵夺占有而产生的损害赔偿请求权。

3. 以上偿金请求权，应经过遗赠义务人的债权让与才能获得。但为保护受遗赠人的利益，对于继承人及其债权人来说，以上偿金请求权应视为在继承开始时就已经归属于受遗赠人。

4. 另外，我国台湾地区“民法”还规定了受遗赠人偿金请求权的特殊情形，主要包括：

（1）遗赠标的物的灭失等发生在遗嘱作成之前，则遗赠无效。但如果遗赠人知道标的物灭失的情事而仍然以之为遗赠，则可以认为遗赠人具有以代位权利为遗赠的意思，遗赠仍然有效，受遗赠人可取得偿金请求权。

（2）遗赠人生前将偿金请求权让与他人，该行为与遗赠相抵触，遗赠因此被视为撤回。

（3）遗赠人生前受清偿，偿金请求权因此消灭时，遗赠效力如何？依日本通说此时遗赠无效。但日本与我国台湾地区有学者认为遗赠人生前是否受清偿为偶然事件，以此区别遗赠的效力并不适当，此时以偿金金额为遗赠较为符合遗赠人的意思，更为妥当。①

（4）遗赠人死亡后，善意第三人（如继承人）因遗赠物灭失等原因受清偿时，对于继承人来说应以受遗赠人为权利人，即使对债务人尚未进行债权让与的通知从而使得清偿为有效，受遗赠人也应对继承人拥有不当得利返还请求权。

（5）担保物权优先于受遗赠人的偿金请求权。例如作为遗赠标的的房屋上同时设有抵押权，假设房屋因发生火灾被烧毁，其火灾保险金即使已经由遗赠义务人移转给受遗赠人，如果抵押权人还没有收清偿，抵押权人仍然可以追及至受遗赠人对保险金行使物上代位权。

（三）根据台湾地区“民法”第1203条后段的规定，遗赠人因遗赠物与他物附合或混合，对于附合物或混合物取得权利时，推定以其权利为遗赠。对该部分法条内容进行解读应注意：

1. 遗赠人因遗赠物与他物附合或混合，而取得附合物或混合物的单独所有权或共有权时，推定以其所有权或共有权为遗赠的标的。如果添附的结果是遗赠人丧失遗赠物的所有权时，属于遗赠物的变造，则适用本条前段的规定，遗赠人取得的偿金请求权为遗赠的标的。

2. 他人的动产与遗赠人的不动产附合成为不动产的重要成分，遗赠人因此取得他人动产的所有权，其本身对于不动产的所有权并未因此丧失，不动产并未因此成为新物，因此不适用本段的规定，但不影响该被动产附合的不动产继续作为遗赠的标的。

3. 对于加工，台湾地区“民法”并未规定。在解释上，遗赠物被他人加工，加工价值没有明显超过遗赠物的价值时，遗赠人取得加工物的所有权；遗赠人就遗赠物加上他人的材料进行加工，如遗赠物价值加上加工价值超过他人材料的价值时，也是由遗赠人取得加工物的所有权。此时加工物为新的物，应类推适用本段的规定。

4. 因附合、混合或加工，遗赠人取得标的物的所有权时，对于因此丧失物之所有权的人，应依不当得利的规定支付偿金。该偿金的支付应由谁负担？各国法律对此均无明文规定。在解释上，遗赠人已经于生前支付的，可

---

① 史尚宽著：《继承法论》，中国政法大学出版社2000年版，第523页。

以认为遗赠人有负担的意思。但若遗赠人尚未支付即告死亡的，该支付义务是由继承人还是受遗赠人负担？日本和我国台湾地区的学者对此看法不一。有学者认为：该偿金支付义务为不当得利返还义务，而非附着于物，民法既然没有特别规定，则理论上应该解释为由继承人负担。有学者认为：这种义务并非物的负担，所以除了遗赠人特别表示由受遗赠人负担外，受遗赠人没有负担偿金的义务。有学者认为：应该理解为遗赠人并无给予受遗赠人该利益的意思，所以通常应该以受遗赠人支付为妥当，此时可以视为一种附负担的遗赠。其中以最后一种意见为通说。另外，更有学者提出：遗赠人为善意时仅负现存利益返还的义务。但如果遗赠人为恶意时应负损害赔偿义务，此时，受遗赠人仍然仅于现存利益的限度内负支付偿金的义务，超过现存利益的差额应由继承人负担。①

5. 添附法律规定产生的主旨是：就不同所有人之物因添附而成为新物时，确定该新物的归属。如果是同一所有人的两个物被结合成新的物时，其归属并不产生问题，因此不是添附。然而问题在于：如果遗赠标的物与遗赠人所有的他物附合、混合，或者遗赠人自己加工了遗赠标的物，而产生新物时，遗赠标的物消灭，其遗赠是否仍然有效？此时固然应该依照具体情况来推测遗赠人的意思，但也可以类推适用本条后段的规定：如果遗赠标的物构成新物的主要部分，应推定遗赠人有将该新物所有权给予受遗赠人的意思；不能区分主从时，有学者主张应回归原则，解释为遗赠因标的物的灭失而失去效力；也有学者主张应该按照遗赠标的物与被结合物价值的比例，由受遗赠人与其他遗产权利人共有，似更为附合遗赠人的意思。遗赠人就遗赠标的物为加工时，应推定以加工物为遗赠，但是因加工所增加的价值显然超过遗赠标的物的价值时，则应该推定遗赠人撤回遗赠。②

（四）遗赠标的物瑕疵

1. 权利瑕疵。外国民法一般规定特定遗赠的标的物权利有瑕疵时，遗赠义务人不负瑕疵担保责任。我国台湾地区“民法”对此没有明文规定，

---

① 陈棋炎、黄宗乐、郭振恭著：《民法继承新论》（修订七版），三民书局 2011 年版，第 356—357 页。

② 陈棋炎、黄宗乐、郭振恭著：《民法继承新论》（修订七版），三民书局 2011 年版，第 357 页。

但学者多认为从台湾地区“民法”第1202条规定的原旨来看，在解释上应与外国民法相同：（1）遗赠标的物在遗赠人死亡时已成为被第三人权利标的的，无论第三人的权利是用益物权、担保物权还是租赁权，也不管第三人权利的成立是在遗嘱作成之前还是之后，也不论遗赠人是否知道第三人权利的存在，遗嘱义务人均不负消灭第三人权利的义务。（2）遗赠人对存在于遗赠标的物上的第三人权利有使其消灭的请求权的，该消灭请求权应作为遗赠标的物的从权利移转于受遗赠人。（3）遗赠人在遗嘱中表示遗赠义务人有消灭第三人权利的义务时，遗赠义务人即负有该义务。①

2. 物的瑕疵。遗赠是无偿行为，无论是特定物遗赠还是种类物遗赠，原则上都不产生物的瑕疵担保责任。遗赠标的物有物的瑕疵时，遗赠义务人以继承开始时的状态交付该物即可，但应注意我国台湾地区“民法”第1203条关于遗赠标的物物上代位权利推定为遗赠标的物的规定。②

（五）从物及从权利

按照法国、德国民法的规定，遗赠的效力及于继承开始时遗赠标的物的从物。我国台湾地区“民法”对此没有明文规定，但根据台湾地区“民法”第68条第2项“主物之处分，及于从物”的规定，解释上应做同样的理解，从权利也应与从物同样看待。但应注意的是：遗嘱的效力虽然及于遗赠标的物的从物或从权利，但如果遗嘱另有意思表示的，应从其意思。

（六）孳息

对于遗赠标的物孳息的归属，外国民法多有规定，我国台湾地区“民法”对此没有规定。有学者主张：对于特定物遗赠，受遗赠人从得请求遗赠物交付的时候起，取得遗赠物的孳息；有学者主张：对于特定物遗赠，受遗赠人在遗赠人死亡时，有收取孳息的权利；有学者主张：对于特定物遗赠和限制种类物遗赠，均从得请求交付之日起，受遗赠人有取得孳息的权利；有学者主张：不管是特定物遗赠、限制种类物遗赠还是权利遗赠，受遗赠人从得请求履行遗赠的时候起，有取得孳息的权利。此时孳息归属的确定并不

① 陈棋炎、黄宗乐、郭振恭著：《民法继承新论》（修订七版），三民书局2011年版，第357页。

② 陈棋炎、黄宗乐、郭振恭著：《民法继承新论》（修订七版），三民书局2011年版，第358页。

以所有权的归属为依据，而是为尊重遗赠人的意思以及避免受遗赠人因为遗赠的履行迟延而利益受损，推定遗赠人有让受遗赠人从得请求履行遗赠时起如同取得标的物一样享受利益的意思。① 当然，如果遗赠人在遗嘱中另有意思表示的，应从其意思。在这其中，应当注意以下二点：

1. 受遗赠人得请求履行遗赠的时间，在单纯遗赠中是遗赠人死亡之时；在附停止条件的遗赠中是条件成就之时；在附始期的遗赠中是期限届至之时。

2. 孳息包括天然孳息和法定孳息。但遗赠标的物实际不发生孳息的，受遗赠人无权要求取得孳息。

（七）费用的偿还

关于继承开始后遗赠义务人为遗赠标的物所支出费用的偿还，台湾地区“民法”对此没有规定，但学者提出可以参考外国民法的相关规定，遗赠义务人一般可以在不超过遗赠标的物价额限度内请求受遗赠人偿还，其与受遗赠人之间的权利义务可以考虑准用留置、占有、无因管理等类似法律制度的具体规定。②

二、种类物遗赠

（一）遗赠人可以种类物作为遗赠标的

种类物遗赠，也称为不特定物遗赠，是指遗赠人仅以种类和数量指示遗赠标的物的遗赠。金钱遗赠即属于种类物遗赠。我国台湾地区“民法”上并无种类物遗赠的规定，但在解释上承认种类物遗赠的效力。对此，应注意以下几个问题：

1. 依通说，遗赠义务人应按照遗嘱的要求，给付与遗嘱中规定的种类、品质、数量相符的种类物给受遗赠人。

2. 依照史尚宽先生的观点，种类物遗赠，无论遗产内是否有该种类物，

① 陈棋炎、黄宗乐、郭振恭著：《民法继承新论》（修订七版），三民书局 2011 年版，第357—358 页。

② 陈棋炎、黄宗乐、郭振恭著：《民法继承新论》（修订七版），三民书局 2011 年版，第359 页。

遗赠义务人都有给付的义务。①

3. 根据台湾地区“民法”第200条的规定，按照遗赠人的意思不能确定遗赠标的物的品质时，遗赠义务人应以中等品质的标准进行给付。

（二）遗赠义务人对遗赠物瑕疵的责任

遗赠给付之物如果有权利欠缺或物的瑕疵时，遗赠义务人应承担什么责任？对此，外国民法多明文规定应承担瑕疵担保责任。我国台湾地区“民法”没有明文规定，在解释上认为应分别情况进行处理：

1. 对于以一定数额的金钱为标的的遗赠，虽然也是种类物的一种，但是和普通种类物不同，不发生权利或物的瑕疵担保问题。在遗产中的金钱数额即使没有这么多，遗赠义务人也应该筹措金钱进行给付。

2. 对于限定种类物遗赠，即指示以遗产中某种种类物的一定数量进行遗赠。例如遗赠人指示以其所有的仓库中的1000斤大米进行遗赠，如果遗赠义务人给付的大米有瑕疵，而仓库中另有没有瑕疵的大米，就应换成没有瑕疵的大米；如果仓库中的大米全部都有瑕疵，则遗赠义务人与特定物遗赠相同，仅需给付有瑕疵的大米，不需要另外再承担瑕疵担保责任；如果仓库中原有无瑕疵的大米，但是已经被处分时，则遗赠义务人应负损害赔偿责任；如果仓库中的大米在继承开始时仅存有不到1000斤大米，则因为遗赠的标的物已经特定，应适用关于特定物遗赠的规定。

三、用益权遗赠

用益权遗赠，即是以遗产的使用、收益为遗赠。遗赠通常以财产权的终局移转为内容，但也可以遗产的适用或收益或使用及收益为内容。如果遗赠是以地上权、农育权、不动产役权或典权的设定为内容，则遗赠义务人有设定的义务，称为权利设定的遗赠。

在理解用益权遗赠问题时，应注意以下几个问题：

1. 用益权遗赠中，遗赠标的物的所有权仍然属于遗产。受遗赠人在对遗赠标的物使用收益达到一定期限后，仍应返还给遗赠义务人。根据我国台湾地区“民法”第1204条的规定，以遗产的使用、收益为遗赠，而遗嘱没

① 史尚宽著：《继承法论》，中国政法大学出版社2000年版，第525页。

有规定其返还期限，并且不能根据遗赠的性质来确定其期限的，以受遗赠人终身为期限。由此可知遗赠标的物返还的时间的确定规则如下：

（1）遗嘱中规定有返还期限的，从其所定期限。

（2）遗嘱中没有规定返还期限，但能根据遗嘱的性质确定其期限的，则依遗嘱的性质确定期限。

（3）遗嘱未定返还期限，又不能依照遗赠的性质确定期限的，则以受遗赠人的终身为期限。

2. 受遗赠人在期限届满前死亡时遗产的处理。实践中经常出现的问题是，遗嘱中规定有返还期限，或者虽然没有规定返还期限但是能依遗嘱的性质来确定返还期限的，受遗赠人如果在期限届满之前死亡，该遗产是否应该在受遗赠人死亡时返还给遗赠义务人？（即是否应以受遗赠人终身为限?）还是说应该由受遗赠人的继承人享受遗赠的权利？对此我国台湾地区学界看法不一。有学者主张：应该以受遗赠人死亡时为遗产返还的期限，因为对于用益权遗赠，遗赠人的意思仅是以该遗产的使用收益遗赠给其指定的受遗赠人，而不及于受遗赠人的继承人；即是依遗赠的性质能确定返还期限的，也应当在受遗赠人死亡时返还遗产。有学者主张：用益权遗赠的特点虽然在遗赠的权利及于受遗赠人本身而止，但受遗赠人死亡，遗嘱所定期限尚未届满，或者依遗赠的性质其返还期限尚未到来，则受遗赠人的继承人，并非就不能继承受遗赠的权利，不能说受遗赠人死亡即是返还期限的到来；法条所谓以受遗赠人的终身为期限，针对的是遗嘱未定期限，又不能依遗赠的性质确定期限的情况。还有学者主张：应该依照遗赠人的意思即遗赠的性质来进行解释，例如遗嘱指示以某资产的收益供甲留学之用，如果甲未及完成学业即死亡，当然应以其死亡时间作为资产用益权的返还期限；但如果遗嘱指示以某房屋遗赠于甲一家居住五年，则即使甲死亡，其继承人当然可以继续居住至满期为止。[①] 本书赞成第一种主张，认为最后一种主张举例失当，没有说服力。如遗嘱指示以某房屋遗赠于甲一家居住五年，受遗赠人非甲一人，也包括甲的家人，因此，甲死亡并不影响其家人继续享受受遗赠的权利。

---

① 陈棋炎、黄宗乐、郭振恭著：《民法继承新论》（修订七版），三民书局 2011 年版，第 362 页。

第四节　附负担的遗赠

一、附负担遗赠的概念

附负担遗赠，也称为附义务遗赠，是指遗赠人为自己、其继承人或第三人或一般公众利益，对于受遗赠人课以履行一定义务的负担的遗赠。

附负担遗赠与附负担的赠与相似，虽然有负担但不影响其作为无偿行为的本质。但前者是单独行为，无须相对人的承诺；后者则根据契约，以相对人的承诺为要件。而两者既然类似，在解释适用上可以互为补充。

附负担遗赠，就遗赠与负担之间的牵连关系来说，与附条件遗赠相似。但应注意负担是附款而不是条件。因为并不是以“负担的履行”作为停止条件，因此，受遗赠人即使不履行负担，遗赠仍然发生效力。对于附停止条件的遗赠，在条件成就前，遗赠的效力虽然被停止，但并非要求受遗赠人承担义务；又因为并不是以“负担的不履行”为解除条件，因此，受遗赠人即使不履行负担，遗赠也不会当然失去效力，仅是在受遗赠人不履行负担时，继承人可以请求其履行或者撤销遗赠。

我国台湾地区“民法”上并没有包括遗赠的规定，但在通说上认为解释上应承认包括遗赠以及附负担的包括遗赠的效力。

二、负担的内容

负担的内容必须是有实现可能的一定给付，不一定要有经济利益，可以与遗赠标的完全无关，但必须是法律上的义务。因此，有学者认为道德上的要求不能构成负担；有学者认为单纯的遗赠物用途的指定也不能作为负担；有学者提出遗赠人如果不是以受遗赠人违反道德上的要求或遗赠物指定用途作为遗赠的解除条件，则该道德要求或用途指定在法律上没有任何意义；也有学者提出如果遗赠人特别指明以道德要求或用途指定为法律上的义务时，则遗赠人应负此义务。① 本书认为道德义务与法律义务的区别在于道德义务

① 陈棋炎、黄宗乐、郭振恭著：《民法继承新论》（修订七版），三民书局2011年版，第363页。

可以是抽象的，也可以是具体的，而法律义务只能是具体的，因此，抽象的道德义务无法通过遗赠人意志成为法律义务。例如遗赠人要求受遗赠人谦虚谨慎，就很难有具体量化的标准去衡量，因此无法成为负担的内容。但如果道德要求是具体的可以量化的标准，也包括指定遗赠标的物的用途，却是可以成为负担内容的。

作为负担的内容如果是不能、不确定或不法的事项，或违反公序良俗，负担无效。但问题是此时遗赠是否也随之无效？根据《德国民法典》第219条的规定，如果可以认定遗赠人知道负担无效就不会进行遗赠时，遗赠无效。而台湾地区学界的通说依从德国民法的规定。反过来也就是说，如果不能认定遗赠人知道负担无效就不会进行遗赠时，遗赠仍然有效，并成为无负担的单纯遗赠。

三、负担履行义务人与负担履行请求权人

（一）负担履行义务人

负担是遗赠的附款，因此，负担履行义务人应是受遗赠人。

受遗赠人在遗赠发生效力后未履行负担之前死亡的，其继承人是否须负履行负担的义务？应分别情形做检讨：

1. 受遗赠人在作出对遗赠的承认或抛弃之前死亡时。对于这种情形，有学者主张：只有受遗赠人在承认遗赠以后没有履行之前死亡时，其继承人才承继其地位，承担履行负担的义务。有学者主张：如果遗赠已经发生效力，即继承开始时受遗赠人尚存在，并且没有丧失受遗赠权，则其后受遗赠人虽然在承认或抛弃遗赠的意思作出之前死亡，其继承人仍然可以承继其地位，对遗赠进行承认或抛弃。① 德国、日本、韩国民法作后一种规定。本书也赞同后一种规定。因而，受遗赠人的继承人如果承认遗赠的，则于其应继分的范围内承担履行负担的义务；受遗赠人已经承认遗赠但未履行负担即已死亡的，则受遗赠人承认继承的继承人承担履行负担的义务；受遗赠人的继承人有数人，一部分继承人承认遗赠，其他继承人抛弃遗赠时，抛弃者应负

① 陈棋炎、黄宗乐、郭振恭著：《民法继承新论》（修订七版），三民书局2011年版，第364—365页。

担的部分，按承认者各自的应继分，由承认者承担履行的义务。被抛弃的部分遗赠，也由承认者按各自应继分取得。

2. 受遗赠人在作出对遗赠的承认或抛弃之后死亡时。受遗赠人已经承认遗赠时，遗赠标的物即成为其遗产的一部分，受遗赠人的继承人除非抛弃继承，其应于应继分的限度内承担履行负担的义务。其负担如果是可分的为可分债务，如果是不可分的为不可分债务。

受遗赠人已经抛弃遗赠时，其继承人自然不需要承担履行负担的义务。此时，遗赠财产仍然属于遗赠人的遗产。

（二）负担履行请求权人

在实践中，任何人是否都可以请求受遗赠人或其继承人履行遗赠的负担？我国台湾地区“民法”对此并没有明文规定。在解释上，遗赠人在遗嘱中有指定履行请求权人的，应依其指定；遗赠人没有指定的，负担履行请求权人应该是遗嘱人的继承人、遗嘱执行人、继承人以外的受益人、负担有关公益时的相关主管机关。

1. 继承人。对于遗赠人的继承人作为负担履行请求权人，学界没有异议。因为和负担的履行利害关系最大的就是遗赠人本人，所以其继承人当然应该享有负担履行请求权。继承人有数人时，各个继承人均可请求履行，无须共同请求。继承人中的一人是附负担受遗赠人的，其他继承人可以请求其履行负担。

2. 遗嘱执行人。遗嘱执行人有管理遗产并进行必要的执行行为的职务，请求负担的履行属于其职责范围。遗赠人在遗嘱中指定负担履行请求权人时，被指定人可以认为是关于履行负担的遗嘱执行人。

3. 受益人。享受负担所设利益的第三人是否可以请求负担的履行？在外国立法例上，有否定的，如德国；有肯定的，如瑞士、意大利；有未做规定的，如日本、韩国。我国台湾地区“民法”对此未做规定，学说中意见不一。有学者主张：有权请求履行负担的，原则上为继承人，继承人以外的受益人没有请求履行负担的权利，只有负担的内容是受遗赠人必须将遗赠财产的一部分给予他人的，可以视为第二遗赠，其第二受遗赠人也享有对受遗赠人的负担履行请求权。有学者主张：台湾地区“民法”既然没有明文规定仅限于继承人享有负担履行请求权，则受益人也可以是负担履行请求权人，特定的受益人应该可以请求受遗赠人向自己履行负担，虽然受益人不是固有意义上的债权人，但在有可归责于负担履行义务人的事由而导致负担履行不能时，也可以请求损害赔偿；非受益人的负担履行请求权人（包括继承人、遗嘱执行人），只能请求负担履行义务人向受益人为给付，不能请求不履行的损害赔偿。①

4. 主管机关。负担涉及公共利益的，公益主管机关也可以请求负担的履行。对此德国民法有明文规定，而我国台湾地区“民法”没有规定，但通说认为负担既然以公益为目的，则自然应该赋予主管机关以请求履行负担的权利，以贯彻遗赠人的意思，实现公益。

四、附负担遗赠的效力

（一）附负担遗赠之受遗赠人的责任

附负担遗赠之受遗赠人，在承认或视为承认遗赠后确定承担履行负担的义务，但其责任以所受利益为限。

1. 遗赠的本质是遗赠人给予受遗赠人利益，如果遗赠的负担比遗赠的利益还要大时，其遗赠已经不是给予利益，而是不利益了。这样的负担有悖于遗赠人的意思。即使确系遗赠人的意思，但遗赠人依单方的意思使受遗赠人蒙受不利益的行为与法理是相悖的。因此我国台湾地区“民法”第1205条明确规定“遗赠附有义务者，受遗赠人以其所受利益为限，负履行之责”。负担大于遗赠利益的，并非遗赠全部无效，而基金是超过遗赠标的的价额的部分无效。遗赠标的的价额与负担的价额相等时，似乎对于受遗赠人无利益可言，但受遗赠人可能会受到财产价值以外的利益影响，例如对标的物喜爱的个人情感利益，并因此承认遗赠履行负担。

2. 依同样的理由，为公平起见，除遗嘱另有意思表示外，如果因为继承人为限定承认，或因为特留份权利人行使扣减权，导致遗赠标的物价额减少时，受遗赠人自然可以按照减少的比例，相应减少其负担的义务。

3. 应以什么时间为准来确定遗赠负担的价额是否大于遗赠标的的价额？是遗赠生效时，或是受遗赠人承认或视为承认遗赠时，还是受遗赠人履行负

① 陈棋炎、黄宗乐、郭振恭著：《民法继承新论》（修订七版），三民书局2011年版，第366页。

担时？对此不无疑问。学界一般认为由于不得使受遗赠人蒙受不利益，因此应该以履行负担时为准来确定。但有时负担的数额无法确定，例如遗赠200万元给甲，而令甲每月从中支付1万元生活费给乙，则负担的数额因乙的寿命长短有所不同。此时应该做这样的解释：甲在用尽200万元及其法定利息后，即可停止对乙的支付，无论乙多么长寿，甲均无须以自己的财产承担给付义务。

4. 当事人对于负担的限度有争执时，应由受诉法院决定。

（二）附负担遗赠之受遗赠人不履行负担的后果

附负担遗赠的受遗赠人或其继承人承认遗赠或视为承认遗赠，并且已经受领移转的遗赠利益，而不履行负担时，宜类推适用我国台湾地区“民法”第412条第1项关于附负担赠与的规定，负担履行请求权人可以请求受遗赠人或其继承人履行负担或撤销遗赠。

1. 负担履行请求权人可以先请求履行负担，如果履行义务人仍然不履行，在撤销遗赠，也可以径直撤销遗赠。但负担如果是不能依强制执行的方法强制其履行的，则只能撤销遗赠，这才有意义。当遗赠被撤销时，原遗赠财产应仍然属于遗产，但受益人对于原来负担履行义务人已经履行的部分利益不负返还义务。除负担的履行客观不能外，因遗赠撤销而取得原遗赠部分的遗产的人仍然应履行负担，以贯彻遗赠人的意志并免于损害受益人的利益。

2. 负担嗣后履行不能的：（1）如果因为不可归责于负担履行义务人的事由导致履行不能的，负担履行义务人免去履行义务而保有遗赠。但因该事由对第三人取得权利的，推定以该权利履行负担。（2）如果因为可归责于负担履行义务人的事由导致履行不能的，特定受益人可以请求损害赔偿。受益人不能主张或没有特定受益人而以公众为受益人的，遗赠人的继承人或遗嘱执行人可以撤销其遗嘱。

第五节　遗赠的承认与抛弃[①]

一、承认与抛弃遗赠的自由

遗赠是遗赠人所为的单方法律行为，自遗赠人死亡时即发生法律效力，

① 大陆称为遗赠的接受与放弃，下同。

而无须遗赠人同意。但对于受遗赠人而言，其是否接受遗赠，乃是其所享有的权利，而非义务。因此，受遗赠人有接受或抛弃遗赠的自由，任何人不得强迫受遗赠人接受遗赠。如果受遗赠人承认（即接受），则遗赠的效力因此而确定。反之，则视为自始无遗赠。[①] 根据我国台湾地区“民法”第1206条规定，受遗赠人在遗赠人死亡后得抛弃遗赠。抛弃溯及到遗赠人死亡时发生效力。

二、承认与抛弃遗赠的期限

我国台湾地区“民法”第1206条第1项规定：“受遗赠人在遗嘱人死亡后，得抛弃遗赠。”受遗赠人只有在遗赠人死亡后才能抛弃遗赠。遗赠人未死亡时，遗赠不发生效力，受遗赠人此时并未实际取得受遗赠权，抛弃遗赠既无必要也不发生任何法律后果。

关于抛弃遗赠的期限，一般认为，受遗赠人在继承开始后可以随时抛弃继承，但根据我国台湾地区“民法”第1207条的规定，继承人或其他利害关系人（如遗赠人的债权人）可以确定一个“相当期限”（即合理期限），请求受遗赠人作出承认遗赠与否的意思表示。受遗赠人如果要抛弃遗赠，则必须在该期限内作出意思表示。期限届满而受遗赠人未表示的，视为接受遗赠。据此，继承人或其他利害关系人享有催告权。但如果遗赠人就受遗赠人抛弃定有期间的，则应从其意思。受遗赠人未抛弃遗赠以前，遗赠效力仍然存在。

在无人承认继承的情况下，受遗赠人必须在法院公告的期限内作出是否抛弃遗赠的声明，否则，虽然在此之后也可以推定为接受遗赠，但受遗赠人只能就偿还债务和交付其他遗赠后的剩余遗产，请求交付遗赠物（参见台湾地区“民法”第1179条、1182条规定）。

三、承认与抛弃遗赠的方式

关于遗赠的承认或抛弃的方式，我国台湾地区“民法”没有明确规定，

① 史尚宽著：《继承法论》，中国政法大学出版社2000年版，第552页；陈棋炎、黄宗乐、郭振恭著：《民法继承新论》（修订七版），三民书局2011年版，第369页。

一般认为，遗赠的承认或抛弃应为不要式法律行为。只要受遗赠人作出意思表示即可，而无须采用法定方式。这种意思表示既可以以明示方式（如书面形式或口头形式）表示，也可以以默示方式进行。如提出遗赠履行的请求、遗赠给付的受领，可视为承认；遗赠给付的拒绝或听任遗赠标的物的其他处分，可视为抛弃。

至于遗赠的承认或抛弃应当向谁作出？我国台湾地区“民法”没有明确规定。在理论上也有不同认识。有的人主张不必对特定相对人作出，有的人主张在通常情形应对继承人作出，在继承人全部抛弃继承或无人承认继承时，应对遗产管理人作出；有的人认为在通常情形下，应对继承人作出，在特殊情形下，须对亲属会议作出，在附有义务的遗赠应对于因其义务的履行而得到利益者作出；也有的人认为在通常情形下，应对继承人或有遗产管理权的遗赠执行人作出。在特别情况下，应对利害关系人作出。经利害关系人催告的，也可以对催告人作出。① 台湾地区民法学者史尚宽、陈棋炎、黄宗乐、郭振恭等均主张采用最后一种观点。归纳起来就是，受遗赠人抛弃遗赠时应当向遗赠义务人作出意思表示。遗赠义务人包括继承人、遗赠执行人或遗产管理人。

四、承认与抛弃遗赠的限制

根据我国台湾地区学者研究，认为承认与抛弃遗赠应受以下限制：②

第一，应为单纯承认或抛弃，不得附条件或附期限。

第二，对于特定遗赠，因其标的是具体、特定的，受遗赠人又不负担遗赠债务，可以部分承认或抛弃。

第三，遗赠的承认或抛弃，不得撤回。受遗赠人一旦承认遗赠后，则不得再抛弃，即不能撤回对遗赠的承认。受遗赠人一旦作出抛弃继承的意思表示，则不得撤销对遗赠的抛弃。

---

① 陈棋炎、黄宗乐、郭振恭著：《民法继承新论》（修订七版），三民书局 2011 年版，第 370 页。

② 史尚宽著：《继承法论》，中国政法大学出版社 2000 年版，第 554 页；陈棋炎、黄宗乐、郭振恭著：《民法继承新论》（修订七版），三民书局 2011 年版，第 371 页。

五、承认与抛弃的能力与权利人

遗赠的承认或抛弃属于民法上的财产行为，因此，有关其能力问题应适用民法总则关于行为能力的规定。凡是无行为能力人，不得自己进行遗赠的承认或抛弃，而应法定代理人代理进行，否则该行为无效。① 对于限制行为能力人，则应区分不同情况。如系单纯遗赠，因其属于纯获法律利益的行为，可以由限制行为能力人单独进行意思表示，不以法定代理人的同意为必要。② 如系附负担遗赠，则因承认或抛弃行为属于单独行为，应经其法定代理人的允许才可进行，否则其承认或抛弃行为无效。③

依照台湾地区“民法”第1208条第1项的规定，有权进行遗赠的承认或抛弃的主体为受遗赠人。如果受遗赠人没有作出遗赠的承认或抛弃的意思表示而死亡的，其继承人可以在自己的继承权的范围内进行承认或抛弃，但遗嘱人另有意思表示的，则从其意思。对于受遗赠人为法人，在遗赠人死亡后没有作出承认或抛弃而解散的，因法人没有继承人，如其遗赠系以法人的存续为前提者，应解释为其遗赠溯及于继承开始时失去效力，否则清算法人可以作出遗赠的承认或抛弃的意思表示。如果清算终结，则法人即丧失其法律人格，受遗赠人不复存在，不得再进行遗赠的承认或抛弃，所剩余的财产应归属于权利人。④

六、承认与否的催告

1. 催告的意义。从理论上说，在遗赠人死亡后，受遗赠人可以随时承认或抛弃遗赠，但台湾地区“民法”目前对遗赠的承认或抛弃期限限制问题没有作出规定。如果受遗赠人在继承开始后长期不作出承认与否的意思表

---

① 台湾地区“民法”第75条规定：“无行为能力人之意思表示，无效。”第76条规定：“无行为能力人由法定代理人代为意思表示，并代受意思表示。”

② 台湾地区“民法”第77条规定：“限制行为能力人为意思表示及受意思表示，应得法定代理人之允许。但纯获法律上之利益，或依其年龄及身分、日常生活所必需者，不在此限。”

③ 史尚宽著：《继承法论》，中国政法大学出版社2000年版，第554—555页；陈棋炎、黄宗乐、郭振恭著：《民法继承新论》（修订七版），三民书局2011年版，第372页。

④ 史尚宽著：《继承法论》，中国政法大学出版社2000年版，第554—555页；陈棋炎、黄宗乐、郭振恭著：《民法继承新论》（修订七版），三民书局2011年版，第372—373页。

示，则继承人及其他利害关系人的权利就处于不确定的状态，为此，台湾地区“民法”第1207条规定：“继承人或其他利害关系人，得定相当期限，请求受遗赠人于期限内为承认遗赠与否之表示；期限届满，尚未表示者，视为承认遗赠。”

2. 催告权的权利主体。根据台湾地区“民法”第1207条的规定，继承人及利害关系人享有催告权。这里的继承人，是指有履行遗赠义务的继承人。其他利害关系人包括遗嘱执行人、遗赠义务人的债权人、补充受遗赠人、后位受遗赠人等。在继承人均抛弃继承或无人承认继承的情况下，遗产管理人也是催告权的权利主体。当继承人有数人时，可以各自单独行使催告权。

3. 催告的期限和方式。继承人及利害关系人所定催告期限是否“相当”，应依客观的具体标准来决定。情事比较复杂的，则催告期限须相对宽余。当事人为此而发生争议的，有法院作出终局判定。

由于催告的性质为意思通知，催告因到达受遗赠人而发生效力，因此，催告的受领能力准用意思表示受领能力的规定，期间自受遗赠人或其继承人知道催告事实之时起算。①

催告无须特别方式，既可以以书面形式进行，也可以用言词表达。

4. 催告的效力。根据台湾地区“民法”第1207条的规定，受遗赠人在催告所定相当期限内没有作出意思表示的，视为承认遗赠。

根据史尚宽、陈棋炎等先生的观点，这种承认的法律效力应类推适用关于行为能力的规定。当受遗赠人为限制行为能力人时，其只有在纯获利益的单纯遗赠中可不经法定代理人的同意而单独作出意思表示。对于单纯遗赠在催告期限内没有明确答复的，可以发生承认的效力。但在附负担遗赠中，则没有经过法定代理人的允许，其单独进行承认的明确答复则是无效的（参见台湾地区“民法”第78条规定）。除了其催告系向法定代理人发出或未法定代理人所知悉外，其催告不发生效力。而受遗赠人超过催告期限而未作出明确答复者，也不视为承认。当受遗赠人为无行为能力人时，除继承人或其他利害关系人的催告是向其法定代理人发出或为法定代理人所知悉外，不

① 史尚宽著：《继承法论》，中国政法大学出版社2000年版，第556页。

问单纯遗赠还是附负担遗赠，其催告均不发生效力。而受遗赠的承认或抛弃也须由限制行为能力人的法定代理人作出。法定代理人超过催告期限而未作出明确答复的，才视为承认。①

七、承认与抛弃遗赠的效力

1. 遗赠承认的效力。遗赠与遗嘱继承一样，自遗嘱人死亡时起发生法律效力。受遗赠人的承认只不过是在维持遗赠的效力而已。承认遗赠的效果体现在：一旦承认遗赠，受遗赠人不得再为抛弃，也不得撤回对遗赠的承认。

遗赠一经承认，受遗赠人自遗嘱发生效力时起，取得遗赠物交付、移转请求权，对于特定物的遗赠，由该物所生之孳息也一并归属于受遗赠人。

2. 遗嘱抛弃的效力。主要体现在：第一，受遗赠人抛弃遗赠的，溯及于遗嘱人死亡时发生效力。② 因此，遗赠一经抛弃，受遗赠人即视为自始未受遗赠。第二，受遗赠人或其继承人一旦抛弃遗赠后，就不得撤销其对遗赠的抛弃。第三，遗赠无效或抛弃时，其遗赠的财产仍属于遗产。③

① 史尚宽著：《继承法论》，中国政法大学出版社2000年版，第557页；陈棋炎、黄宗乐、郭振恭著：《民法继承新论》（修订七版），三民书局2011年版，第374页。

② 参见台湾地区“民法”第1206条第2项规定。

③ 参见台湾地区“民法”第1208条规定。

第六章　两岸若干继承制度之比较及其借鉴

第一节　法定继承人范围与顺序制度比较及其借鉴

法定继承是我国公民继承遗产的主要方式。《继承法》依据与被继承人的婚姻关系、血缘关系和扶养关系明确规定了继承人的范围、继承顺序等内容。从目前海峡两岸有关法定继承人的范围与顺序的规定来看，两岸对于法定继承人范围与顺序的规定具有相同之处，又各具特色。

一、大陆关于法定继承人范围与顺序的有关规定

法定继承以特定的人身关系为前提。对于法定继承人的范围和顺序的确定，《继承法》目前采用的是“亲等继承制”，实行配偶继承与血亲继承并重的原则。① 它依据与被继承人的婚姻关系、血缘关系和扶养关系（即经济依赖程度）来确定继承人的范围、继承顺序和遗产的份额，且严格限定在有扶养关系的家庭成员范围之内。②

根据《继承法》第10、11、12条的规定，法定继承人的范围包括：配偶、子女、父母、兄弟姐妹、祖父母、外祖父母；孙子女、外孙子女（为代位继承人）；对公婆或岳父母尽了主要赡养义务的丧偶儿媳或丧偶女婿。法定继承分为二个顺序，第一顺序为配偶、子女、父母；第二顺序为兄弟姐

① 王杲纯主编：《中国民商法律制度》，中国检察出版社1998年版，第222页

② 刘春茂主编：《中国民法学·财产继承》（修订版），人民法院出版社2008年版，第156页；陈明添、吴国平主编：《中国民法学》，法律出版社2007年版，第669页。

妹、祖父母、外祖父母。在代位继承条件下，代位继承人实际上是作为第一顺序法定继承人对待。① 从法律规定本身来看，我们不难发现：《继承法》关于法定继承人范围和顺序的规定有两个主要特点：一是继承人范围和继承顺序规定得比较严格。如果按照罗马法的亲等计算法，我国法律规定的第一顺序法定继承人基本上属于一亲等亲属（配偶、代位继承人除外），第二顺序继承人属于二亲等亲属。即继承人范围只限二亲等以内，且继承顺序只有二个；二是丧偶儿媳对公、婆，丧偶女婿对岳父、岳母尽了主要赡养义务的，作为第一顺序继承人。这是立法上具有中国特色的一个独创，实际上扩大了继承人的范围。

二、我国大陆与台湾地区法定继承人范围与顺序制度比较及其评析

（一）海峡两岸法定继承人范围与顺序制度的有关规定

1. 关于法定继承人范围的规定。法定继承人的范围是指法律规定可以作为被继承人遗产继承人的主体范围。两岸继承法规均采取配偶继承与血亲继承并重的原则，② 在确定法定继承人范围与顺序时，均以法定继承人与被继承人之间存在一定的身份关系以及身份关系的密切程度为依据。这种身份关系包括婚姻关系、血亲关系（含拟制血亲关系）和扶养关系，基本上与两岸当前一般家庭生活范围相适应。

《继承法》第10条的规定，法定继承人范围包括配偶、子女、父母、兄弟姐妹、祖父母、外祖父母。此外，对公婆尽了主要赡养义务的丧偶儿媳和对岳父母尽了主要赡养义务的丧偶女婿也享有继承权（参见《继承法》第12条规定）。而根据台湾地区“民法”第1138条规定，法定继承人的范围包括配偶、直系血亲卑亲属、父母、兄弟姐妹、祖父母（包括外祖父母）。

2. 关于继承顺序的规定。法定继承人顺序，又称法定继承人的顺位，

① 参见《中华人民共和国继承法》第10条、第11条、第12条规定。

② 柳经纬、薛景元、施信贵著：《海峡两岸法律制度比较·民法》，厦门大学出版社1995年版，第351页。

简称为继承顺序，是指法律直接规定的继承人继承遗产时的先后次序。在继承开始时，顺序在先的继承人优先于顺序在后的继承人继承遗产。只有在没有前一顺序继承人参加继承时，才由后一顺序继承人继承遗产。

根据《继承法》第 10 条和第 12 条的规定，遗产按照下列顺序继承：第一顺序为配偶、子女、父母，第二顺序为兄弟姐妹、祖父母、外祖父母。对公婆尽了主要赡养义务的丧偶儿媳和对岳父母尽了主要赡养义务的丧偶女婿，作为第一顺序继承人。根据台湾地区“民法”第 1138 条规定，法定继承人顺序分为两种情况：第一，血亲继承人均有各自相应独立的继承顺序，具体分为四个顺序，即第一顺序为直系血亲卑亲属；第二顺序为父母；第三顺序为兄弟姐妹；第四顺序为祖父母（包括外祖父母）。第二，配偶虽为法定继承人，但没有相应独立的继承顺序，而是可以与任何一个顺序的血亲继承人共同继承。当配偶与第一顺序继承人同为继承时，其应继分与其他继承人平均；当配偶与第二顺序继承人同为继承时，其应继分为遗产的二分之一；当配偶与第三顺序继承人同为继承时，其应继分为遗产的二分之一；当配偶与第四顺序继承人同为继承时，其应继分为遗产的三分之二。如果无血亲继承人或所有血亲继承人全部抛弃继承或丧失继承权时，则被继承人的全部一次由配偶独自继承。①

（二）海峡两岸法定继承人范围与顺序制度的相同点

从目前两岸关于法定继承人范围与继承顺序的规定来看，具有一些共同点。主要体现在划分法定继承人范围和确定法定继承人继承顺序的原则和依据基本一致。即海峡两岸法律对法定继承均以特定的人身关系为前提；有关法定继承人的范围和顺序的确定，均实行配偶继承与血亲继承并重的原则，因此两岸所规定的法定继承人的范围基本一致，同时，继承主体严格限定在有扶养关系的家庭成员范围之内。

（三）海峡两岸法定继承人范围与顺序制度的不同点

从海峡两岸关于法定继承人范围与继承顺序的规定来看，也存在着比较大的差异。具体体现在以下几个方面：

① 胡大展主编：《台湾民法研究（下）》，厦门大学出版社 1993 年版，第 476 页；邓建国著：《海峡两岸继承法律实务》，法律出版社 2009 年版，第 73 页。

1. 血亲继承人的继承顺序的划分方法不同。大陆采用的是“亲等继承制”，而台湾采用的是“亲等与亲系结合制”。

2. 法定继承人的具体范围存在差异。一是配偶的范围有所不同。海峡两岸现行婚姻家庭法均以一夫一妻制为原则，配偶作为继承人通常只有一人；而在台湾地区，1985 年“民法”亲属编修订之前，重婚者如无其他无效原因，其婚姻并非无效，只是产生可请求撤销的效力。如果在继承开始前该重婚未被撤销的，则后妻仍属配偶，与前妻享有同等的继承权，在这种情况下就会产生数个配偶继承被继承人遗产的问题。二是关于配偶的继承权的规定由所差异。《继承法》明确规定配偶为第一顺序法定继承人，且享有独立的继承权；在台湾“民法”中，配偶虽为法定继承人，但没有相应独立的继承顺序，而是与任何一个顺序的血亲继承人共同继承，且配偶与不同顺序继承人同为继承时，其应继分额也有所不同。三是关于非婚生子女继承权的规定有所不同。根据《继承法》第 10 条的规定，非婚生子女与婚生子女对生父母的遗产享有平等的继承权；台湾“民法”第 1065 条规定，非婚生子女对于生母的遗产继承权与婚生子女相同，但对于生父的遗产继承权，须其生父与生母结婚或经生父认领（包括经生父抚育），该非婚生子女才能享有与婚生子女相同的地位，否则对生父的遗产不享有继承权。① 四是对于继父母与继子女的继承权规定不同。《继承法》和司法解释规定有扶养关系的继子女对继父母的遗产享有继承权，而且，他们继承继父母的遗产，不影响其继承生父母的遗产。反之亦然，继父母对有扶养关系的继子女和生子女的遗产均享有继承权；在台湾，继父母与继子女是姻亲关系而不是血亲关系，继子女不能继承继父母的遗产，继父母也不能继承继子女的遗产。五是关于胎儿的继承权。在大陆，尚未出生的胎儿不能成为民事主体，因而不能成为继承人。关于胎儿的地位，《继承法》第 28 条只是规定“遗产分割时，应当保留胎儿的继承份额”；而台湾“民法”第 7 条规定：“胎儿以将来非死产者为限，关于其个人利益之保护，视为既已出生。”第 1166 条还规定：“胎儿为继承人时，非保留其应继分，他继承人不得分割遗产。胎儿关于遗

① 柳经纬、薛景元、施信贵著：《海峡两岸法律制度比较·民法》，厦门大学出版社 1995 年版，第 353 页。

产之分割，以其母为代理人”。可见，台湾“继承法”确认胎儿为法定继承人。① 六是对于有扶养关系的继兄弟姐妹，《继承法》规定其相互间享有继承权；而台湾对于因父或母再婚所形成的继兄弟姐妹之间的继承权是不予承认的。七是祖父母对于养子女的子女的遗产享有继承权有所不同。在大陆地区，养父母对养子女的子女的遗产，生父母对于子女的养子女的遗产享有继承权。但父母对于已被收养的子女的子女的遗产，祖父母、外祖父母对已被他人收养的孙子女、外孙子女的遗产，不再享有继承权；而台湾地区对被收养人无年龄限制，已有子女的成年人也可以被收养，被收养人在被收养前所生的子女与收养人不发生亲属关系，其相互间不享有继承权。八是大陆地区规定对公婆尽了主要赡养义务的丧偶儿媳和对岳父母尽了主要赡养义务的丧偶女婿，可以作为第一顺序继承人；而台湾地区没有这一规定。

从总体上看，海峡两岸法定继承人范围与顺序的规定差异比较大，但各具特色。同时，台湾地区的一些规定更为完善与合理。例如，台湾地区的继承顺序设置为四个顺序，比较合理；法定继承人包括直系血亲卑亲属，范围比较广，且血亲继承人均有各自相应独立的继承顺序；父母作为第二顺序继承人的规定显得更加科学合理；配偶不单独规定固定独立的顺序，而是与其他任何一个顺序的血亲继承人共同继承，确保了配偶继承份额的优先性，等等，值得我们在修订《继承法》时借鉴与参考。

三、《继承法》法定继承人范围与顺序有关规定存在的不足

法定继承制度中最重要的内容就是法定继承人的范围与继承顺序，而《继承法》法定继承制度目前存在的问题和不足也主要体现在这两个方面。②

1. 继承人范围规定得过于狭窄。《继承法》规定的法定继承人范围仅包括近亲属，除配偶外仅限于二亲等以内的亲属，在代位继承时代位继承人才可能超出二亲等，范围显得过于狭窄。③ 这是其一。其二，孙子女只有代位继承权，子女的其他直系卑亲属未列入法定继承人范围。其三，立法上把法

---

① 柳经纬、薛景元、施信贵著：《海峡两岸法律制度比较·民法》，厦门大学出版社 1995 年版，第 354 页。

② 吴国平：《聚焦我国〈继承法〉的修订与完善》，载《海峡法学》2010 年第 3 期，第30 页。

③ 李燕：《我国法定继承制度的不足与完善》，载《海峡法学》2010 年第 3 期，第 32 页。

定继承人范围限定在家庭成员范围之内，侄子、侄女、外甥、外甥女未列入继承人范围。其四，将尽了主要赡养义务的丧偶儿媳、丧偶女婿直接规定为第一顺序法定继承人不尽科学合理。

2. 继承人顺序规定得不够科学。与法定继承人范围过窄相联系，《继承法》规定的继承顺序存在三个明显不足，一是对继承顺序规定的绝对化，淡化了家庭成员间扶（赡）养关系在确定继承顺序时的重要性，不够科学；二是继承顺序设置比较严格，只有两个继承顺序，没有将子女的直系卑血亲和兄弟姐妹的直系卑血亲纳入法定继承顺序，① 不能满足实际生活的需要；三是继承顺序设置不够合理。现行立法将父母列为第一顺序继承人，在继承开始时，如果被继承人的子女和父母都健在，就将导致遗产向上下“双向流动”，同时，如果被继承人还有兄弟姐妹等旁系血亲，其父母继承的这一份遗产，将来在其死后还将由被继承人的兄弟姐妹继承，这样就导致被继承人的遗产流向旁系血亲，使遗产从被继承人家庭内部流向家庭外部，不符合“家产自上而下传递”的传统习俗和国际惯例。

3. 对配偶继承权的规定不够合理。大陆非常重视配偶继承权的保护，《继承法》第10条将其列为第一顺序。② 其特点有二：一是在继承地位上与子女等共同列为第一顺序继承人。当被继承人无子女，其父母也已经去世的情况下，其遗产就全部归由其配偶继承。但问题是：当该配偶死亡时，其所继承的遗产就全部由该配偶的第二顺序继承人（即该配偶的兄弟姐妹）继承，而该被继承人自己的兄弟姐妹则无权继承其遗产，这样显然不符合中国老百姓的继承习惯与继承愿望。二是在继承份额上与其他第一顺序继承人的继承份额相等，对配偶的先取权缺乏应有的规定。这与配偶在家庭关系中的地位和对家庭所作出的贡献是不相称的，也与世界上绝大多数国家和地区保护配偶继承权的通例不符合，不利于《继承法》立法精神的贯彻和配偶继承权的保护。

四、亲等继承制与亲系继承制之利弊分析

法定继承人分为配偶与血亲继承人两种，世界各国和地区在确定法定继

---

① 参见《中华人民共和国继承法》第10条规定。

② 参见《中华人民共和国继承法》第10条规定。

承人的继承顺序时，除配偶外，对血亲继承人的继承顺序的划分方法大致分为亲等继承制、亲系继承制和兼采亲等继承与亲系继承制三种。

1. 亲等继承制。这是指在遗产继承中采用以亲等作为继承顺序确定依据的继承制度。其特点在于同一亲等的人数总是有限的，只要限制了亲等范围，就限制了同一顺序参加遗产继承的人数。① 同时，同一亲等的亲属，其相互密切联系程度也相同，应当把他们列为同一顺序继承人。而不同亲等的亲属，其与死者生活的密切程度往往有所差别。中国、越南、蒙古、俄罗斯、伊朗等国家即采此立法例。如《越南民法典》第679条规定，第一顺序继承人为夫妻、一亲等的父母（生父母、养父母）、子女（生子女、养子女）；第二顺序继承人为二亲等的祖父母、外祖父母、同胞兄弟姐妹、孙子女、外孙子女；第三顺序继承人为三亲等的曾祖父母、外曾祖父母、亲伯叔舅姑姨、亲侄子女、亲外甥子女。②

2. 亲系继承制。这是指以血缘关系的亲疏远近为依据，将血亲属划分为若干个亲系，以血缘关系近者为先的继承制度。即各亲系按照血缘关系的远近排列继承顺序，血缘关系越近的亲属，其继承顺序就越靠前。首先由死者自身的直系血亲卑亲属继承，后依次为父母系、祖父母系继承，依次类推。其缺陷在于：由于同一亲系中，继承人的人数无法限制，这就导致了其他亲系的继承人继承遗产的可能性减少。同时，在直系血亲中，虽然卑亲属与被继承人生活密切联系程度较低，也往往先于生活密切联系程度高的尊亲属而继承。③ 目前世界上采此例的国家比较多，德国、瑞士、奥地利、匈牙利、希腊以及美国的多数州均采此立法例。如《德国民法典》第1924条至1929条规定，第一顺序继承人为被继承人的直系血亲卑亲属；第二顺序继承人为被继承人的父母及父母的直系血亲卑亲属；第三顺序继承人为被继承人的祖父母和外祖父母及其直系血亲卑亲属；第四顺序继承人为被继承人的曾祖父母和外曾祖父母及其直系血亲卑亲属；第五顺序和更远顺序继承人为被继承人亲等更远的亲属及其直系血亲卑亲属。④

---

① 李双元、温世扬主编：《比较民法学》，武汉大学出版社1998年版，第1032页。

② 吴尚芝译：《越南社会主义共和国民法典》，中国法制出版社、金桥文化出版（香港）有限公司2002年版，第174页。

③ 张平华、刘耀东著：《继承法原理》，中国法制出版社2009年版，第187—188页。

④ 陈卫佐译注：《德国民法典》（第二版），法律出版社2006年版，第579—581页。

3. 亲等与亲系结合制。这是亲等继承与亲系继承相结合的继承制度，也称准亲等继承制。它是指除自身的直系血亲卑亲属按亲系继承外，其余血亲均按亲等继承来划分。目前有一些国家和地区采取亲系与亲等相结合的方法来确定继承顺序。例如我国台湾地区“民法”第1138条规定，第一顺序继承人为被继承人的直系血亲卑亲属，第二顺序为父母，第三顺序为兄弟姐妹，第四顺序为祖父母。在上述继承人中，第一顺序按亲系继承，第二、三、四顺序均按亲等排列继承顺序，分别为直系血亲二亲等、旁系血亲二亲等和直系血亲三亲等。与这种立法例近似的国家还有加拿大、保加利亚等。这种划分方法的特点在于以亲系为优先确定继承顺序的同时，又以亲等作为划分依据来限制继承人的范围和数量。在继承开始后，首先由直系卑血亲继承，而直系卑血亲的继承又以亲等近者优先，没有直系卑血亲时，才发生第二顺序的继承。①

就我国大陆而言，目前实行的是“亲等继承制”，但如前所述，“亲等继承制”有一定的局限性，究竟应当选择哪一种划分方法，人们有不同见解。有的学者主张坚持实行亲等继承制，认为亲等继承制较之亲系继承制有较多的优越性。除了有利于缩小法定继承人的范围以外，还有利于真正实现按照血亲关系的亲疏远近确定继承人，更符合公平原则。认为若采用亲系继承制就会造成被继承人的孙子女、曾孙子女、玄孙子女排斥死者的父母而优先继承遗产，这无论从血缘关系的亲疏远近，还是从权利义务关系的角度来看，显然是不公平的。② 有的学者主张应以亲系继承制与亲等继承制相结合的制度来确定我国法定继承的顺序。在法定继承人的继承顺序以亲系为基础，除被继承人的直系卑亲属以外，旁系血亲的范围用一定的亲等加以限制，③ 由中国人民大学和中国社会科学院主持起草的民法典草案继承编采用亲等继承制。④ 西南政法大学张玉敏教授《中国继承法立法建议稿》中将法

① 王利明主编：《中国民法典学者建议稿及立法理由·人格权编、婚姻家庭编、继承编》，法律出版社2005年版，第513页。

② 刘春茂主编：《中国民法学·财产继承》（修订版），人民法院出版社2008年版，第197—198页。

③ 党竹琴：《论我国法定继承的相关问题》，载《求实》2006年第1期，第104页。

④ 参见张平华、刘耀东著：《继承法原理》，中国法制出版社2009年版，第190页。

定继承顺序设置为四个顺序，即第一顺序为子女及其晚辈直系血亲，第二顺序为父母，第三顺序为兄弟姐妹及其子女，第四顺序为祖父母（包括父系祖父母和母系祖父母），① 采用的是亲系继承制与亲等继承制相结合的模式。本书赞成亲系继承制与亲等继承制相结合的模式，建议对第一顺序继承人按亲系制划分，从第二顺序继承人开始按亲等制划分，以平衡各方的利益。对配偶则采用不固定继承顺序，而与任一继承顺序的继承人共同继承的模式。

五、大陆法定继承人范围和继承顺序制度的立法完善

随着《物权法》、《侵权责任法》和《涉外民事关系的法律适用法》的陆续颁布，《继承法》的修订已经摆上议事日程，列入了国家立法机关的立法规划中，这是《民法典》制订工作中的重要环节。而《继承法》的修订与完善是一个系统复杂的大工程，关系到千家万户的切身利益。我们应当尊重我国民间习惯、生活习俗和法律传统，立足我国新时期的社会环境、经济发展阶段、家庭职能和家庭个人财产特点，吸收和借鉴我国台湾地区和国外成功立法经验，对我国大陆地区的法定继承制度作出修订与补充。

（一）坚持尊重传统与习惯的立法原则

人类自进入阶级社会以来，私有财产就在近亲属之间流转。绝大多数国家法律都规定遗产由直系血亲继承，财产由上向下传递已成为人类社会约定俗成的规则，我国也不例外。我们在设计法律制度时，不能忽视我国从古至今沿袭而成的民间习惯、生活习俗和法律传统，② 以充分发挥法律在调整财产继承关系和促进家庭和睦和谐中的重要作用。

（二）扩大和调整法定继承人的范围

首先，从国外情况来看，国外规定法定继承人范围较广的立法例主要包括：(1) 法国。《法国民法典》规定的继承人的范围包括：子女及其直系卑血亲，直系尊血亲，兄弟姐妹或其直系卑血亲，其他六亲等以内的旁系血亲（但在死者有行为能力，也未被剥夺公民权时，十二亲等以内的旁系血亲有

① 张玉敏主编：《中国继承法立法建议稿及立法理由》，人民出版社 2006 年版，第 9 页。

② 郑小川、于晶著：《婚姻继承习惯法研究——以我国某些农村调研为基础》，知识产权出版社 2009 年版，第 154—155 页。

继承权）；配偶只有在死者未遗有有继承权的亲属或者仅遗有除兄弟姐妹或者兄弟姐妹的直系卑血亲以外的旁系血亲时，才能成为法定继承人。①（2）德国。《德国民法典》的规定几乎把涉及与死者有血亲关系的一切生存着的人都列入法定继承人的范围。包括：配偶，直系卑血亲，祖父母（包括外祖父母）及其直系卑血亲，曾祖父母及其直系卑血亲，高祖父母及其直系卑血亲。②（3）美国。美国《统一继承法典》规定的法定继承人的范围是：配偶，直系血亲卑亲属，父母，兄弟姐妹及其直系卑血亲，祖父母、外祖父母及其直系血亲卑亲属。（4）英国。英国的法定继承人范围是：配偶；子女及其直系卑血亲；父母；兄弟姐妹；祖父母、外祖父母；叔、伯、姑、舅、姨。（5）日本。《日本民法典》规定的法定继承人的范围是：配偶，子女，子女的直系卑血亲（为代位继承人），直系尊血亲，兄弟姐妹及其子女（为代位继承人）。③

其次，就我国港澳台地区来看，其规定的法定继承人范围都比大陆现行规定要宽得多。例如我国香港地区1971年《无遗嘱者遗产条例》第4条规定的法定继承人范围为配偶、妾，子女，父母，兄弟姐妹，侄子女、外甥子女，祖父母、外祖父母，伯、叔、姑、舅、姨。《澳门民法典》第1973条规定的法定继承人范围为配偶，直系卑血亲，直系尊血亲，与死者有事实婚姻关系之人，兄弟姐妹及其直系卑血亲，四亲等以内之其他旁系血亲。我国台湾地区"民法"第1138条规定的法定继承人范围为直系卑血亲，父母，兄弟姐妹，祖父母，配偶。④

综观有关国家和地区的立法，范围规定得比较宽的有：德国、瑞士、韩国、中国澳门地区、俄罗斯、阿根廷；比较窄的有：中国大陆、中国台湾地区、蒙古、越南等；宽窄居中的有：日本、英国、加拿大、意大利、希腊、美国等。⑤

---

① 参见《法国民法典》第731条、第745—第767条规定。

② 参见《德国民法典》第1924条—第1932条规定。

③ 参见《日本民法典》第887条—第890条规定。

④ 李燕：《我国法定继承制度的不足与完善》，载《海峡法学》2010年第3期，第32—33页。

⑤ 刘春茂主编：《中国民法学·财产继承》（修订版），人民法院出版社2008年版，第172—175页。

那么，采用哪一种模式较为合适呢？从立法依据来看，现行《继承法》主要是以家庭结构和家庭个人财产这两个要素为前提来展开继承制度构建的。由于时代的发展变迁，目前大陆的家庭状况发生了很大变化。特别是随着计划生育政策的有效执行和人们家庭观念与生育观念的转变，家庭亲属关系日趋简单，独生子女家庭为代表的核心家庭已成为家庭的主体，加上社会竞争与生存压力加大，现在的年轻人结婚和生育年龄普遍推迟，离婚率也居高不下，出现了单身贵族、不婚一族、丁克家庭，法定继承人的范围在事实上有缩小的趋势。如果继续坚持现行法所定范围之法定继承人，将导致无人继承之情形日渐增多。在汶川地震中这一情形体现得尤为突出。因此，在立法上有必要对法定继承人范围的规定予以重新审视。本书建议借鉴采用“宽窄居中”的立法例，结合我国实际，适当扩大法定继承人的范围。

1. 将子女的直系卑血亲列入法定继承人范围。子女的直系卑血亲应当列入法定继承人的范围，并同时享有代位继承权。当其享有代位继承权时，适用代位继承；当其不享有代位继承权时，适用第一顺序继承的规定。这样也能够与《婚姻法》第 28 条关于祖孙之间的抚养与赡养义务的规定相协调，也符合被继承人希望把遗产留给后代的愿望。

2. 将三亲等以内的其他旁系血亲列入法定继承人范围。三亲等以内的其他旁系血亲包括被继承人的伯叔姑、舅父、姨母、侄子女、外甥子女等。虽然他们与子女等直系卑血亲相比，血缘关系更远些，也无法定义务，但他们与被继承人的关系较密切，有的还存在共同生活或者扶养关系。为了解决目前我国法定继承人范围过窄所产生的弊端，使可继承资源分配得更加适当，使物的效用得以充分发挥，也与国际接轨，将其列入法定继承人范围是明智的，符合中国传统文化和观念，有利于发挥人们创造财富的积极性。

3. 取消丧偶儿媳、丧偶女婿的继承权。关于丧偶儿媳、丧偶女婿的继承权问题，是目前学界分歧比较大的一个问题，有肯定说、否定说和折中说三种观点。[①] 本书赞成否定说，因为丧偶儿媳与公婆之间、丧偶女婿与岳父母之间并非血亲关系，相互间并无法定赡养抚养义务，其发生的扶养关系不

---

① 陈苇、曹贤信：《改革开放三十年中国无遗嘱继承制度研究之回顾与展望》，载陈苇主编：《家事法研究》（2009 年卷），群众出版社 2010 年版，第 89—91 页。

应成为发生法定继承的依据。因此，建议删除《继承法》第 12 条规定，明确丧偶儿媳对公婆或者丧偶女婿对岳父母尽了主要赡养义务的，可适用“适当分给遗产”制度来实现其权利义务的一致。① 这样，既兼顾了丧偶儿媳或者女婿的利益，也有利于维护私有财产在直系血亲和关系比较密切的近亲属中的流动和传承，同时，在丧偶儿媳或者女婿有子女代位继承的情况下，还可以避免导致“一支继承双份”的问题。

（三）加强对配偶继承权的保护

首先，从国外情况来看，世界各国立法均明确规定配偶关于享有继承权，但具体立法例有所不同。一种立法例规定配偶为当然继承人，但其不作为某个固定顺序的继承人，而是在继承时与其他继承人按照一定比例获得应继份，德国、日本等绝大多数大陆法系国家和我国港澳台地区即采此例。②例如《德国民法典》第 1931 条、《瑞士民法典》第 462 条、《日本民法典》第 890 条的规定。另一种立法例规定配偶为某个固定顺序的继承人，并与其同一顺序继承人共同继承遗产。例如我国和《苏俄民法典》即采此立法例。同时，世界上绝大多数国家继承立法均规定配偶的继承份额高于其他第一顺序继承人。如美国继承法规定配偶的应继份额不少于全部遗产的 1/2。《日本民法典》第 900 条规定：“一、子女同配偶为继承人时，子女的继承份额与配偶的继承份额为各二分之一；二，配偶同直系尊亲属为继承人时，配偶的继承份额为三分之二；直系尊亲属的继承份额为三分之一；配偶同兄弟姐妹为继承人时，配偶的继承份额为四分之三；兄弟姐妹的继承份额为四分之一。”《瑞士民法典》第 462 规定：“尚生存配偶有权继承：①与直系卑血亲共同继承时继承二分之一遗产；②与父母系继承人共同继承时继承四分之三遗产；③父母系亦无继承人时继承全部遗产。”

其次，从我国香港地区的情况来看，香港地区《无遗嘱遗产条例》规定：如果无遗嘱者死亡时，遗下配偶及第一继承顺序死者的子女的，首先应从遗产中拨出 50 万元，连同自去世之日起至遗产分配时止的利息，归配偶；

① 李燕：《我国法定继承制度的不足与完善》，载《海峡法学》2010 没第 3 期，第 34 页。

② 参见香港地区《无遗嘱继承条例》第 4 条第 3、4 项、《澳门民法典》第 1979 条、第 1982 条、台湾地区“民法”第 1114 条规定。

剩余遗产的一半归配偶，另一半归死者的子女。此外，对配偶与第二顺序父母和第三顺序全血亲兄弟姐妹及其子女共同继承时，配偶的先取份额均分别作出了明确规定（即分别拨出100万元港币，连同相应的利息）。据此，在香港地区，配偶可与第一、二、三顺序法定继承人共同继承。配偶在分别与第一、二、三顺序法定继承人共同继承时，均有权就一定份额的遗产享有先取权，即应依法首先从遗产中拨出一定数额的遗产归配偶，然后配偶再与该应召顺序的血亲继承人对半分配遗产。①

参考外国和我国香港地区的立法例，本书建议大陆立法应对有关配偶继承权的现行相关规定进行适当修改。具体内容包括：

1. 坚持配偶继承顺序的优先性。即规定配偶为当然法定继承人，但不固定为某一顺序的继承人，而是在继承时与其他继承人按照一定比例获得应继份。这样可以平衡被继承人的配偶与被继承人的父母等双方的利益，在重视保护配偶的继承权的同时，也兼顾保护血亲继承人的利益。②

2. 确认配偶继承份额的优先性。即规定配偶继承份额高于其他第一顺序继承人，明确配偶与不同顺序的血亲继承人共同继承时，其各自的法定应继份额。当配偶与第一顺序继承人共同继承时，遗产按人数均分；与第二顺序继承人共同继承时，其应继份额为遗产的1/2；与第三、四顺序继承人共同继承时，其应继份额为遗产的2/3。③

3. 引进配偶先取权制度。所谓先取权是指配偶除应得的继承份额外，还有权先行取得为满足日常生活需要的必需物品和特定财产。如《美国统一继承法》规定，继承开始后，配偶有权先取得价值5000美元的宅院特留份和价值不超过3500美元的不受遗产债权人追索的豁免财产，如配偶系受被继承人扶养之人还可以从现款中取得合理的家庭特留份，以保证在遗产管理期间维持其生活。如死者留有和生存配偶共同所生的子女及其直系卑亲属

---

① 陈苇、宋豫主编：《中国大陆与港、澳、台继承法比较研究》，群众出版社2007年版，第281页。

② 陈苇、宋豫主编：《中国大陆与港、澳、台继承法比较研究》，群众出版社2007年版，第279—282页。

③ 陈苇、宋豫主编：《中国大陆与港、澳、台继承法比较研究》，群众出版社2007年版，第293页。

或虽无直系卑亲属，但有父母时，配偶先取5万美元，而后继承剩余遗产的一半。如配偶和非自己所生的子女一起继承时仅得遗产的一半。死者无直系卑亲属和父母时，配偶得全部遗产。根据我国学者的研究，认为美国的这一规定与大陆继承法的两大原则性规定相违背：一是继承开始后，遗产归其他继承人共同共有，继承人不得任意占有、处分遗产；二是遗产分割一般只能在债务清偿完毕时才能进行的。因此，美国继承法的这一做法不能为我国接受。[①] 而法国、德国、日本、瑞士等大陆法系多数国家和我国台湾地区“民法”都规定：（1）配偶为法定继承人，但不参与继承顺位竞争；（2）无论是哪一个顺位继承人继承遗产，配偶都参与继承，并且其应继份要等于或者超过该顺位的其他继承人的应继份。[②]

本书倾向于适当参考和借鉴大陆法系多数国家的立法经验，在法律上确认配偶的先取权制度。因为配偶之间没有血缘关系，但他们是家庭的基础，血亲的源泉，相互间具有法定的相互扶养义务，经济依赖程度大。在一般情况下，夫妻共同生活的时间都比较长，对生存配偶在获取遗产方面加以特殊照顾，于情于理于法都是十分必要的，更何况在目前的法律条件下，夫妻间的继承权并不受婚姻关系存续时间长短的影响。[③] 由于配偶先取权涉及各继承人的利益，根据我国大陆的实际，目前还不宜规定具体的先取份额，需要进一步的论证和配套规定，将来立法条件成熟时再规定具体的先取份额。因此，在制度设计上，本书建议采取“分步到位”的立法步骤，目前除了保留《继承法》第13条第3款关于“对被继承人尽了主要扶养义务或者与被继承人共同生活的继承人，分配遗产时，可以多分”的规定之外，还应明确规定：（1）配偶对遗产中供家庭日常使用的生活用品（如衣物、家具、首饰）或者有纪念意义的物品以及专归个人使用的物品享有先取权；（2）对遗产中其使用的生活用房享有用益权，直至死亡时为止。[④] 这是针对被继承人死亡后，经常出现生存配偶（特别是再婚夫妻）被子女扫地出门的情

---

① 张平华、刘耀东著：《继承法原理》，中国法制出版社2009年版，第223页。

② 张平华、刘耀东著：《继承法原理》，中国法制出版社2009年版，第224页。

③ 吴国平著：《婚姻家庭立法问题研究》，吉林大学出版社2008年版，第164页。

④ 陈苇、宋豫主编：《中国大陆与港、澳、台继承法比较研究》，群众出版社2007年版，第295页。

况而考虑的。当继承开始的时候，被继承人的配偶没有自己的住房，或者还没有继承遗产中的房屋，其对该遗产中的房屋享有法定用益物权。如果被继承人死亡之前，因为尚生存的配偶一方的过错致使被继承人生前已经提出离婚请求的，则该配偶不享有上述权利。

（四）调整法定继承顺序

1. 目前学界关于调整法定继承顺序的不同观点。关于法定继承顺序的立法模式，前面第（二）部分已进行了探讨，在此不再重复。这里重点探讨法定继承顺序的调整问题。

目前学术界对《继承法》的法定继承顺序是否应当调整，如何调整有不同认识和主张。有的学者认为继承顺序应当维持《继承法》原有的规定。理由是原规定符合中国国情。① 但绝大多数学者认为现有继承顺序过少且不合理，应当调整。但对于如何调整和设置继承顺序，看法不一致。张玉敏教授主张“四顺序说”，认为法定继承应当按照下列顺序进行：第一顺序为子女及其晚辈直系血亲；第二顺序为父母；第三顺序为兄弟姐妹及其子女；第四顺序为祖父母和外祖父母。配偶不作为固定的第一顺序继承人，“配偶可以和任一顺序的血亲继承人共同继承”，同时，应规定配偶的先取特权。②此外，还认为按照现行《继承法》的规定，如果死者的父母、子女均已死亡或丧失继承权，且子女亦无直系卑血亲代位继承，丧偶儿媳和女婿则可能因其尽了主要赡养义务独享全部遗产，而将第二、三顺序的血亲继承人排除在外。这不符合世界各国均不承认姻亲继承权的立法通例，也不符合我国人民的继承习惯和感情。主张对丧偶儿媳和女婿可以作为法定继承人以外的人，适用酌给遗产制度来实现其权利义务的一致。③ 而郭明瑞教授等学者主张“三顺序说”，认为遗产应按照下列顺序继承：第一顺序为配偶、子女、父母；第二顺序为兄弟姐妹、祖父母、外祖父母；第三顺序为四亲等以内的亲属。亲等近者优先。丧偶儿媳对公婆，丧偶女婿对岳父、岳母尽了主要赡

① 龙翼飞：《制定中国民法典财产继承编的思考与建议》，载《中华女子学院学报》2002 年第 4 期，第 32 页。

② 张玉敏主编：《中国继承法立法建议稿及立法理由》，人民出版社 2006 年版，第 83—87 页。

③ 张玉敏主编：《中国继承法立法建议稿及立法理由》，人民出版社 2006 年版，第 85 页。

养义务的，没有子女代位继承的，可作为第一顺序继承人。① 也有的学者提出“五顺序说”，即第一顺序法定继承人为子女；第二顺序法定继承人为父母；第三顺序法定继承人为兄弟姐妹；第四顺序法定继承人为祖父母、外祖父母；第五顺序法定继承人为四亲等以内的其他旁系亲属。同时，在生存配偶继承顺序的立法例上，以“采纳无固定顺序的立法例为宜”。② 配偶不列入固定顺序，其可以与任一顺序的继承人共同继承，并建议删除《继承法》第 12 条规定，明确丧偶儿媳对公婆或者丧偶女婿对岳父母尽了主要赡养义务的，可适用适当分给遗产制度来实现其权利义务的一致。③

2. 本书的观点。本书主张“四顺序说”，建议在《继承法》现有规定的基础上进行适当修改，即将现有的“两顺序十种人”的规定改为“四顺序十二种人”的规定。基本思路如下：

第一，将子女的直系卑血亲列为第一顺序法定继承人。第二，将旁系血亲三亲等（即侄子女、外甥子女）列为第三顺序法定继承人。第三，保留并调整父母、祖父母、外祖父母的继承顺序。第四，将配偶的继承顺序由固定的第一顺序改为不固定顺序，即采纳无固定顺序的立法例，作为不固定顺序的法定继承人，其可以与任一顺序的继承人共同继承。同时，明确配偶与不同顺序的血亲继承人共同继承时，其各自的法定应继份额。配偶与第一顺序继承人共同继承时，遗产按人数均分；与第二顺序继承人共同继承时，其应继份额为遗产的 1/2；与第三、四顺序继承人共同继承时，其应继份额为遗产的 2/3。这样，调整后的我国法定继承人的范围和顺序是：第一顺序：子女及其直系卑血亲；第二顺序：父母；第三顺序：兄弟姐妹及其直系卑血亲；第四顺序：祖父母、外祖父母。配偶作为不固定顺序的法定继承人，其可以与任一顺序的继承人共同继承。

本书之所以建议将父母列为第二顺序，是考虑到将父母与子女列为同一顺序和第一顺序法定继承人不符合我国历史形成直系卑血亲优于直系尊亲属

① 郭明瑞、房绍坤、关涛著：《继承法研究》，中国人民大学出版社 2003 年版，第 223—224 页。

② 张华贵、冉启玉：《论配偶继承权的法律保护》，载《西南政法大学学报》2005 年第 2 期，第 109 页。

③ 李燕：《我国法定继承制度的不足与完善》，载《海峡法学》2010 年第 3 期，第 34 页。

和旁系血亲继承的传统习俗和民间习惯，也不符合被继承人意愿和继承的目的，同时也与国际惯例和我国港、澳、台地区的立法不符。此外，祖父母、外祖父母与兄弟姐妹同为二亲等血亲，之所以不把他们列为同一顺序，而是分别列为第三和第四顺序继承人，其目的与把父母列为第二顺序继承人的原因是一样的，即避免使遗产向更远的旁系血亲扩散。

第二节　遗嘱形式制度比较及其借鉴

一、大陆关于遗嘱形式的有关规定

现行遗嘱形式方面的主要规定体现在《中华人民共和国继承法》和最高人民法院《关于贯彻执行〈中华人民共和国继承法〉若干问题的意见》中。此外，《中华人民共和国公证法》和相关部门规章中还有一些关于公证遗嘱方面的具体规定，如司法部颁布的《遗嘱公证细则》（2000 年 3 月 24 日）等。

根据《继承法》第 17 条的规定，遗嘱的形式分为以下五种：

1. 公证遗嘱。公证遗嘱是指经过公证机构证明的遗嘱。根据《公证法》第 25 条和第 26 条的规定，遗嘱公证属于公证机构业务受理范围，公证遗嘱必须由遗嘱人亲自到住所地、经常居住地、行为地或者事实发生地的公证机构办理，不得委托他人代理。如果遗嘱人因身体原因不能亲自去公证机构办理，可以申请公证机构公证人员到家里或遗嘱人的临时处所（如医院等）当面办理。司法部《遗嘱公证细则》中也有相关具体规定。公证机构只有在确认遗嘱人身份后才能办理。公证人员对遗嘱经过审查后认为合法有效的，予以公证，出具遗嘱公证证明书，公证书由公证机构和遗嘱人分别保存。

2. 自书遗嘱。自书遗嘱是由遗嘱人亲自书写的遗嘱。制作该遗嘱必须符合两个基本要求：第一，自书遗嘱必须由遗嘱人亲笔书写遗嘱全部内容；第二，遗嘱人必须在遗嘱上签名，注明年、月、日。最高人民法院《继承法若干问题意见》第 40 条规定："公民在遗书中涉及死后个人财产处分的内容，确为死者真实意思的表示，有本人签名并注明了年、月、日，又无相反证据的，可按自书遗嘱对待。”

3. 代书遗嘱。代书遗嘱是指由他人代笔书写的遗嘱。代书遗嘱必须符合下列要求：第一，必须由遗嘱人口述遗嘱；第二，必须有两个以上的见证人在场见证，由其中一人代笔书写；第三，由代书人向遗嘱人宣读，经遗嘱人认定无误后，由代书人、见证人和遗嘱人分别在遗嘱上签名，并注明年、月、日。签名的见证人不得少于二人，且见证人不得以捺印或盖章方式代替签名。

4. 录音遗嘱。录音遗嘱是指以录音磁带、录像磁带记载遗嘱内容的遗嘱。录音遗嘱须符合以下要求：第一，须由遗嘱人亲自制作，即磁带中所录制的须是遗嘱人亲自口授的遗嘱内容；第二，须由两个以上的见证人在场见证，参加制作录音遗嘱的全过程，并在录音遗嘱中分别录下遗嘱人、见证人各自的姓名和制作、见证录音遗嘱的年、月、日。录音遗嘱制作完毕后，应将磁带封存，由遗嘱人和见证人共同在录音遗嘱的封口上签名，注明年、月、日。

5. 口头遗嘱。口头遗嘱是指由遗嘱人以口头表达方式制作的遗嘱。法律对口头遗嘱的适用有严格的限制。它必须符合下列要求：第一，遗嘱人只有在危急情况下才得以设立口头遗嘱。所谓“危急情况”是指遗嘱人生命垂危或者遇有重大军事行动或者发生意外灾害、意外事件，随时都有生命危险，来不及或无法设立其他形式遗嘱的情形。危急情况解除后，遗嘱人能够用书面或者录音形式立遗嘱的，所立口头遗嘱无效。第二，须有两个以上的见证人在场见证。见证人应将遗嘱人口授的遗嘱记录下来，并由其记录人、其他见证人签名，注明年、月、日；见证人如果无法当场记录或者全部记录的，应在事后追记或者补记遗嘱人口授的遗嘱内容，并于记录上共同签名，注明年、月、日。

在见证人资格方面，根据《继承法》第18条规定，下列人员不能作为遗嘱见证人：（1）无民事行为能力人、限制民事行为能力人；（2）继承人、受遗赠人；（3）与继承人、受遗赠人有利害关系的人。此外，最高人民法院《继承法若干问题意见》第36条还进一步细化规定：“继承人、受遗赠人的债权人、债务人，共同经营的合伙人，也应当视为与继承人、受遗赠人有利害关系，不能作为遗嘱的见证人。”

二、我国大陆与台湾地区关于遗嘱形式规定之比较

我国大陆与台湾地区对遗嘱形式的规定具有相同之处，又各具特色。

1. 遗嘱形式的分类。大陆规定了五种遗嘱形式，其中，公证遗嘱、自书遗嘱、代书遗嘱、录音遗嘱为普通遗嘱，即一般情形下当事人可以选择的遗嘱形式；而口头遗嘱为特别遗嘱，即特定条件下才能使用的遗嘱形式。台湾地区以公证遗嘱、自书遗嘱、密封遗嘱、代笔遗嘱为普通遗嘱，以口授遗嘱为特别遗嘱。

2. 遗嘱的具体方式。大陆规定了公证遗嘱、自书遗嘱、代书遗嘱、录音遗嘱和口头遗嘱五种。台湾地区也规定了公证遗嘱、自书遗嘱、密封遗嘱、代笔遗嘱和口授遗嘱五种。其中，代笔遗嘱相当于大陆地区的代书遗嘱，口授遗嘱包括大陆地区的录音和口头遗嘱。

3. 遗嘱形式要件。第一，对于公证遗嘱，虽然两岸均承认公证遗嘱的效力，但大陆的规定比较简单，在实践中均需要援引和适用公证法的规定；台湾地区则对公证遗嘱中的见证人、公证人作出了规定。两岸的最大差别在于无须见证人出席和公证遗嘱效力高于其他形式的遗嘱。[①] 第二，对于自书遗嘱，两岸都直接规定了自书遗嘱，要求也相似，区别在于《继承法》对遗嘱内容的增减、涂改及签名的具体要求没有规定。第三，对于代书遗嘱，两岸都直接规定了代书遗嘱（台湾地区称为代笔遗嘱），但在见证人的要求上存在差异。大陆要求两名以上见证人，而台湾地区则要求三人以上。第四，关于录音遗嘱，目前只有大陆明确规定了录音遗嘱形式，在台湾地区，录音遗嘱如果符合口授遗嘱的要求，则可按口授遗嘱对待，具有法律效力。第五，对于口头遗嘱。大陆和台湾地区都规定了口头遗嘱（台湾称为口授遗嘱），其发生均以特殊情形的存在为前提，但两者在形式要求上有一定的差别，大陆的口头遗嘱没有内容记录的要求，也没有口头遗嘱的认定程序、有效期间的具体规定。而台湾地区则明确要求通过书面或录音方式予以记录，并且须由见证人签名。第六，台湾地区对密封遗嘱的要求很严格，遗嘱

---

① 陈苇、宋豫主编：《中国大陆与港、澳、台继承法比较研究》，群众出版社 2007 年版，第 354 页。

人不得以按指印代替签名，且须两人以上见证并向公证人提出，公证人、遗嘱人及见证人须于封面上共同签名。① 目前大陆对密封遗嘱则没有规定。

4. 遗嘱见证人的规定。两岸均采用排除式立法模式，对不能担任见证人的情形规定得比较具体严格，均规定无行为能力人、继承人或者受遗赠人本人及利害关系人不能作为见证人，但具体规定仍存在差异，大陆把与继承人、受遗赠人有利害关系的人概括性地排除在合格遗嘱见证人范围之外，而台湾地区则把公证人或代行公证职务人之同居人、助理人或受雇人排除在外。此外，对不合格见证人见证的遗嘱其效力如何，两岸均无具体规定。②台湾地区通说认为，如果除去不合格者，合格见证人达到规则要求，则遗嘱效力不受影响。当受遗赠人或其配偶或其直系血亲为见证人时，仅对此等人之遗赠无效，其他部分仍为有效。③ 因此，大陆对见证人的规定比较模糊，对见证人的排除范围过大。

从总体上看，台湾地区遗嘱形式多样，规则详细而严格，可操作性强，不易引起歧义；而大陆遗嘱形式丰富，但规则简单而笼统，缺乏可操作性，适用时需援引其他法律条款。因此，需要借鉴台湾地区的“立法”经验，检讨大陆立法之不足，重构遗嘱形式及其效力规则。

三、对大陆现行遗嘱形式及其效力规则的反思

反思大陆现行遗嘱形式及其效力规则，尚存在以下不足与缺陷：

1. 对各种遗嘱的形式标准和设立程序没有规定。表现在：一是对各种遗嘱的设立程序没有规定，在适用时需要引用其他条款，如设立公证遗嘱时，需依据《公证法》规定的公证程序，给遗嘱人带来极大不便。④ 二是设立遗嘱的形式标准不够具体合理。如公证遗嘱应当审查的事项或内容有哪

① 陈棋炎、黄宗乐、郭振恭著：《民法继承新论》（修订七版），三民书局 2011 年版，第 272 页。

② 陈苇、宋豫主编：《中国大陆与港、澳、台继承法比较研究》，群众出版社 2007 年版，第 354 页。

③ 陈棋炎、黄宗乐、郭振恭著：《民法继承新论》（修订七版），三民书局 2011 年版，第 255—256 页。

④ 谭恩惠、李玲芳：《港澳台与大陆遗嘱形式比较及借鉴》，载《山西省政法管理干部学院学报》，2009 年第 4 期，第 77 页。

些？对录音遗嘱在什么场合下可以启封？口头遗嘱的有效期间为多长等等，均没有明确规定。

2. 关于不同形式遗嘱的效力层级的区分不合理。这主要体现在对公证遗嘱的效力规定过高。《继承法》第20条第3款规定："自书、代书、录音、口头遗嘱，不得撤销、变更公证遗嘱。"最高人民法院《继承法若干问题意见》第42条规定也强调了公证遗嘱优先原则。但这样规定公证遗嘱的优先性并不科学，也不合理。理由是：第一，在生活中，由于某种原因使得遗嘱人最初的意志发生变化而需要重新考虑并重新立遗嘱是很正常的，用新遗嘱否定旧遗嘱也是遗嘱人意思自治和遗嘱自由原则的体现。如果遗嘱人已订立了公证遗嘱，就因为没有或者来不及再立新的公证遗嘱而导致后立的其他形式的遗嘱均归于无效，这就违反了遗嘱自由原则，限制了遗嘱撤销权的行使，可能导致遗嘱人的最终真实意志无法实现。第二，根据《继承法》第20条的规定，公证遗嘱具有绝对优先的效力，"排斥了用其他遗嘱形式撤销公证遗嘱的可能，不利于保护遗嘱人的意思自治"，① 也不够人性化，在程序上也过于烦琐。而我国台湾地区"民法继承编"第1220条规定："前后遗嘱有相抵触者，其抵触之部分，前遗嘱视为撤销。"从该条规定来看，我国台湾地区"民法继承编"上并没有规定不同遗嘱形式具有不同的效力层级，而是规定了不同时间顺序上的遗嘱具有效力层级，即按照立遗嘱时间为标准，后立遗嘱可以撤销先立遗嘱。

3. 对口头遗嘱成立要件的规定不够具体。由于口头遗嘱本身具有容易被伪造、篡改，甚至由于见证人的记忆、表述等原因而失真的缺陷，②《继承法》第17条第5款对适用口头遗嘱的要件和效力作了规定，只在"危急情况"下才能适用，且须有两个以上见证人在场见证。但现有规定存在三个问题：一是何为"危急情况"没有具体规定，过于笼统；二是对口头遗嘱的认定程序、有效期间没有规定；三是口头遗嘱的见证人的要求以及效力的认定过于简单，即两名见证人的数量要求太低，不足以避免遗嘱欺诈情况

① 郭明瑞、张平华：《海峡两岸继承法比较研究》，载《当代法学》2004年第3期，第16页。

② 初晓娜：《我国的遗嘱继承制度》，载《河北理工大学学报》（社会科学版）2009增刊，第56页。

发生，且在实践中也难以把握和认定。

4. 关于录音遗嘱的规定过于原则。《继承法》第17条第4款规定："以录音形式立的遗嘱，应当有两个以上见证人在场见证。"但对见证人如何进行见证、见证的内容是什么（即内容和程序）却没有规定。由于录音遗嘱在客观上存在着容易被篡改或伪造，且录音效果难以保证和不易保存等缺陷，因此在实践中其证据效力有时也是难以保证的。

5. 代书遗嘱规范不能适应社会发展需要。代书遗嘱的代书方式是仅限于代书人亲笔书写，还是包括用电脑打印方式书写不明确，仅仅理解为由代书人记笔记的方式已经不适应现实情况，目前我国老百姓电脑使用非常普及，人们使用手写字情况越来越少。

6. 对电子遗嘱的设立没有规定。《继承法》目前没有关于电子遗嘱（文字版）的规定。由于科学技术的飞速发展，电子技术在现实生活中的运用已经非常普遍和普及，除传统的纸质遗嘱外，电子遗嘱（文字版）的运用也应当纳入法律规定的范围。

7. 对于遗嘱见证人有关内容的规定不够全面。这主要体现为：一是见证人资格的消极条件不够具体，二是见证的内容、程序不明确。

四、对大陆遗嘱形式及其效力规则立法重构之设想

1. 重新划分并拓展遗嘱形式。遗嘱形式的划分应当遵循科学合理和便民原则，不应当过于复杂和烦琐。本书建议将遗嘱分为普通遗嘱和特别遗嘱（危急情况下的遗嘱）两大类。普通遗嘱包括自书、代书、密封、录音录像、公证形式订立的遗嘱和电子遗嘱，其中，录音录像遗嘱是在原录音遗嘱基础上扩展而来的，它以录像的形式制定遗嘱，能够克服原录音遗嘱本身所带来的隐患和问题，能够适应现代社会影像技术普及和方便公民制作遗嘱的要求。我们在理解上应对录音录像遗嘱做扩大解释，将DV、MV、MP3、MP4、数码相机等任何可视或可听高科技设备制作的遗嘱均纳入录音录像遗嘱范围。同时，本书认为，随着电脑的普及，运用电子技术制作并储存遗嘱（包括电脑硬盘、可移动硬盘）将越来越多，电子版的遗嘱具有操作方便、迅速，保密程度高的特点，需要从法律上对电子版遗嘱的设立和法律效力作出规定。由于电子技术的普及和便捷，这些形式的遗嘱自不应作为特别遗

嘱，而应归于普通遗嘱。立法上应当明确规定此类遗嘱除应当具备遗嘱的一般要件外，还应当有立遗嘱人电子签名等特殊要求。而特别遗嘱是指口头遗嘱，口头遗嘱只有在危急情况下才能采用，在危急情况解除满一定期间后失去效力。①

2. 规定设立遗嘱的形式标准和程序。我们应当在坚持《继承法》中原有遗嘱形式的基础上，借鉴我国港、澳、台地区有益的经验，进一步细化和完善设立遗嘱的形式标准和规范。第一，对于公证遗嘱，公证员应当对遗嘱内容的有效性、合法性负责。要注意审查遗嘱人的遗嘱能力、遗嘱意思表示的真实性、遗嘱形式的合法性以及其他按照公证规则应当审查的事项。在制定公证遗嘱时，参照法国、日本和我国台湾地区的做法，应当有两名公证员或一名公证员和两名见证人参与，由公证员根据遗嘱人的口头陈述做成笔录，并向遗嘱人当场宣读，遗嘱人还可要求阅读笔录进行确认，最后由公证员、遗嘱人在笔录上签名并注明年、月、日。对于遗嘱人自己书写的遗嘱，由遗嘱人、公证员共同签名，并注明年、月、日。遗嘱人不能签字的可以用按指印代替。② 公证员也可以代为签名，但必须在遗嘱和笔录中记录该事由。凡是有见证人的，见证人都应当予以见证并在遗嘱和笔录上签名。公证员对于经过审查，认为遗嘱内容合法有效的，应当予以公证，出具《遗嘱公证证明书》。此外，对于没有设立公证机关的偏远地区，可以参考我国台湾地区“民法”第1191条规定的模式，由人民法院派出法庭代行公证机构职能，办理公证遗嘱。对于聋哑人申请办理遗嘱公证的，可由聋哑人在公证员和见证人面前通过翻译人员陈述遗嘱内容，也可以自己书写遗嘱，然后按照前述规范和程序办理。第二，对于代书遗嘱，应当确认代书人亲笔书写和用电脑打字记录的遗嘱均属于代书遗嘱范围，要求在制作时，代书人应当忠实地记载遗嘱人的意思表示，不得对遗嘱人的意思表示作篡改或修正。第三，对录音录像遗嘱的制作和使用加以严格限制，明确操作规范和程序。第四，订立口头遗嘱的，在危急情况解除后的一定期间内，遗嘱人能够用其他

---

① 吴国平：《我国遗嘱制度的不足与完善》，载夏吟兰、龙翼飞主编：《家事法研究》（2011年卷），社会科学文献出版社2011年版，第206页。

② 陈苇、宋豫主编：《中国大陆与港、澳、台继承法比较研究》，群众出版社2007年1月第1版，第364页。

形式立遗嘱的，原口头遗嘱无效。[①] 第五，对于电子遗嘱（文字版）的设立和法律效力作出规定。

3. 取消公证遗嘱最高效力的规定。《继承法》规定了多种遗嘱方式供当事人选择，每一种遗嘱都是公民对自己死后的遗产进行具体处理的意思表示，法律应当尊重遗嘱人的意思自治，并赋予其同等法律效力，而不应强行规定公证遗嘱的最高效力。在实际生活中，由于种种原因，当事人需要对原来所立的遗嘱进行变更或撤销，这是很正常的事情。由于公证遗嘱在操作上程序比较烦琐，且在紧急情况下很难办理。在遗嘱人需要变更或撤销原来的遗嘱时，只要是遗嘱人的真实意思表示，且遗嘱要件齐备合法，不论其采用何种立遗嘱方式，均应予以承认和保护。因此，建议立法上应当取消公证遗嘱优先效力的规定，改为规定承认遗嘱的先后效力，对于公证遗嘱，应当只是在程序上推定其优先效力（证据法上的优先效力）。

4. 对录音录像遗嘱的制作和使用加以严格限制。鉴于录音录像遗嘱本身存在的缺陷，参照口头遗嘱的规定，法律上对此类声音、图像形式的遗嘱的制作和使用应加以严格限制。在制作时，应当先由遗嘱人亲自叙述遗嘱的全部内容，并由两个以上的见证人在场见证。见证人应当将自己的姓名、性别、年龄、工作单位、家庭住址等事项进行现场录制，并对录制情况做出说明。整个叙述和见证过程应当全程同步进行摄像、录音，再配上笔迹，最后签名封存保留遗嘱。这样，可以使其准确性真实性大大提高。在遗嘱人死亡后，录音录像遗嘱应当在见证人、继承人、受遗赠人以及利害关系人都在场的情况下当众启封，由遗嘱执行人当众播放。

5. 完善口头遗嘱规范

一是进一步严格口头遗嘱的适用条件，建议采用列举加概括方式规定口头遗嘱设立时的危急情况。具体包括：（1）因疾病或其他原因导致生命垂危，不能用普通方式立遗嘱的；（2）因传染病等非常情况被隔离的；（3）因交通障碍、战争等军事行动，不能采用普通形式立遗嘱的；（4）因船舶遇难、飞机失事等意外事件原因濒临死亡或与外界联络隔绝的；（5）因自然

① 梁慧星主编：《中国民法典草案建议稿附理由·侵权行为编、继承编》，法律出版社 2004 年版，第 187—192 页。

灾害原因不能采用普通形式立遗嘱的；（6）其他原因导致不能采用普通方式立遗嘱的情形。

二是规定口头遗嘱应在一定期限内转化为书面遗嘱，且见证人应当从现有的两名修改为三名。在大陆法系多数国家，特别遗嘱均须做成书面形式（如《瑞士民法典》第506条、第507条、《德国民法典》第2249条、第2250条、《日本民法典》第976条第1款），且不少于两名其他人（包括证人或替代公证人位置的人）在场，目的在于防止遗嘱欺诈。美国规定证人须在作证后的规定时间内将作证这一事实写成书面形式，除非他在旅途中出现意外状态。借鉴外国立法经验，本书建议立法明确规定口头遗嘱作出后，在一定期间内（如七天之内）见证人应将口头遗嘱的内容转化为书面遗嘱的内容，并在封缝处签名、注明时间。同时，规定订立口头遗嘱须有三名以上的见证人在场见证，以避免因时间过长或其他因素而导致见证人对遗嘱内容的记忆淡忘、模糊不清等，也防止见证人疏忽、失职或者恶意串通，降低欺诈的风险性。

三是规定危急情况解除后另立其他形式遗嘱的合理期间（即口头遗嘱的有效期或失效期）。从外国立法例来看，对于口头遗嘱的有效期限问题，法国、日本规定为6个月（《法国民法典》第984条、第987条、第994条、《日本民法典》第983条），德国规定为3个月（《德国民法典》第2252条），俄罗斯规定为1个月（《俄罗斯民法典》第1129条），瑞士规定为14天（《瑞士民法典》第508条），前南斯拉夫曾规定为30天。我国台湾地区“民法”第1196条规定：“口授遗嘱，自遗嘱人能依其他方式为遗嘱之时起，经过三个月而失其效力。”在我国大陆，对于是否应当规定口头遗嘱有效期问题和如何规定，人们曾经有不同观点，有的主张应当规定，有的认为不应规定。① 但多数学者主张应当规定，只是期限长短不一而已。如有的主张应为“危急情况解除两周后”，② 有的建议规定：“危急情况解除后满10天，口头遗嘱失去效力。”③ 本书赞成应当规定危急情况解除后另立其他形

① 郭明瑞、房绍坤著：《继承法》，法律出版社1996年版，第152页。

② 王利明主编：《中国民法典学者建议稿及立法理由：人格权编、婚姻家庭编、继承编》，法律出版社2005年版，第560页。

③ 张玉敏主编：《中国继承法立法建议稿及立法理由》，人民出版社2006年版，第13页。

式遗嘱的合理期间，建议《继承法》应当明确规定：在危急情况解除后，遗嘱人能够用其他形式立遗嘱的，自危急情况解除之日起15日后，其所立的口头遗嘱归于无效。

四是建立口头遗嘱检验制度。鉴于口头遗嘱自身存在的缺陷，且在实践中口头遗嘱有可能是遗嘱人所立的最后一份遗嘱，为确保其真实有效，在立法上有必要建立口头遗嘱登记备案和检验制度。本书建议：第一，建立口头遗嘱登记备案制度。规定遗嘱见证人在规定的期限内须到遗嘱登记机关（即公证机构）对遗嘱人所立口头遗嘱进行证明，使其书面化、固定化。在危急情况解除后，遗嘱人应在规定期限内向遗嘱登记机关说明情况，能够用书面等其他形式立遗嘱的，所立口头遗嘱无效。第二，建立遗嘱检验规则和程序，确保继承人的利益能够得到切实保护。遗嘱检验机构的设置采用双轨制，由人民法院和公证机构分别行使遗嘱检验权，认定口头遗嘱的效力。当继承人持有被继承人的口头遗嘱申办遗产继承时，根据是否存在争议而由不同的遗嘱检验机构处理，人民法院负责处理有争议的遗嘱检验事宜，公证机构负责办理非诉讼的遗嘱检验。

6. 对遗嘱的保存（保管）和提示、开启和检验规则作出规定。《公证法》第12条规定："根据自然人、法人或者其他组织的申请，公证机构可以办理下列事务：……（三）保管遗嘱、遗产或者其他与公证事项有关的财产、物品、文书；"司法部《公证遗嘱细则》第20条规定：公证处可根据法律规定"保管公证遗嘱或者自书遗嘱、代书遗嘱、录音遗嘱；也可根据国际惯例保管密封遗嘱"。建议未来立法能够对不同形式的遗嘱的保存或保管问题作出具体规定，以防止遗嘱遗失或被伪造、篡改、销毁等情形出现。同时在立法上增设遗嘱的提示、开启和检验规则。

7. 完善见证人资格的规定。建议继续采用排除性规定的立法模式，进一步明确规定以下人员不得担任见证人：（1）无行为能力人、限制行为能力人；（2）继承人、受遗赠人及其配偶和直系血亲；（3）与继承人、受遗赠人有利害关系的人。此处的利害关系人既包括被继承人的近亲属外（如继承人、受遗赠人的配偶、父母、子女、兄弟姐妹、祖父母、外祖父母、孙子女、外孙子女），也包括所有与继承人、受遗赠人有民事权利义务关系的人（如继承人、受遗赠人的债权人、债务人，共同经营的合伙人等）；（4）

公证遗嘱中的公证人员及其配偶、直系血亲和直接下属。①

除此之外，对于立法上是否应当确认密封遗嘱的效力问题，人们有不同看法。有的认为应当增设密封遗嘱规范，② 有的主张在我国公证机构民间化之前，不能承认在公证机构面前制定的密封遗嘱。③ 我国台湾地区“民法”第1189条规定了密封遗嘱，且需要见证人见证和公证机关公证，赋予其较强的公信力，并在第1192条和第1193条中对密封遗嘱的订立规则、程序和不具备密封遗嘱方式的自书遗嘱效力的认定作出了规定。台湾地区密封遗嘱的优点是，与公证遗嘱相比，密封遗嘱具有更强的保密性，与自书遗嘱相比，密封遗嘱具有更强的公信力。本书认为，由于国情和法律制度的不同，在西方，公证人无须对遗嘱的真实性、合法性负责，而我国目前绝大多数公证机构仍属于官方或半官方机构，并负有审查公证对象的真实性、合法性的职责，但由于密封遗嘱的内容没有向公证机构公开，公证人无法确保其真实性与合法。此外，根据司法部《遗嘱公证细则》第21条规定：“遗嘱公证卷应当列为密卷保存。遗嘱人死亡后，转为普通卷保存。公证遗嘱生效前，遗嘱卷宗不得对外借阅，公证人员亦不得对外透露遗嘱内容。”因此，法律规定的公证遗嘱本身就具有很强的保密性，密封遗嘱所要求的保密性可以由公证机构的保密职责来实现，单独规定密封遗嘱没有必要。

第三节　遗赠制度比较及其借鉴

一、大陆遗赠制度的主要内容

大陆遗赠制度的内容主要体现在《继承法》和最高人民法院《继承法若干意见》中。其具体内容包括：

1. 遗赠的主体。根据《继承法》第16条第3款的规定，遗赠法律关系

---

① 陈苇、宋豫主编：《中国大陆与港、澳、台继承法比较研究》，群众出版社2007年1月第1版，第364页。

② 魏小军：《试论我国法律中的遗嘱形式规则》，载《昆明理工大学学报》（社会科学版）2007年第7期，第57—58页。

③ 张平华、刘耀东著：《继承法原理》，中国法制出版社2009年版，第311—312页。

的主体是遗赠人与法定继承人以外的自然人或集体组织、国家。

2. 附义务的遗赠。根据《继承法若干意见》第43条的规定，如果遗嘱继承或遗赠附有义务的，则继承人或受遗赠人应当履行义务。如受遗赠人有能力履行而不履行的，经受益人或其他继承人的请求，人民法院可以取消该受遗赠人接受附义务那部分遗产的权利，由提出请求的继承人或受益人负责履行义务，接受遗产。

3. 遗赠的接受与放弃。根据《继承法》第25条第2款的规定，受遗赠人应当在知道受遗赠后两个月内，作出接受或者放弃受遗赠的表示。到期未表示者，即视为放弃受遗赠。

4. 受遗赠权的代理行使。根据《继承法若干意见》第8条的规定，法定代理人代理被代理人行使受遗赠权，不得损害被代理人的利益。法定代理人一般不能代理被代理人放弃受遗赠权。如有明显损害被代理人利益的，则应认定其代理行为无效。

5. 遗赠的执行效力。根据《继承法》第5条和《继承法若干意见》第43条的规定，"继承开始后，按照法定继承办理；有遗嘱的，按照遗嘱继承或者遗赠办理；有遗赠扶养协议的，按照协议办理。""附义务的遗嘱继承或遗赠，如义务能够履行，而继承人、受遗赠人无正当理由不履行，经受益人或其他继承人请求，人民法院可以取消他接受附义务那部分遗产的权利，由提出请求的继承人或受益人负责按遗嘱人的意愿履行义务，接受遗产。"

二、我国大陆与台湾地区遗赠制度比较及其评析

（一）海峡两岸遗赠制度的相同点

1. 遗赠的有效条件。两岸均规定遗赠须符合遗嘱的有效条件，包括遗嘱人须具有遗嘱能力，意思表示须真实，所立遗嘱的内容须符合法律规定，所立遗嘱的形式须符合法定的形式要件等。在遗赠物方面均未规定必须为特定的财产或有价证券。

2. 遗赠不适用代位继承的规定。大陆与台湾地区均要求受遗赠人须于继承开始时尚存在，遗赠不适用代位继承的规定。

3. 附负担的遗赠。关于附负担的遗赠所负担的内容，两岸法律均无特

别的限制，一般认为不论是财产的给付还是非财产的给付均可，只要所附负担不违反法律及公序良俗，所附负担应为有效。

4. 遗赠的履行与债务的清偿。两岸法律均规定清偿被继承人债务优先于遗赠的履行。需要指出的是，台湾地区“民法”特别规定，被继承人的债权人如未在法定期限内“报明其债权”，而又未继承人所不知者，仅得就被继承人的剩余遗产行使其权利。而大陆没有这样的规定。①

此外，大陆与台湾地区对遗赠的范围、特留分遗赠、特殊标的遗赠等问题均未作出规定。

（二）海峡两岸遗赠制度的不同点

1. 遗赠的含义方面。首先，大陆的遗赠与遗嘱继承相对，是指遗嘱人对法定继承人以外的人（包括其他自然人、集体组织和国家）通过遗嘱实施的赠与行为。受遗赠人限于法定继承人以外的人。而台湾地区的遗赠并不要求必须是继承人以外的人，继承人也可以成为受遗赠人。其次，大陆遗赠的客体只能是遗产中的财产权利，且必须为特定财产和积极财产，受遗赠人原则上不承担任何偿还债务的义务。即使是附义务（附负担）的遗赠，遗赠与义务（负担）之间也不能构成对价。因此，《继承法》立法目前不承认概括遗赠。而台湾地区“立法”承认概括遗赠，凡是遗嘱人将遗产通过遗嘱的方式赠与他人的，都称之为遗赠。其遗赠的客体不仅有积极财产，还包括消极财产，是对遗产权利义务的概括遗赠，范围更广。

2. 遗赠的有效条件方面。一是在遗嘱能力方面。大陆不允许限制行为能力人订立遗嘱，但对于年满 16 周岁以上不满 18 周岁的自然人，以自己的劳动收入作为主要生活来源的，视为完全行为能力人，可以立遗嘱。台湾地区则允许限制行为能力人订立遗嘱，但又有例外，即未满 16 岁的未成年人除外。二是在遗赠物方面。主要表现为遗赠物的范围不同。大陆要求遗赠财产必须是遗赠人个人的合法财产。遗赠人不得将国家或他人的财产作为遗赠的标的物。而台湾地区原则上要求遗赠物须为遗嘱人的个人财产，但也规定了例外情形。根据台湾地区“民法”第 1202 条的规定，遗赠之物或其权利

---

① 陈苇、宋豫主编：《中国大陆与港、澳、台继承法比较研究》，群众出版社 2007 年版，第 401 页。

在继承开始时虽不属于遗产，但遗嘱人明确将该物或权利作为遗赠内容而另有意思表示者，则从其意思，该遗赠仍为有效。①

3. 遗赠的承认与抛弃方面。一是有关给予承认或抛弃的期限，大陆规定为2个月，从受遗赠人知道受遗赠时起算，但没有赋予继承人及其他利害关系人以催告权和具体期限。而台湾地区对此未作规定，解释上认为受遗赠人可以随时抛弃遗赠。台湾地区“民法”第1207条从保护继承人及其他利害关系人出发，赋予继承人或其他利害关系人对受遗赠人承认遗赠的催告权。二是有关承认与抛弃遗赠的方式，在大陆，根据《继承法若干意见》第47条的规定，一般应当以书面形式表示。用口头方式表示放弃继承，本人承认，或有其他充分证据证明的，也应当认定其有效。台湾地区未明确规定遗嘱的承认或抛弃的方式，一般认为，遗赠的承认或抛弃应为不要式法律行为，无须采用法定方式。既可以以书面形式，也可以口头形式表示，还可以以默示方式进行。三是关于沉默应推定为承认还是抛弃遗赠？《继承法》第25条规定对于受遗赠人在法定期间届满后没有表示接受的，视为受遗赠。而台湾地区“民法”第1207条则规定期间期间届满后尚无表示的，视为接受遗赠。

4. 附义务（负担）的遗赠方面。对于受遗赠人无正当理由不履行义务的应如何处理？在大陆，经受益人或其他继承人请求，人民法院可以取消受遗赠人接受附义务那部分遗产的权利，由提出请求的继承人或受益人负责按照遗嘱的规定履行义务，接受遗赠。而台湾地区对此未作规定。一般认为，受遗赠人不履行负担的，继承人或利害关系人可以要求受遗赠人继续履行负担或申请强制执行，也可以请求撤销该遗赠。该遗赠被撤销后，则遗赠被视为自始无效，该遗产按法定继承处理。②

5. 见证人见证要求方面。台湾地区除自书遗嘱外，其他方式的遗嘱（包括公证遗嘱）均要求必须指定见证人在场见证。而大陆只有制作代书遗嘱、录音遗嘱和口头遗嘱时才要求须有见证人在场见证，制作公证遗嘱时，

---

① 陈棋炎、黄宗乐、郭振恭著：《民法继承新论》（修订七版），三民书局2011年版，第354页。

② 陈苇、宋豫主编：《中国大陆与港、澳、台继承法比较研究》，群众出版社2007年版，第401页。

则不需要由见证人在场见证。

从总体上看，海峡两岸遗赠制度各具特色，各有优劣。但相对而言，台湾地区遗赠制度内容较为全面，且规则较为周密细致，有的规则也比较灵活，允许有例外，可操作性强；而大陆遗赠制度内容比较粗略和原则，规则简单而严格，一般不允许有例外。因此，可以参考外国和我国台湾地区的立法经验，以《继承法》的修订为历史契机，从完善立法和保护自然人财产继承权出发，对现行遗赠制度的内容进行必要的修正与补充。

三、大陆遗赠制度的立法反思与重构

（一）大陆遗赠制度的不足与缺陷

从大陆遗赠制度自身来看，目前还存在以下不足与缺陷：

1. 附义务遗赠、附条件遗赠和附期限遗赠的立法不全面。首先，目前立法还没有有关附条件遗赠和附期限遗赠制度的规定。其次，《继承法》虽然规定了附义务遗赠的内容，但只强调了受遗赠人不履行其义务的后果，而对附义务遗赠的内容、所附义务的有效要件、附义务遗赠的情势变更以及履行义务的担保等内容没有作出规定。①

2. 执行遗赠义务人的立法呈空白。即关于执行遗赠义务人的产生方式及其义务内容等没有具体规定。

3. 没有规定替补遗赠（即补充遗赠）和后位遗赠（即后继遗赠）制度。依照我们的现行立法，在法定继承期限下，继承人先于被继承人死亡的，继承人的直系血亲卑亲属依法可以代位继承，但在遗赠情形下，受遗赠人先于遗赠人死亡的，则遗赠归于无效。即使遗赠人已有明确意思表示的情况下，受遗赠人的直系血亲卑亲属也不能获得该遗赠财产，这就不利于充分保护遗赠人自己处分自己身后财产的自由。同时，后位遗赠制度的缺失，对于保护再婚当事人特别是生存配偶一方和未成年子女的居住权十分不利。

4. 遗赠的接受与放弃制度的规定与实际需求不吻合。依照《继承法》

---

① 陈苇主编：《外国继承法比较与中国民法典继承编制定研究》，北京大学出版社2011年版，第486页。

的规定，如果受遗赠人在法定期间未作出接受遗赠的意思表示的，则推定其为放弃受遗赠。据学者调查，在民间习惯上，有不少民众认为遗赠的接受不需要做出明确表示，只有当事人没有表示放弃就可以了。① 现有规定是否恰当值得斟酌。

5. 遗赠的效力立法之不足。遗赠自继承开始时生效，但目前立法对接受遗赠后将会对受遗赠人产生什么效力，遗赠义务人应当如何履行义务，遗赠失效的法定情形有哪些等等没有规定，或者规定不够全面。②

（二）完善我国大陆地区遗赠制度的若干建议

1. 增设遗赠种类的相关规定。

（1）根据遗赠是否附有义务，将遗赠分为单纯遗赠和附负担遗赠、附条件遗赠和附期限遗赠。单纯遗赠是指仅给付受遗赠人以财产利益而不附加条件和义务的遗赠。附负担遗赠是指遗嘱指定受遗赠人在其所的遗产利益范围内应履行一定义务的遗赠。在附负担遗赠中，受遗赠人负有履行负担的义务，在不履行义务时，继承人或利害关系人有权请求其履行或撤销该遗赠。其中，附条件的遗赠是指在遗嘱中规定的所附条件成就时就生效或失效的遗赠。根据所附条件的不同，它又可以分为附停止条件的遗赠和附解除条件的遗赠。附停止条件的遗赠，自条件成就时发生效力。在遗嘱人死亡前停止条件成就者，其遗嘱视为无条件。遗嘱人死亡前停止条件不成就已确定者，其遗嘱视为无效。而附解除条件的遗赠，于遗赠人死亡时解除条件已成就者，其遗嘱为无效；不成就已确定者，其遗嘱为无条件。③ 附期限遗赠根据所附期限的不同，它又可以分为附始期的遗赠和附终期的遗赠。根据情况的不同，受遗赠人在遗赠人死亡时，相应取得附始期或终期的附期限权利。④

（2）根据遗赠给与的方法不同，可将遗嘱分为称为补充遗赠（替补遗

① 陈苇主编：《当代中国民众继承习惯调查实证研究》，群众出版社 2008 年版，第 223 页。

② 陈苇主编：《外国继承法比较与中国民法典继承编制定研究》，北京大学出版社 2011 年版，第 486—487 页。

③ 陈棋炎、黄宗乐、郭振恭著：《民法继承新论》（修订七版），三民书局 2011 年版，第 345 页。

④ 陈棋炎、黄宗乐、郭振恭著：《民法继承新论》（修订七版），三民书局 2011 年版，第 345 页。

赠）和后继遗赠（后位遗赠）。补充遗赠是指遗赠人在遗嘱中表示首先指定的受遗赠人先于遗赠人死亡、抛弃遗赠或丧失受遗赠权的，就由其指定替补的第三人替补接受遗赠的遗赠。后继遗赠是指最先受遗赠人所受之遗赠利益，因某种条件的成就或期限的届至，应移转于他人的遗赠。① 该他人即为后位受遗赠人。

2. 进一步明确遗赠法律关系当事人的范围。一是规定受遗赠人的继承人可以成为遗赠的转继承人。二是将遗赠人死亡时已经受孕的胎儿纳入受遗赠人的范围；三是遗赠公证人、见证人及其配偶或其他直系血亲不得作为受遗赠人；四是将继承人、遗产管理人和遗嘱执行人等纳入遗赠义务人的范围。

关于代位遗赠和转遗赠问题，《继承法》均明确没有作出规定。《大清民律草案》第1516条曾经规定："受遗人在未承认以前死亡，其继承人有承认或抛弃遗赠之权。"《日本民法典》第988条规定："受遗赠人未为遗赠的承认或放弃而死亡时，其继承人得在自己继承权的范围内为承认或放弃。但遗嘱人在其遗嘱中已表示特别的意思时，从其意思。"《德国民法典》第2180条第3款和1952条第1、3款也有类似的规定。在德国、日本的立法例中，转遗赠与转继承所适用的法理是统一的。② 当然，本书并不赞成《继承法》规定代位遗赠问题，而是建议继续坚持《继承法》第27条第1款第3项的规定，③ 并参考我国台湾地区"民法"1201条的规定，明确规定"受遗赠人于遗嘱发生效力前死亡的，其遗赠不发生效力"。同时，我们还应当看到，在继承开始后，无论受遗赠人承认或抛弃遗赠，在法律上均已经因为遗赠人死亡和遗嘱而享有受遗赠的现实的权利。这时，如果受遗赠人承认或抛弃这一权利，则仅仅是针对已经取得的受遗赠权的确认或放弃，因此，在法律上不应当剥夺受遗赠人的承认或抛弃权，同时也应当承认受遗赠人的法定继承人的"转遗赠权"。事实上，相关司法解释已经做出了规定，最高人

---

① 张平华、刘耀东著：《继承法原理》，中国法制出版社2009年版，第330页；陈棋炎、黄宗乐、郭振恭著：《民法继承新论》（修订七版），三民书局2011年版，第347页。

② 史尚宽著：《继承法论》，中国政法大学出版社2000版，第555页。

③ 《继承法》第27条规定："有下列情形之一的，遗产中的有关部分按照法定继承办理……（三）遗嘱继承人、受遗赠人先于遗嘱人死亡的……"

民法院《继承法若干意见》第53条规定："继承开始后，受遗赠人表示接受遗赠，并于遗产分割前死亡的，其接受遗赠的权利转移给他的继承人。"现在需要做的就是将司法解释的规定上升到法律层面加以确认。本书建议这样规定：当遗赠人在遗嘱中对遗赠作出特别的意思表示的，应从其意思。即遗赠人可以在遗嘱中指定受遗赠人死亡后，由受遗赠人的继承人或者他人接受遗赠。①

此外，按照《继承法》第16条第3款的规定，受遗赠人只能是国家、集体或者法定继承人以外的人，继承人不能作为受遗赠人。对于受遗赠人的范围是否应当扩大到继承人，学者们有不同的看法。有的学者赞成受遗赠人的范围应当扩大到法定继承人。如陈苇教授等认为不宜限制受遗赠人须为负担继承人以外的人。② 而有的学者认为现行《继承法》以所指定的遗产继受人是否为法定继承人来区分遗嘱继承和遗赠是可取的。郭明瑞、张平华、刘春茂教授等主张受遗赠人只能是法定继承人以外的国家、集体和自然人，其对遗产所继受只能是积极的财产利益，并不负担遗产债务的清偿责任，而仅仅是在遗嘱执行人或继承人在清偿遗产债务后取得受遗赠财产（在遗产有剩余情况下）。主张未来《继承法》应坚持以继受遗产的内容和继受人与遗赠人的关系为双重标准来区分遗嘱继承与遗赠。③ 梁慧星教授起草的《继承法修改草案》和杨立新、杨震教授主持起草的《继承法修正草案建议稿》中都坚持了《继承法》"主体划分论"的立法模式。本书也赞成我国《继承法》现行规定，并且认为现行《继承法》对遗嘱继承人与受遗赠人主体范围的划分很科学合理，在实践中执行得比较顺畅，不会造成混乱。因此，应当坚持现有规定，即法定继承人以外的人不能作为遗嘱继承人，而法定继承人也不能作为受遗赠人。遗嘱继承人限于法定继承人范围内，其对遗产的继受属于权利义务的概括继受，遗嘱继承人须承担清偿遗产债务的义务，且在

---

① 张平华、刘耀东著：《继承法原理》，中国法制出版社2009年版，第346页。

② 陈苇、宋豫主编：《中国大陆与港、澳、台继承法比较研究》，群众出版社2007年版，第402页。

③ 郭明瑞、房绍坤、关涛著：《继承法研究》，中国人民大学出版社2003年版，第136页；刘春茂主编：《中国民法学·财产继承》（修订版），人民法院出版社2008年版，第365页；张平华、刘耀东著：《继承法原理》，中国法制出版社2009年版，第319页。

清偿债务、执行遗赠之后，如果遗产还有剩余，遗嘱继承人才能继承遗产。当然，遗嘱继承人对其遗产债务的清偿责任仅以其所接受的积极财产的价值或数额为限。这符合《继承法》的立法精神。这样规定，对于梳理和明晰不同的继承法律关系，增强遗产执行的可操作性具有重要的意义。

3. 扩大遗赠标的物的种类和效力范围。在台湾地区，遗赠的标的是遗赠人无偿赠与受遗赠人的某种财产利益。① 通过比较我们不难发现，台湾地区的遗赠标的有三个明显特点：一是标的范围广，种类多；二是标的以继承开始时遗赠标的的归属状态为标准。受遗赠物不要求在订立遗嘱时即存在，只要遗赠开始时存在即可。三是其遗赠物的效力范围也比较广泛。遗嘱的效力及于主物的从物及自遗嘱生效时起由遗赠物所生的孳息、代位物及求偿权。此外，台湾地区"民法"第 1203 条还规定："遗嘱人因遗赠物灭失、毁损、变造、或丧失丧失物之占有，而对于他人取得权利时，推定以其权利为遗赠；因遗赠物与他物附合或混合而对于所附合或混合之物取得权利时亦同。"这是有关标的物添附取得的规定。而大陆地区没有明确规定遗赠标的的效力范围是否包括遗赠物的添附、从物、孳息等，而且在标的的种类上只限于以遗赠人享有现实所有权的财产，导致遗赠物的范围较小。为适应社会生活的需要，本书建议参考台湾地区的立法经验，扩大《继承法》中遗赠的种类，将遗赠人享有所有权的财产和其他财产权（如债权、求偿权等）以及财产权利的设定均纳入遗赠标的物的范围，凡是能够给受遗赠人带来财产利益的，均应作为遗赠的标的。继承人在履行交付义务时，以交付的遗赠物价值不超过继承人继承财产的价值为原则。② 当遗赠人因遗赠标的物毁损灭失或丧失占有而对第三人享有损害赔偿请求权时，则推定该权利为遗赠标的。③ 当遗赠人因遗赠物与他物附合或混合而依法取得对所附合、混合或加工物的权利时亦同，此时该物的所有权或共有权应推定为遗赠标的。④ 同时，明确规定遗赠的效力及于主物的从物及自遗嘱生效时起由遗赠物所生的

---

① 江文、柳经纬编著：《台湾亲属法和继承法》，厦门大学出版社 1991 年版，第 149 页。

② 陈苇主编：《改革开放三十年（1978—2008 年）中国婚姻家庭继承法研究之回顾与展望》，中国政法大学出版社 2010 年版，第 398 页。

③ 张平华、刘耀东著：《继承法原理》，中国法制出版社 2009 年版，第 321 页。

④ 张平华、刘耀东著：《继承法原理》，中国法制出版社 2009 年版，第 322 页。

孳息、代位物及求偿权，但不影响遗嘱生效时已经存在于遗赠标的上的权利。① 遗赠物的范围应包括遗赠物的从物、孳息、代位物以及遗赠人指定的其他遗赠物，② 但遗赠人在遗嘱中表示了另外的意思者，从其意思。

4. 完善遗赠的接受与放弃制度

（1）关于名称问题。建议将《继承法》规定的“遗赠的接受与放弃”改为“遗赠的承认与抛弃”。理由是：第一，在遗赠人未死亡前，遗赠并未生效，受遗赠人并未取得受遗赠权（仅为权利能力），这时尚无权可放弃，也无抛弃的必要。第二，遗赠属于单方法律行为，遗赠自继承开始时生效，遗赠人死亡时，其遗赠物即为受遗赠人所应得。这时，已无须受遗赠人接受，但受遗赠人可以承认或抛弃。而承认遗赠与接受遗赠的含义是有区别的，接受遗赠是实际得到财产利益，而承认遗赠仅起到维持遗赠效力的作用，表示承认后，则受遗赠人不得再抛弃遗赠。③ 据此，将“遗赠的接受与放弃”改为“遗赠的承认与抛弃”更为科学。

（2）关于遗赠的承认与抛弃的方式。意大利、日本和我国澳门地区、台湾地区均规定受遗赠人在指定期间届满后没有做出意思表示的，视为承认遗赠，这样规定对受遗赠人利益的保护更加有利。《继承法》目前规定到期没有表示的，视为放弃受遗赠，这一模式与世界各国和我国台湾地区正好相反。在理论上，接受遗赠所接受的是一种财产权益，与接受继承是接受包括财产权利和财产义务的遗产不同。依照民法的基本理念，对于财产权益，权利人没有表示放弃的，应当视为接受，而不是放弃。④ 此外，《继承法》的规定在操作上也会遇到具体问题。因为在遗赠人已死亡的情况下，当事人的沉默并不意味着遗赠未生效，也不影响遗赠的生效。本书建议修改目前的规

---

① 郭明瑞、房绍坤、关涛著：《继承法研究》，中国人民大学出版社2003年版，第279页；陈苇、宋豫主编：《中国大陆与港、澳、台继承法比较研究》，群众出版社2007年版，第403页。

② 陈苇主编：《改革开放三十年（1978—2008年）中国婚姻家庭继承法研究之回顾与展望》，中国政法大学出版社2010年版，第398页；陈苇、宋豫主编：《中国大陆与港、澳、台继承法比较研究》，群众出版社2007年版，第403页。

③ 陈苇、宋豫主编：《中国大陆与港、澳、台继承法比较研究》，群众出版社2007年版，第403页。

④ 陈苇主编：《改革开放三十年（1978—2008年）中国婚姻家庭继承法研究之回顾与展望》，中国政法大学出版社2010年版，第399页。

定，将受遗赠人到期未表示的，视为放弃受遗赠的规定改为“视为承认遗赠”。同时，建议未来立法应当规定，遗赠的承认或抛弃为不要式法律行为。只要受遗赠人作出意思表示即可。这种意思表示既可以是书面形式，也可以是口头形式，同时还可以以默示方式进行。如果受遗赠人“在知道受遗赠后两个月内”未明确表示抛弃遗赠的，应视为承认遗赠。此外，立法还应当赋予继承人或其他利害关系人以催告权。

（3）关于遗赠的承认与抛弃的限制。参考德国、日本和我国台湾地区的立法经验，① 本书建议未来立法明确规定：受遗赠人一旦作出承认或抛弃的意思表示后，均不得撤回。但因意思表示瑕疵（如因受欺诈或胁迫而为的承认与抛弃）则除外。同时，遗赠的承认与抛弃原则上不得附条件或附期限，也不得部分承认或部分放弃。

（4）补充规定遗赠的承认和抛弃的条件和除斥期间。建议规定受遗赠人抛弃的意思表示应当以书面形式向遗赠义务人（包括继承人、遗产管理人或遗嘱执行人）作出。为了防止受遗赠人拖延承认或抛弃遗赠的时间，有必要对于受遗赠人行使抛弃受遗赠权的除斥期间作出明确规定，建议参考日本等国家的立法例，以 1 年为宜，从受遗赠人知道或应当知道遗赠时起算。如果受遗赠人在法定期间内没有行使抛弃遗赠的权利，则视其为承认遗赠。②

（5）进一步明确遗赠的承认与抛弃的效力。建议立法明确规定：①受遗赠人向继承人或遗产管理人（或遗嘱执行人）表示承认遗赠后，则不得撤回承认或抛弃遗赠。②受遗赠人抛弃遗赠的，则抛弃具有溯及既往的效力，该遗赠即视为自始不生效。③在遗嘱生效后，受遗赠人未来得及表示承认或抛弃遗赠即死亡的，可由受遗赠人之继承人表示承认或抛弃遗赠。即受遗赠权适用转继承的有关规定。

5. 完善附义务遗赠的内容。《继承法》第 21 条规定：“遗嘱继承或者遗

---

① 《德国民法典》第 2180 条件第 1 款规定：受遗赠人已接受遗赠的，不得再拒绝遗赠；《日本民法典》第 989 条第 1 款规定：“遗赠的承认及放弃，不得撤销。”该条第 2 款规定，因受欺诈或胁迫而作出的承认与放弃可以撤销。

② 陈苇主编：《外国继承法比较与中国民法典继承编制定研究》，北京大学出版社 2011 年版，第 487 页。

赠附有义务的，继承人或者受遗赠人应当履行义务。没有正当理由不履行义务的，经有关单位或者个人请求，人民法院可以取消他接受遗产的权利。”本书建议，首先，在《继承法》对附义务遗赠而受遗赠人不履行义务时所应承担的后果的基础上，增加有关附义务遗赠的内容、所附义务的有效要件以及履行义务的担保方面的具体规定。例如，关于附义务遗赠的内容，可以明确规定包括为遗嘱所指定之人提供长期的生活费用和基本居住保障等。在有效要件方面，应当明确规定所附义务须合法且可能。还可以规定受遗赠人应当为履行义务提供担保等。其次，确认附义务遗赠的效力。建议规定：（1）受遗赠人或其继承人在履行义务时，仅以遗赠标的的价值限度内负履行遗赠所附义务的责任。（2）如果受遗赠人或其继承人不履行其义务时如何处理？目前《继承法》没有规定，建议由遗嘱人的继承人或遗嘱执行人请求受遗赠人或其继承人履行或撤销遗赠。义务履行请求权人可以先行使请求权，要求受遗赠人或其继承人履行义务。如履行义务人仍不履行的，请求权人再撤销遗赠；也可以不经过请求履行义务程序而直接撤销遗赠。遗赠一经撤销，则视为自始无效。（3）当遗赠所附义务无效时，应当区别对待。建议参照《德国民法典》第2195条的规定，如果从遗嘱本身的内容可以可以认定如遗嘱人知道所附义务无效时即不为遗赠时，遗赠为无效。如果不能认定遗嘱人如知道所附义务无效即不为遗赠时，则仅所附义务无效，而该遗嘱成为无附义务的单纯遗赠。①（4）当遗赠附有义务时，如果受遗赠人未表示抛弃遗赠的，则受遗赠人在其所受利益的范围内对所附的义务负履行的责任（台湾地区“民法”第1205条）。如果受遗赠人抛弃遗赠的，则不负此义务。其继承人如因限定继承而未获得遗赠的利益时，也免除其履行义务的责任。此时，该遗赠所附义务应当由继承人负责履行。

6. 增补附负担遗赠的效力。建议规定：（1）受遗赠人或其继承人在履行负担时，仅以遗赠标的的价值限度内负履行遗赠所附负担的责任。（2）如果受遗赠人或其继承人不履行其义务时如何处理？目前《继承法》没有规定，建议由遗嘱人的继承人或遗嘱执行人请求受遗赠人或其继承人履行或撤销遗

---

① 陈棋炎、黄宗乐、郭振恭著：《民法继承新论》（修订七版），三民书局2011年版，第364页。

赠。负担履行请求权人可以先行使请求权，要求受遗赠人或其继承人履行负担。如履行义务人仍不履行的，请求权人再撤销遗赠。也可以不经过请求履行负担程序而直接撤销遗赠。遗赠一经撤销，则视为自始无效。（3）当遗赠所负担无效时，应当区别对待。参照德国民法典第 2195 条的规定，如果从遗嘱本身的内容可以认定如遗嘱人知道负担无效时即不为遗赠时，遗赠为无效。如果不能认定遗嘱人如知道负担无效即不为遗赠时，则仅负担无效，而该遗嘱成为无负担的单纯遗赠。①（4）当遗赠附有义务时，如果受遗赠人未表示抛弃遗赠的，则受遗赠人在其所受利益范围内对所附义务负履行责任（参见台湾地区“民法”第 1205 条规定）。如果受遗赠人抛弃遗赠的，则不负此义务。其继承人如因限定继承而未获得遗赠的利益时，也免除其履行负担的责任。此时，该遗赠所附负担应当由继承人负责履行。

7. 建立遗赠义务人制度。建议借鉴台湾地区立法建议，在《继承法》中也设立遗赠义务人制度，明确规定：第一，无行为能力人和限制行为能力人均不得作为遗赠义务人。第二，由遗嘱指定的继承人或遗嘱执行人负责履行遗赠义务。如果遗赠人既没有继承人，也没有指定遗嘱执行人时，经受遗赠人申请，由人民法院指定遗产管理人作为遗赠义务人。因为在遗产继承中，遗产管理人通常被视为遗嘱人（遗赠人）的信托受托人，他理所当然可以成为遗赠义务人。第三，遗赠义务人的主要职责是：（1）全面清点遗产，编制遗产清单。即查明遗产的名称、数量、地点、价值等状况；编制遗产清单，明确遗嘱人以遗嘱处分的遗产的范围。（2）清结遗嘱人生前的债权和债务，管理和保护遗产。（3）严格执行遗嘱内容。主要包括：一是召集全体遗嘱继承人和受遗赠人，公开遗嘱内容，并对有关遗产的情况作出说明；二是按照遗嘱内容要求分配遗产，执行遗赠，即将遗产最终转移给遗嘱继承人和受遗赠人。（4）报告遗赠执行情况。遗赠执行完毕，遗赠义务人应向继承人等利害关系人报告遗赠执行的情况。属于人民法院指定的，应当及时向人民法院提交书面报告。

如果遗赠义务人在遗嘱人死亡时已不生存或丧失继承权或抛弃继承权

① 陈棋炎、黄宗乐、郭振恭著：《民法继承新论》（修订七版），三民书局 2011 年版，第 364 页。

的，除遗嘱人另有意思外，对于遗赠的效力不产生影响。此时由因遗赠义务人空缺而直接受益的人作为遗赠义务人，负担遗赠义务。① 当在继承人有数人时，除遗嘱另有指定外，他们共同为遗赠义务人。

8. 增设替补遗赠（即补充遗赠）和后位遗赠制度。目前许多国家继承法都规定了替补遗赠制度，《继承法》中没有规定。有的学者主张《继承法》应当确认替补继承和替补遗赠制度。如张玉敏教授主持起草的继承法建议稿第37条规定遗嘱人可以在遗嘱中指定替补继承人和替补受遗赠人。② 因为根据《继承法》第27条的规定，当受遗赠人先于遗赠人死亡时，遗赠归于无效，遗产中的有关部分按照法定继承办理。即便在遗赠人已经有明确意思表示的情况下，受遗赠人的继承人也不能享受该财产利益。而在法定继承情况下，被继承人的直系血亲卑血亲却依法享有代位继承权。这样，就不能充分保障遗赠人的遗嘱自由，最大限度地使遗产的归属符合遗嘱人的意愿，也不符合我国老百姓希望将自己的财产代代相传的民间传统习惯。而承认和实行替补遗赠制度，既填补了我国继承立法的空白，又尊重了民风民俗和遗嘱人的遗嘱自由，全面保护和兼顾继承关系中各方当事人的合法权益，发挥继承制度在巩固家庭职能，维系家庭关系中的积极作用。

目前世界各国对于后位遗赠问题，有三种立法例。第一，在民法典中明确承认后位遗赠。德国、瑞士采此立法例。第二，在民法典中明确禁止后位遗赠。法国采此立法例。第三，在民法典中既未明确承认也未明确禁止后位遗赠。日本、我国台湾地区即采此立法例。③《继承法》既未明确承认后位继承，也未明确禁止后位继承。对于未来《民法典》是否应当承认并规定后位继承（包括后继遗赠），目前在学界有否定说和肯定说两种不同的观点。④ 而对于后位遗赠，也是如此。有的学者认为，我国传统民法上认为，

① 史尚宽著：《继承法论》，中国政法大学出版社2000年版，第518页；张平华、刘耀东著：《继承法原理》，中国法制出版社2009年版，第320页。

② 张玉敏主编：《中国继承法立法建议稿及立法理由》，人民出版社2006年版，“说明”第8页。

③ 张平华、刘耀东著：《继承法原理》，中国法制出版社2009年版，第330—331页。

④ 张平华、刘耀东著：《继承法原理》，中国法制出版社2009年版，第243—246页。

在继承开始后，遗赠人已经对遗产实际享有某种权利，遗产不应该承认后位遗赠，以免干涉受遗赠人的权利。① 有的学者则认为，只要遗赠人关于候补受遗赠人或次位受遗赠人的指定不违反法律和社会公共利益，就应当承认其效力。② 本书赞成后一种意见，认为《继承法》应当承认后位遗赠。因为这也是对遗嘱人遗嘱自由权的一种尊重。如果遗赠人在遗嘱中对后位遗赠作出了事先安排的，只要不违反法律和社会公序良俗，法律都没有必要去禁止或限制。当遗嘱中所设定的某种条件成就或期限届至，遗产就由前位受遗赠人转归后位受遗赠人，如果遗嘱人在遗嘱中对条件或期限没有具体规定时，则可参照《德国民法典》第2106条第1款的规定，遗产在前位受遗赠人死亡之时转归于后位受遗赠人。同时，可以对后位遗赠的次数加以限制。

9. 补充附条件和附期限的遗赠的相关内容。对所附条件和期限的有效要件、条件和期限不合法的后果以及附条件和附期限遗赠的担保作出规定。③

10. 增补遗赠的效力。《继承法》对遗赠的效力没有作出规定，本书建议立法上应增加有关遗赠的执行效力、遗赠失效的法定情形及其法律后果的有关规定。遗赠义务人只能在遗产实际价值范围内执行遗赠。当出现以下情形时，遗赠自动失效：（1）受遗赠人死亡或被宣告死亡的；（2）受遗赠人抛弃、丧失受遗赠权的；（3）遗赠物已经被遗赠人于生前处分的；（4）遗赠超过特留分限制的。遗赠失效的法律后果应当追诉至继承开始之时，其后果等同于受遗赠人自始从未接受遗赠。④ 同时，由于《物权法》对物权变动采用以债权形式主义为原则的变动模式，遗赠的效力为债权的效力，因此，受遗赠人所享有的权利应后位于遗产债权人，优先于继承人的继承权，⑤ 据

---

① 郭明瑞、房绍坤、唐广良著：《民商法原理（三）》，中国人民大学出版社1998年版，第692页。

② 刘春茂主编：《中国民法学·财产继承》（修订版），人民法院出版社2008年版，第374页。

③ 陈苇主编：《外国继承法比较与中国民法典继承编制定研究》，北京大学出版社2011年版，第487页。

④ 陈苇主编：《外国继承法比较与中国民法典继承编制定研究》，北京大学出版社2011年版，第488页。

⑤ 张平华、刘耀东著：《继承法原理》，中国法制出版社2009年版，第349页。

此，本书建议立法应进一步明确受遗赠人的受遗赠权优于继承人的继承权，继承人只有在执行遗赠后才能继承剩余的遗产。

11. 规定遗赠的开始时间和失效时间。在大陆，在未履行交付与登记前，遗赠仅具有债权效力。但根据《物权法》第29条的规定："因继承或者受遗赠取得物权的，自继承或者受遗赠开始时发生效力。"这一规定将遗赠与继承均作为导致物权变动的原因。由于《物权法》对物权变动，原则上采用债权形式主义变动模式，遗赠的效力应为债权的效力。① 即遗赠不能导致物权变动，仅产生请求遗赠义务人履行交付遗赠物的债权效力。为了解决我国现行立法框架下遗赠具有导致物权变动的效力与继承等法律制度之间的冲突，有学者提出应当区分遗赠的开始时间与遗赠的生效时间，将遗赠人的死亡时间作为遗赠开始的时间。② 本书赞成这一观点。在单纯遗赠、附条件遗赠和附期限遗赠中，都以遗赠人死亡的时间作为遗赠开始的时间。其中，单纯遗赠的生效时间与遗赠开始的时间是一致的。而在附条件或附期限遗赠中，在条件未成就或始期未届至时（即遗赠还未生效），尽管物权已经变动，但因此时遗赠还未生效，遗赠应当中止执行。

第四节　丧失继承权制度比较及其借鉴

一、《继承法》继承权丧失制度简述

（一）《继承法》和司法解释关于继承权丧失的有关规定

《继承法》第7条对丧失继承权的法定事由做出了规定，"继承人有下列行为之一的，丧失继承权：（一）故意杀害被继承人的；（二）为争夺遗产而杀害其他继承人的；（三）遗弃被继承人的，或者虐待被继承人情节严重的；（四）伪造、篡改或者销毁遗嘱，情节严重的。"

根据审判实践经验，最高人民法院在《关于贯彻执行〈中华人民共和国继承法〉若干问题的意见》（以下简称《继承法若干问题意见》）第9条至第14条以及第28条中对《继承法》中继承权丧失制度的具体问题做出

① 张平华、刘耀东著：《继承法原理》，中国法制出版社2009年版，第349页。
② 房绍坤：《遗赠能引起物权变动吗?》，载《当代法学》2012年第6期，第63页。

了补充规定。① 主要是明确和强调了以下几个问题：

第一，丧失继承权的确认机关为人民法院；第二，明确了虐待被继承人情节严重的认定依据；第三，强调杀害被继承人的不论既遂与未遂均丧失继承权；第四，明确了继承人有故意杀害被继承人或者为争夺遗产而杀害其他继承人的行为，而被继承人立遗嘱将遗产指定归该继承人继承的，则该遗嘱无效；第五，补充规定了被继承人宽恕权及其效力；第六，明确了有关继承人伪造、篡改或者销毁遗嘱，情节严重的认定依据；第七，强调了继承人丧失继承权的，其晚辈直系血亲不得代位继承。

（二）现行《继承法》有关继承权丧失制度的主要内容

1. 继承权丧失的原因。根据《继承法》第7条的规定，继承人有下列行为之一的，丧失继承权：

（1）故意杀害被继承人的。继承人故意杀害被继承人是一种严重的犯罪行为。构成故意杀害被继承人的行为须具备两个条件：第一，继承人主观上有杀害被继承人的故意。过失杀害和意外事件不在此列。第二，继承人客观上实施了杀害被继承人的行为。不论这种杀害是既遂还是未遂；是亲自实施杀害行为还是教唆或者辅助他人实施杀害行为；是直接杀害还是间接杀害，均在所不问，都要确认其丧失继承权。这里的杀害是指非法剥夺他人生命，不能解释为既包括杀人又包括伤害人。

（2）为争夺遗产而杀害其他继承人的。早在罗马法和日耳曼的法律中，就有“染血之手不得取得遗产”的规定。当今世界各国法律都规定，杀害

---

① 最高人民法院在《继承法若干意见》有关继承权丧失制度的内容是：第一，“在遗产继承中，继承人之间因是否丧失继承权发生纠纷，诉讼到人民法院的，由人民法院根据继承法第七条的规定，判决确认其是否丧失继承权。”（第9条）第二，“继承人虐待被继承人情节是否严重，可以从实施虐待行为的时间、手段、后果和社会影响等方面认定。”“虐待被继承人情节严重的，不论是否追究刑事责任，均可确认其丧失继承权。”（第10条）第三，“继承人故意杀害被继承人的，不论是既遂还是未遂，均应确认其丧失继承权。”（第11条）第四，“继承人有继承法第七条第（一）项或第（二）项所列之行为，而被继承人以遗嘱将遗产指定由该继承人继承的，可确认遗嘱无效，并按继承法第七条的规定处理。”（第12条）第五，“继承人虐待被继承人情节严重的，或者遗弃被继承人的，如以后确有悔改表现，而且被虐待人、被遗弃人生前又表示宽恕，可不确认其丧失继承权。”（第13条）第六，“继承人伪造、篡改或者销毁遗嘱，侵害了缺乏劳动能力又无生活来源的继承人的利益，并造成其生活困难的，应认定其行为情节严重。”（第14条）第七，“继承人丧失继承权的，其晚辈直系血亲不得代位继承。如该代位继承人缺乏劳动能力又没有生活来源，或对被继承人尽赡养义务较多的，可适当分给遗产。”（第28条）

其他继承人的应当剥夺其继承权。根据《继承法》的规定，构成这一行为须符合两个条件：第一，继承人杀害的对象是其他继承人。第二，杀害的目的是为了争夺遗产。即主观上必须具有“为了争夺遗产”这一特定故意，若不是为了争夺遗产而是出于其他动机和目的而杀害其他继承人或者过失杀人的，则不构成该行为。

（3）遗弃被继承人的，或者虐待被继承人情节严重的。遗弃被继承人，是指继承人对被继承人故意不尽扶养义务，致使被继承人生前处于生活极端困难的境地。遗弃被继承人不论情节轻重，也不论是否追究刑事责任，该继承人均丧失继承权。构成这一行为应符合两个条件：第一，被遗弃的是没有独立生活能力的被继承人。第二，继承人有扶养能力和扶养条件而故意不尽扶养义务。如果继承人本身无独立生活能力或没有扶养能力和扶养条件，无力尽扶养义务的，不构成遗弃。被扶养人不需要扶养，或被扶养人虽需扶养但拒绝接受扶养的，扶养人即继承人也不构成遗弃。遗弃行为包括积极的作为和消极的不作为。

虐待被继承人，是指继承人在被继承人生前以各种手段对其进行身体上或者精神上的摧残、折磨。与遗弃不同的是，虐待被继承人须情节严重，才丧失继承权。情节是否严重，可以从实施虐待行为的时间、手段、后果和社会影响等方面来认定。对于虐待时间较长，次数频繁，手段比较恶劣，社会影响很坏的，可认定为情节严重。继承人虐待被继承人情节严重的，构成虐待罪。但不论是否追究刑事责任，均可确认其丧失继承权。如果继承人对被继承人平时生活上不够关心，偶尔有打骂或者吵架等行为的，不能认定为虐待行为。

（4）伪造、篡改或者销毁遗嘱，情节严重的。伪造、篡改遗嘱或者销毁遗嘱的目的都是为了多得遗产，不仅是对被继承人生前处分其个人合法财产权利的侵害，违背了被继承人生前的意愿，而且也直接侵害了其他继承人的继承权，行为人为此应承担相应的法律责任。同时，伪造、篡改或者销毁遗嘱必须是情节严重的，才剥夺其继承权。《继承法若干问题意见》第 14 条规定：“继承人伪造、篡改或者销毁遗嘱，侵害了缺乏劳动能力又没有生活来源的继承人的利益，并造成生活困难的，应认定其行为情节严重。”

2. 丧失继承权的确认。丧失继承权是国家依法剥夺自然人继承权的强制性法律措施。根据《继承法若干问题意见》第9条规定，如果继承人之间因是否丧失继承权发生纠纷并诉讼到人民法院的，由人民法院根据《继承法》第7条的规定，判决确认其是否丧失继承权。有权确认公民丧失继承权的国家机关，只能是人民法院。

继承权丧失的法律效力溯及于继承开始。继承权被确认丧失前遗产已被分割或者占有的，则继承权丧失者所得遗产应当交给享有继承权的继承人继承。

二、我国台湾地区继承权丧失制度的主要规定及其立法借鉴

（一）我国台湾地区继承权丧失制度的主要内容

我国台湾地区"民法"第1145条对丧失继承权的5种法定原因和被继承人的宥恕问题做出了规定。第1145条第1项规定："（一）故意致使被继承人或应继承人于死或虽未致死因而受刑之宣告者。（二）以诈欺或胁迫使被继承人为关于继承之遗嘱，或使其撤回或变更之者。（三）以诈欺或胁迫妨害被继承人为关于继承之遗嘱，或妨害其撤回或变更之者。（四）伪造、变造、隐匿或湮灭被继承人故意继承之遗嘱者。（五）对于被继承人有重大虐待或侮辱情事，经被继承人表示其不得继承者。"第1145条第2项规定"前项第二款至第四款之规定，如经被继承人宥恕者，其继承权不丧失。"

关于丧失继承权的原因，台湾地区具体分为继承权的当然丧失和兼须经被继承人意思表示的丧失。

1. 继承权的当然丧失。继承权的当然丧失是指继承人因犯有法律规定的违法行为而自动丧失继承权。它又分为绝对的丧失与相对的丧失两种。

（1）绝对的丧失是指因法定原因而丧失继承权，且以后不能因被继承人的宽恕而恢复。① 台湾地区"民法"第1145条第1项第1款规定："故意致使被继承人或应继承人于死或虽未致死因而受刑之宣告者"，丧失继承权。绝对丧失继承权须符合以下构成要件：第一，继承人主观上必须是故意的。至于其动机是否为了谋夺遗产，则在所不问。如系出于过失或伤害致

① 胡大展主编：《台湾民法研究》（下），厦门大学出版社1993年版，第484页。

死，则非丧失继承权的原因。[①] 至于继承人故意杀人是既遂还是未遂，则均丧失继承权。第二，被杀害的人须为被继承人或应继承人。第三，继承人须因故意杀人而受刑之宣告，即受到刑罚处罚，且判决须为终审判决。如果继承人因正当防卫、紧急避险、无刑事责任能力或超过诉讼时效或赦免而不受或未受到刑罚处罚的，则不丧失继承权。至于继承人受到的刑罚执行与否，均可发生丧失继承权的后果。第四，须继承人本人实施上述杀人行为。如果是继承人的配偶或其他亲属实施的，该继承人继承权并不因此而丧失。[②]

（2）相对的丧失是指继承人因其某种违法行为而被依法取消继承权，后因得到被继承人的宽恕而得以恢复。[③] 台湾地区“民法”第 1145 条第 1 项第 2 款至第 4 款对此做了如下规定：第一，以诈欺或胁迫使被继承人订立、变更或撤回有关继承事项的遗嘱的行为。被继承人进行上述行为，是因为受到继承人想诈欺或胁迫所造成的。第二，伪造、变造、隐匿或湮灭被继承人关于继承之遗嘱行为。这四种行为必须是继承人故意所为。只要继承人故意实施这四种行为之一的，即构成丧失继承权的法定原因，而不问继承人实施这四种行为的动机。对于继承人犯有台湾地区“民法”第 1145 条第 1 项第 2 款至第 4 款所列违法行为，但被继承人表示宽恕的，则其继承权不丧失。

当继承人犯有台湾地区“民法”第 1145 条第 1 项所规定的五种丧失继承权的原因时，即当然丧失继承权而无须经法院以裁判宣告之。[④]

2. 兼须经被继承人意思表示的丧失。根据台湾地区“民法”第 1145 条第 1 项第 5 款的规定，当继承人对被继承人有重大虐待或侮辱行为，而被继承人表示为该行为的继承人不得继承遗产时，则该继承人也丧失继承权。构成此种继承权丧失的条件是：第一，继承人对被继承人实施的虐待或侮辱行为须为故意而且是重大的；第二，被继承人须有明确的事实，足以证明其生前曾

---

① 陈棋炎、黄宗乐、郭振恭著：《民法继承新论》（修订七版），三民书局 2011 年版，第 69 页。

② 胡大展主编：《台湾民法研究》（下），厦门大学出版社 1993 年版，第 484—485 页。

③ 胡大展主编：《台湾民法研究》（下），厦门大学出版社 1993 年版，第 484—485 页。

④ 陈棋炎、黄宗乐、郭振恭著：《民法继承新论》（修订七版），三民书局 2011 年版，第 73 页。

作出表示对为重大虐待或侮辱行为的继承人不得继承遗产的意思表示。被继承人的此种意思表示不以遗嘱方式为限，其他可为他人所知的方式均可。①

关于继承权丧失的效力，根据台湾地区的规定，当继承人具有法律所规定的违法行为时，不论发生在继承开始之前还是继承开始之后，都产生丧失继承权的法律后果，其应继份额归与其同一顺序的其他继承人继承。如果发生在继承开始之后，丧失继承权的效力可以追溯到继承开始之时。如果该继承人已实际占有遗产，则应当返还该遗产。根据台湾地区“民法”第958条的规定，② 如果继承人明知自己无继承权而占有遗产的，则除应返还所占有的遗产外，还应返还自继承开始时起所占有的遗产之孳息。③

继承人因法定原因丧失继承权，仅仅是对受其侵害的被继承人而言的，继承人对于其他被继承人的遗产仍然享有继承权，并不受此影响。继承权丧失的效力仅限于失权人本人，对于其直系血亲卑亲属或者配偶的继承权不发生任何影响。④ 根据台湾地区“民法”第1140条的规定，因继承人丧失继承权的，可发生代位继承或由后顺序的继承人继承。这是与《继承法》明显不同的一个地方。此外，继承人继承权的丧失，对于第三人也发生效力。该继承人如对于第三人以继承人的资格所为让与继承财产的所有处分行为，均属于无权处分行为。

（二）我国大陆与台湾地区继承权丧失制度的主要区别及其经验借鉴

通过比较，我们不难发现，海峡两岸关于继承权丧失原因的规定有共同点，但也存在着比较大的差异。共同点体现在：第一，都严格采用列举性规定而非例示性规定的方式，明确了丧失继承权的法定原因。这些法定原因不能作类推适用。第二，都规定了被继承人可以行使宽恕权。第三，在效力上都规定当发生法定原因时，继承人当然丧失继承权而无须经法院以裁判宣告之。差异主要体现在以下几个方面：

---

① 胡大展主编：《台湾民法研究》（下），厦门大学出版社1993年版，第486页。

② 台湾地区“民法”第958条规定：“恶意占有人，负返还孳息之义务。其孳息如已消费，或因其过失而毁损，或怠于收取者，负偿还其孳息价金之义务。”

③ 胡大展主编：《台湾民法研究》（下），厦门大学出版社1993年版，第486页。

④ 胡大展主编：《台湾民法研究》（下），厦门大学出版社1993年版，第486页；陈棋炎、黄宗乐、郭振恭著：《民法继承新论》（修订七版），台湾地区三民书局2011年版，第73页。

1. 继承权丧失的法定原因不同。《继承法》第7条规定了四种原因，台湾地区“民法”规定了五种原因。对于因受胁迫、欺骗所立的遗嘱、伪造和被篡改的遗嘱，《继承法》第22条只是规定产生遗嘱无效的后果，继承人并不因此而丧失继承权。而在台湾地区，继承人以诈欺、选胁迫使被继承人或者妨害被继承人订立遗嘱或撤回或变更有关遗产继承的遗嘱的，均构成丧失继承权的法定事由。此外，台湾地区规定隐匿遗嘱构成丧失继承权的法定事由，而《继承法》无此规定。

2. 丧失继承权的前提不同。《继承法》规定继承人只要有故意杀害被继承人或者为了争夺遗产而杀害其他继承人的，不论其是否受到刑事处罚，均当然丧失继承权。而台湾地区“民法”则规定该继承人须受到刑罚之宣告才丧失继承权。如果继承人因无刑事责任能力或超过追诉时效或赦免而未受到刑事处罚的，就不丧失继承权。

3. 主观要件、动机限制和遭受侵害的继承人的范围不同。具体差异体现在三个方面：一是大陆规定继承人杀害其他继承人须以争夺遗产为目的；台湾地区“继承法”对继承人杀害其他继承人则无动机上的限制，即不以谋夺遗产为限。[①] 二是大陆规定不论继承人杀人在主观上是出于故意或者过失，均构成丧失继承权的原因；台湾地区对犯罪主体的主观过错则有明确限制，即必须是故意杀人，否则不丧失继承权。三是对于继承人侵害的对象，大陆规定为“其他继承人”；台湾地区“继承法”限定为“应继承人”，即指其继承顺序在故意杀人的继承人之前或者与其同一顺序的继承人。如果继承人杀害的是位于后顺序的继承人，则不发生丧失继承权的法律后果。

4. 因伪造、篡改或销毁遗嘱而丧失继承权的构成条件不同。大陆要求必须是情节严重，如“侵害了缺乏劳动能力又没有生活来源的继承人的利益，并造成生活困难的”（《继承法若干问题意见》第14条规定），才构成丧失继承权的原因。而台湾地区“继承法”并不要求须情节严重，只要有伪造、变造或湮灭遗嘱的行为，即构成丧失继承权的原因。

5. 因遗弃、虐待被继承人而丧失继承权的条件不同。根据《继承法》

---

① 陈棋炎、黄宗乐、郭振恭著：《民法继承新论》（修订七版），台湾地区三民书局2011年版，第69页。

规定，继承人遗弃被继承人、继承人虐待或侮辱被继承人情节严重的，才构成丧失继承权的原因。台湾地区“继承法”规定还须被继承人表示该继承人不得继承，才能构成丧失继承权。其意思表示，既可以是明示形式，也可以是默示形式。

6. 对于经被继承人宽恕而不丧失继承权的条件不同。根据台湾地区“民法”第1145条第2项的规定，在该条第1项所列的五种丧失继承权的法定原因中，第2至第4种情形下，经被继承人表示宽恕的，继承人不丧失继承权。而《继承法》对此没有作出明确规定。最高人民法院《继承法若干意见》第13条规定：“继承人虐待被继承人情节严重的，或者遗弃被继承人的，如以后确有悔改表现，而且被虐待人、被遗弃人生前又表示宽恕，可不确认其丧失继承权。”大陆要求继承人以有悔改表现为条件，在标准上掌握得比较严格。

7. 丧失继承权后的应继份额的处理规定不同。大陆规定，继承人丧失继承权时，其应继份额归其他同一顺序继承人，同一顺序继承人均丧失继承权的，遗产由后一顺序继承人继承，不能发生代位继承，也不能由被继承人的孙子女、外孙子女平均继承。而台湾地区规定，继承人丧失继承权的，其应继份额归其他同一顺序的继承人继承。如果同一顺序继承人均丧失继承权的，则该遗产份额归下一顺序继承人继承。被继承人的子女丧失继承权的，晚辈直系血亲可以代位继承。但如果同一亲等的晚辈直系血亲均丧失继承权时，遗产由下一亲等的晚辈直系血亲（即孙子女、外孙子女）平均继承，不发生代位继承。①

从两岸继承权丧失制度的比较中，我们可以发现两岸法律制度的差异较大，对丧失继承权条件的把握宽严不一，各具特色，各有千秋。其中，台湾地区对丧失继承权的法定原因规定得比较全面，一些条件比大陆规定得更严格，如：第一，其对继承人杀害其他继承人则无动机上的限制。第二，对犯罪主体的主观过错限制为故意杀人。第三，对于继承人侵害的对象，限定为“应继承人”。第四，对于伪造、变造或湮灭遗嘱的行为不要求须情节严重。

---

① 柳经纬、薛景元、施信贵著：《海峡两岸法律制度比较·民法》，厦门大学出版社1993年版，第346—348页。

而有些问题规定得比较宽，如：因遗弃、虐待被继承人而丧失继承权的，还须被继承人表示该继承人不得继承，才能构成丧失继承权。被继承人的子女丧失继承权的，晚辈直系血亲可以代位继承，等等。而相形之下，大陆在有些方面规定得更为严格，例如：第一，大陆对于继承人因故意杀害被继承人或者为了争夺遗产而杀害其他继承人而丧失继承权的，不以其是否受到刑事处罚为前提条件，而杀害其他继承人而丧失继承权的，须以争夺遗产为目的。第二，对于继承人虐待、遗弃被继承人，而被继承人生前又表示宽恕的，大陆要求以继承人有悔改表现为条件。第三，大陆规定不论继承人杀人在主观上是出于故意或者过失，均构成丧失继承权的原因。第四，大陆规定继承人丧失继承权时，其子女不能代位继承。对于台湾地区立法的一些有益经验（例如侵害对象限于应继承人；继承人丧失继承权时，其晚辈直系血亲仍可以代位继承等等），我们可以根据大陆的实际情况和发展需要，进行借鉴与吸收，同时，保留《继承法》中的先进内容，使《继承法》与时俱进，更加完善和现代化。

三、大陆继承权丧失制度的反思与立法完善

（一）大陆继承权丧失制度存在的不足与缺陷

如前所述，《继承法》对继承权丧失的法定原因作出了规定，但这些规定还存在着一些明显的漏洞。主要体现在：

1. 司法解释的规定未上升到立法层面。《继承法若干问题意见》第 9 条至第 14 条以及第 28 条对《继承法》中继承权丧失制度的具体问题做出了补充规定，这些规定经过二十多年来的司法实践证明是成熟的，应当上升到立法层面进行规定。

2. 现行规定对继承权相对丧失法定事由的范围规定得过于狭窄。① 继承权的丧失包括绝对丧失和相对丧失二种情形。如因故意杀害被继承人而丧失继承权的，属于绝对丧失，为不可回复之丧失。而继承人有虐待、遗弃被继承人行为的，则可导致继承权的相对丧失，为可以回复之丧失。《继承法》对隐匿遗嘱等相对丧失原因没有作出规定。

① 郭明瑞、房绍坤、关涛著：《继承法研究》，中国人民大学出版社 2003 年版，第 30 页。

3. 现行某些规定明显不合理。如《继承法若干意见》第 13 条规定继承人虐待、遗弃被继承人，但以后确有悔改表现，而被继承人生前又表示宽恕，可不确认其丧失继承权。但该规定存在不合理之处。因为从违法甚至犯罪的性质、情节和后果来看，虐待、遗弃行为的性质、情节和后果远比伪造、篡改或者销毁遗嘱要严重得多，但虐待、遗弃行为只导致继承权的相对丧失，而伪造、篡改或者销毁遗嘱却导致继承权的绝对丧失,① 这样的立法设计显然是不恰当的。同时，对于被继承人的宽恕的表达形式及其效力以及宽恕的生效时间的确定也需要在立法上加以明确。

4. 一些重要问题还没有作出规定。例如继承人对被继承人实施了危害其人身安全的不法行为，但不以剥夺被继承人的生命为目的，是否构成杀人行为而应丧失继承权？在发生家庭暴力时，正当防卫是否应当排除在法定情形之外？继承人故意伤害其他继承人致死是否构成继承权的丧失？对于以欺诈或者胁迫手段，迫使或者妨碍被继承人设立、变更或者撤销遗嘱，情节严重的，是否应当剥夺或者取消其继承权等等，均没有规定。

（二）完善大陆继承权丧失制度的若干立法建议

随着国民经济的飞速发展和人民生活水平的不断提高，遗产范围不断扩大，财产价值不断增多，此类刑民交叉案件也呈现不断增加的趋势，需要引起我们的关注。而《继承法》的立法规定显然不能适应社会发展的需要，需要进一步修订完善。我们应当抓住国家立法机关已经将《继承法》的修订列入国家立法规划的历史契机，抓紧研究解决对策，积极提出立法建议。本书认为，就继承权丧失制度而言，应着重从以下几个方面进行补充完善：

1. 将成熟的司法解释通过立法程序上升到立法层面。即将最高人民法院《继承法若干问题意见》第 9 条至第 14 条和第 28 条中对继承权丧失制度所做出的补充规定进行整理完善，并在国家立法机关修订《继承法》时通过法定程序写入《继承法》中。

2. 进一步完善关于丧失继承权法定原因的规定。第一，将《继承法》第 7 条规定的“伪造、篡改或者销毁遗嘱，情节严重的”改为“伪造、篡

① 吴国平：《论我国法定继承制度的完善》，载《盐城师范学院学报》（社会科学版）2011 年第 6 期，第 8 页。

改或者销毁、隐匿遗嘱，情节严重的”。第二，增加丧失继承权法定原因，即：“侵害被继承人遗嘱自由权利，情节严重的”作为在第7条的第五款。具体情形包括以欺诈或者胁迫手段，迫使或者妨碍被继承人设立、变更或者撤销遗嘱等。①

3. 重新划分继承权绝对丧失和相对丧失的法定情形。即将杀害被继承人以及为争夺遗产而杀害其他继承人的作为继承权绝对丧失的法定情形，将遗弃被继承人的，或者虐待被继承人情节严重的、伪造、篡改或者销毁遗嘱，情节严重的、侵害被继承人遗嘱自由权利，情节严重的等其他三种违法行为作为继承权相对丧失的法定情形范围。因为确定继承权绝对丧失和相对丧失的主要依据是继承人行为的恶劣程度和危害性，同时还应当适当考虑被继承人的意愿，例如，对于遗弃、虐待被继承人而丧失继承权的，建议参考台湾地区的立法经验，增加“须被继承人表示该继承人不得继承”的条件，共同作为认定继承人丧失继承权的构成条件。此外，还有两个问题需要注意：一是继承人为争夺遗产而杀害其他继承人的，既包括第一顺序继承人，也包括第二顺序继承人以及代位继承人。二是对于继承人故意伤害其他继承人致死是否构成继承权的丧失？目前法律没有明确规定，学界对此有不同意见。一种意见认为《继承法》规定的杀害仅指故意杀害，不包括故意伤害致死；另一种意见认为故意伤害致死也应当作为继承权丧失的原因。本书赞成第一种观点，认为继承人故意伤害其他继承人而导致其死亡的，不应构成继承权的丧失。因为其主观要件方面不符合《刑法》和《继承法》的规定，应当排除在法定情形之外。

4. 严格区分故意杀害被继承人而丧失继承权与其他相关行为的界限。首先，要注意区分故意杀害被继承人与故意伤害被继承人致被继承人死亡的界限。因为在刑法上，故意杀害被继承人与故意伤害被继承人致被继承人死亡是两种不同类型的犯罪，既不能混为一谈，也不能对故意杀害作扩大解释。继承人对被继承人实施故意杀害以外的其他犯罪行为的，应当适用《刑法》的有关规定，依法追究犯罪嫌疑人的刑事责任，但不得剥夺其继承

① 吴国平：《论我国法定继承制度的完善》，载《盐城师范学院学报》（社会科学版）2011年第6期，第13页。

权。如果继承人故意伤害被继承人是对被继承人进行虐待的一种方式，则可依照《继承法》的7条第3款中“虐待被继承人情节严重”的规定剥夺其继承权。[①] 因过失或者意外事件而杀死被继承人或其他继承人的，不在此限。其次，对于继承人对被继承人所实施的不法行为虽属于危害被继承人人身安全的行为，但不以剥夺被继承人的生命为目的，不能构成杀害行为。这可借鉴参考台湾地区的立法经验。在我国台湾地区，如果继承人针对被继承人，以非法剥夺其生命为目的而实施杀害行为的，则无论其有无谋夺遗产的意图，是直接故意还是间接故意，也不论其是既遂还是未遂，或者是正犯、从犯或者教唆犯等，以及是否被依法追究刑事责任等等，只要其本人具有杀害的故意，都应当确认其丧失继承权。[②] 再次，当发生家庭暴力时，受害人因实施正当防卫而导致被继承人死亡的，不应当认定该受害人（继承人）丧失继承权。当然，如果该受害人（继承人）因超过必要限度造成防卫过当而杀害了被继承人的，则属于“故意杀害”，应当剥夺其对该被继承人遗产的继承权。继承人误杀的也应当排除在丧失继承权的法定情形之外。[③]

与此同时，建议未来立法应对以下几个问题作出明确规定，以避免造成认识上和具体操作上的混乱。一是对于继承人因紧急避险、无刑事责任能力或超过诉讼时效或赦免而不受或未受到刑罚处罚的，建议参考台湾地区的立法经验，均不作为丧失继承权的法定原因。二是继承人故意杀害被继承人已被人民法院判决宣告科以刑罚处罚的，即意味着犯罪嫌疑人的犯罪事实已得到确认，始发生丧失继承权的效力。即法院判决具有溯及既往的效力。至于继承人受到的刑罚执行与否，均不影响其丧失继承权法律后果的发生。三是对于人民法院判决继承人构成犯罪，但宣告缓刑的，该继承人是否丧失继承权？目前我国法律没有明确规定。有学者认为应当丧失继承权，理由是“缓刑是对原判刑罚附条件不执行的一种刑罚制度，是在构成犯罪并被判处刑罚的基础上，暂缓刑罚的执行”。[④] 本书赞成这一观点，如前所述，继承

---

① 陈明添、吴国平主编：《中国民法学》，法律出版社2007年版，第716页。

② 陈棋炎、黄宗乐、郭振恭著：《民法继承新论》（修订七版），三民书局2011年版，第69页；翟云岭、刘耀东：《论继承权丧失制度》，载《北方法学》2012年第5期，第79页。

③ 翟云岭、刘耀东：《论继承权丧失制度》，载《北方法学》2012年第5期，第79页。

④ 翟云岭、刘耀东：《论继承权丧失制度》，载《北方法学》2012年第5期，第79页。

人故意杀害被继承人的，不论是否被追究刑事责任，均应确认该继承人丧失继承权。继承人是否被宣告缓刑，并不影响这一法律后果的产生。当然，人民法院的无罪判决是一个例外。

5. 对被继承人的宽恕的表现形式及其效力作出明确规定。关于丧失继承权的继承人恢复继承权的法定条件，目前学者们有不同的看法。有的认为继承人重新获得继承权须同时具备两个条件：一是继承人确有悔改表现；二是被继承人生前表示宽恕。① 有的则主张仅须具备一个条件，即：被继承人的宽恕。② 我国司法解释规定目前采用的是第一种观点，即"双条件说"。在立法上也有"双条件说"和"单一条件说"。我国台湾地区"民法"第1145条第2项和《德国民法典》第2343条、《瑞士民法典》第540条规定采用的是"单一条件说"。但这种宽恕只限于被继承人生前有明确的意思表示，不能采用遗嘱宽恕的方式来进行。我国台湾地区对于宽恕的具体表现形式并无特别规定，学者在理解上认为无须以一定方式为之。③ 本书并不主张修改《继承法》关于重新获得继承权条件的规定，但是对于被继承人宽恕的表现形式及其效力问题，本书主张还是需要通过立法加以明确的。本书建议参考国外立法规定，要求这种宽恕的意思表示只能在被继承人生前用书面或者口头形式（须有证据证明）明确作出，但不能采用遗嘱宽恕的形式作出，否则宽恕无效。意即在死者生前就作出决定，防止发生意外。宽恕自被继承人明确作出宽恕意思表示之时起生效。④

6. 完善继承人丧失继承权后其应继份额的处理规定。如前所述，台湾地区规定当被继承人的子女丧失继承权的，其晚辈直系血亲可以代位继承。大陆地区司法解释则刚好相反，规定"继承人丧失继承权的，其晚辈直系血亲不得代位继承。如该代位继承人缺乏劳动能力又没有生活来源，或对被继承人尽赡养义务较多的，可适当分给遗产"。（《继承法若干意见》第28

① 郭明瑞、房绍坤、关涛著：《继承法研究》，中国人民大学出版社2003年版，第30页。

② 参见戴炎辉、戴东雄著：《中国继承法》，作者自版1998年版，第63页。转引自王利明主编：《中国民法典草案建议稿及说明》，中国法制出版社2004年版，第381页。

③ 陈棋炎、黄宗乐、郭振恭著：《民法继承新论》（修订七版），三民书局2011年版，第72页。

④ 吴国平：《论我国法定继承制度的完善》，载《盐城师范学院学报》（社会科学版）2011年第6期，第13—14页。

条）本书认为这条规定应当做适当修改。因为从代位继承权的本质上讲，代位继承权是代位继承人自身固有的权利。这种固有的继承权是法律直接赋予并由代位继承人所独自享有的。① 《继承法》规定的代位继承制度，实际上是作为法定继承制度的必要补充，它是一种特别的继承方式。② 本书认为，我们目前对代位继承所采取的"代表权说"的立法立场是不可取的，其直接导致继承人因某种法定原因丧失继承权后，其子女等晚辈直系血亲无法代位继承。而目前各国绝大多数国家如意大利、德国、日本、瑞士、奥地利、保加利亚和我国台湾地区的民法典均采用"固有权说"。例如《意大利民法典》第467条规定：代位继承人因其父或其母不能继承或不想继承时，仍允许代位继承。因此，从《继承法》设立代位继承制度的立法意图和代位继承权的性质来分析，本书认为应当参考意大利等国家和我国台湾地区的立法经验，通过修订《继承法》而允许丧失继承权的继承人的子女等晚辈直系血亲代位继承被继承人的遗产。因为代位继承权是代位继承人自身固有的权利，不是其父母赋予的。继承人丧失或者放弃对被继承人遗产继承权，不能影响其子女等晚辈直系血亲对被继承人的代位继承权。因此，采用"固有权说"才符合民法的基本原理和立法精神。

7. 细化人民法院确认继承权丧失的相关规定。继承权丧失的确认权归人民法院，并且只能在继承开始后进行。建议未来立法明确规定，被杀害的被继承人的其他法定继承人、"其他继承人"的法定继承人及被继承人、"其他继承人"的利害关系人有权向人民法院提出确认丧失继承权的请求。当然，人民法院完全可以根据查明的事实，依法作出丧失继承权的判决，不需要以当事人提出确认丧失继承权的请求为前提。人民法院在确认继承人是否应丧失继承权时，应根据法律和司法解释的相关规定，从继承人的违法犯罪事实、被继承人生前的态度、有无其他继承人等情况出发加以综合考虑，从严掌握，使《继承法》有关继承权丧失制度能够在司法实践中得到很好的执行，以更好地维护当事人的合法权益，维护公平正义。

① 李燕：《我国法定继承制度的不足与完善》，载《海峡法学》2010年第3期，第35页。

② 吴国平：《论我国法定继承制度的完善》，载《盐城师范学院学报》（社会科学版）2011年第6期，第13页。

附录

台湾地区“民法·继承编”

（2011 年 5 月 26 修正）

第五编　继　　承

第一章　遗产继承人

第 1138 条　（法定继承人及其顺序）

遗产继承人，除配偶外，依左列顺序定之：

一、直系血亲卑亲属。

二、父母。

三、兄弟姊妹。

四、祖父母。

第 1139 条　（第一顺序继承人之决定）

前条所定第一顺序之继承人，以亲等近者为先。

第 1140 条　（代位继承）

第一千一百三十八条所定第一顺序之继承人，有于继承开始前死亡或丧失继承权者，由其直系血亲卑亲属代位继承其应继分。

第 1141 条　（同顺序继承人之应继分）

同一顺序之继承人有数人时，按人数平均继承。但法律另有规定者，不在此限。

第 1142 条　（删除）

第 1143 条　（删除）

第 1144 条　（配偶之应继分）

配偶有相互继承遗产之权，其应继分，依左列各款定之：

一、与第一千一百三十八条所定第一顺序之继承人同为继承时，其应继分与他继承人平均。

二、与第一千一百三十八条所定第二顺序或第三顺序之继承人同为继承时，其应继分为遗产二分之一。

三、与第一千一百三十八条所定第四顺序之继承人同为继承时，其应继分为遗产三分之二。

四、无第一千一百三十八条所定第一顺序至第四顺序之继承人时，其应继分为遗产全部。

第 1145 条 （继承权丧失之事由）

有左列各款情事之一者，丧失其继承权：

一、故意致被继承人或应继承人于死或虽未致死因而受刑之宣告者。

二、以诈欺或胁迫使被继承人为关于继承之遗嘱，或使其撤回或变更之者。

三、以诈欺或胁迫妨害被继承人为关于继承之遗嘱，或妨害其撤回或变更之者。

四、伪造、变造、隐匿或湮灭被继承人关于继承之遗嘱者。

五、对于被继承人有重大之虐待或侮辱情事，经被继承人表示其不得继承者。

前项第二款至第四款之规定，如经被继承人宥恕者，其继承权不丧失。

第 1146 条 （继承回复请求权）

继承权被侵害者，被害人或其法定代理人得请求回复之。

前项回复请求权，自知悉被侵害之时起，二年间不行使而消灭；自继承开始时起逾十年者亦同。

第二章 遗产之继承

第一节 效 力

第 1147 条 （继承之开始）

继承，因被继承人死亡而开始。

第 1148 条 （限定继承之有限责任）

继承人自继承开始时，除本法另有规定外，承受被继承人财产上之一切权利、义务。但权利、义务专属于被继承人本身者，不在此限。

继承人对于被继承人之债务，以因继承所得遗产为限，负清偿责任。

第1148－1条 （财产赠与视同所得遗产之计算期限）

继承人在继承开始前二年内，从被继承人受有财产之赠与者，该财产视为其所得遗产。

前项财产如已移转或灭失，其价额，依赠与时之价值计算。

第1149条 （遗产酌给请求权）

被继承人生前继续扶养之人，应由亲属会议依其所受扶养之程度及其他关系，酌给遗产。

第1150条 （继承费用之支付）

关于遗产管理、分割及执行遗嘱之费用，由遗产中支付之。但因继承人之过失而支付者，不在此限。

第1151条 （遗产之公同共有）

继承人有数人时，在分割遗产前，各继承人对于遗产全部为公同共有。

第1152条 （公同共有遗产之管理）

前条公同共有之遗产，得由继承人中互推一人管理之。

第1153条 （债务之连带责任）

继承人对于被继承人之债务，以因继承所得遗产为限，负连带责任。

继承人相互间对于被继承人之债务，除法律另有规定或另有约定外，按其应继分比例负担之。

第二节 （删除）

第1154条 （继承人之权义）

继承人对于被继承人之权利、义务，不因继承而消灭。

第1155条 （删除）

第1156条 （继承人开具遗产清册之呈报）

继承人于知悉其得继承之时起三个月内开具遗产清册陈报法院。

前项三个月期间，法院因继承人之声请，认为必要时，得延展之。

继承人有数人时，其中一人已依第一项开具遗产清册陈报法院者，其他继承人视为已陈报。

第 1156－1 条 （债权人遗产清册之提出）

债权人得向法院声请命继承人于三个月内提出遗产清册。

法院于知悉债权人以诉讼程序或非讼程序向继承人请求清偿继承债务时，得依职权命继承人于三个月内提出遗产清册。

前条第二项及第三项规定，于第一项及第二项情形，准用之。

第 1157 条 （报明债权之公示催告及其期限）

继承人依前二条规定陈报法院时，法院应依公示催告程序公告，命被继承人之债权人于一定期限内报明其债权。

前项一定期限，不得在三个月以下。

第 1158 条 （偿还债务之限制）

继承人在前条所定之一定期限内，不得对于被继承人之任何债权人偿还债务。

第 1159 条 （依期报明债权之偿还）

在第一千一百五十七条所定之一定期限届满后，继承人对于在该一定期限内报明之债权及继承人所已知之债权，均应按其数额，比例计算，以遗产分别偿还。但不得害及有优先权人之利益。

继承人对于继承开始时未届清偿期之债权，亦应依第一项规定予以清偿。

前项未届清偿期之债权，于继承开始时，视为已到期。其无利息者，其债权额应扣除自第一千一百五十七条所定之一定期限届满时起至到期时止之法定利息。

第 1160 条 （交付遗赠之限制）

继承人非依前条规定偿还债务后，不得对受遗赠人交付遗赠。

第 1161 条 （继承人之赔偿责任及受害人之返还请求权）

继承人违反第一千一百五十八条至第一千一百六十条之规定，致被继承人之债权人受有损害者，应负赔偿之责。

前项受有损害之人，对于不当受领之债权人或受遗赠人，得请求返还其不当受领之数额。

继承人对于不当受领之债权人或受遗赠人，不得请求返还其不当受领之数额。

第1162条 （未依期报明债权之偿还）

被继承人之债权人，不于第一千一百五十七条所定之一定期限内报明其债权，而又为继承人所不知者，仅得就剩余遗产，行使其权利。

第1162-1条 （继承人之清偿债权责任）

继承人未依第一千一百五十六条、第一千一百五十六条之一开具遗产清册陈报法院者，对于被继承人债权人之全部债权，仍应按其数额，比例计算，以遗产分别偿还。但不得害及有优先权人之利益。

前项继承人，非依前项规定偿还债务后，不得对受遗赠人交付遗赠。

继承人对于继承开始时未届清偿期之债权，亦应依第一项规定予以清偿。

前项未届清偿期之债权，于继承开始时，视为已到期。其无利息者，其债权额应扣除自清偿时起至到期时止之法定利息。

第1162-2条 （限定继承之例外原则）

继承人违反第一千一百六十二条之一规定者，被继承人之债权人得就应受清偿而未受偿之部分，对该继承人行使权利。

继承人对于前项债权人应受清偿而未受偿部分之清偿责任，不以所得遗产为限。但继承人为无行为能力人或限制行为能力人，不在此限。

继承人违反第一千一百六十二条之一规定，致被继承人之债权人受有损害者，亦应负赔偿之责。

前项受有损害之人，对于不当受领之债权人或受遗赠人，得请求返还其不当受领之数额。

继承人对于不当受领之债权人或受遗赠人，不得请求返还其不当受领之数额。

第1163条 （限定继承利益之丧失）

继承人中有下列各款情事之一者，不得主张第一千一百四十八条第二项所

定之利益：

一、隐匿遗产情节重大。

二、在遗产清册为虚伪之记载情节重大。

三、意图诈害被继承人之债权人之权利而为遗产之处分。

第三节 遗产之分割

第1164条 （遗产分割自由原则）

继承人得随时请求分割遗产。但法律另有规定或契约另有订定者，不在此限。

第1165条 （分割遗产之方法）

被继承人之遗嘱，定有分割遗产之方法，或托他人代定者，从其所定。

遗嘱禁止遗产之分割者，其禁止之效力以十年为限。

第1166条 （胎儿应继分之保留）

胎儿为继承人时，非保留其应继分，他继承人不得分割遗产。

胎儿关于遗产之分割，以其母为代理人。

第1167条 （删除）

第1168条 （分割之效力（一）－继承人之互相担保责任）

遗产分割后，各继承人按其所得部分，对于他继承人因分割而得之遗产，负与出卖人同一之担保责任。

第1169条 （分割之效力（二）－债务人资力之担保责任）

遗产分割后，各继承人按其所得部分，对于他继承人因分割而得之债权，就遗产分割时债务人之支付能力，负担保之责。

前项债权，附有停止条件或未届清偿期者，各继承人就应清偿时债务人之支付能力，负担保之责。

第1170条 （分割之效力（三）－担保责任人无资力时之分担）

依前二条规定负担保责任之继承人中，有无支付能力不能偿还其分担额者，其不能偿还之部分，由有请求权之继承人与他继承人，按其所得部分比例分担之。但其不能偿还，系由有请求权人之过失所致者，不得对于他继承人请求分担。

第1171条 （分割之效力（四）－连带债务之免除）

遗产分割后，其未清偿之被继承人之债务，移归一定之人承受，或划归各继承人分担，如经债权人同意者，各继承人免除连带责任。

继承人之连带责任，自遗产分割时起，如债权清偿期在遗产分割后者，自清偿期届满时起，经过五年而免除。

第1172条 （分割之计算（一）－债务之扣还）

继承人中如对于被继承人负有债务者，于遗产分割时，应按其债务数额，由该继承人之应继分内扣还。

第1173条 （分割之计算（二）－赠与之归扣）

继承人中有在继承开始前因结婚、分居或营业，已从被继承人受有财产之赠与者，应将该赠与价额加入继承开始时被继承人所有之财产中，为应继遗产。但被继承人于赠与时有反对之意思表示者，不在此限。

前项赠与价额，应于遗产分割时，由该继承人之应继分中扣除。

赠与价额，依赠与时之价值计算。

第四节　继承之抛弃

第1174条 （继承权抛弃之自由及方法）

继承人得抛弃其继承权。

前项抛弃，应于知悉其得继承之时起三个月内，以书面向法院为之。

抛弃继承后，应以书面通知因其抛弃而应为继承之人。但不能通知者，不在此限。

第1175条 （继承抛弃之效力）

继承之抛弃，溯及于继承开始时发生效力。

第1176条 （抛弃继承权人应继分之归属）

第一千一百三十八条所定第一顺序之继承人中有抛弃继承权者，其应继分归属于其他同为继承之人。

第二顺序至第四顺序之继承人中，有抛弃继承权者，其应继分归属于其他同一顺序之继承人。

与配偶同为继承之同一顺序继承人均抛弃继承权，而无后顺序之继承人时，其应继分归属于配偶。

配偶抛弃继承权者，其应继分归属于与其同为继承之人。

第一顺序之继承人，其亲等近者均抛弃继承权时，由次亲等之直系血亲卑亲属继承。

先顺序继承人均抛弃其继承权时，由次顺序之继承人继承。其次顺序继承人有无不明或第四顺序之继承人均抛弃其继承权者，准用关于无人承认继承之规定。

因他人抛弃继承而应为继承之人，为抛弃继承时，应于知悉其得继承之日起三个月内为之。

第1176－1条 （抛弃继承权者继续管理遗产之义务）

抛弃继承权者，就其所管理之遗产，于其他继承人或遗产管理人开始管理前，应与处理自己事务为同一之注意，继续管理之。

第五节　无人承认之继承

第1177条 （遗产管理人之选定及报明）

继承开始时，继承人之有无不明者，由亲属会议于一个月内选定遗产管理人，并将继承开始及选定遗产管理人之事由，向法院报明。

第1178条 （搜索继承人之公示催告与选任遗产管理人）

亲属会议依前条规定为报明后，法院应依公示催告程序，定六个月以上之期限，公告继承人，命其于期限内承认继承。

无亲属会议或亲属会议未于前条所定期限内选定遗产管理人者，利害关系人或检察官，得声请法院选任遗产管理人，并由法院依前项规定为公示催告。

第1178－1条 （法院为保存遗产之必要处置）

继承开始时继承人之有无不明者，在遗产管理人选定前，法院得因利害关系人或检察官之声请，为保存遗产之必要处置。

第1179条 （遗产管理人之职务）

遗产管理人之职务如左：

一、编制遗产清册。

二、为保存遗产必要之处置。

三、声请法院依公示催告程序，限定一年以上之期间，公告被继承人之债权人及受遗赠人，命其于该期间内报明债权及为愿受遗赠与否之声明，被继承人之债权人及受遗赠人为管理人所已知者，应分别通知之。

四、清偿债权或交付遗赠物。

五、有继承人承认继承或遗产归属国库时，为遗产之移交。

前项第一款所定之遗产清册，管理人应于就职后三个月内编制之；第四款所定债权之清偿，应先于遗赠物之交付，为清偿债权或交付遗赠物之必要，管理人经亲属会议之同意，得变卖遗产。

第1180条 （遗产管理人之报告义务）

遗产管理人，因亲属会议，被继承人之债权人或受遗赠人之请求，应报告或说明遗产之状况。

第 1181 条 （清偿债务与交付遗赠物之限制）

遗产管理人非于第一千一百七十九条第一项第三款所定期间届满后，不得对被继承人之任何债权人或受遗赠人，偿还债务或交付遗赠物。

第 1182 条 （未依期限报明债权及声明受遗赠之偿还）

被继承人之债权人或受遗赠人，不于第一千一百七十九条第一项第三款所定期间内为报明或声明者，仅得就剩余遗产，行使其权利。

第 1183 条 （遗产管理人之报酬）

遗产管理人得请求报酬，其数额由亲属会议按其劳力及其与被继承人之关系酌定之。

第 1184 条 （遗产管理人行为效果之拟制）

第一千一百七十八条所定之期限内，有继承人承认继承时，遗产管理人在继承人承认继承前所为之职务上行为，视为继承人之代理。

第 1185 条 （剩余遗产之归属）

第一千一百七十八条所定之期限届满，无继承人承认继承时，其遗产于清偿债权并交付遗赠物后，如有剩余，归属国库。

第三章　遗　嘱

第一节　通　则

第 1186 条 （遗嘱能力）

无行为能力人，不得为遗嘱。

限制行为能力人，无须经法定代理人之允许，得为遗嘱。但未满十六岁者，不得为遗嘱。

第 1187 条 （遗产之自由处分）

遗嘱人于不违反关于特留分规定之范围内，得以遗嘱自由处分遗产。

第 1188 条 （受遗赠权之丧失）

第一千一百四十五条丧失继承权之规定，于受遗赠人准用之。

第二节　方　式

第 1189 条 （遗嘱方式之种类）

遗嘱应依左列方式之一为之：

一、自书遗嘱。

二、公证遗嘱。

三、密封遗嘱。

四、代笔遗嘱。

五、口授遗嘱。

第 1190 条 （自书遗嘱）

自书遗嘱者，应自书遗嘱全文，记明年、月、日，并亲自签名；如有增减、涂改，应注明增减、涂改之处所及字数，另行签名。

第 1191 条 （公证遗嘱）

公证遗嘱，应指定二人以上之见证人，在公证人前口述遗嘱意旨，由公证人笔记、宣读、讲解，经遗嘱人认可后，记明年、月、日，由公证人、见证人及遗嘱人同行签名：遗嘱人不能签名者，由公证人将其事由记明，使按指印代之。

前项所定公证人之职务，在无公证人之地，得由法院书记官行之，侨民在“中华民国领事”驻在地为遗嘱时，得由“领事”行之。

第 1192 条 （密封遗嘱）

密封遗嘱，应于遗嘱上签名后，将其密封，于封缝处签名，指定二人以上之见证人，向公证人提出，陈述其为自己之遗嘱，如非本人自写，并陈述缮写人之姓名、住所，由公证人于封面记明该遗嘱提出之年、月、日及遗嘱人所为之陈述，与遗嘱人及见证人同行签名。

前条第二项之规定，于前项情形准用之。

第 1193 条 （密封遗嘱之转换）

密封遗嘱，不具备前条所定之方式，而具备第一千一百九十条所定自书遗嘱之方式者，有自书遗嘱之效力。

第 1194 条 （代笔遗嘱）

代笔遗嘱，由遗嘱人指定三人以上之见证人，由遗嘱人口述遗嘱意旨，使见证人中之一人笔记、宣读、讲解，经遗嘱人认可后，记明年、月、日及代笔人之姓名，由见证人全体及遗嘱人同行签名，遗嘱人不能签名者，应按指印代之。

第1195条 （口授遗嘱之方法）

遗嘱人因生命危急或其他特殊情形，不能依其他方式为遗嘱者，得依左列方式之一为口授遗嘱：

一、由遗嘱人指定二人以上之见证人，并口授遗嘱意旨，由见证人中之一人，将该遗嘱意旨，据实作成笔记，并记明年、月、日，与其他见证人同行签名。

二、由遗嘱人指定二人以上之见证人，并口授遗嘱意旨、遗嘱人姓名及年、月、日，由见证人全体口述遗嘱之为真正及见证人姓名，全部予以录音，将录音带当场密封，并记明年、月、日，由见证人全体在封缝处同行签名。

第1196条 （口授遗嘱之失效）

口授遗嘱，自遗嘱人能依其他方式为遗嘱之时起，经过三个月而失其效力。

第1197条 （口授遗嘱之鉴定）

口授遗嘱，应由见证人中之一人或利害关系人，于为遗嘱人死亡后三个月内，提经亲属会议认定其真伪，对于亲属会议之认定如有异议，得声请法院判定之。

第1198条 （遗嘱见证人资格之限制）

下列之人，不得为遗嘱见证人：

一、未成年人。

二、受监护或辅助宣告之人。

三、继承人及其配偶或其直系血亲。

四、受遗赠人及其配偶或其直系血亲。

五、为公证人或代行公证职务人之同居人助理人或受雇人。

第三节　效　力

第1199条 （遗嘱生效期）

遗嘱自遗嘱人死亡时发生效力。

第1200条 （附停止条件遗赠之生效期）

遗嘱所定遗赠，附有停止条件者，自条件成就时，发生效力。

第1201条 （遗赠之失效）

受遗赠人于遗嘱发生效力前死亡者，其遗赠不生效力。

第1202条 （遗赠之无效）

遗嘱人以一定之财产为遗赠，而其财产在继承开始时，有一部分不属于遗产者，其一部分遗赠为无效；全部不属于遗产者，其全部遗赠为无效。但遗嘱另有意思表示者，从其意思。

第1203条 （遗赠标的物之推定）

遗嘱人因遗赠物灭失、毁损、变造、或丧失物之占有，而对于他人取得权利时，推定以其权利为遗赠；因遗赠物与他物附合或混合而对于所附合或混合之物取得权利时亦同。

第1204条 （用益权之遗赠及其期限）

以遗产之使用、收益为遗赠，而遗嘱未定返还期限，并不能依遗赠之性质定其期限者，以受遗赠人之终身为其期限。

第1205条 （附负担之遗赠）

遗赠附有义务者，受遗赠人以其所受利益为限，负履行之责。

第1206条 （遗赠之抛弃及其效力）

受遗赠人在遗嘱人死亡后，得抛弃遗赠。

遗赠之抛弃，溯及遗嘱人死亡时发生效力。

第1207条 （承认遗赠之催告及拟制）

继承人或其他利害关系人，得定相当期限，请求受遗赠人于期限内为承认遗赠与否之表示；期限届满，尚无表示者，视为承认遗赠。

第1208条 （遗赠无效或抛弃之效果）

遗赠无效或抛弃时，其遗赠之财产，仍属于遗产。

第四节　执　行

第1209条 （遗嘱执行人之产生（一）－遗嘱指定）

遗嘱人得以遗嘱指定遗嘱执行人，或委托他人指定之。

受前项委托者，应即指定遗嘱执行人，并通知继承人。

第1210条 （遗嘱执行人资格之限制）

未成年人、受监护或辅助宣告之人，不得为遗嘱执行人。

第1211条 （遗嘱执行人之产生（二）－亲属会议法院之选任）

遗嘱未指定遗嘱执行人，并未委托他人指定者，得由亲属会议选定之；

不能由亲属会议选定时，得由利害关系人声请法院指定之。

第 1212 条 （遗嘱之提示）

遗嘱保管人知有继承开始之事实时，应即将遗嘱提示于亲属会议；无保管人而由继承人发见遗嘱者亦同。

第 1213 条 （密封遗嘱之开视）

有封缄之遗嘱，非在亲属会议当场或法院公证处，不得开视。

前项遗嘱开视时应制作纪录，记明遗嘱之封缄有无毁损情形，或其他特别情事，并由在场之人同行签名。

第 1214 条 （遗嘱执行人之执行职务（一）－编制遗产清册）

遗嘱执行人就职后，于遗嘱有关之财产，如有编制清册之必要时，应即编制遗产清册，交付继承人。

第 1215 条 （遗嘱执行人之执行职务（二）－遗产管理及必要行为）

遗嘱执行人有管理遗产，并为执行上必要行为之职务。

遗嘱执行人因前项职务所为之行为，视为继承人之代理。

第 1216 条 （遗嘱执行人之执行职务（三）－继承人妨害之排除）

继承人于遗嘱执行人执行职务中，不得处分与遗嘱有关之遗产，并不得妨碍其职务之执行。

第 1217 条 （遗嘱执行人之执行职务（四）－数执行人执行职务之方法）

遗嘱执行人有数人时，其执行职务，以过半数决之。但遗嘱另有意思表示者，从其意思。

第 1218 条 （遗嘱执行人之解任）

遗嘱执行人怠于执行职务，或有其他重大事由时，利害关系人，得请求亲属会议改选他人；其由法院指定者，得声请法院另行指定。

第五节　撤　　回

第 1219 条 （遗嘱撤回之自由及其方式）

遗嘱人得随时依遗嘱之方式，撤回遗嘱之全部或一部。

第 1220 条 （视为撤回（一）－前后遗嘱牴触）

前后遗嘱有相牴触者，其牴触之部分，前遗嘱视为撤回。

第 1221 条 （视为撤回（二）－遗嘱与行为牴触）

遗嘱人于为遗嘱后所为之行为与遗嘱有相牴触者，其牴触部分，遗嘱视为撤回。

第1222条 （视为撤回（三）－遗嘱之废弃）

遗嘱人故意破毁或涂销遗嘱，或在遗嘱上记明废弃之意思者，其遗嘱视为撤回。

第六节 特 留 分

第1223条 （特留分之决定）

继承人之特留分，依左列各款之规定：

一、直系血亲卑亲属之特留分，为其应继分二分之一。

二、父母之特留分，为其应继分二分之一。

三、配偶之特留分，为其应继分二分之一。

四、兄弟姊妹之特留分，为其应继分三分之一。

五、祖父母之特留分，为其应继分三分之一。

第1224条 （特留分之算定）

特留分，由依第一千一百七十三条算定之应继财产中，除去债务额算定之。

第1225条 （遗赠之扣减）

应得特留分之人，如因被继承人所为之遗赠，致其应得之数不足者，得按其不足之数由遗赠财产扣减之。受遗赠人有数人时，应按其所得遗赠价额比例扣减。

主要参考文献

（一）著作类

1. 陈棋炎著：《亲属、继承法基本问题》，三民书局 1980 年版。

2. 史尚宽著：《债法各论》，台湾荣泰印书馆有限公司 1981 年版。

3. 郑玉波著：《民法债编各论》，三民书局 1981 年版。

4. 刘素萍主编：《继承法》，中国人民大学出版社 1988 年版。

5. 陈棋炎、黄宗乐、郭振恭著：《民法继承新论》，三民书局 1990 年版。

6. 信春鹰、李湘如编著：《台湾亲属和继承法》，中国对外经济贸易出版社 1991 年版。

7. 江文、柳经纬编著：《台湾亲属法和继承法》，厦门大学出版社 1991 年版。

8. 渠涛编译：《最新日本民法》，法律出版社 2006 年版。

9. 胡大展主编：《台湾民法研究（下）》，厦门大学出版社 1993 年版。

10. 周枏著：《罗马法原论》（上册），商务印书馆 1994 年版。

11. 张玉敏著：《继承制度研究》，成都科技大学出版社 1994 年版。

12. 列宁著：《列宁选集》第 1 卷，人民出版社 1995 年版。

13. 郝守才主编：《台湾法概论》，河南大学出版社 1995 年版。

14. 柳经纬、薛景元、施信贵著：《海峡两岸法律制度比较 · 民法》，厦门大学出版社 1995 年版。

15. 郭明瑞、房绍坤著：《继承法》，法律出版社 1996 年版。

16. 李双元、温世扬主编：《比较民法学》，武汉大学出版社 1998 年版。

17. 郭明瑞、房绍坤、唐广良著：《民商法原理（三）》，中国人民大学出版社 1998 年版。

18. 王杲纯主编：《中国民商法律制度》，中国检察出版社 1998 年版。

19. 张玉敏主编：《继承法教程》，中国政法大学出版社 1998 年版。

20. 张玉敏著：《继承法律制度研究》，法律出版社 1998 年版。

21. 戴炎辉、戴东雄著：《中国继承法》，三民书局 1998 年版。

22. 戴东雄著：《继承法实例解说》，三民书局 1999 年版。

23. 张玉敏著：《继承法律制度研究》，法律出版社 1999 年版。

24. 焦宏昌、周大纲编著：《港澳台法制概论》，中国政法大学出版社 1999 年版。

25. 史尚宽著：《继承法论》，中国政法大学出版社 2000 年版。

26. 林秀雄著：《民法亲属继承争议问题研究》，五南图书出版公司 2000 年版。

27. 王书江译：《日本民法典》，中国法制出版社 2000 年版。

28. 吴尚芝译：《越南社会主义共和国民法典》，中国法制出版社、金桥文化出版（香港）有限公司 2002 年版。

29. 郭明瑞、房绍坤、关涛著：《继承法研究》，中国人民大学出版社 2003 年版。

30. 刘悦著：《中国财产继承法律制度研究》，中国海关出版社 2003 年版。

31. 梁慧星主编：《中国民法典草案建议稿附理由．侵权行为编、继承编》，法律出版社 2004 年版。

32. 郭明瑞、房绍坤著：《继承法》（第二版），法律出版社 2004 年版。

33. 刘文编著：《继承法比较研究》，中国人民公安大学出版社 2004 年版。

34. 王利明主编：《中国民法典草案建议稿及说明》，中国法制出版社 2004 年版。

35. 王利明主编：《中国民法典学者建议稿及立法理由：人格权编、婚姻家庭编、继承编》，法律出版社 2005 年版。

36. 陈苇主编：《婚姻家庭继承法学》，群众出版社 2005 年版。

37. 王泽鉴著：《民法学说与判例研究》（第四册），中国政法大学出版社 2005 年版。

38. 杨立新、朱呈义著：《继承法专论》，高等教育出版社 2006 年版。

39. 于静著：《比较家庭法》，人民出版社 2006 年版。

40. 张玉敏主编（课题组负责人）：《中国继承法立法建议稿及立法理由》，人民出版社 2006 年版。

41. 陈卫佐译注：《德国民法典》（第二版），法律出版社 2006 年版。

42. 曾宪义主编：《台湾法概论》，中国人民大学出版社 2007 年版。

43. 陈苇、宋豫主编：《中国大陆与港、澳、台继承法比较研究》，群众出版社 2007 年版。

44. 蒋月主编：《婚姻家庭与继承法》，厦门大学出版社 2007 年版，

45. 陈明添、吴国平主编：《中国民法学》，法律出版社 2007 年版。

46. 刘春茂主编：《中国民法学·财产继承》（修订版），人民法院出版社 2008 年版。

47. 陈苇主编：《当代中国民众继承习惯调查实证研究》，群众出版社 2008 年版。

48. 林秀雄主编：《民法亲属继承实例问题分析》，五南图书出版公司 2008 年版。

49. 吴国平著：《婚姻家庭立法问题研究》，吉林大学出版社 2008 年版。

50. 孙若军著：《继承法学原理与案例教程》，中国人民大学出版社 2008 年版。

51. 张平华、刘耀东著：《继承法原理》，中国法制出版社 2009 年版。

52. 薛宁兰、金民珍主编：《亲属与继承法》，社会科学文献出版社 2009 年版。

53. 郑小川、于晶著：《婚姻继承习惯法研究——以我国某些农村调研为基础》，知识产权出版社 2009 年版。

54. 邓建国著：《海峡两岸继承法律实务》，法律出版社 2009 年版。

55. 郭振恭著：《民法》，三民书局 2010 年版。

56. 黄碧芬著：《民法·亲属继承》（第三版），书泉出版社 2010 年版。

57. 陈苇主编：《改革开放三十年（1978～2008 年）中国婚姻家庭继承法研究之回顾与展望》，中国政法大学出版社 2010 年版。

58. 陈苇主编：《家事法研究》（2009 年卷），群众出版社 2010 年版。

59. 陈棋炎、黄宗乐、郭振恭著：《民法继承新论》（修订七版），三民

书局2011年版。

60. 戴炎辉、戴东雄、戴瑀如著：《继承法》，三民书局2010年版。

61. 陈苇主编：《外国继承法比较与中国民法典继承编制定研究》，北京大学出版社2011年版。

62. 夏吟兰、龙翼飞主编：《家事法研究》（2011年卷），社会科学文献出版社2011年版。

63. 杨立新主编：《中国百年民法典汇编》，中国法制出版社2011年版。

64. 郑玉波著，黄宗乐修订：《民法概要》（修订十三版），东大图书股份有限公司2012年版。

65. 戴东雄著：《民法系列·继承》，三民书局2012年版。

66. 蒋月、何丽新著：《婚姻家庭与继承法》（第四版），厦门大学出版社2013年版。

67. 吴国平、张影主编：《婚姻家庭法原理与实务》（第三版），中国政法大学出版社2013年版。

（二）论文类

1. 龙翼飞：《制定中国民法典财产继承编的思考与建议》，载《中华女子学院学报》2002年第4期。

2. 郝艳梅：《代位继承制度比较与借鉴》，载《内蒙古经济管理干部学院学报》2002年Z1期，第107页。

3. 郭明瑞、张平华：《海峡两岸继承法比较研究》，载《当代法学》2004年第3期。

4. 徐卫：《台湾地区继承法特色评述》，载《江西警官学院学报》2004年第1期。

5. 张华贵、冉启玉：《论配偶继承权的法律保护》，载《西南政法大学学报》2005年第2期。

6. 党竹琴：《论我国法定继承的相关问题》，载《求实》2006年第1期。

7. 魏小军：《试论我国法律中的遗嘱形式规则》，载《昆明理工大学学报》（社会科学版）2007年第7期。

8. 初晓娜：《我国的遗嘱继承制度》，载《河北理工大学学报》（社会科学版）2009 增刊。

9. 谭恩惠，李玲芳：《港澳台与大陆遗嘱形式比较及借鉴》，载《山西省政法管理干部学院学报》2009 年第 4 期。

10. 陈苇、曹贤信：《改革开放三十年中国无遗嘱继承制度研究之回顾与展望》，载陈苇主编：《家事法研究》（2009 年卷），群众出版社 2010 年版。

11. 吴国平：《聚焦我国〈继承法〉的修订与完善》，载《海峡法学》2010 年第 3 期。

12. 李燕：《我国法定继承制度的不足与完善》，载《海峡法学》2010 年第 3 期。

13. 吴国平：《论我国法定继承制度的完善》，载《盐城师范学院学报》（社会科学版）2011 年第 6 期。

14. 翟云岭，刘耀东：《论继承权丧失制度》，载《北方法学》2012 年第 5 期。

15. 房绍坤：《遗赠能引起物权变动吗?》，载《当代法学》2012 年第 6 期。

（三）其他文献类

1. 韩长印：《共同法律行为理论的初步构建——以公司设立为分析对象》，http：//www. privatelaw. com. cn/new2004/shtml/20100310 - 000025. htm，下载时间：2011 年 3 月 18 日。

2. 俞飞：《专家解读僧人遗产案　国法 Vs“佛法”的拔河角力》，http：//npc. people. com. cn/n/2012/0716/c14576 - 18523727. html，下载时间：2013 年 3 月 5 日。

3. 张永明：《台湾继承法简介》，http：//wenku. baidu. com/view/c9aa77dbd15abe23482f4d28. html，下载时间 2013 年 3 月 17 日。

4. 佚名：《台湾 3 月大男婴隔代继承惹祸成最小“债务人”》，http：//news. sohu. com/20070909/n252042115. shtml，下载时间：2013 年 4 月 29 日。

5. 赵莉：《日本特留份制度的修改及其启示》http：//www. legaldaily. com. cn/Frontier _ of _ law/content/2013 - 05/24/content _ 4489329 _ 2. htm，下载时间：2013 年 6 月 23 日。

新书简介

陈孔立著作系列

定价：55.00元

定价：48.00元

定价：75.00元

《台湾史事解读》

本书是作者研究台湾史事的专题论文集。全书分三部分，第一部分是对台湾研究的历史观和方法论的考察，第二部分是对台湾若干史事的辨正，第三部分主要针对台湾方面有人蓄意制造“历史失忆”的行为，对台湾历史作出了深刻的解读。

《台湾民意与群体认同》

本书是作者研究台湾民众心态和民意趋向的文集。全书分三部分，第一部分着重分析不同社会政治背景下台湾民众的复杂心态，第二部分研究台湾民众的身份认同问题，第三部分提出了“省籍—族群—本土化”的台湾政治研究模式，对台湾近年来“去中国化”等现象进行了深刻的剖析。

《心系两岸》

本书是作者多年来研究台湾政局和两岸关系发展的一部文章合集，全书将岛内蓝绿较量、观察国民党、观察民进党、剖析“台独”言论和两岸政治大局及政治难题等内容分为两个部分：观察台湾和关注两岸。研究范围涉及2012年“大选”后岛内政治生态、马英九第二任期执政理念、两岸间政治难题的解决方案等等。

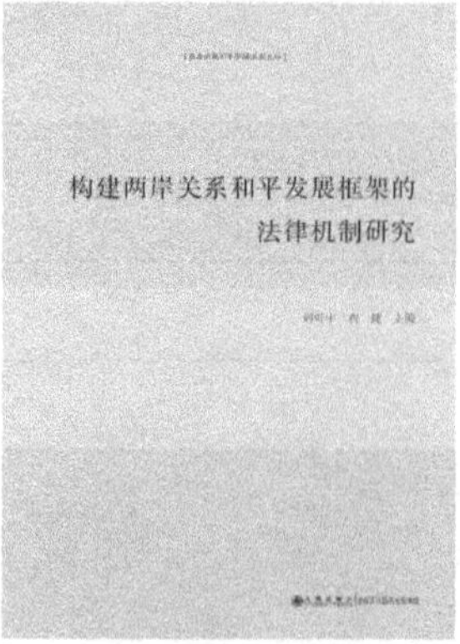

构建两岸关系和平发展框架的法律机制研究

本书以构建两岸和平发展框架的法律机制为研究对象，先从宏观方面论述宪法机制对于构建两岸和平发展框架的意义以及构建该框架的法律障碍和解决机制；进而从微观入手，论述构建行政合作机制及司法协调机制面临的困境。

周叶中　祝　捷　主编

定价：48.00元

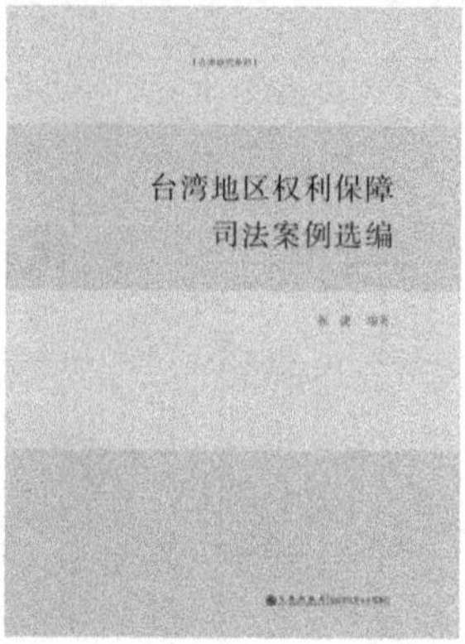

台湾地区权利保障司法案例选编

本书以台湾地区“宪政改革”后“大法官解释”为研究对象，分基本权利保障的总论和基本权利保障的分论两部分，对台湾地区法律制度进行介绍和分析，案例均与台湾地区人民的基本权利息息相关。

祝　捷　编著

定价：60.00元

战后美日台关系史研究（1945-1995）

近代以来，美、日始终对台湾抱有独占性战略图谋，这是美日台关系缘起的历史定位。从地缘战略的角度对战后美日台关系的历史特质与演进历程进行阐述，亦是本书的目标之一。

王　键　著

定价：52.00元

《海峡两岸法学研究》（第一辑）

本书为首届两岸和平发展法学论坛的论文集，大陆学者论文和台湾学者论文分别以简体字和繁体字排版，各自分为法治理论、民事法治和刑事法治三部分，既有两岸法治发展的理论分析，也有契合当下两岸事务和经贸往来的具体问题的讨论。

海峡两岸关系法学研究会 编

定价：78.00元

“九二共识”文集

本书汇集1992至2012年11月底两岸有关“九二共识”的存证资料，包括亲历香港会谈前后两会磋商和达成“九二共识”过程的权威人士的回忆；重要文件和新闻报道；两岸的权威宣示和阐述；海内外专家学者的研究成果和评论等。

许世铨 杨开煌　主编

定价：49.90元

潮起潮落

本书以纪实性的手法，全面展示了海协会、海基会机制的产生背景和两会成立以来的折冲与共处历史，深入挖掘了台湾各界对两岸关系的复杂反思与抉择过程，揭示了两岸筋骨相连的血脉联系和命运共同体关系。

郑　剑　著

定价：98.00元